SPANISH FOUR YEARS

Advanced Spanish
With AP Component

Second Edition

JANET F. HILLER, PH.D.

Director,
Foreign Languages and ESL
East Islip School District
Long Island, New York

AMSCO

AMSCO SCHOOL PUBLICATIONS, INC.
315 Hudson Street, New York, N.Y. 10013

To my parents,
Helen and Harry Prus,
who showed me the power and
beauty of languages.

Cover and Text Design by Merrill Haber

Cover photograph of Cancun, Mexico by The Stock Market

Text Illustrations by Ed Malsberg

Composition by Monotype, LLC

When ordering this book, please specify:

either **R 678 W**

or SPANISH FOUR YEARS: ADVANCED SPANISH WITH AP COMPONENT, Second Edition

ISBN 978-1-56765-809-5

NYC Item 56765-809-4

Printed in the United States of America

2   3   4   5   6   7   8   9   10   11   10   09   08   07

Preface

SPANISH FOUR YEARS is designed to build the proficiency of intermediate to advanced learners of Spanish. The first chapter provides students with strategies for language learning, which they can implement through the readings and activities in this book and also through the use of additional authentic texts and materials simultaneously and in the future.

In Chapters 2 through 17, grammar explanations are provided along with practice exercises using communicative activities and authentic texts. Each chapter explores a particular theme, which may serve as a springboard for additional research and activities. Cooperative learning activities and activities incorporating the Internet are also presented. These advanced-level activities reflect the challenges of the real world.

Part Four presents listening, reading, writing, and speaking assessments, which are modeled after the corresponding sections of the Advanced Placement Spanish Language Examination. Strategies for taking each of these sections of the examination are also provided. Essay questions reflect the themes and topics found in the text and are representative of the types of questions on the Essay section of the original examination.

Each grammar chapter contains portfolio activities and assessments, which correspond to the themes of the chapter.

The Appendix presents a set of rubrics for the performance assessments. It also contains verb charts, a guide to the placement of accent marks, a word-building guide, and cultural/historical timelines; all of these are valuable reference tools for the intermediate-to-advanced student of Spanish.

This book is intended as a resource to be utilized by students and teachers. It aims to encourage students' independent exploration and learning to help them become lifelong learners of Spanish. It can be used by teachers as a text for a high intermediate or advanced-level course or to supplement or accompany other advanced-level materials. SPANISH FOUR YEARS is meant to prepare students for the Advanced Placement Spanish Language Examination. And most importantly, it familiarizes and prepares them for the challenges of communication in the real world: for higher education, for the workplace, and for lifelong language and culture enrichment through Spanish literature, the arts, and the media.

JANET F. HILLER

Contents

Part Four: COMPREHENSIVE TESTING
Listening, Reading, Writing, and Speaking

PART ONE

LANGUAGE LEARNING STRATEGIES

Language Learning Strategies

Learning a language is a lifelong journey enhanced by goals, openness to new experiences and cultures, and knowledge of your unlimited potential. It is made up of many possible directions and strategies that can be learned and implemented in numerous ways. In this section, strategies are suggested to help the student focus on the learning process. Since every learner is different and has particular talents, needs, and abilities in various combinations, she or he should choose, experiment, and develop individual learning approaches or plans from among the many strategies available.

By the intermediate and advanced levels of language learning, students should already have a preferred language, learning style. For example, visual learners might prefer using flash cards, while auditory learners would probably choose to listen to tapes. Yet it is important to remember that language learning entails all of the four skills: listening, speaking, reading, and writing. They must all be developed for effective language learning to take place. The following selection of strategies is offered to help students broaden their language learning repertory and take charge of their own learning. By personalizing and combining successful strategies and the activities in SPANISH FOUR YEARS, students can build advanced communicative proficiency, gaining the tools and confidence needed for a lifetime of language learning.

1.1. BUILDING LISTENING SKILLS

Listening is a primary and crucial language skill in that it determines comprehension and appropriate responses to achieve communication. At the advanced level the learner must comprehend authentic materials from the target cultures. These include tapes, radio and television broadcasts, videos and films, as well as authentic lectures and conversations in Spanish.

The following strategies are suggested to the student:

1. *Identify objectives for each listening task.* What are you listening for, specific information, entertainment? Are you listening to directions? Are there follow-up activities associated with this task? If so, what are they?

2. *Identify the genre of a listening selection.* Is it a sports broadcast, a commercial, or a literary lecture?

3. *Identify the organizational framework of the communication.* Is it a narration, a statement of cause and effect, a debate, a list or enumeration?

4. *Identify the topic of the listening selection as soon as possible.* This is generally stated at the beginning. Is it a person, a product, a trip, a performance, a social or political issue, a sports event, a literary theme?

5. *Attempt to situate the topic in a particular place and time.* Note verb endings which indicate present, past, or future tenses. Note specific dates and times if they are mentioned. Does the topic refer to Spain or Spanish America? Note the pronunciation or dialect of the speaker or speakers and any mention of a specific geographical location.

6. *Identify the speaker or speakers.* Are they male, female, teenagers, senior citizens, a married couple, teachers, students, salesclerks, customers, guides, radio announcers, etc.? Are they using **ustedes**? Where are they from? Note their names if they are provided, or any geographic or linguistic clues for example, the use of **vosotros** will most likely indicate that the speaker is from Spain.

7. *Identify the tone of the speaker(s).* Is it serious, light, sarcastic, formal, informal, emotional, critical, emphatic, or matter-of-fact? Attempt to relate the tone to the topic. If the speaker is visible, note any facial expressions or body language that will help you comprehend the tone and the message.

8. *Make connections through personal associations to the topic.* What does it bring to mind? What previous knowledge do you have of this topic that you can relate to this selection? Think of specific contexts and vocabulary. Attempt to visualize these associations in your mind.

9. *Take notes as you listen, if possible.* Try organizing your paper by dividing it into two columns. On one column write main ideas or themes and on the other write specific related details that are mentioned with these ideas. These would include names, dates, places, titles, numbers, colors, or specific objects. Write as much as you can, even if you are not sure of the spelling or significance of a particular word in the context of what you hear. It may be clarified by a particular comprehension question that follows.

10. *Listen repeatedly to the same selection.* Although it is not always possible to hear something again, comprehension can be significantly improved with more than one listening experience. Certainly, if you are listening to a tape or video you can replay it. Ask your teacher to replay selections and/or clarify some vocabulary or the topic, if necessary. If you are having a conversation in Spanish and have difficulty comprehending your partners, tell them, and request that they repeat or clarify their statements.

11. *Keep a Spanish journal.* Note your experiences, successes, and difficulties. Note the different topics you've heard about in the target language. Note what works for you and what hinders your comprehension. If you like, share your journal or only your thoughts with your teacher, who can help guide you.

12. *Immerse yourself in listening experiences in Spanish.* Listen to TV and radio broadcasts. Watch soap operas and films in Spanish. Listen to Spanish and Spanish-American music. Make every effort to converse with native speakers, or with fluent classmates and your teacher. Exchange cassette tapes with a Spanish-speaking pen pal. Listen to material that is challenging but not so difficult as to be totally frustrating. As you listen, incorporate the above strategies that you find helpful.

1.2. BUILDING READING SKILLS

Reading at the advanced level implies reading authentic materials written by and for native speakers. These might include magazine and newspaper articles, advertisements, brochures, and literary works, among others. This type of reading is presented throughout this book.

The following strategies are suggested to help build reading skills in Spanish:

1. *Identify your goal or purpose in reading a particular selection.* Are you looking for specific information? Are you reading to get the main idea? Are you reading for entertainment? Do you need to understand every detail of the reading? Remember, reading is an active process that you can control!

2. *Choose your ideal environment for reading.* Where can you relax and concentrate at the same time, in a favorite chair in your room, at the library, at the beach, in a hammock under a tree? Do you prefer absolute quiet while you are reading, or do you concentrate and relax with music playing in the background?

3. *Select a reading approach based on your specific purpose.*

    a. If you are reading to get the main idea or gist, you can read quickly skimming the text to activate your previous knowledge and to identify key words that either help or hinder your comprehension. Use a dictionary to look up any key words that you do not understand.

    b. If you are reading to find particular information, for example if you have multiple choice questions to answer, skim the text first to make sure you have the main idea and that you have activated your knowledge related to the text. Then scan the text for the specific information you need, looking up only key words that interfere with your search.

    c. If you are reading to comprehend details or complex directions, you will need to read intensively looking up any vocabulary that obscures the details. You may want to read the entire selection first, underlining the words you don't know. Then look up these words and read the selection again. As always, activate previous knowledge and find cognates when possible. Follow any diagrams or visual cues if available.

    d. If you are reading a text extensively for pleasure, set your own comfortable reading pace. If you come to a difficult passage, look up a few key words, skim it again and continue your regular pace.

4. *Identify the genre of the text.* Is it expository prose, as in a magazine or newspaper article, or editorial? Is it a literary text? Your approach to comprehension should vary accordingly.

    a. If the text is expository prose, it is generally organized in a specific linear fashion: the introduction presents the main idea; the body develops the main idea and adds subordinate ideas and specific details and/or arguments; and the conclusion summarizes the text, reiterates the main idea, or otherwise concludes the selection. Understanding this organization should help you locate the main idea and supporting information.

    Also, try to identify the tone of the author. Is it critical, sarcastic, emphatic, didactic, or amusing? Look for specific evidence in the language of the text to support your judgment. Connect the tone with the main idea. Try to distinguish between fact, opinion, and propaganda.

b. If you are reading a literary text, the organization may vary significantly because of the inherently creative nature of literature. First, attempt to identify the literary genre of the reading. Is it a selection from a novel or short story, a myth, a poem, or a play? This may be tricky, since sometimes genres are combined, for example, poetry might appear in drama as in plays by Federico García Lorca. Try to divide the selection into a beginning, a middle, and an end. Then attempt to identify the movement in time. Is it linear or circular as in a flashback?

When following a story line, try to identify the setting, important actions or conflicts, a climax, and final consequences or outcomes of these events as they relate to the main character or characters. When you read poetry, ask yourself how the sound, meter or rhythm, and the form combine to convey meaning.

While a major theme is generally not stated specifically, it is implied by the context. Remember, multiple themes and interpretations are possible in literature. Attempt to identify themes based on specific clues in the reading. Basic themes in literature include love, jealousy, honor, death, fate, immortality, and art itself. Attempt to recall other literary works that you have read having the same theme.

List and analyze the characters. Do they resemble particular types you have encountered before in literature or in the Bible, such as Don Juan, Don Quixote, or Cain and Abel? Has the author turned himself into a character as Miguel de Unamuno does in *Niebla*, and Jorge Luis Borges does in *La forma de la espada*? Is the author writing in the first person or is he an omniscient narrator?

Identify the tone of the author. Is it didactic, that is, is she or he teaching a lesson through this literary piece? Is it sarcastic or critical? Is it serious or amusing? Is the language formal, colloquial, figurative, poetic, or a combination of these? Try to connect the tone with the theme and the historical context of the reading.

5. *Identify and use advance organizers, features of the text that can help you predict its genre and content.* Is a title given? Are there illustrations or photos? What does the format tell you?

6. *Identify discourse markers in Spanish like **sin embargo**, **en cambio**, and **a pesar de**), and note how they effect the meaning of the text.*

7. *When you come across a key word that you do not know, attempt to discover the meaning through the context, cognates, or related words.* If you cannot surmise the meaning, look it up in a dictionary. If you are keeping a personal vocabulary list enter it, along with the sentence or phrase where it is found. You may come across colloquial or regional words or expressions that are not in the dictionary. Don't let them interfere with your reading. You can jot them down to ask your teacher or a native speaker for clarification later.

8. *To remember what you have read, apply it to a personally meaningful context.* For example, you've just read *La casa de Bernarda Alba* by Federico García Lorca. If the sisters appeared on a contemporary TV talk show about rebellious children, what would be different? What would be the same?

9. *Visualize what you are reading.* Make associations with previous knowledge to create pictures in your mind or on paper. Draw pictures, diagrams, time-lines, or

semantic maps to help you comprehend what you read. Share or compare these with your classmates and your teacher to get feedback.

10. *Act out or role-play scenes based on the reading.* Write and present a skit about the reading. You can be faithful to the text, or change it based on your personal interpretation. You could change the ending from a sad one to a happy one or vice-versa. You could also change the historic context, for example, from the past to the present or the future.

11. *Keep a reading journal or portfolio to summarize what you have read and to record your reactions and creative responses.* Write about the connections you can make to your own life. Write about new cultural insights you have gained. Write about your progress or difficulties. You may want to share your journal with your teacher or peers.

12. *Read regularly.* Read material in Spanish for at least fifteen minutes a day. Along with your required reading, read about topics that you find interesting. Read material that is at a comfortable level of difficulty, but also try more challenging material on topics that you are interested in, and about which you have some knowledge. If you find Spanish-language authors that you enjoy, read more of their works. Obtain their biographies and try to make connections between their lives and their writing. As you read, you will learn more about Spanish culture, which will reinforce your other language learning skills.

1.3. BUILDING SPEAKING SKILLS

Speaking to communicate at the advanced level requires extensive vocabulary and grammatical proficiency. It also implies some knowledge of the communicative conventions and their variations in Spanish and the ability to communicate in a wide range of situations.

The following strategies are suggested to build speaking skills:

1. *Identify short-term and long-term goals.* While your long-term goal may be advanced communicative proficiency, your immediate purpose for speaking will determine your vocabulary and grammatical needs. For example, if you are planning to take a trip, you will need to know expressions for how to ask for directions, how to order in a restaurant, and how to shop in the target language. To prepare for the speaking section of the Advanced Placement Spanish Examination you will need to practice responding to questions in various tenses—in either the indicative or subjunctive mood—and to narrate a story in Spanish based on a picture series.

2. *Always identify your audience and your situation.* To whom, where, and when will you be speaking? Will you be speaking to your class and your teacher, to native speakers, to family members, or to co-workers? It is important to decide appropriately in a given situation, whether to use formal or informal forms of address **Ud.** or **tú**, and use them correctly, since this will effect the quality of your communication and the receptiveness of the listener.

3. *Organize your learning. Keep a speaking notebook or journal.*

   a. For each speaking assignment or topic, which may be determined by both you and your teacher, prepare a personal list of relevant vocabulary and expressions that you will use. Be sure to record a model sentence for each of these. (See Section 1.6.)

    b. Develop a list of words for managing conversations, like the expressions *¿cómo?*, *¿puede ayudarme?*, *¿de veras?* and expressing emotion, like the expressions *¡no me digas!*, *¡increíble!*, *¿por supuesto!*, and *¡imposible!*

    c. Develop a list of greetings and expressions of courtesy. There are numerous ways of saying *hello*, *please*, *thank you* and *excuse me* in Spanish. Make a list, noting whether the expression is formal or informal.

    d. Make a list of expressions that you can use to ask for clarification or repetition when you have difficulty comprehending a speaker, for example: *perdóneme, no comprendí; ¿puede repetir la pregunta, por favor?*

    e. Make a list of expressions that you can use as appropriate connecting words or fillers, when you have to pause to think and clarify what you are saying, for example: *pues, entonces, lo que quiero decir es que, en cambio, por ejemplo.*

    f. Note grammar points that you need to focus on. For example, if you need to narrate a story in the past and are having difficulty remembering past tense endings for certain verbs, review them in SPANISH FOUR YEARS, write them in your notebook, and do a related exercise or segments of several exercises for practice. (See Section 1.5.)

4. *Work to improve your pronunciation.*

    a. Make sure to review or learn the letter sound correspondences in Spanish and the rules for stress and accent marks. (They are found in the Appendix.)

    b. Listen to songs in Spanish and learn to sing the lyrics. The sounds and rhythms will stay with you.

    c. Keep a speaking portfolio on tape to monitor and document your progress. Try listening to a tape of a native speaker for which you have the script. Then record yourself reading this script and compare. You may have your teacher review the tape and note any pronunciation difficulties you might have. Tape yourself again focusing on these areas that need improvement. Also, tape yourself speaking extemporaneously. You or your teacher may use the situations, questions, picture series, and portfolio activities found in SPANISH FOUR YEARS as stimuli for speaking. After you and your teacher review the tape noting errors in grammar, vocabulary or pronunciation, tape the same or a similar assignment again, this time correcting your mistakes. Improvement should be your goal.

5. *Develop compensation skills.* You may sometimes find yourself in a situation where you cannot think of a specific word or expression in Spanish. Since communication is your ultimate goal, try to communicate your message in some other way, using words or expressions that you do know. This is called circumlocution (speaking in a roundabout way.) For example, a picture of aliens appeared one year on the picture sequence of the Advanced Placement Spanish Examination. Most students did not know the word *extraterrestre*, but they could say *"gente de otro planeta"* or some other descriptive phrase to tell the story and they therefore received credit for communicating.

6. *Practice speaking Spanish whenever you have the opportunity.* Seek out communicative situations that are meaningful and challenging.

    a. Volunteer to speak in your Spanish class as much as possible.

b. Seek out native speakers in your school or community and speak to them in Spanish. Try calling them on the telephone and speaking Spanish.

c. If possible, take a trip to a Spanish-speaking country to practice in the context of the culture. Or become a tape-pal with a student from the target culture. Exchange cassette tapes sharing information on topics of interest.

d. Even though you may make mistakes, you can learn from them. Be open to feedback and corrections from your teacher, other students or native speakers. Listen to them as they model appropriate language, and ask them to help you say what you need to say.

1.4.   BUILDING WRITING SKILLS

Writing at the advanced level requires organizational skills, command of the written conventions of the language, knowledge of complex grammar and syntax, and extensive vocabulary.

The following strategies are recommended to help students improve their writing ability in Spanish.

1. *Identify your objectives for every writing task.* Will you be writing essays on contemporary themes and issues and/or literary topics, as in the Advanced Placement Spanish Language and Literature Examinations? Will you be writing reports and papers in Spanish? Will you be writing business letters, or filling out forms? Are you writing letters or e-mail to a Spanish-speaking friend? Your goals will determine your writing style and the vocabulary that you need to develop and incorporate into your writing.

2. *Identify your audience.* Who will be reading your work? Your teacher, classmates, friends, a pen pal, someone you've never met? Your tone and the formality of your language should differ based on the relationship and situation between you and the reader.

3. *Obtain and become familiar with guidelines or rubrics for excellence that have been established to measure your achievement in writing.* For example, the rubrics established by the College Board for the Advanced Placement Spanish Examinations are available along with sample essays.

4. *Organize your writing.* Plan the steps that you will take to prepare and present your piece. Of course if you are writing an informal note, letter, or e-mail, one step may be sufficient. Essays and papers, however, require planning.

a. Activate prior knowledge. Once your topic has been identified, you will need to associate what you know with what you want to say. If you are writing about something you have read about, you might want to review any notes you have. You might try free writing to jot down your thoughts. You could discuss ideas with your teacher or classmates. You could draw a semantic map to help you recall and associate ideas. As necessary, reread related materials and/or do research to help you better understand the topic.

b. Write a first draft to help you organize your thoughts and ideas.

c. Discuss your first draft with classmates or your teacher and ask for feedback to improve your writing as to content and organization. Repeat the process with a second draft if necessary.

d. Revise for organization and content. First focus on your message.

e. Then edit your work to correct vocabulary and grammar. Learn to self-correct. Try using a correction key, to identify common types of errors, such as errors in agreement, and proofread your text looking for these. If you are not sure about a verb ending or other grammatical points, look them up in SPANISH FOUR YEARS. Use a Spanish dictionary to verify appropriate vocabulary and spelling. Use a Spanish spell-checker if you are using a computer and have it available. Check to see if you have included appropriate connecting words and transitional expressions. (See the list in Chapter 18.)

f. Display, publish, present, or otherwise share your work with others. Look for opportunities to share your finished work in school publications, bulletin boards, or by reading it aloud to members of your class. Writing is meant for an audience and you should enjoy the intrinsic reward of communicating what you have written and noting the effect you can have on others.

5. *Keep a writing journal in Spanish to write freely about topics of your choice.* You can share your journal with your teacher or peers or decide to keep it private.

6. *Keep a portfolio of your work.* This can be a record of your progress as well as evidence of your best work. Review your portfolio regularly to evaluate your growth as a writer. Use it as evidence to showcase your writing skill for employment or placement in high school or college language courses.

1.5. BUILDING GRAMMAR SKILLS

Grammatical accuracy in speaking and writing is a significant goal for advanced level students. While instruction at the beginning level and perhaps even at the intermediate level emphasizes communication over accuracy, at the advanced level students must focus on communicating as correctly as possible. This means mastering verb tenses and grammatical structures and being able to use them appropriately in a meaningful context.

The following strategies are recommended:

1. *Immerse yourself in authentic language.* Read Spanish-language newspapers, magazines and literature. Watch Spanish-language programs or rent Spanish-language videos. Read Spanish on the Internet. Note how the grammatical forms you have learned in class are applied in real contexts. While specific forms are often isolated in the classroom for instructional purposes, in authentic materials, this is not the case. Note the variety and interplay of tenses and forms and attempt to distinguish among them to ensure comprehension.

2. *Set specific goals to improve your grammar.* For example, if you are having difficulty remembering preterit tense endings and you need to be able to narrate stories in the past, develop a study plan and a time frame. Be sure to recycle your learning activities over an extensive time period to ensure retention in long-term memory. Keep a diary or journal of your goals, plans and achievements.

3. *To master verb tenses and corresponding endings you must practice using them.* Try to use an appropriate variety of tenses in your speaking and writing.

   a. As necessary, review the verb charts in this book, and do some corresponding review exercises from the book for practice.

   b. Try to visualize the verb forms as they appear on these charts to help you remember them when you can't have them in front of you.

    c. Try putting verb endings for a particular tense that you need to review on some flash cards and verb stems on other flash cards. Group stems with similarities together, for example, ***pud, tuv, pus,*** and ***estuv*** all have the letter ***u***. Drill yourself or work with a friend combining endings with verbs and creating sentences on a particular topic of interest.

    d. Categorize new verbs as you learn them. For example, if you come across the verb ***compadecer*** for the first time, you should note that it is a ***-cer*** verb like ***conocer*** and therefore has the same endings.

    e. Try chanting verb forms out loud, or make up a song using the verbs that you are trying to master. Incorporate body movement such as clapping or tapping to help you remember.

    f. Make your own tapes of verb forms in sentences or dialogs and play them in your car or on your portable tape player.

    g. Continue to review these forms in any way that you find pleasant and effective and use them as often as you can till they become internalized and automatic.

4. *Learn the principal parts of common regular and irregular verbs.* They are the infinitive, the present participle and the past participle. These are building blocks for all the tenses, for example, ***escribir, escribiendo, escrito.*** Keep them in your notebook or on flash cards.

5. *Identify and use subjunctive forms appropriately.* This will show that you are at the advanced level of Spanish proficiency. Since the subjunctive is very common in Spanish but not common at all in English, you have to make a special effort to understand the differences in tone between the subjunctive and indicative moods. Note how the subjunctive is used as you listen and read. Sensitize yourself to expressions that require the subjunctive like emotions, desires, and uncertainties. Learn mnemonics to help you remember them such as *WEIRD. Wish, Emotion, Impersonal Expression, Request, Doubt.* (See Chapter 12.)

6. *Identify and study the cues for determining gender in Spanish.* Some endings, like ***-ción*** and ***-dad*** always signal a feminine word. Compound words, like ***rascacielos*** and ***abrelatas***, are generally masculine. Knowing these and other rules will help you avoid errors in gender and agreement. (See Chapter 14.)

7. *Be sure to master the rules for agreement of nouns, pronouns, and adjectives.* Errors in agreement are very common for native English speakers, since there is no equivalent in English. Study the rules for Spanish agreement and internalize them through practice, always monitoring or double-checking your speaking and writing. (See Chapters 14–16.)

8. *Learn to identify the different parts of speech and the cues that signal them.* Many suffixes in Spanish indicate parts of speech. For example, ***-mente*** as in ***lentamente*** is equivalent to *-ly* in English and indicates an adverb; ***-ción*** as in ***canción*** are equivalent to *-tion* in English and indicates a noun; ***-oso*** as in ***ambicioso*** is equivalent to *-ous* in English and indicates an adjective. Knowing these and other cues and their corresponding parts of speech will help you comprehend and write correctly. (See Word Building in the Appendix.)

9. *Learn to differentiate the many types of pronouns in Spanish, and always try to identify the noun or nouns that are referred to in the context of what you hear or read.* This will help you to use pronouns correctly. (See Chapter 15.)

10. *Remember that you can't translate word to word from English to Spanish.* Note differences in syntax (word order) and tenses. For example, expressions such as "I have been living in Costa Rica for three months" become "***Hace tres meses que vivo en Costa Rica.***" Both the tense and word order are different. Keep a list of these expressions in your notebook.

11. *Ask for help.* Try to seek and be open to corrections and feedback on grammar and syntax from your teacher, peers or native speakers. A positive attitude to accepting correction will encourage others to help you.

12. *Work at developing an internal monitor.* Review in your mind what you say and write trying to incorporate the many rules and guidelines you've learned, and self-correct when you note an error. Although this may seem overwhelming at first, as you develop more experience with the language you will begin to monitor yourself automatically. Others will appreciate your efforts to express yourself correctly, since this shows your respect for the Spanish language and for the people who speak it.

1.6.   BUILDING VOCABULARY

Building vocabulary is essential to achieving proficiency in the four basic language skills of listening, speaking, reading, and writing. At the advanced level students need to use a broad range of vocabulary.

The following strategies are recommended to language learners.

1. *Establish goals and objectives for vocabulary learning.* Identify both long and short-term goals, and organize your learning to achieve both. Are you learning vocabulary for a particular speaking or writing task on a particular topic? Are you preparing for the vocabulary questions on the Spanish Achievement Test or Advanced Placement Examinations? Do you need to learn specific vocabulary for a job or for travel? Determine your needs and develop a plan.

2. *As you learn new vocabulary related to particular contexts, keep a record of them by topic in a journal or notebook, on flash cards, or on computer disks.* You might also classify them in subgroups such as verbs, nouns, adverbs, and so on. To help clarify the meaning, you might want to include the original phrase or sentence where you encountered the new word in your notes.

3. *Always look for cognates.* There are many words in Spanish and English that sound similar because they are derivations of a word in Latin, for example, Spanish ***amor*** and English *amorous.* Generally, if you think you can relate a Spanish word to its English cognate, you will be correct. There are however, false cognates that you must look out for, like ***actualmente***, which means *currently*, not *actually*.

4. *Use memory strategies to retain new vocabulary.* In order to remember new vocabulary you must relate it to previous knowledge and apply it to meaningful situations.

   a. Try creating a semantic map or other diagrams grouping new words with other words that you know, and with which you can associate them in some personally meaningful way.

   b. Use rhyme, rhythm, and/or songs to help you remember words or groups of words. While your teacher may know some, you can also create your own with any group of words. The rhyme, rhythm, and music will help you remember new words.

c. Use acronyms, that is, words formed from the initial letters of other words to remember new vocabulary.

d. Visualize new words or groups of words in a personally meaningful context or location. For example, if you are learning house vocabulary, label different rooms and objects in Spanish with self-adhesive notes, or draw a picture of your room (on paper or in your mind) and then label all the furniture. Connect a familiar visual image with a sound similar to the new word, for example, visualize a mirror to remember **_mirar_**.

e. Repetition of new words will help you retain them in memory. Write and/or say new words in a comprehensible context or with their meanings several times for a few minutes a day, and repeat this process for a few days until you retain the new vocabulary in memory.

f. Physically contact or act out new vocabulary. Acting out words and phrases in a real context will help reinforce their meaning. You might play "Simon Says" or "Charades" using Spanish words and expressions that you are learning. Demonstrate following a recipe or following directions. Make a shopping list in Spanish and try to find all the items in the supermarket. Order from a Spanish menu and enjoy the food. Dress up in clothing vocabulary that you are trying to learn. Organize a scavenger hunt to find new vocabulary items.

5. *Learn to recognize related words with the same root by identifying particular endings which indicate parts of speech.* For example, you know that regular verbs end in **_-ar, -er_**, or **_-ir_**. You know that the verb **_diseñar_**—a cognate—means "to design," therefore you can surmise that the noun **_el diseño_** means "the design" and **_el diseñador_** or **_la diseñadora_** means "the designer." The endings reveal the part of speech and the root reveals the related meaning. (See Word Building in the Appendix.)

6. *Always try to guess the meaning of new words from the context.* However, if you come across a key word in your reading or listening activities which you cannot comprehend, look it up in a dictionary and add it to your personal vocabulary journal or a tape. Then try to use it as soon as you can in your speaking and writing activities in Spanish.

7. *Try looking up words in a Spanish to Spanish dictionary.* Record Spanish definitions that you comprehend in your vocabulary journal, on flashcards, or on a tape for review and practice.

8. *Look continuously for opportunities to build vocabulary.* Vocabulary building in Spanish should be an ongoing and active process. Read, watch T.V. and films and listen to radio programs and tapes on familiar as well as unfamiliar topics. Continue to challenge your level of comprehension building on what you know and seeking clarification of what you don't know from your teachers and the materials available to you. Use SPANISH FOUR YEARS as a resource to answer your questions and to provide practice activities.

1.7. BUILDING CROSS-CULTURAL SKILLS

As you learn a new language you also learn the cultural conventions and the valued knowledge of the people who speak it. You will realize that different civilizations have developed different ways of meeting common needs. The following strategies are suggested to help students become aware of similarities and differences between the target culture and their own.

1. *Immerse yourself in authentic materials from the target cultures.* These should include magazines, newspapers, radio and television broadcasts, films, literature, art, and music.

2. *Compare the topics presented in the media and the way they are approached in your country and in the different Spanish-speaking countries.* You could compare headlines and articles on the same international topic or event that appear in newspapers such as Madrid's *El País*, Bogotá's *El Tiempo*, the *Miami Herald*, and the *New York Times*. For example, during the 1996 Summer Olympics, how was the city of Atlanta portrayed in each of these newspapers? How were the perspectives different or the same? What might be some reasons for these differences and/or similarities? Or compare the sports section of newspapers from Spanish-speaking countries and the U.S. and note which sports are discussed and which are not in these different countries. Note the attitudes toward the athletes. Are they different or the same?

3. *Interview native-speakers, pen pals, or key pals from different countries.* Compare daily customs, activities, interests, and concerns. Which customs and attitudes are different and which are the same?

4. *Note cultural differences and similarities in the literature that you read.* Note the historical and political context and social positions of the characters in relation to it. What universal characteristics do they embody? How are their actions and/or reactions different from characters in American life and literature?

5. *Realize that similar events can have totally different meanings in different cultures, so be careful not to judge.* For example, in the U.S. we might not enter a restaurant that has napkins thrown all over the floor, whereas in Spain napkins on the floor are a common sight in a restaurant serving **tapas**. As you may know, after eating their **tapas** customers are expected to drop their napkins on the floor, which is routinely swept at the end of the evening.

6. *Be aware that the same Spanish words have different meanings and connotations in different Spanish-speaking countries.* For example, a **tortilla** in Mexico is made from corn meal, but the **tortilla** in Spain is an omelet. Note the reciprocal influences between Spain and Spanish America.

7. *As you listen to the different types of Spanish music, note the rhythms and the instruments.* Which sounds are uniquely Spanish or Latin and which sounds show influences from other countries or cultures? What are the themes of the songs? Are they universal or unique?

8. *Pay close attention to the rules and customs of formality and informality as they exist in Spanish-speaking countries, and realize that what is acceptable in the U.S. may be considered rudeness in another country.*

9. *Learn to identify body language, gestures and note distance between speakers as you observe native speakers or videos and films from Spanish America or Spain. Note similarities and differences.*

10. *Learn to respect and value diversity.* As you learn more about different cultures you will understand and appreciate the richness that comes with differences, and you will better understand your home culture.

11. *Use the cultural readings in SPANISH FOUR YEARS as a resource and as a basis for further research.* (See the timeline in the Appendix of this book for chronological references.)

REFERENCES

Caine, R.N., and G. Caine. (1991) *Making Connections: Teaching and the Human Brain.* Alexandria, VA: Association for Supervision and Curriculum Development.

Hyerle, David. (1996) *Visual Tools for Constructing Knowledge.* Alexandria, VA: Association for Supervision and Curriculum Development.

Oxford, Rebecca L. (1990) *Language Learning Strategies, What Every Teacher Should Know.* Boston, MA: Heinle & Heinle.

Reid, Joy M. (1995) *Learning Styles in the ESL/EFL Classroom.* Boston, MA: Heinle & Heinle.

Rubin, Joan and Thompson, Irene. (1994) *How to Be a More Successful Language Learner.* Boston, MA: Heinle & Heinle.

PART TWO

VERBS

2

Hoy en Día:
Triunfos y Problemas Actuales
The Present Tense

2.1. USES OF THE PRESENT TENSE

Present tense verb forms are used to express the following communicative functions in the present:

1. Describing or introducing people or events.
   Quiero presentarle a mi amigo Carlos. *Tiene* los ojos azules y el pelo negro.

2. Narrating or informing about events taking place.
   Carlos y Elena *asisten* a la fiesta.

3. Reporting about habitual actions.
   ***Camino* a la escuela todos los días.**

4. Informing about events that will take place in the near future.
   Te *llamo* mañana.

5. Expressing or questioning current attitudes, feelings, or opinions.
   No me *gusta* la violencia en las programas de televisión. ¿Qué *piensa* Ud.?

6. Retelling a historical event or telling a story in the historical present.
   Cenicienta, además de cocinar, *limpia* los pisos y las escaleras de la casa.

7. Expressing a past idea or action that continues in the present.
   ***Hace* tres años que *vivo* aquí.**

PRUEBA PRELIMINAR

Para comprobar su dominio del tiempo presente, lea el siguiente artículo y luego escriba en el presente las formas de los verbos que completen correctamente esta lectura.

Extinción masiva

VOCABULARIO

amenazado threatened
aumentar to increase, augment
la clave key

el desarrollo development
espeluznante hair-raising
el fármaco medicine

La muerte de miles de especies animales y vegetales _____ la super-
1. (amenazar)

vivencia del hombre. Cada día _____ más homogénea la Tierra; día a
2. (volverse)

día el planeta _____ especies que desde hace milenios lo
3. (perder)

_____. Las cifras de la Organización de la Alimentación y la Agricultura
4. (habitar)

de Las Naciones Unidas (FAO) _____ espeluznantes... Cada año que
5. (ser)

_____ 50.000 de estas especies _____ borradas del pla-
6. (pasar)   7. (quedar)

neta. También los animales _____ amenazados.
8. (estar)

De las 4.000 razas de animales dedicados a la alimentación del hombre sobre el

planeta, una cuarta parte _____ extinguirse... La biodiversidad
9. (poder)

_____ clave para la humanidad. Según la FAO se _____
10. (ser)   11. (necesitar)

aumentar la capacidad de alimentación del planeta en un 60 por ciento en los próximos

25 años. Para ello _____ que hacer más productiva la agricultura, mejo-
12. (haber)

rando la resistencia de las variedades a plagas y cambios en el clima. El desarrollo de

variedades más resistentes _____ del estudio y cruces con otras especies,
13. (depender)

ahora amenazadas de extinción... También el desarrollo de nuevos fármacos

_____ en buena medida sobre las plantas...
14. (descansar)

El 90 por ciento de las especies vegetales _____ en Latinoamérica,
15. (crecer)

Africa y Asia.

(Luis de Zubiaurre, «Extinción masiva», *Cambio 16*; 13 de mayo de 1996.)

2.2. REGULAR VERBS

The present tense of regular verbs is formed by dropping the *-ar, -er*, or *-ir* endings of the infinitive and adding the corresponding endings. Subject pronouns are generally omitted in Spanish, unless they are not implied.

HABLAR	COMER	ESCRIBIR
hablo	como	escribo
hablas	comes	escribes
habla	come	escribe
hablamos	comemos	escribimos
habláis	coméis	escribís
hablan	comen	escriben

2.3. VERBS IRREGULAR IN THE PRESENT INDICATIVE

Irregularities are found in the stems of many of the most common verbs in the present tense. This makes sense when you consider that words used most often have historically evolved the most.

The following verbs are grouped by their common irregularities.

1. Verbs irregular only in the first person, *yo* form of the present indicative:

caber	*quepo*	hacer	*hago*	salir	*salgo*
caer	*caigo*	poner	*pongo*	traer	*traigo*
dar	*doy*	saber	*sé*	valer	*valgo*

2. Verbs irregular in all forms of the present indicative except ***nosotros*** and ***vosotros***.

ESTAR	DECIR	OÍR	TENER	VENIR
estoy	*digo*	*oigo*	*tengo*	*vengo*
estás	*dices*	*oyes*	*tienes*	*vienes*
está	*dice*	*oye*	*tiene*	*viene*
estamos	decimos	*oímos*	tenemos	venimos
estáis	decís	*oís*	tenéis	venís
están	*dicen*	*oyen*	*tienen*	*vienen*

3. Verbs irregular in all forms of the present indicative:

HABER	IR	SER
he	*voy*	*soy*
has	*vas*	*eres*
ha	*va*	*es*
hemos	*vamos*	*somos*
habéis	*vais*	*sois*
han	*van*	*son*

NOTE: ***Haber*** is a helping verb used in compound tenses. ***Hay*** is the impersonal form of ***haber***. It means *there is* or *there are*.

2.4. STEM-CHANGING VERBS IN THE PRESENT TENSE

In the present tense, some verbs change their stem from *e* to *ie* or from *o* to *ue*. These changes take place in all forms of the present except **nosotros** and **vosotros**. Note the following examples:

1. *e* to *ie* verbs

CERRAR	ENTENDER	PREFERIR
c*ie*rro	ent*ie*ndo	pref*ie*ro
c*ie*rras	ent*ie*ndes	pref*ie*res
c*ie*rra	ent*ie*nde	pref*ie*re
cerramos	entendemos	preferimos
cerráis	entendéis	preferís
c*ie*rran	ent*ie*nden	pref*ie*ren

Common *e* to *ie* stem-changing verbs:

-AR

apretar	confesar	negar
atravesar	despertar(se)	pensar
calentar	empezar	temblar
comenzar	gobernar	tropezar

-ER

defender	perder	querer

-IR

diferir	mentir	sentir(se)
herir	referir	sugerir

2. *o* to *ue* verbs

CONTAR	VOLVER	DORMIR
c*ue*nto	v*ue*lvo	d*ue*rmo
c*ue*ntas	v*ue*lves	d*ue*rmes
c*ue*nta	v*ue*lve	d*ue*rme
contamos	volvemos	dormimos
contáis	volvéis	dormís
c*ue*ntan	v*ue*lven	d*ue*rmen

Common *o* to *ue* stem-changing verbs:

-AR

acordar(se)	encontrar	probar
acostar(se)	mostrar	recordar

-ER

soler	morder	poder
devolver	mover	

-IR

morir

NOTE: The verb *jugar* changes from *u* to *ue* in all forms of the present tense except *nosotros* and *vosotros*.

j*ue*go	jugamos
j*ue*gas	jugáis
j*ue*ga	j*ue*gan

3. *e* to *i* stem-changing verbs

   This change occurs only in *-ir* verbs.

PEDIR	
p*i*do	pedimos
p*i*des	pedís
p*i*de	p*i*den

Common *-ir* verbs that change stem from *e* to *i*:

conseguir	perseguir	seguir
despedir(se)	reír	servir
elegir	reñir	sonreír
impedir	repetir	vestir(se)
medir		

2.5. CONSONANT-CHANGING VERBS

The following verbs change only in the *yo* form of the present indicative. The change occurs before the *-o* ending.

ENDING	CHANGE	INFINITIVE	*yo* FORM
-ger	g to j	escoger coger proteger recoger	esco*j*o co*j*o prote*j*o reco*j*o
-gir	g to j	afligir corregir dirigir elegir exigir fingir	afli*j*o corri*j*o diri*j*o eli*j*o exi*j*o fin*j*o

(cont.)

ENDING	CHANGE	INFINITIVE	*yo* FORM
-guir	**gu** to **g**	**distinguir** **conseguir** **extinguir** **perseguir** **seguir**	**disting*o*** **consig*o*** **exting*o*** **persig*o*** **sig*o***
vowel + **cer**	**c** to **zc**	**conocer** **aparecer** **carecer** **merecer** **obedecer** **ofrecer** **padecer** **parecer** **permanecer** **pertenecer**	**cono*zc*o** **apare*zc*o** **care*zc*o** **mere*zc*o** **obede*zc*o** **ofre*zc*o** **pade*zc*o** **pare*zc*o** **permane*zc*o** **pertene*zc*o**

NOTE: *Cocer* becomes *cuezo, cueces, cuece, cocemos, cocéis, cuecen*.

ENDING	CHANGE	INFINITIVE	*yo* FORM
consonant + **cer**	**c** to **z**	**vencer** **convencer** **ejercer** **torcer**	**venzo** **convenzo** **ejerzo** **torzo**
vowel + **cir**	**c** to **zc**	**traducir** **conducir** **producir**	**traduzco** **conduzco** **produzco**

2.6. *-UIR, -UAR*, AND *-IAR* VERBS

1. Verbs that end in *-uir* add a *y* in all forms of the present indicative except the *nosotros* and *vosotros*.

HUIR	
hu*y*o	**huimos**
hu*y*es	**huís**
hu*y*e	**hu*y*en**

Common *-uir* verbs:

concluir	**distribuir**	**influir**
construir	**destruir**	**sustituir**
contribuir	**incluir**	

2. Verbs ending in -*uar* (except for those ending in -*guar*) have a written accent on the *u* in all forms of the present tense except *nosotros* and *vosotros*. The accent is needed to stress the vowel.

CONTINUAR	
continúo	continuamos
continúas	continuáis
continúa	continúan

NOTE: Other -*uar* verbs are: *acentuar* and *graduarse*.

3. Some verbs ending in -*iar* have a written accent on the *i* in all forms of the present indicative except *nosotros* and *vosotros*. The accent is needed to stress the vowel.

ENVIAR	
envío	enviamos
envías	envías
envía	envían

NOTE: Other verbs like *enviar* are: *fiar(se)*, *confiar*, and *guiar*.

EJERCICIOS

A. Lea el siguiente artículo sobre una escuela innovadora y complete las frases con la forma apropiada de los verbos en el presente. Luego, conteste las preguntas al respecto.

Aula inteligente

VOCABULARIO	
aunar to integrate	**el ordenador** computer
el eje axis, fundamental idea	**la red** network
la herramienta tool	

La Institución Educativa SEK ha desarrollado un innovador método de enseñanza... El proyecto, denominado Aula inteligente, _____ las últimas técnicas en psi-
1. (aunar)
cología y ciencias sociales, con los más recientes avances tecnológicos para dar una respuesta satisfactoria a las necesidades de formación de los estudiantes del siglo XXI.

Aunque los objetivos finales se _____ a los requeridos por las institu-
2. (ajustar)

ciones oficiales, el método empleado _____ diametralmente del tradicional.
3. (diferir)

En primer lugar se _____ el aula convencional por un espacio abierto de
4. (sustituir)

400 metros cuadrados donde todos los profesores del curso _____ pre-
5. (estar)

sentes a todas horas, y _____ dar una asistencia personalizada a cada
6. (poder)

alumno.

Esta situación _____ el clásico horario rígido en el que cada profesor
7. (eliminar)

exponía su materia; aquí, tras una pequeña explicación, cada alumno _____
8. (tener)

que organizar sus horas lectivas, de tal forma que _____ dedicar menos
9. (poder)

tiempo a las asignaturas que _____ y más a aquellas en las que
10. (dominar)

_____ algún problema.
11. (presentar)

A diferencia de otros modelos en los que se _____ con ordenadores en
12. (trabajar)

las aulas, aquí la tecnología no se _____ en el centro y piedra angular del
13. (convertir)

aprendizaje sino que se _____ como una herramienta más dentro del pro-
14. (emplear)

ceso de asimilación de las materias, al igual que los cuadernos o los libros.

El eje del proyecto _____ una red local (Windows NT) mediante la
15. (ser)

cual alumnos y profesores _____ mutuamente sus labores...
16. (observar)

A todo ello y gracias a un acuerdo con Telefónica ... se _____ un ser-
17. (añadir)

vicio de videoconferencia en tiempo real que _____ conectar el aula con
18. (permitir)

otros colegios, universidades y centros de investigación. También se _____
19. (trabajar)

vía Internet, donde los alumnos _____ a diseñar sus propias páginas web.
20. (llegar)

Todo esto _____ a que los niños se familiaricen rápidamente con los
21. (contribuir)

elementos y situaciones que más tarde _____ a encontrar en el mundo la-
22. (ir)

boral, a la vez que _____ participar activamente en el desarrollo y mejora
23. (poder)

de su educación.

Preguntas

1. ¿Se parece esta escuela a la suya o es muy diferente? Explique.
2. ¿Cómo prepara para el futuro esta escuela a sus estudiantes?
3. ¿Cuál es su opinión sobre este método de enseñanza?

B. Unos alumnos de un colegio español le escriben por correo electrónico para aprender más de su colegio y su vida diaria. Responda a las preguntas.

EJEMPLO: Nosotros llegamos a la escuela a las ocho. ¿Y tú?
Llego a la escuela a las siete y media.

1. Tenemos diez asignaturas este semestre. ¿Y tú?

   _____

2. Preferimos las matemáticas y la literatura. ¿Y tú?

   _____

3. Almorzamos entre la una y las tres. ¿Y tú?

   _____

4. Volvemos a la escuela a las tres. ¿Y tú?

   _____

5. Jugamos al fútbol o al baloncesto después de las clases. ¿Y tú?

   _____

6. Hacemos dos horas de tarea todos los días. ¿Y tú?

   _____

7. Vamos a fiestas y a discotecas los fines de semana. ¿Y tú?

   _____

8. Solemos escuchar música rock. ¿Y tú?

   _____

9. Asistimos a conciertos de grupos populares. ¿Y tú?

   _____

10. Conducimos motos. ¿Y tú?

    _____

11. Nos acostamos a las once y media los días de la semana. ¿Y tú?

    _____

12. En nuestra escuela conseguimos el bachillerato internacional. ¿Y tú?

    _____

C. Quieres saber más de la vida de estos alumnos y les envías preguntas usando los siguientes verbos en el presente.

EJEMPLO: (despertarse)   ¿A qué hora **se despiertan** los fines de semana?

1. (divertirse)   _____

2. (ir de compras)   _____

3. (vestirse) _____

4. (reunirse) _____

5. (graduarse) _____

T R A B A J O   C O O P E R A T I V O

A. Los dos siguientes fragmentos de artículos presentan varios puntos de vista sobre los libros y las computadoras. Formen grupos cooperativos de cuatro alumnos para leer y discutir los artículos. Usen el tiempo presente del indicativo lo más posible.

- En cada grupo, el líder organiza el trabajo y ayuda a los otros.
- Una pareja del grupo lee «El mundo en sus manos».
- Otra pareja del grupo lee «El gusto por la lectura».
- Cada pareja escribe su opinión acerca de la lectura y se la presenta al grupo.
- El grupo prepara una encuesta para investigar: (a) cómo y por cuánto tiempo al día sus compañeros de clase usan los ordenadores para conseguir información o divertirse y (b) cómo y por cuánto tiempo al día usan libros, revistas y otros medios tradicionales.
- El grupo prepara una gráfica que compara los resultados y se la presenta a la clase. Presenten también sus conclusiones al respecto.

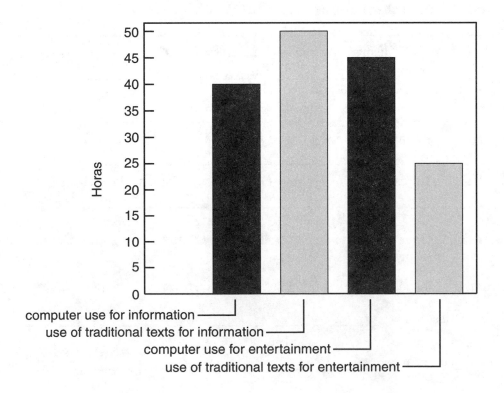

Fragmento 1

El mundo en sus manos

> **VOCABULARIO**
> **giratorio**   revolving
> **el globo terráqueo**   globe
> **la invasión informática**   computer invasion
> **el usuario**   user
> **la ventaja**   advantage

Si bien es cierto que el ordenador no sustituirá, al menos a corto plazo, al libro tradicional, sí hay que anotar que en determinados campos como las enciclopedias, las guías informativas o los atlas se está produciendo una desigual batalla, en la que las nuevas tecnologías poseen una indudable ventaja.

Un claro exponente de la invasión informática en estos sectores es el nuevo programa de Electronics, 3D Atlas, un espléndido compendio geográfico, histórico y político en el que se estudia, por medio de globos terráqueos giratorios, el mundo tal y como es: elevaciones, depresiones, ciudades que crecen, fronteras que se mueven. De tal forma que el usuario puede adquirir conocimientos sobre los más diversos lugares del mundo sin necesidad de moverse de su casa y con sólo manejar un ratón.

(Roberto Hernández, «El mundo en sus manos», *Cambio 16*, 6 de mayo de 1996.)

Fragmento 2

El gusto por la lectura

> **VOCABULARIO**
> **acogedor**   cozy
> **asegurar**   to make sure, to reassure
> **asiduamente**   assiduously
> **degustar**   to taste
> **inconcebible**   inconceivable
> **plantear**   to pose, to raise (a problem, question)

¿Qué dicen aquellos que leen asiduamente, aquellos para quienes la lectura es, se podría decir, un modo de vida? La pregunta que se les plantea desde la perspectiva de aquellos que no han cultivado el hábito de leer es simplemente, ¿por qué leen? ¿Qué encuentran los lectores asiduos en la lectura? Por supuesto, las respuestas son múltiples. Para muchos, la lectura no es sólo una manera de obtener información. El hábito de la lectura nos abre horizontes desconocidos, nos induce a establecer relaciones entre cosas y formular ideas anteriormente inconcebibles y, sin lugar a dudas, nos ayuda a desarrollar un pensamiento crítico. Ahora, ¿cuál es la actitud de estos lectores asiduos ante el auge de los

4

ordenadores? Muchos aseguran que no existe comparación alguna entre leer en frente de un ordenador y degustar un libro echado en un cómodo sofá en algún lugar acogedor dentro de la casa con una taza de café al alcance de la mano...

B. Formen grupos de cuatro o cinco personas para preparar una encuesta y discutir sobre la natación con delfines. Hagan las preguntas y las presentaciones en el tiempo presente del indicativo. Primero, dividan el trabajo entre los miembros del grupo.

- El líder del grupo organiza el trabajo y ayuda a sus compañeros.
- Todos leen las dos opiniones sobre el tema.
- Un miembro investiga las leyes para la protección de los animales y se las presenta al grupo. Otro miembro investiga el comportamiento de los delfines y escribe una descripción que comparte con el grupo.
- Cada miembro del grupo contribuye una pregunta para una encuesta con relación a la natación con delfines.
- Un miembro del grupo les distribuye la encuesta a sus compañeros de clase y luego recoge las respuestas. Otro miembro distribuye la encuesta en el Internet y recoge las respuestas.
- El grupo presenta los resultados de su encuesta y organiza una discusión en la clase. Luego, redacta un folleto informativo en español sobre la natación con delfines y se lo envía a la Sociedad Humana de los Estados Unidos.

Turistas ponen en peligro a los delfines

VOCABULARIO

el delfín dolphin	**la jaula** cage
esforzarse to strive	**silvestre** wild

Opinión 1

«—El mejor aliado de los delfines es una sociedad humana educada... Entre más sepamos de ellos, más nos esforzaremos por cuidarlos. Encuentro con los Delfines del DRCJ está estrictamente controlado por los entrenadores—son más como sesiones de juego coreografiadas entre la gente y los delfines...

El programa de natación dura dos horas y media y la gente está en el agua por veinte minutos ... Somos muy conservadores con el tiempo que le permitimos pasar en el agua con los delfines...

Aquí pretendemos educar al público sobre los delfines—».

Opinión 2

«—Ya es bastante malo tenerlos en exhibición pública ... Pero al permitir a la gente obtener gratificación total metiéndose en el agua con ellos, se ha cruzado la línea. No hay un beneficio educativo adicional en ello ... todos los programas de natación ponen a los delfines—y a veces a los humanos—en riesgo».

(«Turistas ponen en peligro a los delfines». El Diario / La Prensa; 7 de abril de 1996, suplemento dominical.)

M A S T E R Y   A S S E S S M E N T S

A. Lea el siguiente artículo y complete las frases con los verbos en el tiempo presente.

El turbio negocio del tráfico de animales

VOCABULARIO

agarrar   to seize   **la selva**   jungle

amordazar   to muzzle   **la soga**   rope, cord

cazar   to hunt   **el vestigio**   sign, vestige

la proa   bow, prow

En el puerto amazónico colombiano de Leticia, Juan, un indio «ticuna» oriundo de la zona,

y su conductor _____ su canoa motorizada bajo los últimos vestigios de la
                    1. (cargar)

luz del atardecer. Con sólo una lámpara de halógeno y unas cuantas sogas,

_____ nosotros en busca de caimanes, un pequeño cocodrilo tropical nativo
      2. (partir)

de América Central y del Sur, y particularmente de la región del alto Amazonas. Una vez

alejados del puerto, el motor _____ a toda velocidad. Juan...
                              3. (acelerarse)

_____ parado en la proa...
      4. (estar)

   Después de casi tres horas de viaje, (nosotros) _____ la velocidad del
                                                    5. (reducir)

motor y _____ escucharse la cacofonía nocturna de la selva...
         6. (poder)

   (Nosotros) _____ la lámpara, y su luz _____ sobre la
               7. (encender)   *8.* (bailar)

costa en busca del rojo brillo del ojo de un caimán. En la distancia (nosotros)

_____ lo que _____ la colilla encendida de un cigarrillo... La
      9. (divisar)   *10.* (parecer)

luz en sus ojos _____ al caimán inmóvil e indefenso. Generalmente, eso es
                 11. (volver)

lo último que _____; la especie, como muchas otras de la región, ha sido
                12. (ver)

cazada casi hasta la extinción. Este animal, sin embargo, _____ uno de los
                                                            13. (ser)

pocos afortunados. Juan y sus colegas _____ parte de un singular proyecto
                                       14. (formar)

de conservación.

Al alcanzar nuestra presa, Juan _____ su mano en el agua y ...
15. (meter)

_____ al animal por el cuello y la cola y lo _____ en la canoa.
16. (agarrar)   17. (colocar)

Con un rápido movimiento lo _____ y _____, sonriendo todo
18. (atar)   19. (amordazar)

el tiempo. _____ el sexo, _____ el motor y la
20. (determinar)   21. (encender)

_____ búsqueda de más ejemplares.
22. (continuar)

(«El turbio negocio del tráfico de animales»; *Américas*, septiembre/octubre de 1996.)

Preguntas

1. ¿Cómo coge Juan los caimanes?

    _____

2. ¿Para qué atrapa Juan los caimanes?

    _____

B. ¿Qué hacemos para proteger el medio ambiente y la biodiversidad? Prepare preguntas y respuestas en el tiempo presente para su amigo por correspondencia.

EJEMPLO: (Llevar) ¿**Llevas** siempre una bolsa para la basura en tu coche?

        a. Sí, **llevo** siempre una bolsa para la basura en mi coche.
        b. Mis amigos (**no**) **llevan** siempre una bolsa para la basura en su coche.

1. (Respetar) ¿_____ siempre la flora y la fauna?

    a. Yo _____.

    b. Mis amigos _____.

2. (Evitar) ¿_____ empaques excesivos?

    a. Yo _____.

    b. Mis amigos _____.

3. (Esforzarse) ¿_____ a comprar a granel?

    a. Yo _____.

    b. Mis amigos _____.

4. (Reducir) ¿_____ a cantidad de basura por medio del reciclaje?

    a. Yo _____.

    b. Mis amigos _____.

5. (Sustituir) ¿_____ pilas recargables por pilas desechables?

    a. Yo _____.

    b. Mis amigos _____.

6. (Obtener) ¿_____ envases reciclables?

    a. Yo _____.

    b. Mis amigos _____.

7. (Consumir) ¿_____ productos de animales en peligro de extinción?

    a. Yo _____.

    b. Mis amigos _____.

8. (Componer) ¿_____ las cosas en vez de tirarlas?

    a. Yo _____.

    b. Mis amigos _____.

9. (Compartir) ¿_____ tú su coche para ahorrar energía?

    a. Yo _____.

    b. Mis amigos _____.

10. (Proteger) ¿_____ los recursos naturales por no malgastarlos?

    a. Yo _____.

    b. Mis amigos _____.

11. (Conocer) ¿_____ las reglas de reciclaje y conservación de su vecindario?

    a. Yo _____.

    b. Mis amigos _____.

12. (Contribuir) ¿_____ a organizaciones como Greenpeace?

    a. Yo _____.

    b. Mis amigos _____.

PORTFOLIO ASSESSMENTS

1. Ud. tiene que escribir un artículo para una publicación de su escuela. El artículo discutirá un invento o avance tecnológico reciente que haya afectado a muchas personas. En su artículo describa la invención o avance tecnológico, su historia, su uso hoy y su potencial para el futuro.

2. Escoja un problema corriente en su escuela o en su comunidad. Cree un informe especial para las noticias diarias en la televisión. Investigue en la biblioteca, en el Internet y conduzca una encuesta en su escuela. Organice la información y sus sugerencias en un video y presénteselo a la clase.

Historia y Vida: Relatos Heróicos y Cotidianos
The Preterit Tense

3.1. USES OF THE PRETERIT TENSE

The preterit tense is used to express the following communicative functions:

1. Describing an action or event begun at a specific time in the past.
   ***Empezó* a estudiar a las seis.**

2. Describing an action or event completed at a specific time in the past.
   El examen *duró* tres horas.

3. Narrating about successive actions or events —fictional or real— within a definite time in the past.
   ***Se levantó* a las siete, *se vistió, desayunó* y *salió* para el trabajo.**

4. Providing or obtaining information about events that took place during a specific time in the past.
   ¿A qué hora *llegó* Elena?

NOTE: The English meaning of the following verbs changes in the preterit:

conocer	**Pedro lo *conoce*.**	*Peter* knows *him.*
	Pedro lo *conoció* anoche.	*Pedro* met *him last night.*
saber	**¿*Sabes* a qué hora llegan?**	*Do you* know *at what time they're arriving?*
	¿*Supiste* a qué hora llegaron?	*Did you* find out *at what time they arrived?*

Notice the uses of the preterit tense as you complete the pre-test that follows, and check your answers as you review the formation of this past tense in the ensuing chapter.

PRUEBA PRELIMINAR
Lea el siguiente artículo y escriba la forma apropiada de los verbos en el pretérito.

Las cosas de Picasso

Cuando _____ la ocupación nazi de Francia, el pintor Pablo Picasso
        1. (ocurrir)

_____ quedarse en París y, aunque los oficiales alemanes a veces regis-
     2. (decidir)

traban su estudio y lo molestaban de vez en cuando, no le _____ nada
                                                  3. (ocurrir)

grave. Una anécdota cuenta que un día un general de la GESTAPO _____
                                                                             4. (presentarse)

en su estudio y _____ a observar detenidamente las obras del Maestro.
            5. (comenzar)

De pronto _____ delante de un boceto del cuadro «Guernica» —el
            6. (pararse)

que Picasso pintara para mostrar las atrocidades cometidas por los Nazis en la Guerra

Civil Española— y le _____ señalando el dibujo del cuadro: «Usted
            7. (preguntar)

_____ esto?» A lo que Picasso le _____ sin parpadear:
   8. (hacer)   *9. (responder)*

«No, yo no... ¡ustedes!» Aun así, Picasso era un hombre de suerte... y su fama de pintor

de vanguardia era muy respetada... y ... _____ la ocupación sin problema
                                                                10. (sobrevivir)

alguno...

(«Las cosas de Picasso», adaptado de *Vanidades de México*, Año 36, no. 20, p.34.)

3.2. REGULAR VERBS IN THE PRETERIT TENSE

The preterit tense of regular verbs is formed by dropping the infinitive ending (*-ar, -er,*
or *-ir*) of and adding the appropriate endings. Note that regular *-er* and *-ir* verbs have
the same endings in the preterit.

HABLAR		COMER		ESCRIBIR	
hablé	hablamos	comí	comimos	escribí	escribimos
hablaste	hablasteis	comiste	comisteis	escribiste	escribisteis
habló	hablaron	comió	comieron	escribió	escribieron

3.3. VERBS IRREGULAR IN THE PRETERIT TENSE

Verbs irregular in the preterit may be grouped by their common irregularities to facil-
itate learning and review. For the following groups of verbs 1 through 5, the irregular
endings are the same. They are:

-e	-imos
-iste	-isteis
-o	-ieron (-jeron if the stem ends in **j**)

1. Verbs with *-u-* in the preterit stem:

PONER		SABER		CABER	
puse	pusimos	supe	supimos	cupe	cupimos
pusiste	pusisteis	supiste	supisteis	cupiste	cupisteis
puso	pusieron	supo	supieron	cupo	cupieron

PODER		HABER*	
pude	pudimos	hube	hubimos
pudiste	pudisteis	hubiste	hubisteis
pudo	pudieron	hubo	hubieron

*Used as a helping verb in compound tenses.

2. Verbs with *-i-* in the preterit stem:

DECIR		VENIR		QUERER	
dije	dijimos	vine	vinimos	quise	quisimos
dijiste	dijisteis	viniste	vinisteis	quisiste	quisisteis
dijo	dijeron	vino	vinieron	quiso	quisieron

HACER		SATISFACER	
hice	hicimos	satisfice	satisficimos
hiciste	hicisteis	satisficiste	satisficisteis
hizo*	hicieron	satisfizo*	satisficieron

*The *c* becomes *z* before *o* to maintain the original sound of the verb.

3. Verbs with *-uv-* in the preterit stem:

ESTAR		TENER		ANDAR	
estuve	estuvimos	tuve	tuvimos	anduve	anduvimos
estuviste	estuvisteis	tuviste	tuvisteis	anduviste	anduvisteis
estuvo	estuvieron	tuvo	tuvieron	anduvo	anduvieron

4. Verbs with *-j-* in the preterit stem (including *-ducir* verbs):

DECIR		TRAER	
dije	dijimos	traje	trajimos
dijiste	dijisteis	trajiste	trajisteis
dijo	dijeron	trajo	trajeron

TRADUCIR		PRODUCIR	
traduje	tradujimos	produje	produjimos
tradujiste	tradujisteis	produjiste	produjisteis
tradujo	tradujeron	produjo	produjeron

5. *Ser* and *ir* are identical in the preterit.

SER, IR	
fui	fuimos
fuiste	fuisteis
fue	fueron

6. *Dar* and *ver* have the same endings in the preterit.

DAR		VER	
di	dimos	vi	vimos
diste	disteis	viste	visteis
dio	dieron	vio	vieron

3.4. VERBS WITH SPELLING CHANGES IN THE PRETERIT TENSE

1. The following verbs change only in the *yo* form of the preterit. All other forms are regular.

ENDING	INFINITIVE	CHANGE	*yo* FORM	COMMON VERBS	
-car	buscar	c to qu	busqué	abarcar acercar aparcar	arrancar roncar sacar
-gar	pagar	g to gu	pagué	ahogar apagar colgar juzgar	llegar pegar rogar
-zar	empezar	z to c	empecé	abrazar almorzar aterrizar comenzar	cruzar rebozar rezar
-guar	averiguar	u to ü	averigüé	aguar apaciguar atestiguar	averiguar menguar santiguarse

2. *Oír, creer*, and verbs that end in *-eer* change their ending to *-yó* (for *Ud., él*, and *ella*) and *-yeron* (for *Uds., ellos*, and *ellas*). An accent is added to the *i* of the *tú, nosotros*, and *vosotros* endings.

OÍR		CREER	
oí	oímos	creí	creímos
oíste	oísteis	creíste	creísteis
oyó	oyeron	creyó	creyeron

LEER		POSEER	
leí	leímos	poseí	poseímos
leíste	leísteis	poseíste	poseísteis
leyó	leyeron	poseyó	poseyeron

NOTE: 1.   Verbs ending in *-uir* follow the same pattern. However, only *yo, Ud., él*, and *ella* have accents.

CONSTRUIR	
construí	construimos
construiste	construisteis
construyó	construyeron

2.   Other verbs in this group are: *atribuir, concluir, distribuir, huir*, and *incluir*.

3.   Verbs that end in *-ñer, -ñir*, and *-ullir* drop the *i* of the preterit endings for *Ud., él, ella* and *Uds., ellos*, and *ellas*.

GRUÑIR		BULLIR		ATAÑER	
gruñí	gruñimos	bullí	bullimos	—	—
gruñiste	gruñisteis	bulliste	bullisteis	—	—
gruñó	gruñeron	bulló	bulleron	atañó	atañeron

NOTE: 1.   Other verbs in this group are: *teñir, reñir*, and *zambullir*.
2.   **Atañer** is used only in the *Ud., él, ella* and *Uds., ellos, ellas* forms.

3.5.   STEM CHANGES IN THE PRETERIT TENSE

Only *-ir* verbs are stem changing in the preterit tense.

1.   Verbs whose stems change from *e* to *ie* or *e* to *i* in the present tense change their stems from *e* to *i* in the preterit. This change occurs in the *Ud., él, ella* and *Uds., ellos, ellas* forms.

PREFERIR	
preferí	preferimos
preferiste	preferisteis
prefirió	prefirieron

Other verbs like *preferir* are: *servir, sentir, medir, pedir, seguir, mentir, convertir*, and *consentir*.

NOTE: **1.**   *Reír* follows the same changes, but the *i* in the stem of *Ud., él, ella* and *Uds., ellos*, and *ellas* is dropped.

reí	reímos
reíste	reísteis
rió	rieron

2.   Other verbs like *reír* are *sonreír* and *freír*.

2.   Verbs whose stems change from *o* to *ue* in the present tense change their stems from *o* to *u* in the preterit. This change occurs in the *Ud., él, ella* and *Uds., ellos, ellas* forms.

DORMIR		MORIR	
dormí	dormimos	morí	morimos
dormiste	dormisteis	moriste	moristeis
d*u*rmió	d*u*rmieron	m*u*rió	m*u*rieron

E J E R C I C I O S

A.   Lea el siguiente artículo sobre el astronauta Franklin Chang Díaz y anote los verbos en el pretérito.

Alcanzando las estrellas

VOCABULARIO

el cohete   rocket

la nave espacial   spaceship

el paracaídas   parachute

Cuando tenía 5 años, Chang Díaz construyó su propia nave espacial usando una silla de la cocina y una caja de cartón.

A los 15 años, el ingenioso joven diseñó un cohete mecánico y lo disparó hacia el cielo con un pobre ratoncito amarrado a la cabina delantera. «Parecía que había subido muchísimo, llegando a la estratosfera, pero seguramente no llegó a más de 100 pies.»

(No se preocupen, el ratón regresó a la tierra sano y salvo gracias a un paracaídas.) Hoy día, los cohetes y el espacio no son juegos de niños para este astronauta de la NASA. Chang Díaz... es el astronauta hispanoamericano más destacado de la NASA... En 1986, Chang Díaz se convirtió en el primer hispanoamericano en viajar en el transbordador espacial y ahora está trabajando en el proyecto más importante de su vida: el motor de una nave espacial que llevará personas a Marte. «El espacio siempre me fascinó», recuerda. «Fue mi sueño».

Luchar por sus sueños es parte de la tradición familiar de Chang Díaz. A principios del siglo XX, su abuelo paterno, José Chang, emigró de la China en busca de una vida mejor en Costa Rica. Su abuelo materno, Roberto Díaz, vivió en los Estados Unidos durante 20 años trabajando con la marina mercante, antes de regresar a su país natal, Costa Rica. «Mi familia es una familia de inmigrantes», dice Franklin, cuyo nombre de pila fue inspirado por el presidente estadounidense Franklin Delano Roosevelt... «Mi abuelo siempre me dijo que si quería lograr mis sueños tenía que ir a los Estados Unidos.»

... Franklin se crió junto a sus cinco hermanos en una modesta casa colonial. A los 18 años, viajó a los Estados Unidos con solo $50 en el bolsillo y, como muchos latinos fue a parar en casa de un primo lejano.., en Hartford, Connecticut...

Franklin se matriculó en una escuela pública de Hartford para aprender inglés. Tan buenas fueron sus notas ... que se ganó una beca de un año para empezar sus estudios en la Universidad de Connecticut. «Eso fue lo único que necesité», dice. «De allí, mi carrera se encaminó».

Aunque Franklin tiene una gran colección de trofeos y títulos, su orgullo es la Medalla de la Libertad que le fue otorgada por el ex presidente Ronald Reagan en 1986. «Esa es la más importante», dice, «porque reconoce las contribuciones de un inmigrante».

(«Alcanzando las estrellas», *People en español*; otoño de 1996.)

Complete la lista de verbos, escribiendo en el pretérito las formas que corresponden al infinitivo.

EJEMPLO: (hablar) **hablé**

1. (construir) _____
2. (diseñar) _____
3. (disparar) _____
4. (llegar) _____
5. (regresar) _____
6. (convertirse) _____
7. (fascinar) _____
8. (ser) _____
9. (emigrar) _____
10. (vivir) _____
11. (decir) _____
12. (criarse) _____
13. (viajar) _____
14. (ir) _____
15. (matricularse) _____
16. (ganarse) _____
17. (necesitar) _____
18. (encaminarse) _____

B. Los libertadores que lograron la emancipación de América cambiaron el curso de la historia y definieron las metas de las nuevas repúblicas. Lea los siguientes fragmentos autobiográficos de tres libertadores. Completen las frases con la forma correcta de los verbos en el pretérito e identifique el personaje descrito en cada fragmento.

Fragmento 1

Yo _____ el 24 de julio de 1783 en Caracas. Mis padres
        1. (nacer)

_____ cuando era niño. A la edad de 15 _____ a España,
   2. (fallecer)   *3. (viajar)*

donde _____ en idiomas extranjeros y matemáticas y _____
      4. (educarse)   *5. (practicar)*

esgrima y equitación. _____ con María Teresa del Toro Alayza y desafor-
                      6. (Casarse)

tunadamente _____ en 1803. _____ un segundo viaje a
            7. (enviudar)   *8. (Realizar)*

Europa que _____ casi cuatro años. _____ por los Estados
           9. (durar)   *10. (Pasar)*

Unidos, donde _____ una visión moderna del mundo y _____ la
              11. (conseguir)   *12. (empezar)*

lucha por la libertad de mi patria. _____ con otros revolucionarios y ellos
                                    13. (Conspirar)

me _____ de varias misiones militares. La declaración de Independencia
   14. (encargar)

_____ el 5 de julio de 1811. Yo _____ el manifiesto de
15. (adoptarse)   *16. (redactar)*

Cartagena, que _____ Venezuela y Nueva Granada en una gran república.
               17. (unir)

_____ expediciones militares y en 1813 se me _____ el título
18. (Organizar)   *19. (otorgar)*

de «Libertador».

En 1819 _____ mi mayor logro militar. _____ por los
        20. (realizar)   *21. (Pasar)*

Andes y mis fuerzas _____ a las tropas españolas. El 24 de junio
                    22. (derrotar)

_____ a Venezuela en la importante batalla de Carabobo. También
23. (liberar)

_____ victorias en Quito y en Perú en la batalla de Junín.
24. (obtener)

Fragmento 2

Yo _____ en Corrientes, una provincia de Argentina. _____
   1. (nacer)   *2. (educarse)*

en España y a los 11 años _____ en el ejército, donde _____
                          3. (ingresar)   *4. (quedarse)*

por más de 20 años. _____ en las guerras contra la invasión napoleónica y
                    5. (Destacarse)

_____ al grado de teniente coronel. _____ a Buenos Aires
6. (llegar)   *7. (Regresar)*

para unirme con los revolucionarios y _____ en el ejército patriótico.
                                      8. (enlistarse)

_____ el regimiento de granaderos a caballo y con ellos _____ mi
9. (Organizar)   _10. (obtener)_

primera victoria contra los españoles. Como comandante del Ejército del Norte

_____ mis tropas a través de los Andes con el objetivo de liberar a Chile.
11. (conducir)

_____ la campaña en enero de 1817, y con la ayuda de las fuerzas patrióti-
12. (Empezar)

cas mis tropas _____ victoria sobre los españoles el 12 de febrero de 1817
13. (obtener)

en Chacabuco, Chile. Después de más victorias en Chile _____ con mis
14. (embarcarse)

tropas, _____ al puerto del Callao y _____ Lima. El 10 de
15. (llegar)   _16. (atacar)_

julio de 1821 _____ la capital y _____ la independencia del
17. (invadir)   _18. (proclamar)_

Perú.

Yo _____ planes para una campaña con Simón Bolívar y se lo
19. (hacer)

_____ el mando de mis tropas. Luego _____ a Buenos Aires
20. (entregar)   _21. (volver)_

donde se me _____ muchos honores. Desde allí _____ para
22. (dar)   _23. (partir)_

París. Aunque _____ retornar a la capital de Argentina en 1829 no
24. (querer)

_____ a causa del estado del gobierno.
25. (poder)

Fragmento 3

Yo _____ en 1792, en un hogar humilde de Tegucigalpa.
1. (nacer)

_____ en la política y a una edad joven _____ a ser secre-
2. (Interesarse)   _3. (llegar)_

tario general del gobierno de Honduras y presidente del Consejo de Estado. Durante la

guerra civil de 1827–1828 _____ al frente de las tropas hondureñas y
4. (estar)

nicaragüenses y _____ victorias en Trinidad, Nicaragua y El Salvador.
5. (obtener)

_____ la capital guatemalteca en 1829. Se me _____ pres-
6. (Ocupar)   _7. (elegir)_

idente del gobierno federal centroamericano en 1830. En 1839 el federalismo

_____ debido a las divisiones de los países centroamericanos y las ambi-
8. (declinar)

ciones de varios caudillos. _____ contra Honduras y Nicaragua pero las
9. (Combatir)

fuerzas separatistas _____ a las federalistas. En 1842 _____
                          10. (vencer)   *11.* (regresar)

a Costa Rica para combatir al dictador Braulio Carrillo y _____ la victoria.
                                                                          12. (conseguir)

¿Quién soy yo?

¿Quiénes alcanzaron metas importantes que cambiaron la historia del siglo XX? Escoja e investigue a un personaje destacado del siglo XX. Represente a ese personaje y escriba una descripción breve de lo que hizo, usando el pretérito cuando sea necesario. Comparta su descripción en clase para ver si sus compañeros pueden adivinar quién es.

T R A B A J O   C O O P E R A T I V O

A. Formen grupos cooperativos de cuatro alumnos para hacer investigaciones sobre la vida de algunos hispanos célebres y presentar entrevistas a la clase.

- El líder del grupo organiza el trabajo y ayuda a los demás.
- Después de formar parejas, cada pareja escoge a una persona de la lista o a otro hispano famoso y lo investiga en la biblioteca y en el Internet. Luego, escriben la biografía, usando el pretérito cuando sea necesario.
- Cada pareja escribe preguntas en el pretérito acerca de la vida de la persona investigada por las otras parejas.
- El grupo prepara las entrevistas para presentárselas a la clase.
- Dos hacen el papel de las personas a quienes investigaron, y dos hacen el papel de entrevistadores conocidos, por ejemplo, Cristina o Geraldo Rivera.

Hispanos célebres

Antonio Banderas	Enrique Iglesias	José Carreras
Arantxa Sánchez Vicario	Gabriel García Márquez	Mercedes Sosa
Bernie Williams	Isabel Allende	Miguel Induráin
Edward James Olmos	Jon Secada	Placido Domingo

B. Formen un grupo de tres o cuatro alumnos, compartan y escriban historias de sus experiencias raras o cómicas y envíeselas por correo electrónico a un colegio español.

- El líder del grupo organiza el trabajo y ayuda a los demás.
- Todos leen las dos historias que siguen y discuten experiencias divertidas o raras e incidentes que les dieron vergüenza.
- Todos escriben una experiencia personal usando el pretérito cuando convenga y la comparte con el grupo.
- Cada miembro lee las historias de los demás y corrige, de ser necesario.
- El grupo le envía sus historias por correo electrónico a un colegio español.
- El grupo les pide a los estudiantes españoles que reaccionen a sus historias y les pide también historias de ellos.

- Al recibir las historias de sus colegas españoles, el grupo las analiza comparando aspectos culturales.

¡Qué violencia!

VOCABULARIO

¡Qué violencia!   What an embarrassment! (slang)

---

1. Una tarde, mientras caminaba en el parque, un chico guapísimo pasó y me dijo «hola». Yo lo saludé pero la goma de mascar se me salió de la boca, y aterrizó en su zapato. Él estalló en risas mientras yo deseaba que la tierra me tragara. Nunca lo vi más.

2. El peor ridículo que me pasó fue cuando un día me puse en fila en la cafetería de mi escuela. Enfrente de mí estaba el chico más guapo. Se volvió y dijo: —Hola, preciosa.— Yo le sonreí y le respondí: —¿qué tal?— Luego, él dijo: —No tú, sino Carla. —Le estaba hablando a la chica que estaba detrás de mí. Yo quería desaparecer de la pena.

M A S T E R Y   A S S E S S M E N T S

A. Lea el siguiente artículo y complete las frases con los verbos en el pretérito.

Andrea Bocelli

VOCABULARIO

ahondar to go deep	**licenciarse** to graduate
canalizar to channel	**padecimiento** illness
enamorar to win the heart of	**renunciar** to renounce, give up
degenerativa degenerative	**ubicado** located
inédito new, unknown	

Andrea Bocelli _____ en Lajatico, ubicado en la Toscana, la bella región de
　　　　　　　　1. (nacer)

Italia, en 1958. Se dice que _____ a cantar desde niño y que siempre
　　　　　　　　　　　　　2. (comenzar)

_____ la música, y la ópera en particular. Pero Bocelli admite que a pesar
3. (amar)

de su pasión, jamás _____ que sería cantante profesional.
　　　　　　　　4. (imaginar)

A los doce años, Bocelli _____ ciego. Dicen que debido a un accidente
　　　　　　　　　　　　5. (quedar)

de fútbol; también que _____ por una enfermedad degenerativa de la
　　　　　　　　6. (ser)

niñez. Él prefiere no ahondar en el tema, aunque una vez _____ que sí
7. (aclarar)

_____ la cabeza en un partido, pero eso lo único que _____
8. (golpearse)   9. (hacer)

_____ acelerar una padecimiento físico del que ya sabía, pues tenía glau-
10. (ser)

coma. Un enamorado de la ópera, Bocelli era fanático de los tenores italianos como Del

Mónaco, Gigli y, especialmente, Franco Corelli. Pero su condición lo _____
11. (llevar)

a renunciar a la posibilidad de cantar ópera. _____ de abogado en la uni-
12. (Licenciarse)

versidad de Pisa y, para canalizar de su amor por la música, _____ a cantar
13. (dedicarse)

en piano-bares las melodías de estrellas como Sinatra, Aznavour y Piaf.

Pero afortunadamente, Bocelli _____ «descubierto» por uno de los
14. (ser)

ídolos de su adolescencia: Franco Corelli, que se había retirado y se dedicaba a dar clases

de canto. Admirado por el talento de Bocelli, lo _____ de alumno; y desde
15. (tomar)

entonces su vida _____ un giro de 180 grados. En 1993, cantando *Nessun*
16. (dar)

Dorma en una fiesta privada, su voz _____ a la ejecutiva de una firma
17. (enamorar)

discográfica, que le _____ grabar un tema inédito: *Il Mare Calmo Della*
18. (proponer)

Sera. El resto, como se dice comúnmente, es historia. Pero _____ en 1996,
19. (ser)

con el lanzamiento internacional de *Romanza* —que _____ más de 12 mi-
20. (vender)

llones de copias, y _____ el premio «Golden Globe» y nominaciones para el
21. (recibir)

el Grammy— que _____ el fenómeno Bocelli.
22. (nacer)

Pregunta
¿Cómo llegó Andrea Bocelli a ser el cantante que es hoy día? ¿Qué obstáculos tuvo que superar?

_____

_____

_____

_____

B. Lea el siguiente artículo sobre el famoso pelotero Adolfo Luque y conteste la pregunta.

Luque

> **VOCABULARIO**
> **la blanqueada** shutout
> **la destreza** skill
> **el promedio de carreras limpias** earned-run average (ERA)

Los primeros latinos que _____ a formar parte del equipo Todos Estrellas
1. (llegar)

_____ el lanzador Adolfo Luque y el receptor Miguel Angel González.
2. (ser)

Adolfo Luque _____ el jugador de béisbol cubano más sobresaliente antes
3. (ser)

de la llegada de Orestes «Minie» Miñoso. Luque _____ para los Rojos de
4. (lanzar)

Cincinnati en los tiempos en los que este equipo era uno de los mejores de la Liga

Nacional. Sus destrezas como lanzador _____ enormemente al éxito del
5. (contribuir)

equipo en su lucha por ganar el campeonato.

Luque _____ a las Grandes Ligas en 1914 con los Bravos de Boston y
6. (llegar)

_____ en ellas durante 20 años, tiempo en el que se incluye la mejor tem-
7. (jugar)

porada de su carrera, que _____ lugar en el año 1923 con los Rojos, cuando
8. (tener)

_____ un récord de 27-8. También _____ blanqueadas,
9. (lograr) _10. (lanzar)_

_____ el lanzador de más edad en ganar un juego de la Serie Mundial. En
11. (ser)

1933 _____ a lanzar para los Gigantes de Nueva York, a la tierna edad de
12. (ponerse)

43 años.

Adolfo Domingo de Guzmán Luque... _____ en la Habana, Cuba, el 4
13. (nacer)

de agosto de 1890 y _____ el 3 de julio de 1957. De los 20 años que
14. (morir)

_____ en Grandes Ligas, 12 _____ para el equipo de
15. (lanzar) _16. (hacer)_

Cincinnati. _____ 193 juegos y _____ 179 con un promedio
17. (ganar) _18. (perder)_

de carreras limpias de 3.24. El único pelotero latino con más victorias que él es el miem-

bro del Salón de la Fama, Juan Marichal, con un total de 243.

(«Luque», _Latino Baseball Magazine_; vol. VI, 1996, pp. 71–73.)

Pregunta

¿Como se destacó Luque como jugador de béisbol?

_____

_____

_____

PORTFOLIO ASSESSMENTS

1. Imagínese ser un dramaturgo. Escoja un acontecimiento importante de la historia de España o Hispanoamérica e investíguelo, usando libros de historia y/o el Internet. Escriba una conversación imaginaria entre gente de esa época. En su conversación, demuestre cómo los personajes fueron afectados por la historia. Presente la conversación con la ayuda de miembros de su clase que puedan hacer los papeles de los personajes.

2. Haga el papel de un personaje histórico importante de España o Hispanoamérica. Investigue su vida y su época. Escriba su biografía en sus propias palabras.

4

Perspectivas: Reflexiones Personales y Globales

The Imperfect Tense

4.1. USES OF THE IMPERFECT TENSE

The imperfect tense is used to express the following communicative functions:

1. Expressing an ongoing action in the past.
   Elena y Felipe *caminaban* por el parque por la tarde.

2. Describing a customary or habitual action in the past.
   Elena *visitaba* a su abuela todos los domingos.

3. Describing people, places, objects, time, the environment, and weather in the past.
   El sol *brillaba*, y María *era* más bella que nunca.
   ***Eran* las seis de la noche, y *hacía* mal tiempo.**
   Las montañas *parecían* blancas en la distancia.

4. Describing mental processes or continuous states of mind in the past.
   Elena *creía* que *sabíamos* la verdad.
   El padre *se preocupaba* del futuro de sus niños.

5. Describing future action planned in the past.
   Me dijo que *iba* a visitarme el martes.

Note the uses of the imperfect tense in the pre-test that follows, and check your answers as you review the formation of this tense in this chapter.

PRUEBA PRELIMINAR

Primero, lea el siguiente artículo sobre la Guerra Civil de España (1936), escrito desde una perspectiva actual. Entonces, complete la lectura con las formas de los verbos en el imperfecto, y conteste la pregunta.

18 de julio: el Día de la Ira

> **VOCABULARIO**
>
> **el arrojo** boldness   **sublevarse** to rise in revolt, rebel
> **la conjura** conspiracy   **el suministro** supply
> **nefasto** ill-fated   **trama golpista** the scheme of the coup d'état
> **la retaguardia** rear guard

En la tarde del viernes, 17 de julio de 1936, llegó a Madrid la noticia de que se habían sublevado las tropas de la Comandancia Militar de Melilla y en la madrugada del 18 ya

_____ claro que las tropas del Protectorado de Marruecos, cerca de
    1. (ser)
60,000 hombres, se habían pronunciado contra el Gobierno de la República.

El día 18 de julio fue caótico. El Gobierno de Casares Quiroga, que durante meses se había resistido a creer en la gravedad de la conjura contra la República, trató de asegurar la fidelidad de las diversas guarniciones. Paralelamente, los conspiradores

_____ por inclinar la balanza de su lado: en Pamplona, el general Mola,
    2. (luchar)
alma de la trama golpista, _____ en marcha el primer gran núcleo com-
         3. (poner)
batiente del bando sublevado: las guarniciones de Navarra, Zaragoza, Alava y Burgos, más los voluntarios carlistas y falangistas.

Todo lo demás fue fruto del arrojo de unos pocos o de la casualidad...

El día 19 comenzó a decantarse la situación. Casares Quiroga, había dimitido, dando paso a un Gabinete presidido por Martínez Barrios, con la misión de negociar el

fin de la sedición. No lo logró. Al atardecer se _____ en media España...
         4. (luchar)

El día 20 pareció claro que el pronunciamiento había fracasado: las zonas más

pobladas, industriales y ricas _____ en manos del gobierno, que
         5. (estar)
_____ además la flota y gran parte de la aviación, lo que impediría a los
6. (conservar)
sublevados utilizar las mejores tropas y armas que _____ en España...
         7. (haber)
Más aún, el hombre destinado a dirigir los rebeldes, el general Sanjurjo,

_____ ese mismo día al despegar su avión de un aeropuerto próximo a
  8. (morir)
Lisboa. Lo que entonces _____ _____ la guerra civil, que
      9. (comenzar)   *10.* (ser)
ensangrentaría España durante los siguientes 33 meses...

Agosto fue un mes desastroso para la República. Los sublevados _____

11. (apoderarse)

de toda Extremadura y _____ rápidamente hacia Toledo, cuyo Alcázar se

12. (avanzar)

había convertido en el primer objetivo bélico del Gobierno. Simultáneamente, las

fuerzas de Mola _____ Irún y _____ el País Vasco y, de

13. (tomar)   *14. (aislar)*

hecho, todo el Norte republicano...

Militarmente, la República _____ a la defensiva. Políticamente,

15. (quedar)

_____ en divisiones internas. Internacionalmente, Francia _____ a

16. (consumirse)   *17. (negarse)*

proporcionar los importantes suministros de armas que Madrid _____;

18. (solicitar)

más aún, el Gobierno del Frente Popular francés _____ la nefasta inicia-

19. (tomar)

tiva de organizar un Comité De No Intervención, que afectaría sólo al Gobierno, legal-
mente constituido, porque tanto Hitler como Mussolini habían resuelto ayudar a Franco.

Y mientras se _____ con suma dureza en los frentes, en las retaguardias

20. (combatir)

la mitad de los españoles _____ a la otra mitad en razón de su ideología,

21. (perseguir)

religión, profesión o fortuna.

Los inmensos odios acumulados durante la República encontraron vía libre en
aquella pobre España que en julio de 1936 marchó cantando hacia la muerte.

(David Solar, «18 de julio: el Día de la Ira», *Cambio 16*; 22 de julio de 1996, pp. 44–46.)

Pregunta

¿Cómo afectaba la trama golpista a la República?

4.2. REGULAR VERBS

The imperfect tense of regular verbs is formed by dropping the infinitive endings (*-ar,
-er*, or *-ir*) and adding the endings that correspond to the subject.

HABLAR		RESPONDER	
habl*aba*	habl*ábamos*	respond*ía*	respond*íamos*
habl*abas*	habl*abais*	respond*ías*	respond*íais*
habl*aba*	habl*aban*	respond*ía*	respond*ían*

ESCRIBIR	
escrib*ía*	escrib*íamos*
escrib*ías*	escrib*íais*
escrib*ía*	escrib*ían*

NOTE: 1   *-Er* and *-ir* verbs share the same endings.

2.   The *yo, él, ella*, and *Ud.* forms are the same in the imperfect.

4.3.   VERBS IRREGULAR IN THE IMPERFECT

There are only three irregular verbs in the imperfect: *ser, ver*, and *ir*.

SER		VER		IR	
era	éramos	veía	veíamos	iba	íbamos
eras	erais	veías	veíais	ibas	ibais
era	eran	veía	veían	iba	iban

EJERCICIOS

A.   Lea el fragmento del siguiente artículo del escritor Gabriel García Márquez, ganador del premio Nobel de Literatura en 1982. En este artículo, García Márquez describe su primer oficio y su preocupación por la calidad del periodismo. Complete las frases con la forma apropiada de los verbos en el imperfecto, y conteste las preguntas.

El mejor oficio del mundo

> **VOCABULARIO**
>
> **la convocatoria**   notice   **la redacción**   editing
> **el equívoco**   ambiguity, misunderstanding   **el taller de imprenta**   print shop
> **la fábrica**   factory, plant

Hace unos cincuenta años no _____ de moda escuelas de periodismo. Se
 1. (estar)

_____ en las salas de redacción, en los talleres de imprenta, en el cafetín de
 2. (aprender)

enfrente, en las parrandas de los viernes. Todo el periódico _____ una
 3. (ser)

fábrica que _____ e _____ sin equívocos, y _____ que
 4. (formar)   5. (informar)   6. (generar)

opinión dentro de un ambiente de participación que _____ la moral en su
 7. (mantener)

puesto. Pues, (nosotros) los periodistas _____ siempre juntos, _____ la
 8. (andar)   9. (hacer)

vida común y _____ tan fanáticos del oficio que no _____ de
 10. (ser)   11. (hablar)

nada distinto que del oficio mismo. El trabajo _____ consigo una amistad
 12. (llevar)

de grupo que inclusivo _____ poco margen para la vida privada. No

        13. (dejar)

_____ las juntas de redacción institucionales, pero a las cinco de la tarde,

    14. (existir)

sin convocatoria oficial, todo el personal de planta _____ una pausa de

                    15. (hacer)

respiro en las tensiones del día y _____ confluir a tomar el café en

                 16. (confluir)

cualquier lugar de la redacción. _____ una tertulia abierta donde se

            17. (ser)

_____ en caliente los temas de cada sección y se le _____ toques

  18. (discutir)   *19.* (dar)

finales a la edición de la mañana. Los que no _____ en aquellas charlas

                  20. (aprender)

ambulatorias y apasionadas de veinticuatro horas diarias, o los que _____

                                         21. (aburrirse)

de tanto hablar de lo mismo, _____ porque _____ o

                22. (ser)   *23.* (querer)

_____ ser periodistas, pero en realidad no lo _____.

  24. (creer)   *25.* (ser)

(«El mejor oficio del mundo», *El Diario / La Prensa*; 17 de noviembre de 1996, suplemento dominical; p. 14A.)

Preguntas

1. ¿Dónde se aprendía el oficio del periodismo en la década del 1940?

   _____

2. ¿Qué pasaba durante la tertulia?

   _____

3. Según García Márquez, ¿quiénes eran periodistas verdaderos?

   _____

4. Según Ud., ¿qué lecciones importantes aprendía Ud. fuera de la escuela?

   _____

B. Lea el fragmento del siguiente artículo sobre la historia de Puerto Rico e identifique los verbos en el imperfecto. Entonces, conteste las preguntas.

Puerto Rico: La otra historia

VOCABULARIO	
las huestes soldiers, troops	**los próceres** important political figures
el jerarca official, leader	**la vida cotidiana** daily life

La verdadera historia de Puerto Rico se está empezando a escribir, y no está basada en los próceres, los gobernadores, los hacendados, los partidos políticos y las ideologías, sino en la vida cotidiana de Juan, Pedro, María, Fulano y Perenceja, de la gente de todos los días...

En *Cuentos de Puerto Rico*, un libro de 1925 de Juan B. Huyke que leían muchísimo los jovencitos y los niños, se manipulaba la historia abiertamente. Y en un prólogo de Francisco Rodríguez López, un jerarca del sistema de instrucción, cuando se hacía referencia al año 1898, decía algo como: «Cuando las gloriosas huestes norteamericanas entraron a Puerto Rico por la bahía de Guánica... parecía que se cumplía un designio de Dios». Estaba diciendo que la invasión había sido decisión divina, y que ser buenos puertorriqueños era ser buenos americanos (estadounidenses).

Esta visión entró en contradicción con la que decía que ser un buen puertorriqueño era ser un buen heredero de las tradiciones españolas. Estas dos visiones a la larga se convertirían en las que regirían el discurso histórico en Puerto Rico.

Las visiones propiamente nacionales siempre fueron las de la minoría, y estaban más bien dentro del discurso político de un Pedro Albizu Campos *... o quizá de algún historiador independentista que no tenía proyección política nacional...

«Un puñado de los más jóvenes comenzamos a reinterpretar... Si lo veíamos desde la perspectiva de la irresolución de lo nacional, volver a ver dónde estaban los orígenes de lo nacional: al siglo 17 y al 18, pasar por el siglo 19 y mirar el presente, para saber lo que éramos. Y segundo, volver a mirar a la gente a la que nunca se le había mirado, a la gente en la vida cotidiana...»**

(Israel Torres Penchi, «Puerto Rico: la otra historia», *El Diario/La Prensa*. Nueva York, 10 de noviembre 1996, suplemento dominical.)

Escriba las formas de los verbos en el imperfecto que corresponden a los infinitivos de la lista en el orden que aparecen en el artículo.

EJEMPLO: (leer) **leían**

1. (manipular) _____

2. (hacer) _____

3. (decir) _____

4. (parecer) _____

5. (cumplir) _____

6. (ser) _____

7. (decir) _____

8. (estar) _____

9. (tener) _____

10. (ver) _____

11. (estar) _____

12. (ser) _____

Preguntas

1. Según este artículo, ¿cómo se manipulaba la historia de Puerto Rico?

   _____

2. En la opinión del autor, ¿cómo se debía ver y escribir la historia de Puerto Rico?

   _____

---

*Fundador del Partido Nacionalista de Puerto Rico
**Cita del historiador puertorriqueño Mario Cancel.

3. ¿Está de acuerdo con el autor? ¿Por qué? o ¿Por qué no?

_____

TRABAJO COOPERATIVO

A. Para investigar la historia de la perspectiva de la vida cotidiana, preparen preguntas y envíenselas a un grupo de estudiantes en Puerto Rico para que ellos se las hagan a sus padres o abuelos. Formen grupos cooperativos de tres o cuatro alumnos.

- Un miembro del grupo organiza el trabajo y ayuda a los otros.
- El grupo discute y escribe una lista de sucesos importantes del siglo veinte.
- Cada miembro del grupo prepara tres preguntas en el imperfecto sobre la vida cotidiana durante este siglo. (Por ejemplo, ¿Qué hacía tu familia durante la Guerra de Vietnam?)
- Cada miembro del grupo hace las mismas preguntas a sus propios parientes y escribe un resumen de las respuestas en el imperfecto.
- Envíen las preguntas por fax o correo electrónico a la clase en Puerto Rico.
- Cuando reciban las respuestas, el grupo las lee y discute, comparándolas con las respuestas de sus propias familias.
- El grupo presenta un resumen de lo que aprendieron de sus investigaciones a la clase.

MASTERY ASSESSMENTS

A. Muchas veces, los conflictos y la guerra separan a las familias. Lea este artículo sobre una familia de indígenas cuyos miembros viven en Perú y en Ecuador y que fueron separados por el conflicto entre los dos países. Escriba los verbos en el imperfecto y conteste las preguntas.

Lazos sin fronteras

VOCABULARIO	
acordar to agree upon	**presenciar** to witness
el acuerdo agreement	**la selva** the jungle
la choza the hut	**el tramo** stretch, section
delimitar to mark off, set the limits of	

Cuando Tukup Wampui _____ niño y _____ en la selva ecua-
                                            1. (ser)   *2.* (vivir)
toriana cerca del límite con Perú, su padre le _____ sobre sus familiares
                                                                          3. (contar)
que _____ en el otro lado. Ellos también _____ indios *shuar*,
          4. (vivir)   *5.* (ser)

aunque en el Perú se los _____ como _huambisa._ Tukup _____
6. (conocer)   7. (sentir)

curiosidad por estos misteriosos parientes que nunca _____ conocido. Su
8. (haber)

padre le _____ que debido a los conflictos fronterizos entre Perú y Ecuador
9. (explicar)

ya no _____ visitar a su familia de la misma manera en que ellos y sus
10. (poder)

mayores lo _____ hecho en el pasado.
11. (haber)

    Tukup prometió a su padre que cuando creciera y el conflicto se terminara, intentaría encontrar a su familia del otro lado, hizo varios intentos de ponerse en contacto con

su familia incluso durante los años de conflicto. Tukup _____ a las oficinas
12. (ir)

de la Federación de Indios Shuar, desde donde se _____ Radio Shuar,
13. (transmitir)

_____ la cola para comprar la entrada y _____ mensajes
14. (hacer)   15. (dejar)

para transmitir durante los programas de ese día.

    Las ondas radiales _____ libremente las fronteras que _____
16. (cruzar)   17. (separar)

a Tukup de su familia, y en algún lugar del otro lado, en una choza a la orilla del río, sus

familiares _____ el mensaje. «Yo _____ que _____ que
18. (recibir)   19. (decir)   20. (esperar)

estuvieran bien y con buena salud, que aquí en Ecuador _____ vivos y que
21. (estar)

el día que nos dieron libertad para cruzar nos _____ a conocer.
22. (ir)

    Como Tukup, muchos _shuar_ _____ mensajes a sus familias y seres
23. (enviar)

queridos en Perú. Pero aquéllos _____ tiempos de conflicto; el contacto por
24. (ser)

radio _____ prohibido, y debido a que los _huambisa_ no _____
25. (estar)   26. (contar)

con una estación de radio propia, no _____ enviar el tipo de mensajes que
27. (poder)

_____ de los _shuar_. Seguramente _____ los mensajes de
28. (recibir)   29. (oír)

Tukup, pero no los _____ responder.
30. (poder)

    Recién en enero de este año, el ya maduro Tukup pudo complir con el pedido de su padre. En octubre del año pasado, Perú y Ecuador firmaron un acuerdo de paz en el que delimitaron la frontera entre las dos naciones y acordaron cooperación mutua e inte-

gración en el futuro; un momento que Tukup _____ dudado presenciar en
31. (haber)

su vida. Apenas tres meses después, un grupo de indios _huambisa_ hizo un alto en la margen ecuatoriana del río Santiago durante su viaje a la segunda de dos reuniones de la familia de la lengua jíbara, que incluye a los *huambisa* y a los *shuar* entre otros indígenas de ambas riberas de este tramo del río...

(«Lazos sin fronteras», *Américas*; septiembre/octubre de 1999, vol. 51, no. 5, p.6.)

Preguntas

1. ¿Qué le contaba su padre a Tukup cuando era niño?

   _____

2. ¿Cómo trataba Tukup de ponerse en contacto con sus familiares en Perú?

   _____

3. ¿Cuál era la promesa de Tukup? ¿Cómo la cumplió?

   _____

B. Conteste las siguientes preguntas personales en el imperfecto. Luego, lea el fragmento del cuento de Ana María Matute y complete las frases en el imperfecto.

Preguntas Preliminares

1. ¿Cuando tenía seis o siete años, cuál era su juguete favorito?
2. ¿Como era el juguete? Descríbalo.
3. Describa cómo jugaba con él.
4. ¿Inventaba historias cuando era niño(-a)?
5. ¿Qué imaginaba cuando era niño(-a)?

La rama seca

> **VOCABULARIO**
>
> | | |
> |---|---|
> | **la acequia**   irrigation ditch | **el mendigo**   beggar |
> | **la algarabía**   din, clamour | **el parloteo**   prattle, talk |
> | **el ascua**   red-hot coal, burning ember | **el percal**   percale |
> | **el cordel**   cord, thin rope | **el trozo**   piece, bit |

Apenas _____ seis años ... Doña Clementina la _____ desde
　　　　　　1. (tener)　　　　　　　　　　　　　　　　　　　　　*2.* (ver)

el huertecillo. Sus casas _____ pegadas la una a la otra, aunque la de doña
　　　　　　　　　　　　3. (estar)

Clementina _____ mucho más grande, y _____, además, un
　　　　　　4. (ser)　　　　　　　　　　　　　　　　　*5.* (tener)

huerto con un peral y dos circuelos. Al otro lado del muro se _____ la ven-
　　　　　　　　　　　　　　　　　　　　　　　　　　　　　　　　6. (abrir)

tanuca tras la cual la niña _____ siempre. A veces, doña Clementina
　　　　　　　　　　　　　　7. (sentarse)

_____ los ojos de su costura y la _____.
8. (levantar)　　　　　　　　　　　　　　　　*9.* (mirar)

—¿Qué haces, niña?

La niña _____ la carita delgada, pálida, entre las flacas trenzas de un
10. (tener)

negro mate.

—Juego con «Pipa»— _____.
11. (decir)

Doña Clementina _____ cosiendo y no _____ a pensar
12. (seguir)   13. (volver)

en la niña. Luego, poco a poco fue escuchando aquel raro parloteo que le _____
14. (llegar)

de lo alto, a través de las ramas del peral. En su ventana, la pequeña... _____
15. (pasarse)

el día hablando, al parecer, con alguien.

—¿Con quién hablas tú?

—Con «Pipa» ...

Un día, por fin, se enteró de quien _____ «Pipa».
16. (ser)

—La muñeca— explicó la niña.

—Enséñamela...

—La niña le echó a Pipa... Pipa _____ simplemente una ramita seca
17. (ser)

envuelta en un trozo de percal sujeto con un cordel. Le dio la vuelta entre los dedos y miró

con cierta tristeza hacia la ventana. La niña la _____ con ojos impacientes
18. (observar)

y _____ las dos manos.
19. (extender)

—¿Me la echa, doña Clementina?

La niña _____ con «Pipa» del lobo, del hombre mendigo con su saco
20. (hablar)

lleno de gatos muertos, del horno del pan, de la comida. Cuando _____ la
21. (llegar)

hora de comer la niña _____ el plato que su madre le dejó tapado, al arreo
22. (coger)

de las ascuas. Lo _____ a la ventana y _____ despacito, con
23. (llevar)   24. (comer)

su cuchara de hueso. _____ «Pipa» en las rodillas, y la _____
25. (tener)   26. (hacer)

participar de su comida...

Doña Clementina la _____ en silencio: la _____,
27. (oír)   28. (escuchar)

_____ cada una de sus palabras. Igual que _____ al viento
29. (beber)   30. (escuchar)

sobre la hierba y entre las ramas, la algarabía de los pájaros y el rumor de la acequia...

(Ana María Matute, «La rama seca»; en *Historias de la Artamila*. Ediciones Destino, S.A.; Barcelona, España.)

PORTFOLIO ASSESSMENTS

1. Imagínese ser encargado de una exhibición sobre el encuentro entre Cristóbal Colón, los europeos y los indígenas de las Américas en el siglo XV. Investigue las perspectivas opuestas sobre este suceso y escoja objetos que representen los resultados del encuentro. Escriba tarjetas para cada objeto que se muestre en la exhibición, explicando su origen e importancia.

2. Escriba un artículo para su periódico escolar, en que describe el suceso o cuestión más discutido del año y las diversas perspectivas de sus compañeros de clase y Ud. al respecto.

CHAPTER

El Mito: Ficción y Realidad
The Preterit and Imperfect Tenses Compared

The imperfect and preterit tenses are used to describe different aspects of the past. Complete the pre-test that follows, and check your answers as you review the comparison of the two tenses in this chapter.

PRUEBA PRELIMINAR

¿Qué sabe de los galeones españoles que cruzaban el mar en el siglo XVII? Lea el siguiente artículo sobre el más grande y poderoso galeón de su época. Entonces, escriba los verbos en el pretérito o en el imperfecto, según el caso, y conteste la pregunta.

El oro de «La Capitana» vuelve a tierra

VOCABULARIO		
arrebatado snatched	**estrellarse** to crash	**la nave** ship
el arrecife reef	**hundida** sunken	**el rescate** rescue
la borrasca storm	**el lecho** bed	**los restos** remains
la empresa firm	**el navío** ship	

En el fondo del mar, frente a las costas ecuatorianas, todo parece indicar que hay un tesoro valorado en 7.500 millones de dólares. Allí están los restos del galeón español Jesús María de la Limpia Concepción, Capitana de los Mares del Sur. _____ el más grande y
                                                                                    1. (ser)
poderoso de su época, se le _____ como La Capitana, y _____ a
                              2. (conocer)   *3. (transportar)*
España los valiosos tesoros que los conquistadores españoles _____ de los ter-
                                                                4. (extraer)
ritorios arrebatados a los indígenas para donárselos al rey.

Pero el 16 de octubre de 1654 en medio de una borrasca, La Capitana _____
5. (zozobrar)

después de estrellarse contra una columna de arrecifes frente a las costas ecuatorianas...

Según la leyenda, la nave _____ cargada de oro. El capitán de la misma,
6. (ir)

Francisco de Sosa, _____ y _____ la posición exacta del navío.
7. (sobrevivir)   8. (proporcionar)

Pero entonces no _____ los medios adecuados para el rescate, y los tesoros han
9. (existir)

permanecido en el lecho del mar alimentando mitos y aventuras durante tres siglos, hasta

nuestros días.

La fascinante historia de La Capitana siempre _____ una leyenda en la
10. (ser)

península de Santa Elena, ... atractivo turístico para quienes _____ a este lugar,
11. (llegar)

situado en la provincia de Guayas. Pero _____ algunos que _____
12. (haber)   13. (tomarse)

en serio la recuperación del tesoro perdido. Y a principios de los noventa _____
14. (comenzar)

a llegar a Ecuador grandes empresas extranjeras especializadas en el tema...

Desde que se _____ que La Capitana hundida _____ una
15. (saber)   16. (guardar)

posible fortuna, la historia se repite allí como una parodia: si los españoles _____
17. (buscar)

Eldorado en América siglos atrás, los exploradores de fin de milenio descubren el tesoro que

aquéllos _____ como trofeo de su conquista.
18. (perder)

(Daniela Creamer, «El oro de La Capitana vuelve a tierra», *El País*; 22 de marzo de 1997.)

Pregunta

¿Cuál era la misión de La Capitana?

5.1. THE PRETERIT TENSE

Note the differences in the way time is perceived and expressed in the preterit and imperfect tenses.

The preterit expresses the following:

1. A completed action in the past.

    ***Nadé* en la piscina ayer.**   *I swam in the pool yesterday.*

2. An action that began or ended at a specific time in the past.

Llamé a María anoche.   *I called María last night.*

3. The beginning or end of an action.

Empecé a estudiar a las ocho y   *I began studying at eight and*
terminé a las once.   *finished at eleven.*

4. Expresses a series of completed events.

Yo *comí, estudié y me dormí.*   *I ate, studied, and fell asleep.*

5.2.   THE IMPERFECT TENSE

The imperfect tense expresses the following:

1. A repeated or habitual action.

Yo *nadaba* en la piscina todos los   *I used to swim in the pool every day.*
días.

2. An action that continued for a period of time not specified.

Yo *llamaba* a María a menudo.   *I called Maria often.*

3. Time, in the past.

Eran las ocho de la noche.   *It was eight o'clock at night.*

4. Simultaneous ongoing actions.

Yo *estudiaba* mientras Ana *dormía.*   *I was studying while Ana was*
                                            sleeping.

5. Descriptions of people, places, objects, weather, states of mind, and emotions.

La niña *tenía miedo* porque el   *The child was afraid because the*
dormitorio *estaba* oscuro y frío.   *bedroom was dark and cold.*

NOTE: The preterit and imperfect tenses may be used in different clauses in the same sentence. The imperfect expresses an ongoing state or background for an action in the preterit tense.

Yo *estudiaba* cuando el teléfono *sonó.*   *I was studying when the phone rang.*

E J E R C I C I O S

A. Lea el siguiente artículo sobre la historia y el mito del gaucho, subrayando los verbos en el pretérito una vez y los verbos en el imperfecto dos veces. Note sus varios usos en el texto y escriba las formas de los verbos que corresponden a los infinitivos en las listas siguientes. Entonces conteste las preguntas.

El día de la tradición argentina y el gaucho

> **VOCABULARIO**
>
> **abarcar** to embrace, take in **latifundio** large-landed estate
> **alumbrado** lighting **pastar** to graze
> **estancia** ranch **promediar** to be half over
> **ganadería** cattle raising **vaquería** cattle ranch

Para conocer el gaucho, es necesario remontarse a mediados del siglo XVI...

El gaucho es sin duda hijo de los españoles (aquellos que llegaron junto con don Pedro de Mendoza, fundador de la ciudad de Buenos Aires en 1550).

El colonizador español, en su expedición americana, trajo un elemento que cambió la vida en las pampas: el caballo. Fue a partir de este hecho que nace el gaucho, aunque —por supuesto— no con este nombre...

Los comienzos del hombre a caballo sólo abarcaron la vaquería, ya que no había propiedad privada... y la única riqueza originaria del país era la ganadería. A medida que pasaban los años, la presencia del paisano era cada vez más preponderante hasta llegar a convertirse en amo y señor de las pampas.

La palabra gaucho comenzó a utilizarse a mediados del siglo XVII para identificar a un sector de la población rural, hábil en el empleo del caballo, nómada, sin riquezas y dedicado al contrabando del ganado.

Pero la literatura y el tiempo iban transformando la imagen del gaucho necesitando crear nuevos mitos. Mucha relación en esto tuvieron las obras «Facundo» y «Don Segundo Sombra» (escritas por Domingo Faustino Sarmiento y Ricardo Guiraldes, respectivamente) que junto al «Martín Fierro» (de José Hernández), conforman la trilogía más trascendente de la literatura gauchesca nacional.

A partir de ellos, el gaucho comenzó a ser una figura romántica e idealizada al mismo tiempo que en las praderas de Oregón y Texas, la imagen del cowboy cobraba notoriedad. El primero —ya dicho— mitificado por las letras y el otro, más tarde, por el cine.

Es promediando el siglo XVII cuando los gauchos comienzan a organizar el sistema de estancias (con limites demarcados), ya que hasta entonces, las tierras eran tan extensas y la población tan escasa que el hombre de la pampa se sentía dueño de la tierra que pisaba. El ganado salvaje pastaba en los alrededores y bastaba con salir a buscarlo para apropiárselo. Pero la formación de latifundios (propiedad rural) tan inmensos como la misma inmensidad de las llanuras dio por finalizado estas libertades.

Hacia fines del siglo XIX el gaucho comenzó a desaparecer masivamente. Con la extensión del alambrado y el cambio a tareas rurales pasaron a ser de temporarios a ocupar todo el año. De esta manera que terminaron transformados en peones, aunque muchos de ellos, conservaron los conocimientos y costumbres de los hombres de campo...

(«El día de la tradición argentina y el gaucho», *El Diario/La Prensa*; 10 de noviembre de 1996.)

1. Busque y escriba en el pretérito los verbos que corresponden a los infinitivos.

   a. (llegar) _____   c. (ser) _____

   b. (traer) _____   d. (comenzar) _____

        e. (tener) _____   **h.** (terminar) _____

        f. (dar) _____   **i.** (conservar) _____

        g. (pasar) _____

2. Busque y escriba en el imperfecto los verbos que correspondan a los infinitivos.

        a. (haber) _____   **f.** (sentirse) _____

        b. (ser) _____   **g.** (pisar) _____

        c. (pasar) _____   **h.** (pastar) _____

        d. (ir) _____   **i.** (bastar) _____

        e. (cobrar) _____

3. Conteste las siguientes preguntas sobre el artículo.

    1. ¿Cómo cambió el caballo la vida en las pampas?

    _____

    2. Qué significaba la palabra gaucho a mediados del siglo XVII?

    _____

    3. ¿Por qué y cómo transformó la imagen del gaucho la literatura?

    _____

    4. ¿Por qué empezó a desaparecer el gaucho hacia fines del siglo XIX?

    _____

B. En este fragmento del cuento «El Sur» de Jorge Luis Borges, el protagonista, el señor Dahlmann, realiza un sueño. Lea la selección, notando los usos de los verbos en el pretérito y en el imperfecto. Entonces, conteste las preguntas usando el tiempo pasado apropiado.

El Sur

VOCABULARIO	
achinado dark red	**imprevisible** unforeseeable
acometer attack	**el puñal** dagger
la aguja needle	**tambalearse** stagger, sway
la daga dagger	**torpe** clumsy, awkward
el duelo duel	**el umbral** threshold

—Señor Dahlmann, no les haga caso a esos mozos, que están medio alegres.

    Dahlmann no se extrañó de que el otro, ahora, lo conociera, pero sintió que estas palabras conciliadoras agravaban, de hecho, la situación. Antes, la provocación de los peones era a una cara accidental, casi a nadie; ahora iba contra él y contra su nombre y lo sabrían los vecinos. Dahlmann hizo a un lado al patrón, se enfrentó con los peones y les preguntó qué andaban buscando.

El compadrito de la cara achinada se paró, tambaleándose. A un paso de Juan Dahlmann, lo injurió a gritos, como si estuviera muy lejos. Jugaba a exagerar su borrachera y esa exageración era una ferocidad y una burla. Entre malas palabras y obscenidades, tiró al aire un largo cuchillo, lo siguió con los ojos, lo barajó, e invitó a Dahlmann a pelear. El patrón objetó con trémula voz que Dahlmann estaba desarmado. En ese punto algo imprevisible ocurrió.

Desde un rincón, el viejo gaucho extático... le tiró una daga desnuda que vino a caer a sus pies. Era como si el Sur hubiera resuelto que Dahlmann aceptara el duelo. Dahlmann se inclinó a recoger la daga y sintió dos cosas. La primera, que ese acto casi instintivo lo comprometía a pelear. La segunda, que el arma, en su mano torpe, no serviría para defenderlo, sino para justificar que lo mataran. Alguna vez había jugado con un puñal, como todos los hombres, pero su esgrima no pasaba de una noción de que los golpes deben ir hacia arriba y con el filo para adentro. No hubieran permitido en el sanatorio que me pasaran estas cosas, pensó.

—Vamos saliendo— dijo el otro.

Salieron, y si en Dahlmann no había esperanza, tampoco había temor. Sintió, al atravesar el umbral, que morir en una pelea a cuchillo, a cielo abierto y acometiendo, hubiera sido una liberación para él, una felicidad y una fiesta, en la primera noche del sanatorio, cuando clavaron la aguja. Sintió que si él, entonces, hubiera podido elegir o soñar su muerte, ésta es la muerte que hubiera elegido o soñado...

Preguntas

1. ¿Cómo agravaban las palabras conciliatorias la situación en que se encontraba Dahlmann?

2. ¿Cómo reaccionó el compadrito de la cara achinada a la pregunta de Dahlmann?

3. ¿Por qué objetó el patrón al duelo?

4. ¿Qué hizo el gaucho?

5. ¿Cómo respondió Dahlmann a la acción del gaucho?

6. ¿Cuáles dos cosas sintió Dahlmann cuando recogió la daga?

7. ¿Por qué prefería Dahlmann morir en un duelo?

8. Haga el papel del autor y escriba un final para este cuento, usando el pretérito y el imperfecto apropiadamente.
   ¿Cuál era la muerte que soñaba Dahlmann?

TRABAJO COOPERATIVO

A. Formen grupos cooperativos de cuatro o cinco alumnos y lean la cita de la escritora española Ana María Matute. Entonces, trabajen juntos para crear su propio cuento de hadas. Usen el pretérito y el imperfecto apropiadamente en su cuento.

- El líder del grupo organiza el trabajo,
- Todas discuten la cita de Ana María Matute, y cada miembro del grupo menciona su cuento de hadas favorito que escuchaba o leía cuando era niña o niño.
- Todos discuten las características generales de los cuentos de hada que siguen.
- Un miembro del grupo escribe.
- Después de empezar con la frase: Había una vez en un lejano reino..., cada miembro del grupo añade una frase al cuento de hadas cuando le toca, usando el pretérito o el imperfecto apropiadamente hasta terminar el cuento.
- El grupo lee y revisa el cuento si es necesario.
- El grupo lee su cuento de hadas original a la clase.
- Algunos miembros del grupo ilustran el cuento.
- El grupo envía el cuento original a una escuela elemental bilingüe en los Estados Unidos o a una escuela elemental en Hispanoamérica.

«Los escritores españoles, salvo raros casos, consideraban que la literatura para niños era un género menor, cuando la realidad no es así. En cambio, los anglosajones y los nórdicos escribían para niños y yo me nutrí cuando era niña de los cuentos de Andersen, de Perrault, de los hermanos Grimm, de 'Peter Pan', de 'Alicia en el País de Maravillas'. Todos ellos están llenos de personajes que no son humanos, porque la mayoría de estas historias suelen venir de la Edad Media; era el pueblo el que las iba narrando de padres a hijos. Aquella sociedad convivía con esos seres porque creía profundamente en ellos, necesitaba algo en que descargar sus frustraciones o en que colocar sus esperanzas...»

(Ana María Matute, *Cambio 16*; 9 de diciembre de 1996, p.18.)

Los cuentos de hadas

Los cuentos de hadas tienen varios elementos en común:

1. Hay algún evento mágico o sobrenatural.
2. El cuento no ocurre en un lugar específico.
3. Los personajes no son individuos sino tipos: un rey, una princesa, un campesino.
4. Un personaje es un hada o espíritu sobrenatural que aparece en forma humana pero que tiene poderes sobrenaturales.
5. Siempre tienen un fin alegre.
6. La virtud siempre triunfa.

B. Formen grupos de cuatro a seis alumnos para discutir y comentar sobre el siguiente artículo

- El líder del grupo organiza el trabajo y ayuda a todos.
- Cada miembro del grupo lee el fragmento del siguiente artículo que apareció en una revista de España.

- Los miembros del grupo forman parejas para discutir sus reacciones al artículo. ¿Están de acuerdo? ¿Pueden identificar otros mitos de los Estados Unidos? Busquen y reúnan ejemplos visuales.

- Los miembros le presentan a la clase las conclusiones de sus discusiones e investigaciones y sus ejemplos visuales de mitos.

Mitos y leyendas

VOCABULARIO

aderezada   seasoned

apuesto   smart

el coche descapotable   convertible

parir   to give birth to, bring forth

el pepinillo   gherkin, pickle

Todo gran imperio tiende a crear sus propios mitos y luego sustenta sobre ellos su grandeza. Estados Unidos, el colosal imperio de nuestro siglo y previsiblemente del que viene, ha parido una mitología singular, apoyada sobre fenómenos inéditos en la historia, en especial el cine, pero también sobre otros como la masificación de la música, la televisión y, desde luego, su turbulenta política, su literatura y sus guerras particulares...

El Western. Abarcaba el viaje, la frontera, el bien y el mal, el valor y la fortaleza, pero también la crueldad y la violencia. Nada como el western retrata el alma americana. Incorporó como ningún otro al lenguaje de un nuevo arte los elementos de la tragedia griega. Detrás de todo americano se esconde siempre el alma de un buen cowboy.

La Luna. Era cosa de poetas, de enamorados y de astrólogos hasta que ... dos astronautas norteamericanos pusieron el pie en su superficie. El coste de aquella operación, según los expertos, estuvo muy por encima de su valor científico. Pero los americanos tenían que llegar los primeros, les iba en ello el prestigio de nación más poderosa de la tierra frente a su gran adversario de entonces, la URSS.

Hamburguesa. Toda la ciencia gastronómica yankee se esconde en este cacho de carne picada aderezada de mostaza, salsa ketchup y pedazos de pepinillo. Ningún chef francés la incorporaría en sus menús, pero todos la hemos probado desde que vimos la primera película en la que un apuesto joven americano se comía una junto a su chica en un coche descapotable...

(«Mitos y leyendas», *Cambio 16*, 15, julio 1996.)

MASTERY ASSESSMENTS

A. Lea este comentario sobre la novela Santa Evita de Tomás Eloy Martínez, y complete las frases con el pretérito o el imperfecto según el sentido del texto. Entonces, conteste las preguntas al respecto.

Recreación de un mito

VOCABULARIO

desenfrenada   unbridled, unrestrained

el edecán   aide

hechizar   to bewitch

orar   to pray

Eva Perón _____ el 26 de julio de 1952, y allí comienza la historia.
   1. (morir)

«Santa Evita», una novela mordaz, sombría y fascinante, no es sólo una nueva recreación novelesca de la vida de Eva, sino un agudo examen de la psiquis colectiva del pueblo argentino. Empieza en el período anterior y posterior a las últimas horas de Eva,

durante el cual las masas argentinas la _____ en una santa, La Santa
                                          2. (transformar)

Madre de la nación, a quien se _____, se _____ y se
                                  3. (venerar)   4. (reverenciar)

_____. Con mordaz precisión, Martínez muestra cómo Eva _____
   5. (orar)   6. (planificar)

cuidadosamente su propia inmortalidad; ... Pero lo que más interesa a Martínez no es la desenfrenada ambición ni la duplicidad de la esposa del dictador ... sino la sincera fascinación del pueblo argentino con esta mujer increíblemente carismática.

Inmediatamente después de la muerte de Eva, su cuerpo _____ em-
                                                          7. (ser)

balsamado, haciéndose supuestamente tres copias. La novela narra los esfuerzos del coronel Moori Koenig por deshacerse adecuadamente del cadáver. Moori Koenig

_____ edecán de la señora Perón, y después de la caída de Juan Perón
   8. (ser)

_____ represalias. Sin embargo, el coronel _____ amigos
   9. (temer)   10. (tener)

entre los jefes revolucionarios. Después de cambiar rápidamente de filiación política,

_____ un plan para asesinar al ex-dictador, pero los nuevos dirigentes
   11. (formular)

_____ más interesados en el cuerpo de Eva Perón, que nunca había sido en-
   12. (estar)

terrado por temor a que el Comando de la Venganza, integrado por ávidos peronistas,

pudiera robarlo y convertirlo en un icono religioso. Los generales _____ a
                                                                      13. (encargar)

Moori Koenig que diera cristiana sepultura al cuerpo en un lugar secreto... Para confundir

aún más a los enemigos, también _____ de enterrar las copias del cuerpo.
                                    14. (haber)   La tarea parece bastante
simple, y sin embargo todo sale mal. Tanto en la muerte como en la vida, Eva parece hechizar a todos los que entran en contacto con ella...

Al final de su novela, Martínez se ha cuenta de que se ha obsesionado tanto con Eva como sus predecesores. La única solución es escribir la novela, conocerla escribiendo sobre ella, y al hacerlo, conocerse a si mismo...

(Barbara Mujica, «Santa Evita, por Tomás Eloy Martínez», *Américas*; febrero de 1997, p. 61.)

Preguntas

1. ¿Cuál era el propósito de Tomás Eloy Martínez al escribir esta novela?
2. ¿Cómo lo consiguió?

B. Lea la historia de Benito Juárez, el libertador de México, y complete las frases con la forma apropiada del pretérito o el imperfecto. Entonces conteste la pregunta en el tiempo apropiado.

Benito Juárez

> **VOCABULARIO**
>
> **adeudar** to owe   **la gestión** arrangement, measure
> **la bancarrota** bankruptcy   **replegarse** to fall back
> **destacar** to stand out   **el retiro** retreat
> **la deuda** debt   **vincularse** to tie oneself to
> **el fuero** privilege

El libertador de México contra la ocupación de Francia, que le _____ titulo
1. (valer)
de «Benemérito de las Américas», _____ en 1806 en San Pablo Guelatao,
2. (nacer)
estado de Oaxaca. Hijo de indios zapotecas, _____ huérfano a temprana
3. (quedar)
edad y posteriormente _____ a un seminario, pero luego _____
4. (ingresar)   5. (abandonar)
estudios eclesiásticos para iniciar los de derecho y dedicarse a esta profesión.

Como abogado _____ casos cuyos clientes _____ indios
6. (asumir)   7. (ser)
pobres. No _____ en vincularse al partido Liberal y ocupar cargos públicos
8. (tardar)
en su estado natal hasta llegar al de gobernador en 1847. _____ el gabinete
9. (integrar)
del presidente Juan Ilvarez, tras participar en el movimiento revolucionario que
_____ a éste al poder.
10. (llevar)
Como ministro de Justicia _____ con la llamada ley Juárez en contra
11. (destacar)
de los fueros militar y eclesiástico. En 1857 _____ el cargo de presidente
12. (asumir)
de la Corte Suprema de Justicia, que le _____ sucesor legal del presidente
13. (hacer)
Ignacio Comonfort, que _____ el poder por acción de una rebelión.
14 (abandonar)
La oposición armada de los grupos políticos de derecha _____ un go-
15. (constituir)
bierno de facto en la capital para enfrentar a Juárez que _____ su gobierno
16. (organizar)
en Veracruz en 1858, donde _____ una serie de leyes denominadas «de la
17. (proclamar)

Reforma», las mismas que _____ a la iglesia del Estado y _____
                            18. (separar)   *19. (nacionalizar)*

los bienes eclesiásticos.

     Juárez _____ victorioso a México en 1861 pero el país _____
                        20. (entrar)   *21. (estar)*

en bancarrota, que _____ a suspender el pago de su deuda externa. Tal
                      22. (llevar)

situación _____ a que Francia, Inglaterra y España enviaran a México
              23. (llevar)

tropas de ocupación con el fin de cobrar lo que se les _____. Las gestiones
                                             24. (adeudar)

diplomáticas _____ el retiro de los españoles e ingleses, pero no el de los
              25. (conseguir)

franceses, que _____ la capital e _____ como emperador de
                     26. (ocupar)   *27. (instalar)*

México a Maximiliano de Habsburgo.

     Juárez _____ al norte del país y desde allí _____ la
                      28. (replegarse)   *29. (desatar)*

lucha independentista con apoyo de los Estados Unidos, mientras que los ocupacionistas

_____ con el apoyo de los grupos de derecha mexicanos. Los patriotas ven-
     30. (contar)

cen a Maximiliano en Querétaro y lo fusilan en 1867 junto con los generales leales al em-

perador, Miguel Miramón y Tomás Mejía.

     En julio de 1867 Juárez retorna a México y convoca a elecciones, que gana. Es re-

electo en 1870 y derrota a la insurrección del general Porfirio Díaz, que _____
                                                                    31. (ser)

candidato a la presidencia. Juárez muere poco después de una apoplejía.

(«Nuestros países: Hombres que lograron la libertad», *El Diario/La Prensa*; lunes 13 de diciembre de 1999, p. 33.)

Pregunta

Investigue en el Internet y/o en libros de historia y conteste la siguiente pregunta en un ensayo breve. Use el tiempo pasado apropiado.

¿Qué eventos en Europa y en los Estados Unidos influyeron a Benito Juárez y la historia de México?

P O R T F O L I O A S S E S S M E N T S

1. Cree y escriba un mito original sobre la creación o un fenómeno natural. Léaselo a la clase.

2. Como otros escritores, Federico García Lorca y Gabriel García Márquez, han desarrollado obras de ficción cuyos temas se basan en verdaderos artículos de periódicos. Busque un artículo de periódico y escriba un cuento corto basado en ése.

CHAPTER

Cambios: Hacia Una Vida Mejor
Future and Conditional Tenses

6.1. THE FUTURE TENSE

1. Uses of the Future Tense
   The future tense is used to express the following communicative functions:

   A. Expressing an action or event that will take place.

      Mi tía me *visitará* mañana.

   B. Expressing a plan or promise for the future.

      Te llamaré del aeropuerto cuando llegue.
      Iremos a Madrid la semana próxima.

   C. Expressing a prediction.

      El pronóstico dice que *lloverá* mañana.

   D. Expressing an expected action or resulting condition due to or caused by a current action or event.

      Si estudio, *saldré* bien en el examen.
      Si consigo una buena nota, *celebraremos*.

      NOTE: The **si** clause is in the present tense and the result clause is in the future.

   E. Expressing probability or spectulation about actions or events in the present time.

      ¿Qué hora *será*? No sé, serán las dos.
      ¿No puedes dormir? *Tendrás* hambre.

PRUEBA PRELIMINAR

Imagínese la vida en el año 2025 y complete la siguiente lectura, llenando los blancos con la forma apropiada del tiempo futuro. Compruebe sus respuestas mientras repasa las reglas del tiempo futuro que aparecen en este capítulo.

Un día típico en 2025

_____ con el sonido de mi música favorita tocada por una «orquesta
1. (Levantarse)

virtual» en mi dormitorio. Mi robot personal _____ el desayuno. Yo
2. (preparar)

_____ y _____ en ropa desechable de la última moda.
3. (bañarse)   4. (vestirse)

Entonces _____ mi computadora portátil en mi bolsillo. Después de
5. (poner)

tomar el desayuno _____ mi coche, que vuela a la escuela. Allí mis
6. (conducir)

amigos y yo _____ y _____ nuestras lecciones en las
7. (reunirse)   8. (tener)

clases virtuales, que _____ lugar en varias partes del mundo según
9. (tener)

el asunto más vigente del día.

_____ una cafetería automática donde mis compañeros de
10. (Haber)

clase y yo _____ apretar botones para escoger comidas magníficas.
11. (poder)

Después de la escuela mi robot _____ mi tarea y yo
12. (hacer)

_____ con mis amigos al cine virtual, donde _____
13. (salir)   14. (hacer)

papeles en nuestras películas preferidas.

Por la noche _____ la ropa y _____ en mi có-
15. (botar)   16. (acostarse)

moda cama que flota en el aire. Al dormirme _____ con mis vaca-
17. (soñarse)

ciones próximas: un crucero espacial rumbo a Marte.

2. Regular Verbs

The future tense of regular verbs is formed by adding the following set of endings to the infinitive forms.

HABLAR		COMER	
hablaré	hablaremos	comeré	comeremos
hablarás	hablaréis	comerás	comeréis
hablará	hablarán	comerá	comerán

VIVIR	
viviré	viviremos
vivirás	viviréis
vivirá	vivirán

NOTE: Verbs that have an accent mark in the infinitive drop it before adding the future endings.

oír   oiré

3. Irregular Verbs

Verbs irregular in the future modify their infinitive form before adding the endings. They may be divided into three groups.

A. Verbs that drop the *e* or *i* of the infinitive ending and insert the letter *d*.

TENER		PONER	
tendré	tendremos	pondré	pondremos
tendrás	tendréis	pondrás	pondréis
tendrá	tendrán	pondrá	pondrán

VALER	
valdré	valdremos
valdrás	valdréis
valdrá	valdrán

VENIR		SALIR	
vendré	vendremos	saldré	saldremos
vendrás	vendréis	saldrás	saldréis
vendrá	vendrán	saldrá	saldrán

B. Verbs that drop the *e* of the infinitive ending.

CABER		HABER		PODER	
cabré	cabremos	habré	habremos	podré	podremos
cabrás	cabréis	habrás	habréis	podrás	podréis
cabrá	cabrán	habrá	habrán	podrá	podrán

SABER		QUERER	
sabré	sabremos	querré	querremos
sabrás	sabréis	querrás	querréis
sabrá	sabrán	querrá	querrán

C. Verbs that drop the letters *e* and *c* or *a* and *c* of the stem before adding the endings.

DECIR		HACER	
diré	diremos	haré	haremos
dirás	diréis	harás	haréis
dirá	dirán	hará	harán

NOTE: **1.** Compounds of these irregular verbs have the same irregularities in the future.

mantener:	**mante*ndré***	**satisfacer:**	**satisfa*rá***
componer:	**compo*ndrá***	**contradecir:**	**contradi*ré***
convenir:	**conve*ndrá***		

2. Exceptions are

bendecir:	**bende*ciré***
maldecir:	**malde*ciré***

D. The verb *ir* + *a* + *infinitive* may also be used to express the future. This is the equivalent of *to be going to* + *infinitive* in English.

Voy a llamar **a mi amiga Ana esta tarde.**

E J E R C I C I O S

A. Lea las nuevas resoluciones que Carmen escribió en su diario al empezar un nuevo semestre en la escuela. Subraye los verbos en el futuro.

Resoluciones para el nuevo semestre

VOCABULARIO	
entregar to hand in, deliver	**más a menudo** more often
el maquillaje make-up	**el recadito** note

Este año saldré mejor en la escuela porque voy a cambiar. Por la mañana no tardaré tanto tiempo vistiéndome y poniéndome maquillaje. Una hora y media es bastante. Llegaré a clase temprano porque no pasaré tanto tiempo platicando con Elena o mi novio. Podremos hablar después por teléfono. Caminaré en vez de tomar el autobús y me levantaré a cambiar las canales, en vez de usar el control remoto. Ejercitaré más mi mente también.

Les pondré más atención a mis maestros y les haré preguntas cuando no comprenda. No les enviaré recaditos a mis compañeros durante las clases. Me esforzaré para preparar mi trabajo con anticipación y siempre trataré de entregarlo temprano. (¡Qué sorpresa para mis maestros!) Y en vez de mirar la televisión la noche antes de un examen, grabaré los programas para verlos después.

Creo que tendré un año fantástico en la escuela y me divertiré más porque cuando vean mis notas excelentes mis padres me dejarán salir más a menudo con mis amigos.

1. Busque y escriba los verbos en el futuro que correspondan a los infinitivos si
    guientes:

    a. (salir)   _____   h. (levantarse)   _____

    b. (tardar)   _____   i. (grabar)   _____

    c. (llegar)   _____   j. (poner)   _____

    d. (pasar)   _____   k. (tratar)   _____

    e. (poder)   _____   l. (tener)   _____

    f. (hacer)   _____   m. (divertirse)   _____

    g. (caminar)   _____   n. (dejar)   _____

2. Escriba un párrafo en que describe lo que Ud. hará para mejorar sus notas en este
    año escolar. Use el tiempo futuro.

B. Lea este artículo sobre un puente en vías de construcción. ¿Cómo podrá afectar a la gente
de las dos ciudades que van a unirse? Complete las frases con los verbos en el futuro.
Entonces conteste las preguntas.

Un puente entre dos siglos

VOCABULARIO

antípoda opposite	**la meta** goal
apacible peaceful	**el repunte** turn
el aval surety	**la ribera** shore
los bienes inmobiliarios real estate	**la senda vial** roadway
empujado driven	**la tonelada** ton
el flujo flow	**el transbordador** ferry
el lugareño local	

Durante largos años los tranquilos habitantes de la ciudad Colonia de Uruguay han estado acostumbrados a mirar el panorama apacible del Río de la Plata desde el transbordador que los traslada hacia Buenos Aires, la cosmopolita y vecina capital argentina...
Hoy, empujado por las necesidades del desarrollo de cara al próximo siglo, las autoridades
de estos dos países están dispuestas a concretar un viejo y acariciado sueño: la construcción de un puente que una los dos riberas para el tránsito de automóviles. La meta ha sido
trazada. El puente debe quedar terminado para el año 2001.

El ambicioso proyecto _____ 42 kilómetros de largo y _____
                              1. (medir)   *2.* (contar)
con cuatro sendas viales, que lo _____ en el puente más largo del mundo, y
                                      3. (convertir)
se espera que contribuya a gestar un importante repunte de la economía regional.

Calculan que a partir de ello se _____ el producto nacional de manera adi-
        4. (incrementar)

cional y un aumento de la población de la capital de Colonia que hoy es de 10 mil habi-

tantes, que estiman _____ los 35 mil.
      5. (superar)

    Los planes a largo plazo consideran que en la zona el flujo turístico _____ a
                             6. (alcanzar)

partir del año 2015 un número superior a los 4 millones de turistas, y que para el mismo año

el flujo de pasajeros entre Uruguay y Argentina _____ de más de 13 millones.
               7. (ser)

    El puente _____ la ciudad de Colonia del Sacramento con Punta Lara
        8. (unir)

en el extremo argentino, el nexo de menor extensión entre ambas riberas ...

    Existe una veintena de empresas interesadas en el proyecto que debe empezar en el

primer cuatrimestre de este año y que no _____ con avales ni garantías de
                 9. (contar)

parte de los Estados. La inversión _____ enteramente privada y se
                 10. (ser)

_____ 3 mil puestos de trabajo a raíz de su construcción.
    11. (crear)

    Su construcción _____ el empleo de 428 toneladas de acero, y cada
         12. (suponer)

cierta distancia de estructura _____ retornos para abordar el sentido con-
        13. (ofrecer)

trario de circulación, y se estima que por el puente _____ cinco mil vehícu-
             14. (transitar)

los diarios con un crecimiento anual del 5 por ciento. El cobro por peaje se calcula aproximadamente en 60 pesos.

    Si bien Buenos Aires es una de las ciudades más cosmopolitas del mundo, su an-
típoda Colonia es uno de los puntos más tranquilos del planeta. Conserva ésta las características propias de un pueblito del siglo pasado por lo que los lugareños no desean que
esa paz sea alterada. Sin embargo, se entiende que cuando la obra esté concluida vivir en

Colonia, poblada con 25,000 habitantes, _____ vivir a una hora de Buenos
                 15. (ser)

Aires con 14 millones de habitantes y con la consiguiente alteración de los valores de los
bienes inmobiliarios.

(Enrique Soria, «Un puente entre dos siglos», *El Diario/La Prensa*; 12 de enero de 1997)

Preguntas

1. Según este artículo, ¿cuáles serán los beneficios del propuesto puente?

    _____

2. ¿Cuáles serán las desventajas del puente?

    _____

TRABAJO COOPERATIVO

A. Formen grupos cooperativos de cuatro alumnos y lean el siguiente artículo sobre los satélites, notando los verbos en el futuro.

- El líder del grupo organiza el trabajo.
- Todos discuten sus reacciones al artículo, y entonces se dividen en parejas.
- Una pareja discute las ventajas de estos satélites. La otra pareja discute los peligros.
- Cada pareja discute y escribe sus predicciones, positivas o negativas, de los probables efectos de estos satélites. Usen el futuro, según sea necesario.
- El grupo discute sus predicciones y preocupaciones y las presenta a la clase.
- El grupo propone leyes internacionales para proteger la seguridad personal, que comparte con la clase y con sus legisladores.

El ojo del cielo

VOCABULARIO	
atentar attack	**lanzado** launched
el encargo order	**llevado a cabo** carried out
el espía spy	**particular** individual
la gestión management	**variopinto** diverse, multicolored
la laguna legal legal gap	

El primer satélite de alta resolución puesto en órbita por una empresa privada será lanzado dentro de un par de semanas. Hasta ahora, esta tecnología estaba reservada sólo a algunos estados. Nada impedirá a estas sociedades privadas comerciar con documentos fotográficos. Clientes, tanto públicos como privados, pueden hacer encargos desde el cielo con las más variopintas intenciones...

Más precisión. Los satélites privados son capaces de tomar fotografías tan puntuales como las de sus homólogos militares. Los fotogramas, cien veces más detallados que los de cualquier precedente, pueden mostrar con exactitud objetos de un metro de longitud.

Más barato. Por sólo 12,700 pesetas, cualquier particular podrá obtener una fotografía de un kilómetro cuadrado de la zona del planeta que desee...

Más práctico. Las imágenes de alta resolución pueden resultar beneficiosas para multitud de intereses particulares: desde la gestión agrícola de una finca hasta la planificación de una ciudad. También pueden ser utilizadas por la policía como un nuevo instrumento de investigación...

Sin secretos. Los gobiernos se han puesto a temblar. Con los nuevos satélites, los estados no tendrán forma de defender su información confidencial. Ni las posiciones estratégicas de los misiles, ni los movimientos de las tropas escaparán de la vigilancia de estos espías robotizados.

¿Intimidad? No pueden reproducir imágenes en las que figuren individuos. Pero tienen capacidad para mostrar detalladamente panorámicas de domicilios y jardines, así como las modificaciones llevadas a cabo en sus estructuras. También pueden registrar los movimientos de vehículos, lo que los convierten en un arma peligrosa contra la intimidad y la vida privada. Desde ahora, los medios informativos ya no dependen de la información oficial. En el caso de una guerra, por ejemplo, los movimientos de tropas en las fronteras podrán ser conocidos por los periodistas sin mediaciones.

      Laguna legal. Aún no hay una posición legal clara con respecto a estas técnicas de vigilancia. Hay gobiernos que presionan para que se autoricen medidas de control cuando haya de por medio asuntos de seguridad nacional o política extranjera. Los progresos, dicen, no justifican al atentar contra la vida pública.

(«El ojo del cielo», *Cambio 16*; 26 de agosto de 1996, pp. 62–63.)

B. Formen grupos cooperativos de seis alumnos para leer y estudiar el siguiente plan de la Organización de los Estados Americanos (OEA). Noten el uso del futuro.

- El líder del grupo organiza el trabajo.
- Todos leen el plan, y buscan verbos en el futuro, que todos subrayan.
- El grupo se divide en parejas para investigar incidentes específicos de actos de terrorismo. Una pareja investiga incidentes en Norteamérica, otra pareja investiga incidentes en Centroamérica, y la tercera pareja investiga incidentes en Sudamérica.
- El grupo se reúne para compartir su información.
- El grupo discute los efectos que tendrá este plan de la OEA. ¿Podrá prevenir el terrorismo?
- El grupo contribuye sugerencias sobre el Plan de Acción, si las tiene. Presenta sus investigaciones y recomendaciones a la clase.
- El grupo escribe sus reacciones y/o recomendaciones en una carta en español que envía a la OEA.
- Plan de acción sobre cooperación hemisférica para prevenir, combatir y eliminar el terrorismo

---

VOCABULARIO

actualizado up to date	**el funcionario** official
agilizar to speed up	**involucrado** involved
la conveniencia suitability	**negar** to deny
el convenio agreement	**procurar** to try
la convocatoria summons	**promover** to promote
el delito crime	**el rehén** hostage
desplegar to spread	**el seguimiento** continuation
el empeño commitment	**la suscripción** endorsement
entablado initiated	**el tratado** treaty
estimar to judge	**vinculado** tied
fortalecer to fortify	

Los Ministros de Estado y los Jefes de Delegación de los Estados miembros de la Organización de los Estados Americanos (OEA) reunidos en Lima, Perú, en ocasión de la Conferencia Especializada Interamericana sobre Terrorismo, con la firme voluntad de cumplir los objetivos generales expuestos en la Declaración de Lima para prevenir, combatir y eliminar el terrorismo, acuerdan el siguiente Plan de Acción:

Los gobiernos:

1. Procurarán, cuando aún no lo hayan hecho, tipificar en sus legislaciones internas los actos de terrorismo como delitos comunes graves.

2. Promoverán la pronta suscripción, ratificación y/o adhesión de los convenios internacionales relacionados con el terrorismo, de acuerdo con sus respectivas legislaciones internas.

3. Intercambiarán periódicamente información actualizada sobre las leyes y regulaciones internas adoptadas en materia de terrorismo, así como sobre la suscripción, ratificación y/o adhesión de los convenios internacionales pertinentes.

4. Proporcionarán información jurídica y otros antecedentes que se estime pertinente sobre el terrorismo a la Secretaria General, que deberá mantenerlos ordenados, sistematizados y actualizados.

5. Promoverán las medidas de asistencia mutua legal para prevenir, combatir y eliminar el terrorismo.

6. Brindarán la mayor cooperación posible, de acuerdo con las normas internas e internacionales pertinentes, en lo referente al procedimiento penal entablado a los presuntos terroristas, suministrando al Estado que ejerza jurisdicción las pruebas que obren en su poder. Facilitarán, cuando proceda, la comunicación directa entre los órganos jurisdiccionales con la finalidad de agilizar la presentación de pruebas y evidencias del delito.

7. Como expresión de su firme voluntad política de utilizar todos los medios legales para prevenir, combatir y eliminar al terrorismo, promoverán el fiel y oportuno cumplimiento de los tratados de extradición aplicables o, de ser procedente, cuando existan suficientes bases legales para procesar a los presuntos responsables de actos terroristas de conformidad con sus legislaciones internas, los someterán a sus autoridades competentes para su procesamiento.

8. Adoptarán, de acuerdo con sus legislaciones internas, las medidas necesarias para negar concesiones a los terroristas que tomen rehenes y para asegurar que sean puestos a disposición de la justicia.

9. Se informarán mutuamente, cuando lo consideren apropiado, y tomarán medidas para prevenir y atender cualquier abuso, vinculado a actos terroristas, de los privilegios, inviolabilidades e inmunidades establecidos en las convenciones de Viena sobre relaciones diplomáticas y consulares, y en los acuerdos pertinentes celebrados entre los Estados y las organizaciones y organismos internacionales.

10. Procurarán intercambiar, de conformidad con sus legislaciones internas, información relativa a individuos, grupos y actividades terroristas. En este contexto, cuando un Estado estime que existen elementos suficientes para considerar que se está preparando la comisión de un acto terrorista, proporcionará tan pronto como sea posible, la información pertinente a los Estados potencialmente afectados con el fin de prevenir su ejecución.

11. Procurarán promover y fortalecer la cooperación bilateral, subregional y multilateral en materia policial y de inteligencia para prevenir, combatir y eliminar el terrorismo.

12. Brindarán, en la medida de lo posible, la mayor cooperación a asistencia técnica en materia de capacitación y perfeccionamiento de los funcionarios encargados de las actividades y del uso de técnicas contraterroristas.

13. Coordinarán esfuerzos y examinarán medidas para fortalecer la cooperación en materia de seguridad de fronteras, transporte y documentos de viaje para prevenir actos terroristas. Asimismo, promoverán la modernización de los sistemas de información y de seguridad de sus fronteras con el objeto de evitar el tránsito de personas

involucradas en actos terroristas, así como de equipos, armas y otros materiales que pudieran ser utilizados para dichos propósitos.

14. Pondrán especial empeño en la adopción, dentro de sus respectivos territorios y en el marco de sus legislaciones internas, de medidas encaminadas a impedir que se otorgue apoyo material o financiero destinado a cualquier tipo de actividad terrorista.

15. Adoptará medidas para impedir la producción, el tráfico y el uso de armas, municiones y materiales explosivos para actividades de terrorismo.

16. Adoptarán medidas para impedir el uso de materiales nucleares, químicos y biológicos por parte de los terroristas.

17. Compartirán, cuando proceda, información de los resultados y las experiencias derivadas de las investigaciones sobre actividades terroristas.

18. Procurarán brindar asistencia a las víctimas de actos terroristas y desplegarán esfuerzos de cooperación entre si para dichos efectos.

19. De ser el caso y de conformidad con sus legislaciones internas, proporcionarán en forma completa y oportuna al Estado de nacionalidad de las víctimas la información de que se disponga respecto de ellas y de las circunstancias del delito.

20. Procurarán proporcionar ayuda humanitaria y todo tipo de asistencia a los Estados miembros que la soliciten cuando se cometan actos terroristas en sus territorios.

21. Iniciarán, en el marco de la OEA y a la luz de la evaluación de los instrumentos internacionales existentes, el estudio de la necesidad y conveniencia de una nueva convención interamericana sobre terrorismo.

22. Celebrarán reuniones y consultas para brindarse la mayor asistencia y cooperación posible para prevenir, combatir y eliminar las actividades terroristas en el Hemisferio, efectuando además, en el marco de la OEA, el seguimiento de los avances en el cumplimiento del presente Plan de Acción.

23. Recomendarán a la Asamblea General de la Organización de los Estados Americanos que considere la convocatoria de una reunión de expertos para examinar los medios que permitan mejorar el intercambio de información entre los Estados miembros, con el fin de prevenir, combatir y eliminar el terrorismo.

M A S T E R Y   A S S E S S M E N T S

A. Lea el siguiente artículo sobre el futuro y complete las frases con la forma apropiada del tiempo futuro.

El mundo del futuro

VOCABULARIO

aferrar to cling to	**descabellado** preposterous
augurar to predict	**desprenderse** to be inferred
anular to nullify, cancel	**disminuir** to diminish, decrease
el augurio prediction	**el flagelo** scourge
azotar to afflict	**el rubro** heading
concurrir converge, come together	**el sustento** sustenance
cotidiana daily	**vínculo** bond

Entre profecías catastróficas y augurios de tiempos mejores, algunas personas se dedican

a estudiar mediante métodos científicos cómo _____ la sociedad del siglo
1. (ser)

XXI. Una de estas personas es Michael Willmot, un sociólogo inglés perteneciente a la
«Fundación Futuro», especializada en investigaciones sobre el próximo siglo... Willmot
discutió varias proyecciones interesantes durante una de sus entrevistas.

Según el sociólogo, dentro de diez años las amas de casa no _____
2. (verse)

obligadas a concurrir a los supermercados para comprar las provisiones de la semana.

Con unos minutos de navegación en Internet, _____ conseguir todo lo que
3. (poder)

buscan, y ordenar que se lo lleven a casa.

Lo mismo _____ con los viajes... Y dentro del rubro desplazamientos,
4. (suceder)

ir al supermercado ya no _____ necesario, pero el espacio
5. (ser)

_____ de ser exclusivo para los astronautas. Los viajes interplanetarios
6. (dejar)

—o turismo espacial, como también se prefiere llamarlos— _____ mucho
7. (ser)

más baratos.

La deforestación planetaria parece ser una herencia que el siglo XX le

_____ a las generaciones de XXI. Tanto es así, que las campañas para la
8. (dejar)

preservación del medio ambiente _____ parte de la vida cotidiana de las
9. (formar)

personas, que, luego de preocuparse por su diario sustento, _____ dedicar
10. (deber)

su tiempo a la ecología. La familia, a su turno, _____ reforzada.
11. (verse)

Si el mundo del futuro es el de la globalización, donde lo instantáneo y lo efímero son

leyes generales, la familia _____ siendo el vínculo más estable, al que la
12. (seguir)

gente _____. No es descabellado pensarlo. Si el trabajo del futuro no
13. (aferrarse)

_____ una empresa en la que se tiene un puesto durante una determinada
14. (ser)

cantidad de tiempo, sino la terminal de una computadora que realiza un servicio para un

remoto punto del mapa, las posibilidades de relacionarse con otros disminuyen. Algunos

auguran que la familia _____ como único y principal soporte.
15. (quedar)

¿ _____ la desigualdad? Auténticos flagelos, prácticamente todos los
16. (Terminar)

candidatos políticos de la actualidad prometen acabar con la desigualdad y el desempleo
—o la amenaza de perder el trabajo— que azotan a buena parte de la humanidad. Y, en
este punto, investigadores como Willmot, se muestran optimistas, aunque sea en algunos
aspectos. Si bien reconoce que las brechas económicas entre países pobres y países ricos
pueden agrandarse todavía más, también señala que la globalización puede generar opo-

tunidades, aun para las personas de pocas recursos. El Internet _____ la
17. (ofrecer)

oportunidad de crear bienes y servicios que _____ vendidos a miles de
18. (ser)

kilómetros.

El desempleado de San Pablo _____ encontrar la manera de utilizar
19. (poder)

la tecnología informática para conseguir empleo. Sólo _____ que apretar
20. (tener)

un botón para anular distancias. Luego, todo _____ de sus conocimientos y
21. (depender)

habilidades. Los años por venir _____ o _____ estas
22. (confirmar)   23. (refutar)

hipótesis...

Preguntas

1. Según Michael Willmot, ¿ cómo afectarán a la familia los cambios del futuro?

   _____

   _____

2. ¿Está Ud. de acuerdo con las predicciones de Willmot? ¿Sí o no? ¿Qué predice Ud.?

   _____

   _____

6.2. THE CONDITIONAL TENSE

1. Uses of the Conditional Tense
   The conditional tense is used to express the following communicative functions:

   A. Expressing an action that would take place after an event or feeling stated in
      the past.

      Juan me dijo que nos *visitaría* este fin de semana.
      Yo sabía que él no *podría* visitarnos hoy.

   B. Expressing a contrary-to-fact condition that would be the result of a hypo-
      thetical event.

Si tuviéramos el dinero, *viajaríamos* a Madrid.

Si pudiera (pudiese) hablar español, *iría* con Uds.

NOTE: The *si* clause is in the imperfect subjunctive tense.

C. Expressing probability or speculation in the past.

Ana *tendría* veinte años cuando la conocí.

***Serían* las tres cuando salió.**

***Habría* mucha gente en la estación, ya que no la encontró.**

D. Expressing wonderment in the past.

A qué hora *llegaría*?

Quién *llamaría*?

PRUEBA PRELIMINAR

Complete la siguiente prueba, notando el uso del tiempo condicional. Corrobore sus respuestas mientras repasa la formación del tiempo condicional.

Cientos de cometas y asteroides amenazan la vida en la tierra

VOCABULARIO					
arrasar	to level	**el polvo**	dust	**el vestigio**	trace
el bólido	meteor	**retozar**	to romp		
la marisma	swamp	**la superficie**	surface		

Desde esta semana y hasta finales de abril, los españoles podrán admirar a simple vista la estela brillante del cometa Hale-Bopp, uno de los más grandes y luminosos de todos los tiempos. Su llegada coincide con el hallazgo de un cráter de 30 kilómetros de diámetro en Azuara, Zaragoza, que fue provocado por la caída de un bólido celeste hace 35 millones de años.

En previsión de futuros impactos catastróficos, la NASA ha creado un equipo de astrónomos que controla las trayectorias de estos vagabundos estelares en el Sistema Solar.

... De momento, es el único gran impacto que se ha descubierto en España, pero el geólogo español, Francisco Anguita, ya tiene localizados varios lugares en

la Península que _____ esconder los vestigios de otros cataclismos
                       1. (poder)

antediluvianos.

Si actualmente cayera otro bólido similar en Azuara, pocos europeos y

norteafricanos _____ a la experiencia. Si el objeto fuese mayor,
               2. (sobrevivir)

como uno de los fragmentos grandes del tren de cometas que cayó en Júpiter en

1994, ciudades como Madrid, París y Londres _____ del mapa en un
3. (desaparecer)

abrir y cerrar de ojos. A una velocidad de 65 kilómetros por segundo, el choque

_____ de tal violencia que _____ igualmente el norte
4. (ser)   *5. (destruir)*

de África y una buena parte de la costa este de Estados Unidos. Hay que tener en

cuenta que una roca espacial del tamaño de un edificio _____
6. (poder)

arrasar ciudades como Barcelona, Bilbao o Valencia...

    Según Francisco Anguita, una roca de dos kilómetros de diámetro como la

que cayó en Azuara _____ provocar efectos globales en el planeta.
7. (poder)

El impacto _____ a la estratosfera todo tipo de material, que
8. (proyectar)

_____ una gigantesca nube de polvo en suspensión que
9. (crear)

_____ la luz solar, _____ la superficie terrestre du-
10. (bloquear)   *11. (enfriar)*

rante unos meses y _____ de forma directa a plantas y animales, y
12. (afectar)

en algunos casos _____ la extinción de muchas especies...
13. (producir)

(«Cientos de cometas y asteroides amenazan la vida en la tierra», *Tribuna*; 17 de marzo de 1997, p. 60.)

2. Regular Verbs

The conditional tense of regular verbs is formed by adding the following set of endings to the infinitive forms.

HABLAR		COMER	
hablar*ía*	hablar*íamos*	comer*ía*	comer*íamos*
hablar*ías*	hablar*íais*	comer*ías*	comer*íais*
hablar*ía*	hablar*ían*	comer*ía*	comer*ían*

VIVIR	
vivir*ía*	vivir*íamos*
viv*ías*	vivir*íais*
vivir*ía*	vivir*ían*

NOTE: Verbs that have an accent mark in the infinitive drop it before adding the future endings:

oír   oiría   reír   reiría   sonreír   sonreiría

3. Irregular Verbs

Verbs irregular in the conditional modify their infinitive form before adding the endings. They may be divided into three groups:

A. Verbs that drop the **e** or **i** of the infinitive ending and insert the letter **d**.

TENER		PONER	
tendría	tendríamos	pondría	pondríamos
tendrías	tendríais	pondrías	pondríais
tendría	tendrían	pondría	pondrían

VALER	
valdría	valdríamos
valdrías	valdríais
valdría	valdrían

VENIR		SALIR	
vendría	vendríamos	saldría	saldríamos
vendrías	vendríais	saldrías	saldríais
vendría	vendrían	saldría	saldrían

B. Verbs that drop the **e** of the infinitive ending.

CABER		HABER	
cabría	cabríamos	habría	habríamos
cabrías	cabríais	habrías	habríais
cabría	cabrían	habría	habrían

PODER	
podría	podríamos
podrías	podríais
podría	podrían

SABER		QUERER	
sabría	sabríamos	querría	querríamos
sabrías	sabríais	querrías	querríais
sabría	sabrían	querría	querrían

C.   Verbs that drop the *e* or *c* of the infinitive before adding the endings.

DECIR		HACER	
diría	diríamos	haría	haríamos
dirías	diríais	harías	haríais
diría	dirían	haría	harían

NOTE: Compounds of these irregular verbs have the same irregularities in the future tense.

mantener:	manten*dría*	satisfacer:	satisfa*ría*
componer:	compon*dría*	contradecir:	contradi*ría*
convenir:	conven*dría*		

E J E R C I C I O S

A.   Lea el siguiente segmento del siguiente artículo sobre la clonación. Complete las frases con la forma correcta de los verbos en el condicional y luego conteste las preguntas sobre el artículo.

Rebelión en la granja

VOCABULARIO	
advertir to warn	**la preocupación** worry
el ejemplar specimen	**el rebaño** flock
el hígado liver	**resurgir** to reappear
perjudicar to injure	**el supuesto** premise

La noticia de la clonación de animales idénticos, tras la presentación en sociedad en Gran Bretaña de la oveja Dolly, ha encendido la luz de alarma. La posibilidad de aplicar el mismo experimento a los seres humanos ha abierto el debate ático entre científicos, juristas y teólogos ...

... Las historias de las novelas de ciencia ficción resurgen como en una utopía hecha realidad en la que combate la ética con el desarrollo científico. Qué _____

1. (decir)

el singular Aldous Huxley al verse cumplida su fantástica profecía de Un mundo feliz?

Qué _____ Adolf Hitler sí tuviese en sus manos la patente para poder

2. (hacer)

clonar seres humanos?

Este fue el motivo por el que el investigador Ian Wilmut, quien encabeza el grupo de científicos escoceses que ha realizado este experimento, manifestó su preocupación al dar a conocer el experimento:

Somos conscientes del potencial de mala utilización del descubrimiento. Clonar gente

_____ meternos en el terreno de la ciencia ficción. Todos los que hemos
  3. (ser)

participado en esta investigación _____ antiético lo contrario. Por eso
                                        4. (encontrar)

hemos puesto a disposición de especialistas en ética y de la Autoridad Embriológica
Humana toda la información sobre el tema, para que se decida qué se quiere prohibir...

   Las aplicaciones de la clonación dentro del mundo animal amplían el panorama en

muchos aspectos. Por un lado, los ganaderos _____ contar con los mejores
                                                  5. (poder)

rebaños que jamás hubieran podido imaginar a partir de la clonación del mejor ejemplar

del grupo. Las propiedades óptimas _____ transferirse a los nuevos seres
                                         6. (poder)

y _____ los productos ganaderos así como la resistencia ante determinadas
     7. (mejorar)

enfermedades, factor desconocido para el ganadero con las técnicas de clonación anter-
ores. Pero la posibilidad de clonar animales de forma masiva es remota, asegura Juan
Ramón Lacadena, quien además advierte sobre la otra cara de la moneda.

   —Si todas las ovejas de un país son iguales, _____ una identidad ab-
                                                       8. (haber)

soluta que _____ ser contraproducente porque en el supuesto de que hu-
                9. (poder)

biera algún cambio, supongamos ambiental que perjudicara a ese genotipo hasta ese mo-

mento maravilloso, todos los individuos se _____ afectados por la misma
                                                 10. (ver)

enfermedad...

   Ian Wilmut señala las grandes posibilidades para curar enfermedades. Se

_____ manipular genéticamente la célula de una oveja para obtener una
    11. (poder)

proteína contra enfermedades de la sangre. Al aplicar el proceso de clonación de Dolly,

_____ ovejas cuya leche _____ para crear fármacos con que
    12. (nacer)   13. (servir)   combatir la hemofilia. O bien

crear nuevos ejemplares con cierta patología humana para tratar diferentes terapias. O
incluso animales que naciesen con hígados o corazones de diseño humano para poder
transplantarlos a los enfermos que lo requieran.

(«Rebelión en la granja», *Cambio 16*; 10 de marzo de 1997, pp. 60–63.)

Preguntas

1. ¿Por qué se preocuparían Ian Walmut y otros científicos de las reacciones a su experimento?

_____

2. ¿Cuáles podrían ser los beneficios de la clonación de animales?

_____

3. ¿Cuáles serían los peligros de la clonación?

_____

T R A B A J O   C O O P E R A T I V O

A. Formen grupos de seis para leer y discutir el siguiente artículo sobre la exposición. La ciudad de la diferencia.

- El líder del grupo organiza el trabajo y ayuda a los demás.
- Todos leen el artículo subrayando los verbos en el condicional.
- Todos discuten sus reacciones al artículo en sus grupos.
- Hablen de una exposición sobre la pluralidad cultural, que podrían presentar en su escuela. Cuáles serían las metas de la exposición?
- Los miembros del grupo se dividen en parejas o grupos de tres para discutir y preparar proyectos para la exposición. Podrían preparar carteles, fotos, videos o programas en los ordenadores. Escriban una descripción breve de su proyecto y expliquen cuáles serían los efectos deseados de su obra.
- Cada grupo le presenta sus proyectos a la clase y a su escuela en general.

Iguales pero diferentes

VOCABULARIO			
desautorizar disavow		**vanagloriarse** to boast	

La exposición «La ciudad de la diferencia» es una muestra visual e interactiva contra el racismo, la xenofobia y el antisemitismo.

¿Podría identificar a un vasco?, o ¿es española la tortilla de patatas?... son dos de las preguntas que los organizadores plantean en «La ciudad de la diferencia». Realmente, casi nunca se piensa que las patatas vinieron de América, o que las novelas de caballería son de origen francés, aunque nos vanagloriemos de nuestro Quijote.

Organizada por la Fundación Baruch Spinoza, y con motivo de la celebración del Año Europeo contra el Racismo, «La ciudad de la diferencia» se propone desautorizar los argumentos que justifican la marginación, la discriminación, la estigmatización o la persecución que sufren los seres humanos por causa de su identidad, explicando los factores que hacen tan inevitable como positiva la pluridad cultural...

Según Manuel Delgado, antropólogo y comisario de la exposición, hay que poner de manifiesto que la defensa en nombre de la pluralidad es necesaria, porque no puede existir evolución ni progreso con grupos iguales. Las ciudades han evolucionado porque han sido heterogéneas. La tendencia a crear grandes estados homogéneos ha dado lugar a la aparición de grupos que proclaman su diferencia. Una comunidad compuesta por indivi-

duos iguales, clónicos, no tendría posibilidad de comunicarse, no podría formar una sociedad...

(«Iguales pero diferentes», *Cambio 16*; 31 de marzo de 1997, p. 80.)

B. Formen grupos de tres o cuatro personas y lean la siguiente información.

- El líder del grupo organiza el trabajo y ayuda a los demás.
- Todos leen el artículo y subrayan los verbos en el condicional.
- Los miembros del grupo comparten sus opiniones de la entrevista. A continuación los miembros del grupo se entrevistan mutuamente, utilizando en lo posible las preguntas que se le hizo a Luc Montagnier.
- El grupo escribe un informe detallando los puntos importantes discutidos en el grupo.
- El grupo crea un dibujo que corresponda a lo que se planteó en la discusión y reflexiones suscitadas a raíz del artículo.

Viviendo para vencer al SIDA: conversando con Luc Montagnier

VOCABULARIO

el anillo ring	**la música de fondo** background music
erradicar eradicate	**predilecta** favorite, preferred
exigente demanding	**la vacuna** vaccine
el mercader merchant	

El científico francés Luc Montagnier se hizo famoso en 1983, cuando su equipo investigador en el Instituto Pasteur de París descubrió el virus que causa el SIDA (Síndrome de Inmuno-Deficiencia Adquirida). El científico de 66 años divide su tiempo entre París y el Queens College de Nueva York, donde es profesor de biología molecular y celular. La mayor parte de sus esfuerzos se concentra en descubrir una vacuna contra el SIDA. A continuación sigue un segmento de una entrevista que se le hiciera en 1999:

¿Si no hubiera sido científico, qué otra profesión le habría interesado?

Me habría gustado ser escritor de novelas y ensayos filosóficos, y quizás hasta compositor.

¿Qué otro planeta le gustaría visitar?

Sería maravilloso viajar alrededor de los anillos de Saturno con un vals de Strauss como música de fondo.

¿Cuál es su mayor temor?

Morir sin lograr mis meta de descubrir una vacuna contra el SIDA y la cura del cáncer.

¿Cuál es su mayor amor?

El sexo opuesto, aunque la ciencia es una amante muy exigente.

¿Cuál es su música favorita?

Las sinfonías de Beethoven y Mahler, el *Don Giovanni*, de Mozart y las obras de Scott Joplin.

¿A dónde iría, si pudiera viajar a través del tiempo?

Me gustaría transportarme, con mis instrumentos de laboratorio, a 3 millones de años en el pasado para estudiar cómo algunas extrañas especies de primates se humanizaron. También a 3.500 millones de años para ver el origen de la vida.

¿A qué figura histórica invitaría a cenar?

A una anónima joven italiana del siglo XVI. Me enamoré de su retrato, pintado por Doménico Ghirlandaio, cuando lo vi en el Museo Gulbenkian, en Lisboa.

¿Si su meta fuera ganar mucho dinero, a qué campo se dedicaría?

No se puede concebir dinero como una meta. Es solamente una herramienta, aunque muy poderosa. Necesito dinero urgentemente para adelantar mi trabajo de la vacuna contra el SIDA. ¡Donantes, inversionistas: por favor, vengan a verme!

¿Cree que alguna vez se descubrirá una vacuna efectiva contra el SIDA?

Sí. Es la única manera de erradicar la epidemia.

M A S T E R Y   A S S E S S M E N T S

A. Lea el siguiente artículo sobre la propuesta de poner cajas negras en los coches. Complete las frases con la forma apropiada del condicional, y entonces conteste las preguntas.

«Cajas negras» también en los autos

VOCABULARIO			
la delatora	informer	**la propuesta**	proposal
el impulsor	initiator	**la tasa del seguro**	rate, price
el percance	mishap		

El Consejo Federal (gobierno) suizo va a estudiar la posibilidad de que los automovilistas instalen «cajas negras» en sus coches para registrar los datos sobre accidentes.

El proyecto, presentado por el diputado del cantón de Zurich Roland Wiederkehr, quien defiende la utilidad de instalar estas cajas negras en los choches para grabar los datos relativos a los accidentes.

El sistema, que _____ unos 660 dólares, _____ com-
                          1. (costar)   *2.* (estar)
puesto de dos aparatos, uno encargado de memorizar los movimientos del vehículo y las

señales emitidas después del percance y el otro que _____ constantemente
                                                              3. (registrar)
estos datos y los _____ cada diez minutos.
                     4. (borrar)

Estas cajas negras, según el impulsor de la propuesta, no _____ ser

5. (poder)

utilizadas como «delatoras» grabando todas las infracciones de tráfico que cometa un con-

ductor, pues sólo se _____ los datos registrados antes y después del acci-

6. (utilizar)

dente.

Con este sistema _____ evitarse los gastos derivados de las investiga-

7. (poder)

ciones para determinar las causas de un accidente, lo que _____ también una

8. (suponer)

reducción de la tasa del seguro de responsabilidad civil obligatorio para los conductores.

Asimismo, se _____ los procesos judiciales y se _____

9. (simplificar)   10. (proporcionar)

una protección contra las acusaciones injustificadas.

Si finalmente el Consejo Federal aprueba la medida _____ que decidir

11. (haber)

si estas cajas negras se instalan en todos los vehículos, sólo en los de nueva fabricación o se limita a coches especialmente potentes o conductores que han sido ya condenados por graves infracciones de tráfico.

(«Cajas negras también en los autos», *El Diario/La Prensa*; 10 de diciembre de 1999, p. 61.)

Preguntas

Complete las preguntas con la forma apropiada del verbo en el condicional y contéstelas.

1. ¿Por qué (**querer**) _____ el gobierno suizo poner cajas negras en los automóviles?

    _____

    _____

2. ¿Cuánto (**costar**) _____ el sistema?

    _____

    _____

3. ¿De qué (**componerse**) _____?

    _____

    _____

4. ¿Cuáles (**ser**) _____ los beneficios del sistema?

    _____

    _____

5. ¿Qué decisiones (**tener**) _____ que hacerse si el Consejo Federal aprueba las cajas?

_____

_____

6. ¿Le (**gustar**) _____ tener una caja negra en su coche? ¿Por qué? ¿Por qué no?

_____

_____

B. ¿Si ganara El Gordo —40 millones de pesetas— qué haría para mejorar su mundo? Escriba un ensayo breve usando los verbos sugeridos en el condicional.

ayudar	dar	poner
cambiar	invertir	satisfacer
compartir	organizar	sentirse
comprar	poder	tener

PORTFOLIO ASSESSMENTS

1. Diseñe el automóvil ideal para el segundo milenio. Dibuje el auto y cree un anuncio que aparecerá en las revistas del año que viene. explique en su anuncio por qué su diseño es superior y cómo ayudará al medio ambiente.

2. El número de adultos y niños pobres que pasan hambre está aumentando a nivel mundial. El club internacional de su escuela decide que quiere ayudar. Los miembros deciden organizar actividades para colectar dinero, que van a donar a una organización internacional que ayuda a los pobres. El director de la escuela pide una descripción detallada de las actividades antes de darles permiso. Escríbasela, explicando qué harían e incluyendo los beneficios que resultarían de su plan.

7

La Ciencia, el Ser Humano y la Naturaleza

SER and ESTAR

Both **ser** and **estar** mean *to be* in English, but each verb is used to express different functions. Complete the pre-test that follows, and check your answers as you review the uses of these two verbs in this chapter.

PRUEBA PRELIMINAR

¿Ha visitado bosques en los EE.UU. o en otros países? Lea la descripción de un bosque especial en el siguiente artículo. Entonces escriba la forma de *ser* o *estar* en el tiempo apropiado, según el caso.

El Yunque: naturaleza virgen

VOCABULARIO		
la abeja bee	**espeso** thick	**el musgo** moss
la cacería hunt, hunting	**el helecho** fern	**la pulgada** inch
cálido hot	**el loro** parrot	**la rana** frog
la culebra snake	**la manga** sleeve	**venenosa** poisonous

El Yunque _____ un bosque de 28,000 acres que _____ localizado
 1.   2.
en la Sierra de Luquillo, a 40 kilómetros de San Juan, la capital de Puerto Rico.

_____ declarado reserva forestal por la corona española en 1876, convirtiéndose
 3.
así en la más antigua de América.

En el Yunque llueve mucho, alrededor de 240 pulgadas de agua al año. Por eso su vegetación _____ 4. tan espesa posee 250 especies de árboles, helechos gigantescos, musgo y enredaderas. _____ 5. en El Yunque donde se encuentran animales como el loro puertorriqueño, de doce pulgadas, de color verde y alas azules. También hay loros de cabeza roja y otras cincuenta especies de aves. No hay muchas culebras, y ninguna _____ 6. venenosa...

En El Yunque _____ 7. donde se encuentra en abundancia el famoso coquí, una especie de rana única de Puerto Rico que emite un canto muy particular. La cacería _____ 8. prohibida en El Yunque.

Y la mejor manera de conocer este bosque _____ 9. caminando y escalando los picos más elevados. Hay caminos a través de todo el bosque y algunas zonas para acampar de manera primitiva. Hace algunos años, parte de El Yunque _____ 10. utilizado para cultivar productos agrícolas, pero ahora toda la zona ha vuelto a _____ 11. bosque. Científicos aún _____ 12. estudiando parte de su vegetación, la cual no ha _____ 13. tocada por los turistas.

Entre las atracciones de El Yunque _____ 14. la caída de agua La Coca, el Camino de los Árboles Gigantes, las zonas de El Toro y El Cacique, y las áreas de recreación Caimitillo y Palo Colorado.

El clima de El Yunque _____ 15. cálido y hay muchos mosquitos, abejas e insectos. La mejor recomendación _____ 16. llevar camisa de manga larga o un buen repelente.

(«El Yunque: naturaleza virgen», *El Diario/La Prensa*; 8 de junio de 1997, suplemento especial desfile puertorriqueño.)

7.1. USES OF *SER*

The verb *ser* is used to express the following communicative functions:

1. Identifying something or someone.

> **¿Qué *es* eso? — *Es* una bufanda.**
> **¿Quién *es*? — *Es* Elena**

2. Describing characteristics, origin or inherent qualities of people, places, or objects.

   El escritorio *es* de madera.
   Carla *es* simpática. *Es* de Puerto Rico.
   Puerto Rico *es* una isla.

3. Identifying a person's occupation, nationality, and affiliations.

   Pedro *es* carpintero.
   ***Es* italiano.**
   ***Es* miembro del partido conservador.**

4. Expressing possession or ownership.

   Este paraguas *es* de Felipe.
   ***Es* su abrigo también.**

5. Expressing time, the date, quantity, price, and number.

   Hoy *es* martes, el seis de enero.
   ***Son* las ocho de la mañana.**
   ¿Cuántos *son*? — *Son* muchos. (quantity)
   ¿Cuánto *es*? — *Son* mil quinientas pesetas. (price)
   ¿Cuántos *son* dos por dos? — *Son* cuatro. (number)

6. Expressing where an event takes place.
   La fiesta *es* en casa de Elena.

7. Forming impersonal expressions.
   ***Es* imprescindible que me llames mañana a las ocho.**

8. Expressing the passive voice with a past participle.
   La tienda *fue* cerrada a las seis.

7.2. USES OF *ESTAR*

The verb *estar* is used to express the following communicative functions:

1. Expressing location or situation that is physical or temporal.

   Ana *está* en su dormitorio.
   Sus libros *están* sobre el escritorio.
   Ahora *estamos* en verano.

2. Expressing a physical or emotional state that is transitory and often subjective.

   Carlos *está* enfermo hoy.
   El agua *está* fría.
   Ana *está* alegre porque sus amigos acaban de llegar.

3. Expressing the result of an action.

   La puerta *está* cerrada.
   La comida *está* preparada.

4. Forming the progressive tenses when combined with a present participle.

Los jóvenes *estaban* bailando anoche.

Hoy *están* estudiando.

NOTE: Several adjectives may be used with both verbs but have different meanings when used with ***ser*** or ***estar***. Adjectives expressed with ***ser*** generally refer to a generic quality and a perspective that is objective. Adjectives used with estar generally refer to a state or aspect that is transitory and subjective. Examine the following paradigms.

La sopa *es* rica.   (generic quality)

La sopa *está* rica.   (personal impression)

Elena *es* alegre.   (character)

Elena *está* alegre.   (emotional state)

Carlos *es* listo (*smart*).   (character)

***Estamos* listos** (*ready*).   (state)

El programa *es* aburrido (*boring*).   (quality)

Los alumnos *están* aburridos (*bored*).   (state)

La falda es verde (*green*).   (quality)

El tomate está verde (*unripe*).   (state)

E J E R C I C I O S

A. Lea el siguiente artículo sobre un animal en peligro de extinción. Subraye las formas de los verbos ***ser*** y ***estar***, notando sus varios usos. Entonces conteste las preguntas.

Tocayos al servicio

VOCABULARIO			
la caza hunt		**el lujo** luxury	
el cazador hunter		**la presa** prey	
escarpado craggy		**restringir** to restrict	
esquivo aloof		**silvestre** wild	
el fabricante manufacturer		**el taller** workshop	
el gerente manager, executive		**el tocayo** namesake	

Con la ayuda de un importante productor de automóviles, la «Wildlife Conservation Society» (WCS) está desarrollando un programa para proteger los jaguares, el felino más grande de las Américas. «Jaguar North America», fabricante de los automóviles de lujo y deportivos, anunció su proyecto de donar 1 millón de dólares a la WCS a lo largo de un período de cinco años para apoyar programas de investigación y educación concentrados en la conservación del jaguar. «Cuando nos enteramos de que el felino estaba en peligro de extinción, sentimos que era tiempo de involucrarnos en la tarea de salvarlos», dice Terri Nelson, gerente de comercialización de «Jaguar».

El jaguar está en peligro de extinción en todo su hábitat, que se extiende desde el sur de los Estados Unidos hasta el norte y centro de Argentina. Aunque este felino se adapta con facilidad y puede sobrevivir en una variedad de climas —desiertos, selvas tropicales y humedales— la pérdida de hábitat y la caza han causado una constante disminución de la población.

Desafortunadamente, la relación entre el hombre y el jaguar ha cambiado, el jaguar ha pasado de ser el espíritu venerado de la época precolombina a ser un objeto de temor y odio.

Frecuentemente incomprendido, el jaguar contemporáneo está catalogado como cazador de hombres y asesino de ganado.

En los años sesenta, la piel de jaguar estaba de moda y los felinos fueron presa de la caza despiadada durante casi un década. En 1973 la Convención sobre el Comercio Internacional de Especies Amenazadas de Fauna y Flora Silvestres (CITES) redujo el comercio de la piel de jaguar al restringir el cruce de fronteras internacionales de partes de animales en peligro de extinción. Pero era demasiado tarde para varias poblaciones pequeñas que ya habían sido exterminadas...

Aunque el jaguar es figura prominente en muchas leyendas y mitos americanos, poco se conoce sobre este esquivo felino...

En marzo, treinta y cinco investigadores provenientes de once países se reunieron en la Universidad Nacional Autónoma de México para compartir datos y métodos en un taller titulado «Los jaguares en el próximo milenio». Financiado parcialmente por la empresa de automóviles *Jaguar* y organizado por la WCS, el taller fue la primera reunión de su tipo.

De acuerdo con Kent Redford, de la WCS, uno de los organizadores del evento, el objetivo del taller era identificar los proyectos de investigación prioritarios para la conservación del jaguar. El grupo creó una base de datos de información geográfica con mapas que detallan la situación, la ecología y la distribución del hábitat del jaguar. Redford afirma que se deben crear proyectos para proteger al animal en todos los ecosistemas que habita. «El jaguar del desierto es diferente del de la selva tropical», explica...

Creado en 1986 con la ayuda de Automóviles Jaguar de Canadá y la WCS, el Refugio de Vida Silvestre de la Cuenca de Cockscomb es la primera zona protegida del mundo dedicada a la protección de jaguares. Esta escarpada extensión de tierra fue hogar de uno de los principales expertos en jaguares del mundo, el científico de la WCS Alan Rabinowitz. Su importante investigación respondió muchas interrogantes sobre este misterioso animal. Su libro Jaguar se convirtió en uno de los más vendidos.

A fin de continuar el diálogo, la Universidad Nacional publicará los trabajos de la conferencia en castellano. Además, la WCS está creando una página de Internet para que los investigadores compartan información y comuniquen...

(«¡Ojo!», *Américas*; septiembre/octubre de 1999, vol. 51, no. 5, p. 3.)

Preguntas

1. Según el artículo, ¿por qué está donando 1 millón de dólares el fabricante de automóviles de lujo y deportivos «Jaguar»?

   _____

2. ¿Cuáles son algunas causas de los problemas del jaguar contemporáneo?

   _____

3. ¿Cuál fue el propósito del taller que tuvo lugar en marzo en la Universidad Nacional Autónoma de México?

_____

4. ¿Quién es Alan Rabinowitz?

_____

5. ¿Para qué fue creado una página de Internet por la WCS?

_____

6. Prepare five preguntas sobre el jaguar. Luego busque respuestas a estas preguntas en el sitio Web de la WCS, http://www.wcs.org/wild. Comparta la información con sus compañeros de clase.

_____

B. Lea el siguiente artículo sobre los peligros que causan ciertos plásticos, y complete las frases con las formas correctas de los verbos *ser* o *estar* en el tiempo apropiado.

Un mundo plastificado

VOCABULARIO	
acaparar to hoard	**el envase** container
el cloro chlorine	**restringido** restricted
el daño damage	**el riesgo** risk
desenfrenado unbridled	**el vertedero** dump
el despilfarro squandering	**vertirse** to be spilled
la empresa firm	**el vidrio** glass

¿Se imagina un mundo sin plásticos? Mire a su alrededor y se dará cuenta de la cantidad

de objetos que _____ compuestos de este material. Estos productos quími-
                              1.

cos derivados de los combustibles fósiles _____ presentes en todos los cam-
                                                    2.

pos de la vida humana: en el hogar, en la construcción, en la agricultura, en la medicina, en el deporte...

Cada vez _____ más los usos que han ido acaparando los plásticos, susti-
                    3.

tuyendo los materiales tradicionales como madera, vidrio, tejidos naturales y metales...

El plástico _____ parte de la sociedad en que vivimos. Su bajo coste
                      4.

permite masivamente a muchos bienes y tiene beneficios indudables. Pero también

_____ reflejo de una sociedad de consumo desenfrenado, donde impera el
        5.

despilfarro y la norma de usar y tirar— afirma Dolores Romano, del departamento de
tóxicos de la asociación ecologista Greenpeace.

El consumo masivo de plásticos tiene grandes inconvenientes: como su vida útil efec-

tiva _____ muy breve, el mundo se _____ convirtiendo en un
        6.   7.

inmenso vertedero...

La bestia negra _____ actualmente el policloruro de vinilo, PVC.
                      8.

Elaborado por primera vez en 1913, _____ uno de los plásticos mis ver-
                                          9.

sátiles y utilizados en la actualidad...

El principal problema del PVC _____ la presencia de cloro. Por eso su
                                      10.

producción _____ extremadamente contaminante, advierte Romano.
                11.

Durante este proceso se forman sustancias... entre las que se destacan las dioxinas. Se
trata de sustancias no presentes en la naturaleza y que se vierten a la atmósfera y las
aguas de ríos y mares.

—Los efectos de las dioxinas sobre los seres vivos _____ muy graves:
                                                          12.

alteraciones hormonales y daños del sistema inmunitario, nervioso y reproductor.
Además aumentan el riesgo de diferentes tipos de cáncer— explica Romano...

La magnitud de estos problemas se reduciría si el PVC se reciclara. De hecho, este

plástico _____ reciclable, y así lo admiten también los ecologistas.
              13.

Diferentes países han declarado la guerra al PVC. Desde 1987, 300 municipios de
Alemania, Austria, Dinamarca, Luxemburgo, Holanda y Suecia han prohibido o restrin-

gido su uso en obras públicas. Muchas empresas privadas también _____ de-
                                                                        14.

jando de lado el PVC. El caso más claro _____ los embotelladoras de agua,
                                              15.

que optan día a día por plásticos más limpios, o que vuelven a los envases de vidrio...

(Luis de Zubiaurre, «Un mundo plastificado», _Cambio 16_; 12 agosto 1996, pp. 290. pp. 70–71.)

Preguntas

1. ¿Cuáles son algunos problemas del uso masivo de los plásticos?

_____

_____

2. ¿Cuáles son algunas soluciones posibles?

_____

_____

3. ¿Cómo se está mejorando esta situación peligrosa en su comunidad?

_____

_____

TRABAJO COOPERATIVO

A. ¿Es necesario usar animales para hacer investigaciones científicas sobre el cuerpo humano? Formen grupos cooperativos de cuatro o cinco alumnos para investigar y discutir este tema.

- El líder del grupo organiza el trabajo y ayuda a los otros.
- Todos buscan información en el Internet sobre el tema de los derechos de los animales versus los derechos de los científicos. Algunos sitios sugeridos son:

  www.sciam.com/0297issue/0297botting.html

  www.animalaid.org.uk

  http://arrs.environlink.org

  www.pcrm.org/issues/Animal_Experimentation_Issue

- Todos contestan las siguientes preguntas:

  1. ¿Quiénes favorecen los experimentos científicos con animales? ¿Por qué?
  2. ¿Quiénes se oponen los experimentos científicos con animales? ¿Por qué se oponen?
  3. ¿Cuáles son las recomendaciones de los proponentes?
  4. ¿Cuáles son las recomendaciones de los adversarios? El grupo prepara una encuesta en español sobre el tema. Usen ser y estar y expresiones personales en sus preguntas, por ejemplo, *es apropiado, es imprescindible, es justo...*

- Distribuya esta encuesta en la clase o por correo electrónico a otros alumnos que hablan español para enterarse de sus opiniones al respecto.
- El grupo le presenta los resultados de su encuesta a la clase.

B. ¿Es preciso cazar y matar focas? Formen grupos cooperativos de seis a siete alumnos para discutir las siguientes opiniones.

- El líder del grupo organiza el trabajo y ayuda a los demás.
- Todos leen los dos segmentos que siguen, subrayando y escribiendo las formas de los verbos *ser* and *estar*, y notando los usos particulares de éstos.
- Una pareja del grupo contesta, ¿cuál es la opinión de Brian Tobin en cuanto a la caza y matanza de focas? y ¿por qué?

- Otra pareja contesta, ¿cuál es la opinión de Greenpeace sobre el caso? y ¿por qué?
- Otra pareja investiga en el Internet el punto en cuestión.
- Las tres parejas le presentan al grupo las dos opiniones y sus investigaciones.
- El grupo prepara un cuestionario y lo distribuye a su clase para averiguar cuál opinión apoyarían sus compañeros de clase. Usen las siguientes expresiones en su encuesta:

estar por, estar conforme, estar de acuerdo con, ser partidario de

- Después de recoger y analizar las respuestas, el grupo le presenta los resultados a la clase.

«Sangre y hielo»

VOCABULARIO	
el agotamiento exhaustion	**la cifra** figure (number)
el alimento food	**el legado** legacy
el arenque herring	**subvencionar** subsidize
el bacalao codfish	**la tierra natal** birthplace
el chivo expiatorio scapegoat	**la tonelada** ton

Opinion 1

El legado mortal de Brian Tobin está a punto de cumplirse. En diciembre de 1995, el entonces ministro de Pesca Canadiense, se preparaba para dejar su cargo en el Gobierno federal y regresar a su tierra natal, Terranova. Pero antes de hacerlo anunció que se podrán capturar 250,000 focas.

«Con los datos científicos que tenemos sobre la población de focas, esta cantidad es suficiente para permitir el continuo crecimiento de su población.» Esta afirmación de Tobin fue la culminación de la campaña en la que, mes a mes, fue introduciendo las razones por las que era necesario multiplicar la captura de focas...

Meses antes, Tobin puso a disposición del público otras cifras: las focas se comen cada año 6,9 millones de toneladas de pescado, el doble que en 1981. El último recuento realizado en 1994 señalaba que la población de focas era de 4,8 millones de ejemplares, más del doble que a mediados de 1970.

El Ministro de Pesca añadió... las focas «son uno de los factores que impiden la reconstrucción de los bancos de bacalao y capelán (una especie de pequeño arenque)». Y es que la dieta de las focas incluye una sustancial cantidad de estos pescados...

En 1994, Tobin consiguió el establecimiento en Terranova de una empresa conjunta entre canadienses y chinos para la plena utilización de 50,000 focas al año.

Opinion 2

Para Greenpeace, «la matanza de focas no va a atraer de vuelta el bacalao. Canadá está desesperada por recuperar los bancos de bacalao después de permitir su agotamiento y ha escogido a las focas como chivo expiatorio.» La organización ecologista, consta que el gobierno cae continuamente en sus propias contradicciones. «Permite la pesca del capelán, el principal alimento del bacalao. Si la Administración realmente quiere salvar al bacalao debe detener la pesca comercial del capelán.»

Greenpeace considera que el gobierno está forzando la apertura de mercados con un alto costo para el contribuyente. Desde 1995, cada kilogramo de carne de foca está subvencionado con 36 pesetas por la administración federal, y con nueve por el Gobierno provincial. «Los subsidios son necesarios porque es difícil vender los derivados de foca. Y si la compañía de relaciones públicas tiene éxito y se desarrolla un mercado de productos de foca, la caza se podría convertir en una espiral fuera de control»...

(«Sangre y hielo», *Cambio 16*; 22 de abril de 1996, no. 1.274, pp.94–95.)

M A S T E R Y   A S S E S S M E N T S

A. ¿Le gusta tomar café? Lea este artículo sobre un café especial que se está produciendo en Venezuela. Complete las frases con las formas apropiadas de los verbos *ser* o *estar* en el presente y conteste las preguntas.

Café sano de gran calidad

VOCABULARIO	
la actualidad present	**incrementarse** to increase
el agrónomo agronomist	**el lucro** profit
el auge boom	**el plaguicida** pesticide
el cafetal coffee plantation	**la sigla** abbreviation
la colina hill	**el tejido** fabric
la cuenca river basin	

En una aireada colina sobre la populosa capital venezolana, el agrónomo Franco Manrique

_____ procurando salvar una antigua industria. _____ culti-
1.   2.

vando el primer café certificado como orgánico en su país.

Manrique _____ el coordinador de la Fundación para el Desarrollo de
3.

la Ecología, Reciclaje y Energías Alternativas. Conocida por su sigla Fundagrea, esta or-

ganización sin fines de lucro _____ situada en el centro ambiental del Topo
4.

las Piñas, en las afueras del barrio caraqueño de Vista Alegre. Nuestra labor se relaciona

mayormente con el desarrollo sostenible y nuestro objetivo principal _____
5.

la agricultura orgánica. La población de Venezuela _____ concentrada
6.

principalmente en el norte del país, que también cuenta con la menor cantidad de fuentes de agua potable, y las pocas fuentes que existen se han visto notablemente afectadas por

la agricultura convencional. Nuestra estrategia _____ preservar y recu-
7.
perar las cuencas hidrográficas mediante la agricultura orgánica.

Otro motivo, agrega, _____ la necesidad de reducir el costo de pro-
8.
ducción de los pequeños productores... A medida que se incrementa el costo de los ferti-

lizantes... los que se ven más afectados _____ los pequeños productores...
9.

Cuando comenzó el auge del petróleo en los años veinte y treinta, Venezuela lamen-
tablemente abandonó su mercado cafetero tradicional, explica. La agricultura comenzó a

decaer por falta de incentivos. En la actualidad _____ tratando de recu-
10.
perar nuestros mercados...
En el mercado orgánico, tratamos de competir en base a la calidad, no la cantidad.

_____ creando nuevas variedades mediante la manipulación genética...
11.
También fabricamos nuestros propios plaguicidas... No dejan residuos en los tejidos hu-

manos, no _____ tóxicos y _____ completamente biodegradables.
12.   13.

Otro de los proyectos de Manrique _____ estimular a los turistas na-
14.
cionales y extranjeros a que visiten los cafetales venezolanos... _____ ne-
15.
gociando con una agencia de turismo de Caracas... para incorporar en sus ofertas una
visita a la ciudad de Barquisimeto, que celebra una feria anual de productos orgánicos.

(Larry Luxner, «Café sano de gran calidad», *Américas*; junio de 1997, p. 5.)

Preguntas

1. ¿Cuáles son algunos de los proyectos de Franco Manrique?

   _____

   _____

2. ¿Cuáles son sus motivos?

   _____

   _____

B. ¿Cuál es la misión de la doctora Jane Goodall? Lea el siguiente artículo sobre esta famosa
zoóloga y complete las frases escogiendo y escribiendo la forma apropiada de *ser* o *estar*.
Entonces conteste las preguntas.

Los últimos primos de Chita

VOCABULARIO

con contundencia	forcefully	**huérfano**	orphan
concienciación	awareness	**jaula**	cage
confiar	to trust	**occidente**	west
denunciar	to report	**selva**	jungle
destacar	to point out	**trasladado**	moved
ejemplar	specimen		

Los chimpancés _____ cazados sin control en este fin de siglo en las selvas
1.

africanas. Su destino: los zoológicos de Occidente, los laboratorios de investigación o in-

cluso, las tiendas de animales domésticos, donde _____ vendidos como
2.

mascotas para niños y adultos.

El peligro ha llegado ya a tal punto que incluso la principal autoridad mundial en el
estudio, Jane Goodall, se ha visto obligada a intervenir...

Yo solía pasar al menos un tercio de cada año en África con los chimpancés —denuncia desde Londres Jane Goodall— pero ahora, a la velocidad con la que desaparecen esta

especie y su ecosistema, la labor de concienciación de mi trabajo _____
3.

cada vez mayor. Así que el tiempo que paso en el continente negro _____
4.

muy poco...

Entre las acciones de protección que propone a la comunidad internacional, destaca
la puesta en marcha de una red de refugios para los jóvenes chimpancés huérfanos.

Lo triste _____ que no podemos devolver esos jóvenes chimpancés a
5.

su medio, a la selva, porque los chimpancés salvajes _____ agresivos y los
6.

matarían y porque, como _____ acostumbrados a confiar en el hombre,
7.

pueden _____ fácilmente cazados... Así que tenemos que cuidarlos durante
8.

el resto de sus vidas.

El equipo de Goodall construyó su primer refugio para chimpancés hace cuatro años

en el antiguo Congo. Hasta el corazón de Africa _____ trasladados en avión
9.

25 huérfanos... y ahora disfrutan de su propia selva particular, a la vez que reciben la visita
de científicos y niños dentro de un ambicioso programa de educación...

Hoy ya _____ tres los santuarios abiertos. Pero Jane Goodall se ve
            10.
obligada a reclamar fondos económicos urgentes, porque en la actualidad ya no quedan
muchos lugares donde los chimpancés puedan vivir en libertad...

...Goodall describe la situación del continente negro con contundencia:

—Africa _____ en un estado verdaderamente trágico. Y, por supuesto, una
            11.
de las principales razones _____ que el mundo desarrollado continúa
                                  12.
robando sus recursos naturales...

Alrededor de 3.000 chimpancés _____ ahora utilizados en laboratorios
                                      13.
farmacéuticos para probar nuevas sustancias químicas. Jane Goodall también denuncia

las torturas que estos ejemplares sufren y sus malas condiciones de vida al _____
                                                                                        14.
encerrados en pequeñas jaulas...

En vez de retenerlos año tras año, deberían _____ puestos en libertad
                                                    15.
en un hábitat adecuado para ellos, donde puedan tener espacio, respirar aire libre y
puedan adaptarse también a sus grupos sociales, otra vez, concluye la doctora Jane
Goodall.

(Javier Gregori, «Los últimos primos de Chita», *Cambio 16;* 6 de mayo de 1996, no. 1, pp. 96 97.)

Preguntas

1. ¿Cuál es la misión de la doctora Jane Goodall?

   _____

   _____

2. ¿Cómo está cumpliendo con su misión?

   _____

   _____

PORTFOLIO ASSESSMENTS

1. Imagínese ser un(a) científico(a) que acaba de crear una nueva planta, combinando la
   biología y la tecnología. Prepare un discurso donde describe y justifica esta innovación
   particular. Discuta el pro y el contra de la propagación de esta planta.

2. Su club del medio ambiente decide comunicarse con los grupos de Greenpeace alrededor del mundo para enterarse de sus proyectos. Ud. está encargado de comunicarse con el grupo en España. Después de contactarlos por correo electrónico, regular, o por fax, escriba lo que aprendió sobre sus proyectos en la publicación del club. Sugiera unas actividades que el club podría emprender con el grupo español.

Trabajo: Ocupación o Misión

The Gerund and Progressive Tenses

8.1. USES OF THE GERUND

The gerund, or present participle, is used to express the following communicative functions:

1. Progressive tenses: expressing that an action is in progress at a particular time. The verb *estar* appears in the present, past, future, or conditional and is followed by the main verb in the form of a present participle.

    Los jóvenes *están tomando* café ahora.

    Los jóvenes *estaban tomando* café.

    Los jóvenes *estuvieron tomando* café hasta las seis.

    Los jóvenes *estarán tomando* café juntos por la tarde.

    Los jóvenes *estarían tomando* café si pudieran.

2. Expressing continuing action with other verbs, including *seguir, continuar, ir*, and *andar*.

    Carlos *sigue tocando* la guitarra con el conjunto.

    Elena *continuaba bailando* en la discoteca.

    Las canciones del grupo *van mejorándose*.

    Carlos *anda buscando* a Elena en la discoteca.

3. Describing actions or events.

    Paso el verano *nadando* y *leyendo* en la playa.

    El profesor termina la clase *dándonos* una prueba.

4. Expressing *have been + present participle* with the verb *llevar*.

    Llevo estudiando italiano cinco años.

    Llevamos dos semanas *visitando* España.

5. Expressing the English *by + gerund*.

    Estudiando aprendemos mucho.

    Cantando, Carlos nos divierte.

PRUEBA PRELIMINAR

La tradición continúa: Metates y molcajetes de San Lucas Evangelista

VOCABULARIO			
el antepasado	ancestor	**la inquietud**	anxiety
el borrego	lamb	**el martillo**	hammer
el cincel	chisel	**el metate**	grinding stone
la desviación	turn-off	**el molcajete**	stone mortar
escarbar	to scrape	**pesado**	hard
grabar	to engrave	**la veta**	vein

Nuestros antepasados trabajaban la piedra, yo aprendí de mi padre; ahora estoy

_____ a mi hijo, y así nos vamos _____ la tradición, la cos-
    1. (enseñarle)   2. (pasear)

tumbre y los conocimientos —comentó. Pero cuando Nacho aprendió el oficio, tenía la inquietud de cambiar la obra. Por ello comenzó a adornar los molcajetes con cabezas de toros, borregos, palomas y otras figuras, hasta que logró su objetivo: convertirse en un artesano.

El considera que elaborar y diseñar una pieza no sólo implica pasar horas y horas

sentado _____ y _____ forma a la piedra, sino que es un
         3. (golpear)   4. (dar)

trabajo pesado que debe conocerse bien para poder realizarlo.

Mientras escuchábamos a Nacho, Abraham tomó entre sus manos una piedra y comenzó a golpear y golpear con el martillo y el cincel... Aunque apenas se inicia en el oficio de la piedra, desde pequeño se sentaba junto a su padre cuando estaba

_____ y lo observaba; con el tiempo empezó a hacer... sus molcajetes, y
    5. (trabajar)

ahora ya graba las piezas. Desde luego, su padre lo va _____ y le explica
                                                        6. (guiar)

sus secretos de este trabajo...

La piedra para los metates y molcajetes se extrae de las minas que se localizan en el municipio de Tlajomulco... Nacho nos explicó: —Mi papá dio con una veta, aprendí de

él dónde están, ahora estoy _____ a mi hijo... empezamos a limpiar y
                            7. (enseñar)

limpiar, _____ dimos con las vetas, las cuales se pueden encontrar a un
         8. (escarbar)

metro de profundidad. Generalmente hacemos excavaciones de 3 o 4 m, lo que causa que

se vayan _____ cuevas conforme sacamos la piedra...
         9. (formar)

(Dora E. González Rodríguez, «La tradición continúa: Metates y molcajetes de San Lucas Evangelista», *México desconocido*; enero de 1997, pp. 35–37.)

8.2. THE GERUND OF REGULAR VERBS

The gerund of regular verbs is formed by dropping the *-ar, -er*, or *-ir* endings and adding *-ando* to the stems of *-ar* verbs and *-iendo* to the stem of *-er* and *-ir* verbs.

INFINITIVE	GERUND
tomar	tom*ando*
comer	com*iendo*
vivir	viv*iendo*

8.3. IRREGULAR FORMS OF THE GERUND

1. *-Er* and *-ir* verbs with stems ending in a vowel add *-yendo* to the stem to form the gerund.

INFINITIVE	GERUND
caer	ca*y*endo
construir	constru*y*endo
creer	cre*y*endo
destruir	destru*y*endo
huir	hu*y*endo
leer	le*y*endo
oír	o*y*endo
traer	tra*y*endo

2. *-Ir* verbs that have a stem-change in the third person of the preterit tense also have the same vowel change in the gerund.

STEM CHANGE	INFINITIVE	GERUND
e to i	corregir	corr*igiendo*
	decir	d*iciendo*
	divertir	divirt*iendo*
	freír	fr*iendo*
	pedir	p*idiendo*
	repetir	rep*itiendo*
	sentir	s*intiendo*
	servir	s*irviendo*
	venir	v*iniendo*
	vestir	v*istiendo*
o to u	dormir	d*urmiendo*
	morir	m*uriendo*

3. Other verbs that have irregular gerunds are:

INFINITIVE	GERUND
ver	*viendo*
poder	*pudiendo*
ir	*yendo*

4. Object pronouns may be attached to the gerund. An accent mark is then written on the *e* or *a* of the ending.

Estoy levant*ándome*.

Estaban divirti*éndose* en la fiesta

Contin*úo* visit*ándola* los domingos.

E J E R C I C I O S

A. ¿Ha escuchado la musica de Juan Luis Guerra? Lea el siguiente fragmento de un artículo sobre este famoso cantautor dominicano, y note los gerundios. Escriba las formas de los gerundios que correspondan a los infinitivos que siguen a la lectura, y luego conteste las preguntas.

En nombre del merengue

VOCABULARIO

el cantautor   singer composer
conseguir   to achieve
desbordarse   to overflow
el esquema   view
fusionar   to fuse

irrumpir   to burst
la recaudación   collections
la sanidad   health
soportar   to tolerate

Cuando Juan Luis Guerra habla, lo hace poniendo toda la dulzura caribeña en su acento. Su personalidad, unida a su arte, resulta la más sincera representación de su nativa República Dominicana...

Desde que irrumpió en el mercado del disco se convirtió en el máximo exponente de la música dominicana. Surgió precisamente cuando las voces de los cantautores y la denuncia social estaban agonizando. Con su grupo 4.40, a ritmo de la salsa cubana y el merengue, lanzó un nuevo estilo con un contenido social, consiguiendo que la gente además de bailar, pensara...

Cuando volvió a su país (después de estudiar composición en Boston) comenzó a experimentar con el jazz, mezclándolo con el folclore dominicano y, en especial, con el merengue.

En 1984 formó el grupo 4.40, un trio vocal con el que ha grabado varios discos, entre ellos *Soplando*, *Mientras más lo pienso*, *Ojalá que llueva café* (que lo convirtió en intérprete mundial, llegando a vender cinco millones de copias y encabezando las listas de los primeros en la radio de habla hispana) y *Bachata rosa*, su álbum más romántico.

Los que conocen su timidez, se sorprenden ante su forma de soportar la fama. Él lo aclara diciendo: He tenido que cambiar mi esquema. Primero, aceptar que soy un artista popular, pero he cambiado la popularidad, que si me gusta, por la fama, que no me gusta...

...en 1991 actuó con junto a 40 artistas, en el Festival de Acapulco, logrando que el público se desbordara influenciado por la sensualidad de su ritmo.

Juan Luis Guerra pertenece a una generación de intérpretes caribeños que, conservando su identidad, han fusionado sus raíces con la música estadounidense y europea. Ha añadido al merengue los ritmos del jazz, pop, soul y el sonido afrocubano, consiguiendo un estilo propio y personal, en el que se mezcla la denuncia social y el amor.

Preocupado por la situación de su país, creó la Fundación 4.40 para ofrecer ayuda en materia de educación y sanidad, a la que dedica las recaudaciones de los conciertos que realiza en la República Dominicana...

(Roberto Cazorla, «En nombre del merengue»; *Tiempos del Mundo*, jueves, 12 de junio de 1997, p. 49.)

Escriba las formas de los gerundios del artículo que corresponden a los infinitivos.

1. (poner) _____

6. (llegar) _____

2. (agonizar) _____

7. (encabezar) _____

3. (conseguir) _____

8. (decir) _____

4. (mezclarlo) _____

9. (lograr) _____

5. (soplar) _____

10. (conservar) _____

Preguntas

1. ¿Cómo está soportando la fama Juan Luis Guerra?

   _____

   _____

2. ¿Cuáles tipos de música está fusionando?

   _____

   _____

3. ¿Qué está consiguiendo por medio de su música?

   _____

   _____

4. ¿Cómo está ayudando a su país?

_____

_____

B. Lea el fragmento del siguiente artículo sobre el pelotero Dave Valle y su misión y complete las frases con la forma apropiada del gerundio.

Valle de esperanza

VOCABULARIO	
agobiado overwhelmed	**la lata** can
el amanecer dawn	**la merienda** snack
el chicharrón pork rind	**el novato** rookie
criar to raise	**la piel canela** brown skin
el cuchitril hovel	**el préstamo** loan
el cuero rind	**el sentido** meaning
la desnutrición malnutrition	**sostener** to hold
la deuda debt	

Aunque no sea una estrella de las grandes ligas, Dave Valle está _____ del

1. (disfrutar)

partido de su vida... Y aunque sus días como pelotero están contados y su estrella ya se

está _____, Valle insiste en usar la influencia y prosperidad que le queda

2. (apagar)

para ayudar a la gente del país donde hace 12 años se estrenó como jugador novato. Valle se encuentra en La Ciénaga, (uno de los barrios más desolados y pobres de Santo Domingo.)

A veces me siento agobiado, dice Valle... ¿Por dónde empieza uno? ¿Cómo hago algo que merezca la pena?

Aunque no lo sepa, Valle ya tiene su respuesta. Pregúntenle a Balvina Concepción. Concepción, una mujer delgada, de piel canela y ojos brillantes, sale de su cuchitril

_____ una olla de acero grande que monta encima de dos piedras y una lata

3. (cargar)

de aluminio, _____ suficiente espacio para el fuego. Cuando regresa su es-

4. (dejar)

poso del mercado, con pedazos de cuero de cerdo, ella se pone a cocinarlos para luego venderlos por el barrio.

Para los extranjeros, los chicharrones no son más que grasa frita, mientras que para la gente del barrio son una merienda. Para Concepción, sin embargo, son un negocio que le ofrece lo que mis hace falta en este barrio: esperanza. Con el dinero que gana, mantiene a su esposo, sus tres hijos y un nieto...

Concepción empezó su negocio en 1994 con la ayuda de la Fundación Internacional Esperanza, creada por Valle. La fundación es, en realidad, un banco que ofrece pequeños préstamos a la gente pobre para que ellos puedan empezar sus propios negocios...

El hecho es, que la gente pobre paga sus deudas, dice Valle, _____ el

5. (citar)

éxito que ha tenido Esperanza en recobrar el 96% de sus préstamos...

Aunque el programa no ha cambiado el nublado horizonte económico de Santo Domingo, sí le ha brindado un nuevo amanecer a varias familias. En este viaje, los Valle visitaron a Ida Fabrullet, quien con dos préstamos abrió una peluquería en la Guachupita.

En realidad, he creado trabajo para tres, dice Fabrullet, _____ hacia una

6. (señalar)

peluquera _____ el cabello a un cliente y a un chiquillo _____

7. (cortarle)   8. (limpiar)

botas...

Más allá del impacto obvio que ha tenido Esperanza sobre la comunidad, está el bien que han recibido los Valle y las personas que se han unido a su cruzada...Uno de ellos es Brian Holman, un ex lanzador de los Marineros que tuvo que dejar el equipo en 1990, tras una lesión en el hombro. Antes me preguntaba por qué Dios no me dejaba jugar más, dice Holman. La primera vez que sostuve en mis brazos a un niño que se estaba

_____ de desnutrición, supe la respuesta a esa pregunta...

9. (morir)

En realidad, Valle cree que su niñez le ha preparado para este nuevo rol. Su padre, John, murió cuando Valle tenía 8 años de edad. Su madre, Marilyn tuvo que criar ocho

niños, _____ de noche en un hospital como enfermera. De joven, Valle

10. (trabajar)

aprendió a entretenerse, primero _____ béisbol en la calle con sus her-

11. (jugar)

manos y luego como estrella de su escuela secundaria Holy Cross...

Estoy al final de mi carrera, admite, _____ contratos de un año a la

12. (firmar)

vez. Pero a diferencia de otros atletas, Valle no tiene miedo de lo que pasará después que termine su cartera deportiva. Nos pasamos la primera mitad de nuestras vidas

_____ el éxito, dice, y la segunda mitad de nuestras vidas _____

13. (buscar)   14. (encontrarle)

sentido. Al final, lo que quieres es poder mirarte en el espejo y decir: Ésta fue una vida bien vivida.

(John Garrity, «Valle de esperanza», *People en español*; primavera de 1997, pp. 35–37.)

Preguntas

1.   ¿Cómo está ganándose la vida Balvina Concepción?

_____

2. ¿Cómo está contribuyendo Dave Valle a la gente pobre de Santo Domingo?

_____

3. ¿Qué están recibiendo los Valle y las otras personas que se han unido a su cruzada?

_____

T R A B A J O   C O O P E R A T I V O

A. Formen grupos de seis alumnos para discutir la siguiente entrevista de Kenzaburo Oé, ganador del Premio Nobel de Literatura en 1994.

- El líder del grupo organiza el trabajo.
- Todos leen la entrevista buscando y escribiendo los gerundios.
- Una pareja contesta: ¿qué misión está logrando Kenzaburo Oé por medio de su obra literaria?
- Otra pareja contesta: ¿cuál es la opinión de Oé al respecto de los nacionalismos que están proliferando?
- Otra pareja contesta: ¿según el autor, por qué sigue pesando la amenaza nuclear?
- Cada pareja le presenta sus respuestas al grupo.
- El grupo investiga y discute posibles maneras de promover una actitud universalista para eliminar la amenaza nuclear, como está recomendando Kenzaburo Oé.
- El grupo presenta sus ideas al respecto a la clase.

Todavía hay una amenaza nuclear

VOCABULARIO		
de apertura open door (policy)	**reforzarse** to strengthen
el polvo dust	**la rendición** surrender

Cuando el Emperador Hirohito anunció por radio la rendición de Japón en la Segunda Guerra Mundial, el pueblo descubrió que aquel dios era humano. Entonces se hicieron polvo los valores en los que había sido educado Kenzaburo Oé, un niño de 10 años, que mucho más tarde, en 1994, ganaría el Premio Nobel de Literatura. En su paso por Madrid asegura que hay que liberarse del nacionalismo...

PREGUNTA: En su nueva novela trata los dos temas constantes en su obra, la bomba de Hiroshima y la enfermedad de su hijo. ¿El paso del tiempo no le ha ayudado a asumirlos?

RESPUESTA: Mi obra literaria es autobiográfica y mi intención es continuar inspirándome en personajes reales para construir historias de ficción. Al mismo tiempo, quiero seguir luchando por las víctimas de Hiroshima y por la causa antinuclear.

PREGUNTA: ¿Cuáles son los aspectos que más le preocupan de la sociedad japonesa?

RESPUESTA: Lo más positivo es la democracia que se estableció después de la guerra, pero los japoneses no tienen una actitud universalista, de apertura... Echo en falta gente honrada, amable, que en pequeños pueblos si se puede encontrar. Pero no sucede lo mismo en las grandes ciudades. Está emergiendo un nacionalismo agresivo que está cobrando fuerza y que hay que exterminar.

PREGUNTA: En otras partes del mundo también están proliferando los nacionalismos. ¿Qué opina al respecto?

RESPUESTA: Es cierto que hay un nacionalismo que está creciendo en Europa, Asia y África, pero eso es un error que a mí me preocupa mucho. Hace falta liberarse del nacionalismo en el siglo XXI y que la Organización de las Naciones Unidas, por contra, se refuerce...

PREGUNTA: ¿Sigue pesando la amenaza nuclear?

RESPUESTA: Sí, por un lado, se acabó la Guerra Fría, pero hay todavía muchas armas nucleares y hay que encontrar una solución para destruirlas, cual es muy complicado. Irán, Israel, Pakistán, Corea del Norte y otros países africanos pueden ser un pequeño laboratorio de guerra nuclear, porque están desarrollando este tipo de armas...

(Fátima Ramírez, «Todavía hay una amenaza nuclear», *Cambio 16*; 26 de mayo de 1997, No. 1.330, pp. 54–55.)

B.   Formen grupos cooperativos de cuatro a seis alumnos para investigar el efecto de los ordenadores en el mundo del trabajo actual.

- El líder del grupo organiza el trabajo y ayuda a los demás.
- Todos leen el siguiente fragmento de un artículo sobre la selección de empleados por ordenador y discuten su opinión al respecto.
- El grupo se divide en parejas para preparar una encuesta para averiguar cómo los ordenadores están afectando al mundo del trabajo. Cada pareja prepara cinco preguntas usando el tiempo progresivo y dividiendo los verbos sugeridos.

EJEMPLO: (reemplazar)   ¿Qué o a quién(-es) está(n) reemplazando los ordenadores?

1. (cambiar) _____	**7.** (competir) _____
2. (ahorrar) _____	**8.** (distribuir) _____
3. (conseguir) _____	**9.** (eliminar) _____
4. (ofrecer) _____	**10.** (poder) _____
5. (perder) _____	**11.** (escoger) _____
6. (contribuir) _____	**12.** disminuir _____

13. (arocor) _____   **15.** (aroar) _____

14. (prevenirse) _____

- El grupo envía su encuesta por correo electrónico a varias empresas españolas que encuentran en el Internet.
- Después de analizar las respuestas, el grupo comparte sus conclusiones con la clase.

Talentos en la red

VOCABULARIO

enjuiciar   to judge   **el puesto**   position   **la retahíla**   string

---

¿Un ordenador, frío y calculador, es capaz de enjuiciar la capacidad intelectual y profesional de las personas? La pregunta, que tal vez podría merecer una tesis doctoral en psicología... no parece que tenga dudas para cientos de prestigiosas empresas de todo el mundo que han utilizado sus servicios...

El método conocido por Til Quest, permite por su sencillez, que una persona sin conocimientos informáticos lo utilice... Los candidatos a un puesto de trabajo se sientan ante su ordenador y empiezan a contestar una retahíla de preguntas en un acto que les puede llevar más de dos horas y media...

Al finalizar el tiempo de respuestas, en cinco minutos el sistema informático puede haber seleccionado a los candidatos más aptos realizando un completo informe de las aptitudes profesionales y características psicológicas de cada una de las personas que hayan participado en las pruebas, añadiendo además un listado de los 15 candidatos más preparados, según su modesta opinión...

(José Miguel Fernández, «Talentos en la red», *Cambio 16*; 5 febrero 1996, No. 1.263.)

M A S T E R Y   A S S E S S M E N T   A

A. Lea la siguiente descripción de la vida diaria de una antigua raza de indígenas de Venezuela escrito por un antropólogo que estaba viviendo entre ellos. Complete las frases con la forma apropiada del gerundio. Luego conteste las preguntas.

Una antigua raza ante nuevos enemigos

VOCABULARIO

la brasa burning ember	**el forrajeador** forager	**mecer** to rock
la cacería hunt	**forrajear** to forage	**el ocio** leisure
el canasto basket	**la hortaliza** vegetable	**el recolector** gatherer
el cazador hunter	**ingerir** to ingest	**tejer** to weave
cazar to hunt	**librar** to fight	

Una tarde de abril de 1975 visité por primera vez la aldea yanomami de Hasupuwe-teri, una comunidad de 87 habitantes situada en la región venezolana del Orinoco superior. Había llegado allí como estudiante de postgrado en antropología, con la intención de

quedarme quince meses, que terminarían _____ en doce años.
                                          1. (convertirse)

Había elegido Hasupuwe-teri por su aislamiento. La aldea, virtualmente desconocida en el mundo exterior, era el sueño de cualquier antropólogo. Para llegar a la aldea

viajé en avioneta hasta la última misión, y luego remonté el río en canoa, _____
                                                                       2. (atravesar)

los rápidos de Guajaribo...

Los yanomami, un pueblo de forrajeadores y horticultores de los bosques amazónicos de Venezuela y Brasil, probablemente comparten muchas características con sus antepasados que se establecieron en esa región hace cientos o aún miles de años. Es probable que hayan sido cazadores y recolectores antes de dedicarse a cultivar plátanos, producto que era desconocido en las Américas en las épocas precolombinas. Pero incluso con ese cultivo, en la actualidad los yanomami pasan prácticamente la mitad de su tiempo

_____ fuera de sus hogares y huertos.
3. (forrajear)

Cinco personas se mecían en hamacas colgadas del techo de paja del «shapono», el edificio comunal. Una anciana tejía un canasto, mientras otra cocía uno plátanos en las brasas del hogar familiar. En el extremo de la vivienda, otra mujer alimentaba a su hijo mientras se mecía suavemente en su hamaca. El resto de los pobladores estaba

_____ , _____ o _____ alimentos silvestres...
4. (cazar)   *5. (pescar)*   *6. (recoger)*

Luego supe que los yanomami se dedican a las actividades de subsistencia cuando tienen ganas de hacerlo, y lo hacen durante dos o tres horas al día. Para ellos no existe una verdadera distinción entre el trabajo y el ocio, de manera que nadie se siente obligado a hacer nada en un determinado día. Pero en definitiva todos comparten las labores.

Más entrada la tarde regresaron todas las mujeres, _____ en sus es-
                                                  7. (cargar)

paldas canastos de frutas y hortalizas que habían recogido en el camino...

Estaba _____ notas y _____ su idioma cuando los hom-
       8. (tomar)   *9. (practicar)*

bres empezaron a regresar de la cacería... Muchos de ellos me miraron y se sonrieron, y

aparentemente preguntaron a sus esposas qué es lo que yo había estado _____ .
                                                                      10. (hacer)

Después de un breve descanso, las mujeres les ofrecieron los alimentos, que muy probablemente eran los primeros que ingerían desde el amanecer. La mayor parte de los hombres había regresado con las manos vacías... Luego supe que la caza es una tarea difícil en la selva amazónica, y que el consumo de carne no es tan frecuente, sólo alrededor de cincuenta gramos dos veces a la semana. De manera que lo que recogen las mujeres constituye la única comida con la que pueden confiar la mayor parte de los días. Pero los animales de caza son indispensables, ya que constituyen la principal fuente de proteínas, de

manera que los hombres siguen _____ cazar. Esta primera división del tra-
                             11. (intentar)

bajo, entre hombres y mujeres, sigue _____ la única en la sociedad
                                         12. (ser)

yanomami.

A fines de los años sesenta, mientras realizaba investigaciones de campo para una misión situada río abajo, el antropólogo Napoleón Chagnon calificó a los yanomami como

un «pueblo feroz», que atacaba constantemente a las demás aldeas, _____
                                                    13. (matar)

y _____ a las mujeres. Describió su vida diaria como brutal, en una con-
   14. (secuestrar)

stante y agresiva confrontación incluso dentro de la misma aldea. _____ en
                                                  15. (Tener)

cuenta estos antecedentes, había llegado a la aldea con cierto temor acerca de la forma en

que me tratarían. Pero el día que llegué, los pobladores estaban ocupados _____
                                                    16. (preparar)

e _____ sus comidas, _____ leña y _____ con
   17. (ingerir)   *18.* (cortar)   *19.* (charlar)

sus vecinos mientras los niños reían y correteaban entre las hamacas...

Pero los yanomami han estado _____ una batalla devastadora, cuyas
                                                20. (librar)

víctimas han sido los hombres y las mujeres, y con frecuencia incluso los niños. Es la batalla contra las bacterias, los virus y los parásitos. La mortalidad infantil es tan elevada que los yanomami, cuyos nombres son únicos e incluso no se mencionan después de la muerte, ni siquiera dan nombres a sus hijos hasta que han cumplido tres años...

(«Una antigua raza ante nuevos enemigos», *Américas*; octubre de 1998, vol. 50, no. 5, pp. 28–35.)

Preguntas

1.   ¿Por qué escogió la aldea de Hasupuwe-teri el antropólogo?

    _____

2.   ¿Cómo están pasando la mitad de su tiempo los yanomami?

    _____

3.   ¿Qué estaban haciendo los yanomami cuando llegó el antropólogo?

    _____

4.   ¿Qué sigue siendo la única división de labor entre hombres y mujeres en la sociedad yanomami?

    _____

5.   ¿Qué están combatiendo los yanomami?

    _____

B. Lea cómo un alcalde en Texas está cambiando su comunidad, y contesto las preguntas al respecto.

Aquí se habla el español

VOCABULARIO	
abogar advocate	**delatar** to inform against
la alcaldía city hall	**la garra** claw, clutch
alejado removed	**involucrarse** to introduce oneself
el ayuntamiento municipal government	**la polémica** controversy
el concejal councilperson	**la sede** headquarters

Un alcalde en Texas impone el español en la vida municipal y protege a los hispanos de las garras de la migra.

Cuando Rafael Rodríguez asumió hace un año la alcaldía de El Cenizo, en Texas, notó que muchos de los pobladores se mantenían alejados de las reuniones del ayuntamiento. No tardó en descubrir la causa: la mayoría de los hispanos de este pequeño pueblo a orillas del Río Grande no domina el inglés. Entonces, el alcalde y las dos concejales tomaron cartas en el asunto: a partir del pasado 3 de agosto las reuniones gubernamentales comenzaron a realizarse en español. «Antes la gente venía a las reuniones y no tenía la oportunidad de hablar», recuerda Rodríguez, «ahora que las reuniones son en español, nadie se enoja, y se hacen más preguntas».

La polémica medida se ha ganado los aplausos de muchos de los 7,800 residentes del pueblo. Pero también ha puesto en pie de batalla a otros a miles de millas de distancia. Tim Schultz, vocero del grupo U.S. English, con sede en Washington, D.C., que aboga para que el inglés sea considerado el idioma oficial de Estados Unidos, declaró al diario Houston Chronicle que se trata de un paso más hacia la fragmentación del país. «Ellos realmente no se consideran americanos», dijo. La concejal Gloria Romo asegura que Schultz y quienes piensan como él están equivocados. «Vivimos en Estados Unidos», dice Romo, de 41 años. «Somos parte de Estados Unidos». Aclara que el inglés sigue siendo el idioma oficial de El Cenizo y que la ordenanza, escrita en ese idioma, simplemente ha permitido que un mayor número de personas se involucren en el proceso democrático. «Ahora todos participan»...

Antes de la adopción de la ordenanza, pocos habían oído hablar de El Cenizo, localizado a unas 16 millas de Laredo, Texas, en la frontera con México. Poblado en la década de 1980 por mexicano-americanos e inmigrantes mexicanos, cuenta con servicios de agua, electricidad y televisión por cable. También hay algunas tiendas e iglesias. Pero carece de aceras y señales de tráfico. Precisamente ahora se pavimentan las primeras calles.

Rodríguez, mexicano de 45 años que vive en El Cenizo desde 1988 con su esposa Rosa y sus cuatro hijas, se postuló a la alcaldía para ayudar a su comunidad, dice. Coraje no le ha faltado. Por ejemplo, otra ordenanza aprobada por él y las concejales Romo y Flora Barton, prohibe a los empleados municipales dar información a la patrulla fronteriza sobre la situación migratoria de los vecinos de El Cenizo. «Estamos acá para ayudar a la comunidad», comenta Rodríguez, «no para delatarla»...

(«Aquí se habla el español», *People en Español*; noviembre de 1999, edición especial, p. 93.)

Preguntas

Complete las siguientes preguntas sobre al artículo usando las formas apropiadas del tiempo progresivo y luego contéstelas.

EJEMPLO: ¿Por qué (estar) (abogar) el alcalde?

¿Por qué **está abogando** el alcalde?

Está abogando por la participación de todos.

1. En el pasado, ¿por qué no (estar) (asistir) a las reuniones la gente de El Cenizo?

_____

_____

2. ¿Por qué (estar) (reunirse) ahora los residentes del pueblo?

_____

_____

3. ¿Quiénes (estar) (criticar) la ordenanza sobre el idioma de las reuniones gubernamentales?

_____

_____

4. ¿Por qué (estar) (sentir) disgusto por la ordenanza alguna gente?

_____

_____

5. ¿Cuál idioma (seguir) (ser) el idioma oficial del pueblo?

_____

_____

6. ¿Qué se (estar) (construir) por primera vez en el pueblo?

_____

_____

7. ¿Cómo (estar) (proteger) el alcalde y los concejales a los inmigrantes de El Cenizo?

_____

_____

8. En su opinión, ¿(estar) (ayudar) Rodríguez y los concejales a los residentes hispanos o (estar) (retardar) su progreso en los E.E.U.U.?

_____

_____

P O R T F O L I O   A S S E S S M E N T S

1. Ud. tiene que preparar un editorial para el periódico en español de su escuela. El tema es el ganador/ la ganadora más reciente del Premio Nobel. Incluya las respuestas a las siguientes preguntas:

   ¿De dónde es?

   ¿Cuáles fueron su trabajo y su misión?

   ¿Cómo y por qué fue seleccionado(-a)?

   ¿Qué opina Ud. al respecto?

   ¿Cómo está reaccionando al premio el ganador?

2. Ud. decide ser un voluntario este verano en un parque zoológico porque Ud. está a favor de la protección de los animales salvajes. Escríbales una carta a los administradores de este parque zoológico, en la cual les explica por qué quiere trabajar allí. Envíeles también su resume.

Los Derechos Humanos:
El Progreso y el Reto

The Past Participle; Compound Tenses

9.1. USES OF THE PAST PARTICIPLE AND THE PERFECT TENSES

Past participles are used to express the following communicative functions:

1. Forming the perfect tenses with the auxiliary verb *haber*.

   a. The present perfect expresses an action begun in the past and connected to the present.

   Elena me *ha hablado* del asunto que estamos discutiendo.

   b. The pluperfect expresses an action that preceded another past action.

   Carlos ya *había llegado* cuando Elena llamó.

   c. The preterit perfect is used in formal or literary writing to express an action that had just ended. It is used with expressions such as *en cuanto, apenas, tan pronto como*, and *así que*.

   ***En cuanto se hubo acostado*, el teléfono sonó.**

   d. The future perfect expresses an action that will have taken place in the future.

   Sus amigos se *habrán enterado* del asunto cuando nos veamos.

   e. The conditional perfect expresses an action that would have taken place in the past.

   It is also used to express probability in the past.

   Les *habría dicho* todo si hubiera tenido la oportunidad.
   ¿*Habrían llegado* al aeropuerto a tiempo?

NOTE: When preceded by the auxiliary verb *haber*, past participles never change.

2. Forming the passive voice with the verb *ser*.

   La puerta *fue abierta* por el dueño de la tienda.

   Los boletos para el concierto *fueron comprados* por los jóvenes rápidamente.

   NOTE: When the past participle functions as an adjective it agrees in number and gender with the noun(s) it modifies.

3. Stating a condition as a result of an action.

   La puerta está *abierta*.

   Todos los boletos *están* vendidos.

4. Forming a noun from a verb.

   El *invitado* llegó tarde porque se perdió.

   No dejaron a los *desconocidos* asistir a la fiesta.

   NOTE: When the past participle functions as a noun, it agrees in number and gender with the subject(s).

   Examine the uses of the past participles in the following pre-test, and check your answers as you review the formation of the past participles explained in this chapter.

PRUEBA PRELIMINAR

Lea el siguiente artículo sobre un pueblo de Nicaragua que espera una transformación. Complete las frases con los participios pasados de los verbos indicados. Luego, conteste las preguntas.

¿Una vía de prosperidad en Nicaragua?

> **VOCABULARIO**
>
> | | |
> |---|---|
> | **el alcalde**   mayor | **el / la inversionista**   investor |
> | **alimentar**   to feed | **la leva**   levy |
> | **el arrozal**   rice field | **el nexo**   connection |
> | **el auge**   boom | **la penuria**   hardship |
> | **la choza**   hut | **el régimen**   regime |
> | **el contenedor**   container | **rogar**   to pray |
> | **el desempleo**   unemployment | **serpentear**   to wind, to zigzag |
> | **difundirse**   to spread | **trillar**   to beat |
> | **ferroviario**   railway | |

El _____ camino que conduce al pueblo de Tola, en Nicaragua, serpentea
    1. (trillar)

a lo largo de un pasado de destrucción. Atraviesa arrozales y cultivos _____
    2. (abandonar)

de frijoles, dejando atrás chozas de asfalto y aluminio y campesinos _____
3. (desemplear)

hasta que penetra en el centro del pueblo, donde el alcalde Zody Trinidad Segura... está

_____ frente a un escritorio de metal tratando de hacerse oír en medio
4. (sentar)

del ruido del ventilador...

El alcalde aborda temas desagradables... Describe el interminable éxodo de

_____ trabajadores que emigran a Costa Rica en busca de trabajo, la
5. (empobrecer)

lucha contra el régimen de Somoza y las penurias de la leva, _____ hace
6. (abolir)

siete años. Su palabra se vuelve optimista sólo cuando se refiere a ciertos rumores que
circulan.

«Hemos _____ que quieren construir aquí un «canal seco», y todos
7. (oír)

ruegan por él como si fuera la lluvia de primavera que humedece la tierra y alimenta los
cultivos» —dice. «Cientos de personas esperan que el canal se construya pronto,
generando empleos y aliviando la terrible pobreza».

Tola, un pueblo _____ por años de guerra civil y un desempleo de
8. (destruir)

alrededor del 50 por ciento, es la quinta municipalidad más pobre de esta nación

_____ de 2,6 millones de habitantes, que todavía no se ha _____
9. (empobrecer)   10. (recuperar)

de la lucha y el conflicto social. Pero desde que en 1995 se difundió la noticia de que va-

rios inversionistas... _____ en construir un canal seco de 1.500 millones
11. (interesar)

de dólares que uniría el Atlántico con el Pacífico, los residentes de Tola y de Nicaragua
comenzaron a soñar con el fin de los tiempos difíciles.

El resultado ha _____ un enorme entusiasmo por el Consorcio del
12. (ser)

Canal Interoceánico de Nicaragua, S.A. (CINN), que ha _____ la cons-
13. (proponer)

trucción de un nexo ferroviario de 377 kilómetros entre las costas del Atlántico y del
Pacífico de Nicaragua, que constituirá un puente terrestre para el tráfico de contene-

dores entre el este y el oeste. La idea del «canal seco», que estaría _____
14. (financiar)

principalmente por capitales asiáticos, europeos y estadounidenses, ha _____
15. (suscitar)

visiones de un auge económico sin precedentes...

(Steven Ambrus, «¿Una vía de prosperidad en Nicaragua?», *Américas*; agosto de 1997, vol. 49, no. 4.)

Pregunta

¿Cuál es el proyecto que ha evocado tanto interés en Nicaragua? ¿Por qué?

_____

_____

9.2.   REGULAR PAST PARTICIPLES

1.   The past participle of regular verbs is formed by dropping the infinitive ending and adding **-ado** to **-ar** verbs and **-ido** to **-er** and **-ir** verbs.

trabajar   **trabaj*ado***   worked
aprender   **aprend*ido***   learned
unir   **un*ido***   joined

Note: In English the past participles often end in -ed.

2.   The past participles of **-er** and **-ir** verbs with stems ending in a vowel have an added accent mark on the *i*.

| caer | ca*í*do | oír | o*í*do | traer | tra*í*do |
| creer | cre*í*do | leer | le*í*do | reír | re*í*do |

9.3.   IRREGULAR PAST PARTICIPLES

The following verbs have irregular past participles:

abrir	abierto	absolver	absuelto	cubrir	cubierto
decir	dicho	describir	descrito	escribir	escrito
freír	frito	hacer	hecho	imprimir	impreso
morir	muerto	poner	puesto	resolver	resuelto
romper	roto	volver	vuelto	ver	visto

NOTE: When a prefix is added to these verbs, the past participle remains irregular.

*com*poner   compuesto
*des*cubrir   descubierto
*de*volver   devuelto

9.4.   COMPOUND TENSES

The perfect tenses are formed by combining a form of **haber** in the appropriate tense with a past participle. The past participle never changes in these compound tenses.

1.   Present Perfect Tense

The present tense of **haber** + the past participle of the main verb.

LLAMAR	
he llamado	*hemos* llamado
has llamado	*habéis* llamado
ha llamado	*han* llamado

2. Pluperfect Tense

The imperfect tense of **haber** + the past participle of the main verb.

ESCRIBIR	
había escrito	*habíamos* escrito
habías escrito	*habíais* escrito
había escrito	*habían* escrito

3. Preterit Perfect Tense

The preterit tense of **haber** + the past participle of the main verb.

APRENDER	
hube aprendido	*hubimos* aprendido
hubiste aprendido	*hubisteis* aprendido
hubo aprendido	*hubieron* aprendido

NOTE: This tense is used mainly in literature.

4. Future Perfect Tense

The future tense of **haber** + the past participle of the main verb.

TRABAJAR	
habré trabajado	*habremos* trabajado
habrás trabajado	*habréis* trabajado
habrá trabajado	*habrán* trabajado

5. The Conditional Perfect

The conditional tense of **haber** + the past participle of the main verb.

SUBIR	
habría subido	*habríamos* subido
habrías subido	*habríais* subido
habría subido	*habrían* subido

E J E R C I C I O S

A. Lea el siguiente artículo sobre una corte interamericana que protege los derechos humanos. Busque y escriba los participios pasados que correspondan a los verbos en la lista que sigue. Entonces conteste las preguntas en el tiempo compuesto apropiado.

Un tribunal de justicia en Costa Rica

VOCABULARIO

acudir to come	**enjuiciar** to indict
agotar to exhaust	**el fallo** judgement
el apoyo support	**el / la fiscal** prosecutor
castigar to punish	**fundar** to set up
comprometido committed	**el juicio** trial
creciente growing	**la maquinaria** bureaucracy
demandado sued	**el presupues** to budget
el / la demandante plaintiff	**la prueba** evidence
desempeñar to undertake	**el tratado** treaty
destacado notable	

En las Américas de los años sesenta, plagada de dictadores, torturas y desapariciones, la solución fue fundar la Corte Interamericana de Derechos Humanos. Esta corte fue creada por el tratado de 1969 conocido como la Convención Americana de Derechos Humanos, llamado más popularmente el Pacto de San José, por la ciudad costarricense en la que se suscribió...

La labor inicial de la Corte Interamericana no era muy diferente a la de la Corte Europea de Derechos Humanos, que fue su modelo, en cuanto al limitado número de casos considerados y el carácter innovador de los fallos. En 1986, casi veinte años después de su creación, la Corte recibió sus primeros tres casos importantes, todos sobre supuestas desapariciones. El Estado demandado era Honduras. En dos de estos casos: el de Manfredo Velásquez Rodríguez y el de Saúl Godínez Cruz, la Corte determinó que agentes del Gobierno demandado habían hecho desaparecer a las víctimas. En tales casos la Comisión Interamericana de Derechos Humanos, que data del año 1959 y constituye el organismo que trabaja con la Corte, actúa como fiscal. La conclusión fue un fallo histórico, que no sólo definió los procedimientos previos al juicio a aplicarse en casos futuros, sino el tipo y el carácter de las pruebas exigidas para prevalecer en las causas de derechos humanos. Además la Corte determinó que un Estado parte de la Convención tiene la responsabilidad de investigar, condenar y castigar a los violadores de los derechos humanos...

Los jueces, como los miembros de la Comisión Interamericana, son nombrados por los Estados miembros de la OEA y desempeñan sus funciones a título individual durante un período de seis años, y sólo pueden ser reelegidos una vez. Su función es aplicar la Convención y otros instrumentos internacionales de derechos humanos en los diversos casos.

Desde un principio, la Corte Interamericana contó con varios destacados juristas cuya visión y persistencia han hecho que en los años noventa hayan sido un periodo mucho más productivo en la vida de la institución...

No es fácil y rápido enjuiciar al propio Gobierno por una supuesta violación de los derechos humanos. La Comisión y la Corte Interamericanas no tienen por finalidad sustituir a los tribunales nacionales. Por el contrario, antes de acudir ante la Comisión, el paso inicial de proceso, los demandantes deben haber agotado todos los recursos legales nacionales disponibles y efectivos. Incluso en tales instancias, el volumen de casos que podría ser tratado por las dos instituciones se ve limitado por factores como el tiempo, el espacio, el personal y el presupuesto.

Veintiséis de los treinta y cinco estados miembros de la OEA han ratificado voluntariamente la Convención Americana de Derechos Humanos, y de éstos, diecisiete han aceptado la jurisdicción obligatoria de la Corte Interamericana. Aunque el sistema aún está evolucionando, el objetivo es, por supuesto, que en algún momento todos los Estados miembros de la OEA se adhieran a las normas de derechos humanos y a la maquinaria judicial de la organización.

Sin embargo, hay razones para ser optimistas. Con el creciente apoyo de la opinión pública y los Gobiernos verdaderamente comprometidos a reducir, si no eliminar, las violaciones de los derechos humanos en la región, los ciudadanos de las Américas pueden esperar un nuevo siglo más tolerante y civilizado.

(David Padilla, «Un tribunal de justicia en Costa Rica», *Américas*, enero/febrero de 1996, vol. 48, no. 1.)

Escriba las formas de los participios pasados que aparecen en la lectura y que corresponden a los infinitivos en la lista.

1. (plagar) _____   11. (nombrar) _____

2. (crear) _____   12. (reelegir) _____

3. (conocer) _____   13. (destacar) _____

4. (llamar) _____   14. (ser) _____

5. (limitar) _____   15. (agotar) _____

6. (considerar) _____   16. (tratar) _____

7. (suponer) _____   17. (ratificar) _____

8. (demandar) _____   18. (aceptar) _____

9. (hacer) _____   19. (comprometer) _____

10. (exigir) _____   20. (civilizar) _____

Preguntas

1. ¿Cuál ha sido el objetivo de la Corte Interamericana de Derechos Humanos?

   _____

2. ¿Qué habían hecho los agentes del gobierno demandado en los casos de Manfredo Velásquez Rodríguez y de Saúl Godínez Cruz?

   _____

3. ¿Cómo han sido elegidos los jueces de esta corte?

   _____

4. ¿Qué deben haber hecho los demandantes antes de pedir la ayuda de la Comisión Interamericana?

   _____

5. ¿Cuántos estados miembros de los treinta y cinco de la OEA han ratificado la Convención Americana de Derechos Humanos?

   _____

B. Lea el siguiente artículo sobre las «madres de la Plaza de Mayo». Complete las frases con la forma apropiada del participio pasado y conteste las preguntas.

¿Quién dijo que veinte años son nada?

VOCABULARIO

la cadena perpetua life in prison	**la manifestación** demonstration
cobijar to shelter	**la oscuridad** darkness
el diputado representative	**el pañuelo** scarf
el / la dirigente leader	**reclamar** complain
el espanto terror	**la ronda** round
la fragata frigate	**el secuestrador** kidnapper
la gestión measure	**el testigo** witness
el granadero grenadier	**vigésimo** twentieth

Las Madres de la Plaza de Mayo, que reclaman por sus hijos _____ du-
                                                              1. (desaparecer)
rante el régimen militar que encabezó el ex-general Jorge Videla, recordaron este jueves

el vigésimo aniversario de la primera manifestación _____ frente a la Casa
                                                        2. (celebrar)
de Gobierno, en Buenos Aires.

El sábado 30 de abril de 1977, las mujeres que con pañuelos blancos sobre sus

cabezas pedían la aparición con vida de sus hijos, _____ por miembros de
3. (secuestrar)

grupos paramilitares, decidieron marchar alrededor de la histórica Plaza de Mayo de Buenos Aires por iniciativa de Azucena Villaflor.

La propuesta de Villaflor surgió como consecuencia de las infructuosas gestiones

_____ por las madres en el Ministerio del Interior... entre otros organis-
4. (iniciar)

mos, para conocer el destino de sus hijos...

A finales de ese año, miembros de la Marina _____ por el entonces te-
5. (encabezar)

niente Alfredo Astiz —posteriormente _____ en ausencia en Francia a ca-
6. (condenar)

dena perpetua— secuestró a Azucena Villaflor y a otras madres, y sus nombres pasaron a formar parte de las listas de 30.000 desaparecidos que, según los organismos humani-

tarios de Argentina, provocó la represión política _____ por el régimen
7. (desatar)

militar.

El historiador Enrique Arrosagaray, autor de la biografía de Villaflor... indicó que en

la primera manifestación, consistente en dar vueltas a la pirámide _____ en
8. (situar)

el centro de Plaza de Mayo, participaron trece mujeres, cantidad que se duplicó a la semana siguiente.

Nora Cortiñas, dirigente del grupo, recordó que Azucena Villaflor «era líder por naturaleza, que no hacía esfuerzos para imponerse sobre los demás» y que hasta cobijó a quien iba a ser su secuestrador».

Cortiñas se refería a Astiz, que pasó a retiro en septiembre de 1996 como capitán de

fragata, quien se había _____ entre las Madres de la Plaza de Mayo hasta
9. (infiltrar)

conseguir su confianza, y posteriormente fue _____ como responsable del
10. (acusar)

secuestro y la desaparición de las monjas francesas Leonie Duquet y Alice Dumont y de la joven sueca Dagmar Hagelin.

Arrosagaray indicó que la primera ronda de las madres de la Plaza de Mayo se produjo casi en soledad a las cuatro y media de la tarde de aquél sábado y tuvieron como tes-

tigos a la guardia de granaderos _____ en el portal principal de la Casa
11. (apostar)

Rosada. María Adela Antokoletz señaló que las mujeres fueron llegando a la plaza casi

sin conocerse. «Algunas estábamos _____ y otras _____.
12. (parar)   13. (sentar)

Éramos pocas y nos fuimos presentando; dijimos cómo nos llamábamos y de qué forma

habían _____ a nuestros hijos», comentó. María del Rosario Carballeda
        14. (secuestrar)

recordó que le resultaba increíble escuchar la propuesta de organización de Azucena Villaflor para reclamar ante las autoridades militares, porque lo hacía en «la boca del lobo»...

La segunda manifestación se celebró un viernes y la tercera un jueves, como lo han

_____ hasta ahora, siempre a las tres y media de la tarde. La diputada
        15. (hacer)

Marcela Bordenave, del Frente del País Solidario (FREPASO), presentó la semana

_____ en el Parlamento un proyecto de ley para que el 30 de abril sea
        16. (pasar)

_____ Día Nacional de las Madres de la Plaza de Mayo. La legisladora in-
        17. (declarar)

dicó en su iniciativa que ese día de 1977 «las Madres decidieron iluminar la oscuridad, romper el silencio y gritarle a la Junta Militar, a los grupos económicos, a la prensa in-diferente, a los grupos de secuestradores y torturadores del régimen, a los que habían

_____ a Argentina en la tragedia, el dolor y el espanto.»
        18. (sumir)

(«¿Quién dijo que veinte años son nada?», *El Diario/La Prensa*, 4 de mayo de 1997, suplemento dominical.)

Preguntas

1. ¿Por qué han marchado las mujeres alrededor de la Plaza de Mayo de Buenos Aires todos los jueves desde el 30 de abril de 1977?

   _____

2. ¿Cómo se habían organizado las mujeres?

   _____

3. ¿Qué había propuesto Marcela Bordenave? ¿Por qué?

   _____

TRABAJO COOPERATIVO

A. Formen grupos de seis alumnos para investigar y discutir la lucha por los derechos de los indígenas latinoamericanas.

- El líder del grupo organiza el trabajo y ayuda a los otros.
- Todos leen el artículo notando y escribiendo los participios pasados y los tiempos per-fectos que encuentren.
- Todos comparten sus listas para completarlas juntos.
- Una pareja del grupo investiga y contesta: ¿Por qué se ha quejado Carmen Yamberla del Proyecto de Declaración de los Derechos de los Pueblos Indígenas?

- Otra pareja del grupo contesta: ¿Por qué han exigido los pueblos indígenas que se reconozcan sus derechos colectivos?
- Otra pareja del grupo contesta: ¿Qué le ha pedido Carmen Yamberla a las Naciones Unidas?
- El grupo investiga: ¿Cuál ha sido la reacción de los miembros de las Naciones Unidas a su petición?
- El grupo discute y le presenta los resultados de sus investigaciones y recomendaciones al resto de la clase.

Exigimos que se reconozcan nuestros derechos colectivos

VOCABULARIO

a plenitud fully	**jurídico** legal
acotar to testify	**el marco** contexto
advertir to notice	**prescindir** to dispense with
desaprovechar to waste	**sensibilizarse** to get sensitized
el foro forum	**tajantemente** categorically
hacer constar to point out	

La crítica situación de los pueblos indígenas en América Latina viene siendo analizada oficialmente desde 1977, año en que por primera vez fueron recibidas delegaciones por parte de la ONU...

Frente a esa situación, los indígenas consideran que apenas se han logrado progresos en torno a sus aspiraciones y que falta mucho para poder establecer conciencia real sobre sus problemas.

Los pueblos indígenas no han desaprovechado oportunidad para hacer oír su voz: así en la Cumbre de la Tierra celebrada hace cinco años en Río de Janeiro, el tema fue incluido dentro de la denominada «Agenda 21», que es un programa de acción voluntaria de los gobiernos, que han organizado a la vez varios foros para el desarrollo sostenible del planeta.

Dentro de este marco... Carmen Yamberla, indígena quechua ecuatoriana, viajó entre Ginebra y Nueva York para participar en las deliberaciones de la Comisión de Derechos Humanos y el Consejo Económico y Social de la ONU. Ella preside la Coordinadora de Pueblos Indígenas de Centro y Sur América...

Yamberla consideró vital hacer constar en primera instancia que el Proyecto de Declaración de los Derechos de los Pueblos Indígenas que viene impulsando la ONU, «no lo asumimos como un proyecto que refleja a plenitud nuestra realidad porque no hemos sido sujetos en la discusión para la elaboración del mismo, sino que hemos sido objetos de discusión». Y en tal sentido, ella misma se pregunta: «Cómo podemos adoptar lo que fue elaborado por ciertos expertos independientes y delegados de los gobiernos durante más de doce años? Advertimos que en este proyecto apenas se recoge las aspiraciones mínimas de los pueblos indígenas»...

Por otro lado, acota, «se habla del derecho individual que se quiere reconocer para las poblaciones indígenas, nuestra propuesta es de que se reconozcan derechos colectivos, porque consideramos que no tendría sentido el concepto individual ya que todo lo concebimos en términos de comunidad y sentido colectivo.»

Según la dirigente, se evidencia que a los indígenas se les quiere definir con ciertas limitaciones para ser reconocidos como pueblos, a lo que se oponen tajantemente, y han planteado el derecho que tienen a la autodefinición.

Al hacer una evaluación global de la situación actual, dijo que los pueblos indígenas están en capacidad de prescindir de intermediarios y de asumir directamente la participación en los diferentes foros internacionales.

«Hemos avanzado, lo puedo asegurar porque hay muchos pueblos que están participando directamente y eso ha producido que se sensibilicen algunos gobiernos.» A manera de conclusión, agregó la dirigente: «Como una demostración del progreso que se ha logrado, estamos pidiendo una reformulación de los mecanismos y normas jurídicas de las Naciones Unidas que permitan la participación directa de los pueblos indígenas, independientemente de los gobiernos y las organizaciones no gubernamentales».

(David Ramírez, «Exigimos que se reconozcan nuestros derechos colectivos», *El Diario/La Prensa*, 11 de mayo de 1997, suplemento dominical.)

B. Formen grupos cooperativos de seis alumnos para investigar y discutir el trabajo de Amnistía Internacional.

- El líder organiza el trabajo y ayuda a los demás.
- Los miembros del grupo leen el siguiente artículo notando y escribiendo los participios pasados y las formas de los tiempos perfectos que encuentran.
- Una pareja investiga y contesta: ¿Cuáles han sido la misión y los logros más notables de Amnistía Internacional?
- Una pareja busca, lee y le presenta al grupo el informe anual más reciente de Amnistía Internacional.
- La otra pareja investiga y presenta las varias maneras en que habrían podido participar este año los miembros de Amnistía Internacional.
- El grupo le presenta a la clase lo que han aprendido sobre esta organización.

La crónica de la dignidad

VOCABULARIO	
acordar to agree upon	**intentar** to attempt
el centenar hundred	**manifestarse** to demonstrate
destacar to highlight	**reclamar** to call far
generar to generate	**el refugiado** refugee
el informe report	**el tratado** treaty

La presentación del informe anual de Amnistía Internacional (AI) genera, inevitablemente, una cascada de datos y noticias alarmantes sobre las violaciones de derechos humanos en el mundo. Este año la organización destaca que la crisis del sistema mundial de protección de los refugiados no ha estado sólo en los gobiernos directamente responsables de la violación de los derechos humanos en su propio país. Otros gobiernos han fomentado directa o indirectamente, en lugares como África Central, Afganistán y Colombia, los conflictos que engendran abusos contra esos derechos, y después no se han hecho responsables de la trágica situación que habían creado.

Pero junto a la crónica del terror, el informe es también expresión de otra crónica paralela: la de la acción de los miles de hombres y mujeres que actúan en todo el mundo para intentar evitar y remediar los abusos. Una crónica a menudo menos publicitada, pero que es la razón de ser de esta organización.

Es la crónica de, por ejemplo, un centenar de miembros de la sección Nepalí de Amnistía Internacional que fueron detenidos cuando intentaban manifestarse ante la embajada china para protestar por las violaciones de derechos humanos en aquel país...

Los miembros de AI insistieron en recordar a los gobiernos su responsabilidad de llevar ante la justicia a los perpetradores de genocidios, otros crímenes contra la humanidad y violaciones graves del derecho humanitario. En diciembre, la Asamblea General de la ONU acordó celebrar una conferencia diplomática internacional en 1998 para estudiar la adopción de un tratado que establezca una Corte Penal Internacional Permanente, que la organización ha reclamado desde hace años.

(Andrés Krakenberger, «La crónica de la dignidad», *Cambio 16*; 14 de julio de 1997, no. 1.337, p 39.)

MASTERY ASSESSMENTS

A. Lea el siguiente artículo sobre las grandes diferencias entre los ricos y los pobres del mundo, completando las frases con la forma apropiada del participio pasado. Entonces conteste las preguntas.

El gran abismo

VOCABULARIO

alimenticio nutritional	**el fracaso** failure
apostar to deposit one's trust	**hacer hincapié** to emphasize
el aumento increase	**el ingreso** income
bruto gross	**invertir** to invest
carecer to lack	**medirse** to be measured
desigual unequal	**repercutir** to rebound
encabezar to head	**rezagar** to fall behind
equiparar to equalize	**topar** to run into
equitativo equitable	**la vía** path
escalofriante chilling	

El último Informe sobre Desarrollo Humano de Naciones Unidas... aporta datos escalofriantes: 89 países están en peor situación económica que hace diez años. Canadá, Estados Unidos y Japón encabezan la lista de los países que mantienen un adecuado progreso humano. España ocupa el décimo puesto, uno menos que el año _____

1. (pasar)

_____ al aumento de desempleo.

2. (deber)

Para la ONU, la calidad de vida de las personas no se mide por sus ingresos. Es necesario que un hombre disponga de una esperanza de vida y un nivel educativo y alimenticio _____. Aunque en los últimos 30 años los países en vías de desarrollo
3. (apropiar)

han _____ más en desarrollo humano que en aumento de ingresos, «el pro-
4. (avanzar)

greso ha _____ desigual y muchas regiones han _____
5. (ser)   6. (quedar)

_____».
7. (rezagar)

El acceso a la educación repercute en el aumento del Producto Interior Bruto.

China, Corea o Indonesia son ejemplos de ello. Han _____, por medio de la
8. (saber)

educación y el acceso a los servicios sociales, invertir en capital humano, y lograr grandes

dividendos. Países como Botsuana han _____ empleo y otros, como Zimba-
9. (crear)

bue, apostaron fuertemente por la sanidad y la educación, pero han _____
10. (topar)

con el fracaso económico. Muchos países tienen desequilibrios inexplicables. En

Argentina, con uno de los niveles de ingresos más _____ del mundo, el 29
11. (elevar)

por ciento de la población carece de agua potable...

Otro de los obstáculos al desarrollo social es el gasto militar. En el África Subsahariana, los gastos militares suponen 1,4 billones de pesetas, cuando 1,7 billones serían suficientes para atender todas las necesidades básicas de educación y salud de estos países.

El mundo _____ sigue dependiendo de los países ricos y las ayudas no
12. (subdesarrollar)

cubren las necesidades básicas. De los 2,9 billones a que ascendió en 1993 la riqueza

mundial, 2,2 billones eran de los países _____, mientras que a los países
13. (industrializar)

más pobres, con un 80 por ciento de la población mundial, tan sólo fueron a parar 635.000 millones de pesetas...

El informe asegura que la solución podría estar en un aumento más equitativo del

empleo, conseguir que los países _____ democraticen sus sistemas políti-
14. (subdesarrollar)

cos y hacer hincapié en la gente y en su potencial productivo para aumentar las oportunidades. La ONU advierte que, de no intentarlo, si la situación actual del mundo se mantiene, los países con un desarrollo humano bajo necesitarán 200 años para equiparar

su riqueza al nivel de los que ahora son _____.
15. (desarrollar)

(«El gran abismo», *Cambio 16*; 29 julio de 1996, no. 1.228, p. 63.)

Preguntas

1. ¿Cuáles han sido algunos de los obstáculos al desarrollo social y económico de los países subdesarrollados?

   _____

2. ¿Cómo han resuelto varios países algunos de estos problemas?

   _____

B. Durante el siglo veinte, las mujeres han conseguido derechos humanos que han cambiado sus vidas. En el drama «La casa de Bernarda Alba», escrito al principio del siglo XX por Federico García Lorca, podemos contrastar las notables diferencias entre la situación de las mujeres de la época y las mujeres de hoy. Lea las siguientes frases que describen las situaciones en el texto y cámbielas para demostrar los contrastes en la vida actual de la mujer. Use el condicional perfecto en sus frases.

EJEMPLO: Bernarda Alba encerró a sus hijas en casa siete años, en los cuales guardó luto a su marido.

Hoy en día, Bernarda Alba no *habría encerrado* a sus hijas en casa.

1. Las hijas no podían escoger a sus propios maridos.

   Hoy en día _____.

2. Bernarda le decía a Angustias que tendría que obedecer a su marido.

   Hoy en día _____.

3. Las hijas necesitaban un dote (dowry) suficiente para casarse.

   Hoy en día _____.

4. Las hijas de Bernarda Alba no trabajaban fuera de la casa.

   Hoy en día _____.

5. Adela sufrió porque se rebeló contra las tradiciones establecidas de aquella época.

   Hoy en día _____.

C. Compare y contraste otra obra literaria que trate de la mujer y que se haya escrito al principio del siglo XX o antes. ¿Mencione las diferencias en la obra si el autor o la autora la hubiera escrito en esta década. Use el condicional perfecto en su descripción.

_____

_____

_____

P O R T F O L I O   A S S E S S M E N T S

1. En 1948 la Asamblea General de las Naciones Unidas aprobó la Declaración Universal de los Derechos Humanos. Pidió que se leyera y enseñara en todos los países miembros. Lea los treinta artículos de este documento publicado por el Departamento de Información Pública de las Naciones Unidas. Luego, investigue un país de Hispanoamérica que haya sido acusado de violar esta declaración. Después de conseguir información sobre las condiciones actuales, escríbale al embajador de este país para averiguar si el gobierno se está dedicando a proteger efectivamente los derechos y libertades fundamentales de toda la gente de su país y cómo lo ha hecho. Preséntele un informe a su clase sobre los resultados de su investigación.

2. Ud. trabaja para un canal de televisión y tiene que preparar un video documental sobre una persona que se haya destacado en la lucha por los derechos humanos en su país. Describa por qué causa había luchado, lo que había conseguido y cómo se ha afectado su vida.

CHAPTER

10

La Salud: El Individuo y la Comunidad
Reflexive Verbs

10.1. USES OF REFLEXIVE VERBS

Reflexive verbs are used to express the following communicative functions:

1. Expressing that an action is performed by the subject and on the same subject.

   Elena *se baña* por la mañana.   *Elena bathes (herself) in the morning.*

   Carlos *se afeita* a las seis.   *Carlos shaves at six o'clock.*

2. Expressing that the subject is acting on a part of the subject's own body or on a personal possession. In English the possessive adjective is used.

   Elena *se lava* la cara.   *Elena washes her face.*

   Carlos *se corta* el pelo.   *Carlos cuts his hair.*

3. Expressing changes or transformations in the nature, behavior or attitude of the subject. This is generally expressed in English by *get* or *become + adjective.*

   Juan *se enfermó* después de la cena.   *Juan got sick after dinner.*

   Elena *se cansó* durante el partido.   *Elena got tired during the game.*

   Yo *me puse* nervioso antes del examen.   *I became nervous before the exam.*

4. Expressing a different meaning slightly related to the original meaning of the nonreflexive verb.

   Elena *parece* muy contenta.   *Elena seems very happy.*

   Elena *se parece* a su madre.   *Elena resembles her mother.*

   Carlos *conduce* bien.   *Carlos drives well.*

   Carlos *se conduce* bien.   *Carlos behaves well.*

Acordamos *reunirnos* el martes.	*We agreed to meet Tuesday.*
Nos acordamos de la reunión.	*We remembered the meeting.*

Hizo el trabajo.	*He did the work.*
Se hizo el dormido para no trabajar.	*He pretended to sleep so as not to work.*

5. Expressing a more colloquial emphatic style very common in familiar speech.

Elena *comió* el pastel.	*Elena ate the pastry.*
Carlos *se comió* el pastel.	*Carlos ate the pastry up.*

6. Expressing reciprocal action. This is expressed in English by *each other* or *one another.*

Los alumnos *se miran.*	*The students look at each other.*
No *se conocen.*	*They don't know each other.*
Se hablan uno al otro.	*They speak to each other.*

NOTE: (*El*) *uno al otro* and (*la*) *una a la otra* are sometimes added to clarify or emphasize the reciprocal meaning.

7. Expressing an unexpected or unplanned action.

Se le cayó el cuaderno.	*He dropped his notebook.*
Se apagó la televisión de repente.	*The television went off suddenly.*

8. Expressing an impersonal statement with the pronoun *se* when a particular subject is not specified.

Aquí *se habla* español.	*Spanish is spoken here.*
Aquí *se puede* coger un taxi.	*You (one) can catch a taxi here.*

PRUEBA PRELIMINAR

Lea el siguiente artículo y escriba las formas apropiadas de los verbos y de los pronombres correspondientes. Entonces, conteste la pregunta.

Por si acaso...

VOCABULARIO					
el compás rhythm		**la grasa** fat		**vendado** bandaged	
el éxito hit		**el peso** weight			

Siempre es bueno fortalecer los puños y los Boxaeróbicos los desarrolla. Esta nueva

forma de _____ ya lleva 10 años dando vueltas, pero ahora es el éxito del

         1. (ejercitarse)

momento, sobre todo en los gimnasios y *Spas* del sur de la Florida. En la clase

_____ los básicos del boxeo y cómo dar los golpes correctos con las
    2. (aprenderse)

manos vendadas y guantes de 16 onzas (1 libra) y todo al compás de la música. Son más
divertidos que los aeróbicos tradicionales. Además de que los ejercicios son mucho más

fuertes y distintos, en los Boxaeróbicos _____ los músculos de los bra-
    3. (utilizarse)

zos y hombros, y _____ las ventajas de los ejercicios cardiovasculares y
    4. (combinarse)

los que entonan los músculos. El peso de los guantes aumenta la demanda de energía.

Los músculos _____ más y _____ más grasa. Y mientras
    5. (desarrollarse)   *6.* (quemarse)

más _____ más _____ hacer.
    7. (hacerse)   *8.* (quererse)

(«Por si acaso», *Vanidades*; enero de 1997, año 37, no. 1, p. 30.)

Pregunta

¿Cómo se mejora la salud con los Boxaeróbicos?

10.2.   REFLEXIVE CONSTRUCTIONS

1. The reflexive pronouns, *me, te, se, nos, os,* and *se* precede the conjugated verb in both simple and compound tenses and in the negative imperative.

PRESENT	*me* levanto	*nos* levantamos
	te levantas	*os* levantáis
	se levanta	*se* levantan
PRETERIT	*me* levanté	*nos* levantamos
	te levantaste	*os* levantásteis
	se levantó	*se* levantaron
IMPERFECT	*me* levantaba	*nos* levantábamos
	te levantabas	*os* levantábais
	se levantaba	*se* levantaban
FUTURE	*me* levantaré	*nos* levantaremos
	te levantarás	*os* levantaréis
	se levantará	*se* levantarán
CONDITIONAL	*me* levantaría	*nos* levantaríamos
	te levantarías	*os* levantaríais
	se levantaría	*se* levantarían
PRESENT PERFECT	*me* he levantado	*nos* hemos levantado
	te has levantado	*os* habéis levantado
	se ha levantado	*se* han levantado

(cont.)

PLUPERFECT	*me* había levantado *te* habías levantado *se* había levantado	*nos* habíamos levantado *os* habías levantado *se* habían levantado
FUTURE PERFECT	*me* habré levantado *te* habrás levantado *se* habrá levantado	*nos* habremos levantado *os* habréis levantado *se* habrán levantado
CONDITIONAL PERFECT	*me* habría levantado *te* habrías levantado *se* habría levantado	*nos* habríamos levantado *os* habríais levantado *se* habrían levantado
IMPERATIVE (NEGATIVE)	No *te* levantes tarde. No *se* levante tarde.	No *nos* levantemos tarde. No *os* levantéis tarde. No *se* levanten tarde.

2. The reflexive pronouns are attached when they follow infinitives, gerunds, and affirmative imperative forms. Accent marks are added to present participles and affirmative imperatives to maintain the original stress.

    Voy a *levantarme* temprano mañana.

    Estoy *levantándome* temprano esta mañana.

    Levántate temprano mañana.

E J E R C I C I O S

A. Lea el siguiente artículo sobre el problema del tabaco y complete las frases con las formas apropiadas de los verbos y pronombres reflexivos. Entonces conteste las preguntas.

No más excusas para el tabaco

> **VOCABULARIO**
>
> | | | |
> |---|---|---|
> | **agregar** to add | **el humo** smoke | **el pulmón** lung |
> | **aparentar** to appear | **incapaz** incapable | **el riesgo** risk |
> | **candente** hot | **intoxicar** to poison | **sano** healthy |
> | **demandar** to sue | **promover** to promote | |

Por algo _____ las excusas, y Cecilia Campo es la reina de ellas —si de ex-
       1. (inventarse)

cusar su vicio al cigarrillo _____. «De algo tengo que _____,
                2. (tratarse)   *3.* (morirse)

aparte de que los cigarrillos me ayudan a _____ en peso», repetía invaria-
                                       4. (mantenerse)

blemente Cecilia cada vez que le preguntaban sobre las razones por las que después de casi dos décadas no abandona su costumbre. Además, agregaba la mujer de cuarenta y tantos años, madre de tres y residente en Nueva York, «los cigarrillos me ayudan a

_____».
    5. (relajarse)

    Aunque los fumadores dicen recibir alivio como producto del tabaco, están en el

grupo de personas que menos aparenta poder _____, con un grado más
                                                    6. (relajarse)

algo de irritabilidad y tensión. También dicen los estudios que los fumadores no pueden

_____ al mismo nivel que aquellos que no han intoxicado sus pulmones y
    7. (ejercitarse)

pueden respirar libremente, por lo que es más difícil y menos sano _____
                                                          8. (mantenerse)

en forma. Lo cierto es que el uso del tabaco es paradójico.

    Cecilia lleva casi la mitad de su existencia fumando, empezó desde muy joven mien-

tras _____ en Latinoamérica. El tabaco la atrajo como a miles de mujeres
    9. (criarse)

en su época, cuando la publicidad promovía... pertenecer al grupo exclusivo de fumadoras.

    «Desde entonces no lo he podido dejar», decía tras inhalar el candente y oscuro humo de su cigarrillo. «Al principio era como pertenecer a un nueva clase social». Algunos estudios han documentado que los productos derivados del tabaco han sido promovidos publicitariamente desproporcionalmente entre las comunidades y países hispanos y que muchos de los afectados por enfermedades relacionadas con el consumo de tabaco son

pobres, subeducados e incapaces de _____ atención médica.
                                                  10. (costearse)

    Personas como Cecilia cuando comenzaron a fumar, no _____ de los
                                                        11. (enterarse)

serios riesgos a la salud que produce el cigarrillo y para muchos, como ella, ya resulta muy tarde de dejar de hacerlo...

    Guatemala _____ en el primer país extranjero en demandar a firmas
                12. (convertirse)

tabacaleras de Estados Unidos en un caso similar a los producidos contra la industria aquí...

(«No más excusas para el tabaco», *El Diario/La Prensa*; 14 de noviembre de 1999, p. 18.)

Preguntas

1. ¿Por qué continúa fumando Cecilia Campos?

    _____

    _____

2. ¿Por qué empezó a fumar Cecilia?

    _____

    _____

3. Según el autor, ¿qué revelan los estudios sobre la capacidad de ejercitarse de los fumadores?

   _____

   _____

4. Según el autor, ¿qué revelan los estudios sobre la promoción del tabaco en países hispanos?

   _____

   _____

Discusión

1. ¿Son justificadas las demandas contra las firmas tabacaleras?
2. ¿Se puede eliminar hoy el uso del tabaco entre los jóvenes? ¿Cómo?

B. Lea el siguiente artículo sobre el ejercicio. Identifique y escriba los verbos y pronombres reflexivos correspondientes a los infinitivos en la lista. Luego, conteste las preguntas.

¿No soportas la idea de hacer ejercicio?

VOCABULARIO		
la botana snack	**prender** to turn on	**la sentadilla** sit-up
enterar to alert	**la rebanada** slice	
la meta goal	**sano** healthy	

Los entrenadores personales han transformado a celebridades... quienes cambiaron su sobrepeso por una figura maravillosa. Son especialistas en convertir un simple cuerpo en una máquina quema-grasa. Si no puedes contratar a un entrenador para ti sola, no te preocupes, nosotros les preguntamos qué es lo mejor para decidir levantarnos del sillón y empezar a movernos. Esto fue lo que nos dijeron:

- Visita a tu médico antes de empezar cualquier rutina de ejercicio. No sólo para asegurarte de que estés lo suficientemente sana, sino para convencerte de que has estado sentada en ese sillón por demasiado tiempo...

- Marca en tu calendario tres días a la semana para hacer ejercicio, y hazlo con pluma, ya que el lápiz es muy fácil a borrar...

- Prende tu estéreo a todo volumen... Cualquier música que te haga sentir con ganas de bailar es buena...

- Haz a un lado la rutina. Cualquier cosa que repetimos una y otra vez, cansa. Así es que prueba un nuevo video de ejercicios, toma otra clase, ve a caminar a un lugar diferente...

- Entera a todos de que estás haciendo ejercicio. Así aunque prefieres sentarte a ver la televisión en vez de ponerte a hacer tu serie de sentadillas, el sólo pensar en la vergüenza que pasarías si alguien te pregunta cómo va tu ejercicio, te obligará a ponerte a trabajar.

- Encuentra tu propio entrenador personal. Puede ser un amigo, un vecino o un compañero de clase o trabajo: cualquier persona que no te permita escaparte de tu rutina de ejercicio.
- Come una botana ligera dos horas antes de empezar. No está prohibida comer, al contrario, es una obligación. Con el estómago vacío te sentirás demasiado cansada para empezar, o dejarás el ejercicio a medias.
- Si dejas de hacer ejercicio durante una semana o más, no te desanimes, ni dejes de intentarlo: sólo cumple con la siguiente sesión sin falta...
- Date, tus recompensas. Al final de la semana, si lograste alcanzar todas tus metas, regálate algo... Hasta puedes comerte una rebanada de pastel de manzana, porque como ahora haces ejercicio regularmente, no tendrás problemas para quemar esas calorías.

(«¿No soportas la idea de hacer ejercicio?: Consejos y motivaciones que dan los entrenadores personales», *Buenhogar*; febrero de 1996, p. 77.)

Escriba las formas de los verbos y pronombres reflexivos que aparecen en el artículo y que corresponden a los siguientes infinitivos.

1. (preocuparse) _____   8. (escaparse) _____

2. (levantarse) _____   9. (sentirse) _____

3. (moverse) _____   10. (desanimarse) _____

4. (asegurarse) _____   11. (darse) _____

5. (convencerse) _____   12. (regalarse) _____

6. (sentarse) _____   13. (comerse) _____

7. (ponerse) _____

Preguntas

1. ¿Por qué se empeñan algunas personas en contratar a entrenadores personales?

_____

_____

2. Identifique las sugerencias que se ofrecen en este artículo que le motivarían a ejercitarse, y describa cómo se aprovecharía de ellas.

_____

_____

TRABAJO COOPERATIVO

A. Formen grupos cooperativos de cuatro a seis alumnos para investigar y discutir los efectos de la manipulación genética de plantas y animales en la salud humana.

- El líder del grupo organiza el trabajo y ayuda a los otros.
- Todos leen el siguiente artículo, notando los verbos y pronombres reflexivos.
- Una mitad del grupo contesta: *¿cuáles son los beneficios para la salud humana de la ingeniería genética de plantas y animales?*; la otra mitad del grupo contesta: *¿qué peligros para la salud humana presenta la ingeniería genética de plantas y animales?*
- Los miembros le presentan sus respuestas al grupo.
- Los miembros se dividen otra vez para investigar cómo podemos protegernos de la «manipulación peligrosa». Una mitad investiga en la biblioteca y en el Internet: *¿qué leyes de control ya existen?* La otra mitad investiga: *¿qué leyes se deben crear?*
- El grupo le presenta sus descubrimientos y recomendaciones a la clase.

Manipulación peligrosa

VOCABULARIO		
la araña spider	**perjudicial** harmful	**el plazo** term
dañino harmful	**la plaga** plague	**la soja** soybean

Tomates de maduración retardada, soja resistente a herbicidas, maíz que contiene una bacteria pesticida para defenderse por sí mismo de posibles plagas... ratones que desarrollan cáncer a velocidades supersónicas, cultivos tropicales que prosperan en el Norte... No es ciencia ficción, se denomina ingeniería genética.

La ingeniería ha abierto nuevas perspectivas en la investigación de enfermedades y su prevención y tratamiento. Pero sus posibilidades van más allá: es posible utilizar estas técnicas para mejorar los cultivos y crear nuevas especies resistentes a plagas o capaces de desarrollarse en condiciones adversas... Sin embargo, jugar a ser Dios no es tan sencillo... Es imposible predecir a muy largo plazo los efectos de la manipulación genética sobre el medio ambiente y la salud humana...

Lo que más preocupa a las organizaciones ecologistas son los intereses económicos que se esconden tras la pretendida «bondad» de estos alimentos del futuro. Casualmente, las multinacionales que más dinero han invertido en la investigación de estos productos son empresas químicas...

Estas compañías también investigan para crear cultivos resistentes a insectos y enfermedades introduciendo modificaciones en las plantas para que éstas produzcan una toxina venenosa para las plagas de insectos. Por ejemplo, se han utilizado genes de toxinas de escorpión o de veneno de araña en cultivos de alimentos. Esto evitaría el uso de pesticidas, lo que supone una ventaja sobre los métodos tradicionales. Sin embargo, estas toxinas podrían ser dañinas también para insectos y aves beneficiosos, y el hecho de que estos cultivos estén destinados al consumo humano plantea dudas. Aunque se demuestre que estas toxinas no son perjudiciales para la salud, ¿qué ocurrirá con las personas alérgicas cuando consuman alimentos en los que se han introducido modificaciones cuyo efecto sobre su alergia desconocen?...

La biotecnología, que podría ser la revolución más importante de la historia de la humanidad si se utiliza correctamente, puede conducir a un peligroso caos si se escapa de las manos...

(«Manipulación peligrosa», *Cambio 16*; 16 de diciembre de 1996, pp. 70–71.)

B. Formen grupos cooperativos de cuatro a seis alumnos para discutir y comparar la pirámide dietética latinoamericana, y preparar comida que la refleje.

* El líder del grupo organiza el trabajo y ayuda a los otros.

* Todos leen el siguiente artículo que describe la pirámide dietética latinoamericana, subrayando los verbos y pronombres reflexivos.

* El grupo se divide en parejas para comparar los dos pirámides en las siguientes ilustraciones. Contestan: *¿en qué se parecen? ¿cómo se diferencian? y ¿por qué?*

* Las parejas discuten y combinan sus conclusiones y se las presentan a la clase.

* El grupo se divide otra vez en parejas para buscar recetas en libros de cocina latinoamericana que reflejen la pirámide latinoamericana, y escoge la receta más saludable para preparársela a la clase.

* El grupo prepara la receta delante de la clase. Demuestra cómo se prepara, (ingredientes, procedimiento, y modo de servir el plato).

* La clase prueba la receta y discute cómo se refleja la pirámide dietética latinoamericana.

Antiguos sabores para una nueva pirámide

VOCABULARIO			
la clave key		**el informe** report	
convocado convened		**el patrón** pattern	
desarraigado uprooted		**preenvasado** prepackaged	
la hortaliza vegetable		**la tasa** rate	

Se ha descubierto una nueva pirámide en el paisaje del Nuevo Mundo. Pero si bien los turistas interesados en la antropología no la encontrarán en ningún mapa, los responsables por revelarla se contentarían si sus descubrimientos lograran extraer a los estadounidenses de la selva de las comidas rápidas de alto contenido de grasa. Sí, es una nueva pirámide dietética, una de las diversas guías básicas que se han elaborado para recordarnos que seguimos siendo lo que consumimos, y que lo que comemos puede fácilmente dejar de coincidir con las cambiantes necesidades de nuestro cuerpo, las tradiciones de nuestra cultura y nuestros propios deseos.

La última pirámide dietética, la Pirámide Dietética Latinoamericana, apareció el pasado otoño como resultado de una serie de estudios e informes, y fue construida tomando en cuenta las comidas tradicionales y los métodos culinarios del Nuevo Mundo. Se anunció durante la Conferencia Internacional sobre las Dietas de América Latina, convocada en 1996 por el Oldways Preservation Trust y la Escuela de Salud Pública de Harvard con el fin de desarrollar una «pirámide dietética latinoamericana tradicional y saludable», similar a las pirámides que ya se han establecido para las comidas mediterráneas y asiáticas.

En noviembre se reunió en El Paso, Texas, un grupo de estrellas culinarias, defensores de la salud pública y expertos en nutrición de todas las Américas para discutir la noción de que existe un principio dietético que puede mantener vivas las tradicionales y saludables prácticas dietéticas y resistir la invasión de las comidas precocinadas, preenvasadas, refinadas, blanqueadas, desnaturalizadas, desarraigadas y supuestamente convenientes...

La pirámide se basa, por lo menos en parte, en los patrones dietéticos históricamente establecidos de las dietas de América Latina, donde en algunos países se registran tasas más bajas de enfermedades crónicas y una mayor esperanza de vida de adultos.

Food Guide Pyramid

A Guide to Daily Food Choices

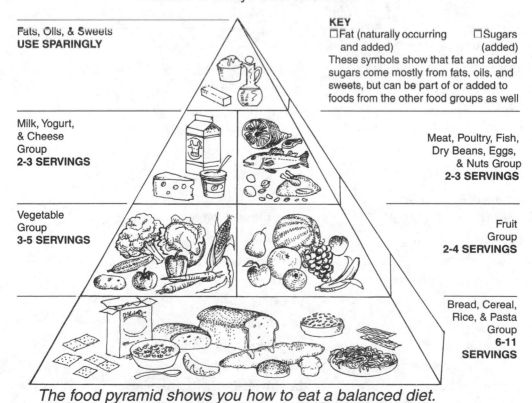

Fats, Oils, & Sweets
USE SPARINGLY

KEY
☐Fat (naturally occurring   ☐Sugars
  and added)   (added)
These symbols show that fat and added
sugars come mostly from fats, oils, and
sweets, but can be part of or added to
foods from the other food groups as well

Milk, Yogurt,
& Cheese
Group
2-3 SERVINGS

Meat, Poultry, Fish,
Dry Beans, Eggs,
& Nuts Group
2-3 SERVINGS

Vegetable
Group
3-5 SERVINGS

Fruit
Group
2-4 SERVINGS

Bread, Cereal,
Rice, & Pasta
Group
**6-11
SERVINGS**

The food pyramid shows you how to eat a balanced diet.

Corroborada por las investigaciones sobre la salud y las dietas, la pirámide estimula el consumo de más comidas vegetales, especialmente el maíz, y las papas, pero también de una mayor variedad de granos, frutas, hortalizas, legumbres, tubérculos y nueces. También recomienda que la carne y los dulces se consuman ocasionalmente o en pequeñas cantidades.

«Sorprendentemente se ha hallado que en estos tres grupos de población (mediterránea, asiática y latinoamericana), hay más similitudes que diferencias», dice K. Dun Gifford, fundador y presidente de Oldways. «La gran similitud en las dietas saludables de las tres poblaciones es el consumo de muchos granos, frutas y hortalizas...

El grupo diseñó su programa en base a la pirámide del USDA, que según Gifford, necesitaba perfeccionamiento. «Si bien no estábamos demasiado contentos con la pirámide del USDA, ésta existe, y permite a las personas hacer comparaciones directas entre las diferentes pirámides»...

«La clave de un modelo dietético latinoamericano derivado culturalmente es que respete todas las diferentes culturas», dice Gifford...

(«Antiguos sabores para una nueva pirámide», *Américas*; julio/agosto de 1997, vol. 49, no.4, pp. 56–58.)

MASTERY ASSESSMENTS

A. El siguiente fragmento trata de un dentista que quiere vengarse y de su paciente nervioso. Escriba las formas apropiadas de los verbos y pronombres reflexivos. Luego, conteste las preguntas.

Un día de estos

VOCABULARIO

el aguamanil wash basin	**la guerrera** military jacket
el alcalde mayor	**hervir** to boil
la araña spider	**jadeante** panting
la barra bar	**la loza** earthenware
el cabezal headrest	**la muela** molar
cauteloso cautious	**la muñeca** wrist
el cielo raso ceiling	**el municipio** township
el cordal wisdom tooth	**las pinzas** tweezers
el crujido crackling	**el pomo** jar
dañado rotten	**la red** netting
displicente indifferent	**el suspiro** sigh
la escupidera spittoon	**el talón** heel
estirar to stretch	**la telaraña** cobweb
la fresa drill	**el trapo** rag
el gabinete consulting room	**la vaina** thing
el gatillo forceps	**la vidriera** display cabinet

... Mientras hervían los instrumentos, el alcalde apoyó el cráneo en el cabezal de la silla y

_____ mejor. Respiraba un olor glacial. Era un gabinete pobre: una vieja
1. (sentirse)

silla de madera, la fresa de pedal y una vidriera llena de pomos de loza... Cuando sintió

que el dentista _____, afirmó los talones y abrió la boca.
2. (acercarse)

Don Aurelio Escovar le movió la cara hacia la luz. Después de observar la muela
dañada, ajustó la mandíbula con una cautelosa presión de los dedos.

—Tiene que ser sin anestesia— dijo.

—¿Por qué?

—Porque tiene un absceso.

El alcalde lo miró en los ojos.

—Está bien— dijo, y trató de sonreír. El dentista no le correspondió.

Llevó a la mesa de trabajo la cacerola con los instrumentos hervidos y los sacó del

agua con unas pinzas frías, todavía sin _____. Después rodó la escupidera
3. (apresurarse)

con la punta del zapato y fue a _____ las manos en el aguamanil. Hizo todo
4. (lavarse)

sin mirar al alcalde. Pero el alcalde no lo perdió de vista.

Era una cordal inferior. El dentista abrió las piernas y apretó la muela con el gatillo

caliente. El alcalde _____ a las barras de la silla, descargó toda su fuerza
5. (aferrarse)

en los pies y sintió un vacío helado en los riñones, pero no soltó un suspiro. El dentista sólo
movió la muñeca. Sin rencor, más bien con una amarga ternura, dijo:

—Aquí nos paga veinte muertos, teniente.

El alcalde sintió un crujido de huesos en la mandíbula y sus ojos _____
6. (llenarse)

de lágrimas. Pero no suspiró hasta que no sintió salir la muela. Entonces la vio a través
de las lágrimas. Le pareció tan extraña a su dolor, que no pudo entender la tortura
de sus cinco noches anteriores. Inclinado sobre la escupidera, sudoroso, jadeante,

_____ la guerrera y buscó a tientas el pañuelo en el bolsillo del pantalón.
7. (desabotonarse)

El dentista le dio un trapo limpio.

— _____ las lágrimas— dijo.
8. (secarse)

El alcalde lo hizo. Estaba temblando. Mientras el dentista _____ las
9. (lavarse)

manos, vio el cielo raso desfondado y una telaraña polvorienta con huevos de araña e in-

sectos muertos. El dentista regresó _____ las manos.
10. (secarse)

— _____ — dijo — y haga buches de agua de sal. —El alcalde
11. (acostarse)

_____ de pie, _____, con un displicente saludo militar y
12. (ponerse)   13. (despedirse)

_____ a la puerta estirando las piernas, sin _____ la guerrera.
14. (dirigirse)   *15. (abotonarse)*

—Me pasa la cuenta— dijo.

—¿A usted o al municipio?

El alcalde no lo miró. Cerró la puerta, y dijo, a través de la red metálica:

—Es la misma vaina.

(Gabriel García Márquez, «Un día de estos», *Los funerales de la Mamá Grande*. Buenos Aires: Editorial Sudamericana, 1962, pp. 29–31.)

Preguntas

1. ¿Por qué se sentía nervioso el alcalde?

   _____

   _____

2. ¿Por qué dijo el dentista que no podía servirse de la anestesia? ¿Qué piensa Ud.?

   _____

   _____

3. ¿De qué se vengó el dentista?

   _____

   _____

4. Explique de qué manera la autoridad y el poder se movieron de un personaje al otro.

   _____

   _____

5. ¿Qué se revela de la situación política de ese pueblo cuando el dentista llama «teniente» al alcalde, y cuando el alcalde responde, «Es la misma vaina», refiriéndose a quién pagaría la cuenta?

   _____

   _____

B. Escriba una entrada en su diario, describiendo sus esfuerzos para mantenerse en buena salud. Use los siguientes verbos reflexivos sugeridos.

acostarse	**cuidarse**	**protegerse**
bañarse	**despertarse**	**reforzarse**
comerse	**ejercitarse**	**relajarse**
comprarse	**prepararse**	**vestirse**

PORTFOLIO ASSESSMENTS

1. Su club de español decide preparar un folleto en el cual se les explica a los hispanohablantes de su comunidad los servicios de salud disponibles en ésa. Investigue los centros médicos, hospitales y otras organizaciones dedicadas a promover la salud y prepare descripciones de ellos. Incluya sugerencias para mantener la buena salud. Publique el folleto y distribúyalo.

2. Prepare un video educativo sobre la nutrición y los jóvenes. Incluya entrevistas en las cuales los jóvenes discuten lo que comen y dónde. Presente información y sugerencias sobre la buena nutrición para mantener la salud. Presénteles el video a los estudiantes de su clase de español y/o a los hispanohablantes de su comunidad.

Los Deportes:
Competición y Colaboración

Passive and Impersonal Constructions

11.1. USES OF THE PASSIVE

The passive is used to express the following communicative functions:

1. Expressing that a subject received an action, thereby focusing on that subject as acted upon by an agent.

Esta novela popular *fue escrita* por un autor joven.	*This popular novel was written by a young author.*
El alcalde *es respetado* de todos.	*The mayor is respected by all.*

2. Expressing that a subject received an action without identifying an agent.

***Se vendió* la motocicleta ayer.**	*The motorcycle was sold yesterday.*
***Se enviaron* los regalos por correo.**	*The presents were sent by mail.*
Su bicicleta *ha sido robada*.	*His/Her bicycle has been stolen.*

11.2. IMPERSONAL CONSTRUCTION WITH *SE*

The impersonal construction with *se* is used to express the following communicative functions:

1. Expressing a thought that is impersonal and objective. The agent is collective and replaces words such as *gente* or *uno*.

***Se vive* bien ton este país.**	*One lives well in this country.*
***Se lee* más en el verano, durante las vacaciones.**	*One reads more in the summer, during vacations.*

2. Expressing an action by an undetermined or collective agent with a person(s) or thing(s) as a direct object.

***Se detuvo* a los acusados.**	*The accused were detained.*
***Se vende* libros viejos aquí.**	*Old books are sold here.*

NOTE: *Se* functions as an undetermined or collective subject of the verb and is conjugated in the third-person singular.

PRUEBA PRELIMINAR

Lea el artículo, y escriba las formas de los verbos que completen correctamente esta lectura. Entonces, conteste la pregunta.

La fiebre del maratón

VOCABULARIO	
el agotamiento exhaustion	**la llanura** plain
la carrera race	**la meta** goal
la gesta feat	**la molestia** inconvenience
la hueste army	**el trayecto** route

Cada año, los maratones de Madrid, Barcelona, San Sebastián o Valencia congregan auténticas multitudes de corredores deseosos de someterse voluntariamente a lo que, en apariencia, es un suplicio...

Es _____ por todo el mundo cuál es el origen de la carrera de ma-
    1. (saber)
ratón. Nació en los I Juegos Olímpicos de la Era Moderna de 1886 en Atenas para con-
memorar la gesta del soldado Filippides, que corrió desde la llanura de Marathon hasta
Atenas para anunciar la victoria de las tropas atenienses sobre las huestes persas...
    Cuenta la leyenda que al llegar a Atenas, sólo le dio tiempo a anunciar la buena
nueva y acto seguido murió debido al agotamiento. La distancia que recorrió Filippides

en ese trayecto no es _____ a ciencia cierta, pero se _____
    2. (conocer)   *3. (estimar)*
que pudo ser algo menor de 40 kilómetros.
    Entonces, ¿cuál es el origen de los actuales 42 kilómetros 195 metros de la carrera
de maratón?
    En el primero de los maratones olímpicos, el de Atenas, la distancia de la carrera
fue de aproximadamente 40 kilómetros. Igual sucedió en las siguientes ediciones de
los Juegos Olímpicos de 1900 en París y 1904 en San Luis. Los juegos de 1908 se

_____ en Londres. La familia real británica, al encontrarse de vaca-
    4. (celebrar)
ciones, no asistió a los Juegos, pero impresionados por la gesta que iban a afrontar los
maratonianos, quisieron tener el privilegio de poder asistir en directo a la salida de la

carrera. Para que no tuvieran que sufrir ninguna molestia, se _____ que
                                                            5. (acordar)
la salida del maratón se _____ desde el castillo de Windsor, residencia
                      6. (tomar)
de verano de la familia real.

La distancia que separaba el castillo, del estadio... donde se _____

7. (situar)

la meta, era exactamente de 26 millas y 385 yardas, o lo que es lo mismo, 42 kilómetros

195 metros. A partir de entonces todos los maratones que se _____,

8. (disputar)

tienen esa distancia y la carrera que no la tiene, tanto por exceso como por defecto, no es un auténtico maratón.

(«La fiebre del maratón», *Cambio 16*; 25 de agosto de 1997, no. 1.343, pp. 61–63.)

Pregunta

1. ¿Cómo se originó el maratón?

    _____

    _____

2. ¿Cómo se identifica un auténtico maratón?

    _____

    _____

11.3. FORMATION OF THE PASSIVE VOICE

1. The passive is composed of a form of the verb *ser* and a past participle that agrees with the subject in number and gender. The agent of an action is introduced by the preposition *por*.

La fiesta *fue organizada* por la clase.	*The party was organized by the class.*
Uds. *han sido invitados* a la fiesta por Ana.	*You have been invited to the party by Ana.*
*Es admirada de** sus amigos.	*She is admired by her friends.*

2. The passive is frequently formed with *se* + *a verb* in the third-person singular or plural, depending on the subject, which generally follows the verb. This construction is preferred when no agent is mentioned.

Se han enviado las invitaciones ayer.	*The invitations were sent yesterday.*
Se servirá la cena a las nueve.	*Dinner will be served at 9:00.*

---

*The preposition *de* is sometimes used to introduce the agent when the verb expresses an emotion or feeling.

3. *Se* is also used to express the impersonal passive when the agent is unidentified, undetermined, or collective. The subject generally follows the verb form in the third-person singular or plural.

Se vende **comida española.**	*Spanish food is sold (here); They sell Spanish food (here.)*
Se compran **ropas viejas en esa tienda.**	*Old clothes are bought in that store (They buy old clothes in that store.)*

11.4.   FORMATION OF THE IMPERSONAL CONSTRUCTION WITH *SE*

Se replaces such words as *gente, alguien*, or *uno* as the impersonal subject of a verb.*

Se trabaja **mucho en este negocio.**	*People work hard in this business.*
Se va **de vacaciones en agosto.**	*People go on vacation in August.*
Se ayuda **a los pobres en este pueblo.**	*One helps the poor in this town.*

E J E R C I C I O S

A. Lea el siguiente artículo sobre la presencia de la mujer española en los Juegos Olímpicos. Escriba las formas de los verbos en la voz pasiva o la construcción impersonal que corresponden a los infinitivos de la lista. Luego conteste las preguntas.

Españolas en Atlanta

VOCABULARIO	
de puntillas on tiptoe	**relegado** relegated
la hazaña feat	**el salto** jump
la natación swimming	**tópico** cliché
la Primera Guerra Mundial World War I	**torpe** clumsy

En Atlanta participarán 298 deportistas españoles, de los cuales 202 son hombres. La participación masculina sigue triplicando la presencia femenina en los Juegos... Cruz González... está convencida de que todo es fruto de una inercia histórica:

«Luchamos contra los tópicos. Siempre se dice que el deporte femenino es el más aburrido, que si una chica siempre es más torpe... »

Sí fueron torpes, casi de puntillas los primeros pasos hacia el olimpismo. En los Juegos de Estocolmo, en 1912, la mujer consiguió que la dejaran sumergirse en las pruebas de natación. Pero en 1920, tras la Primera Guerra Mundial, vuelve a quedar al margen de las competiciones olímpicas. Se creó entonces una Asociación de Mujeres Deportistas de la que nació la primera Olimpiada Femenina, que fue celebrada en 1921 en

*This impersonal construction is in the active voice. *Se* functions as a singular subject; therefore, the verb also appears in the singular form.

Montecarlo. Allí se dieron cita mujeres de Gran Bretaña, Estados Unidos, Francia y Suiza en distintas modalidades. La hazaña se repetirá en años sucesivos, 1922 y 1923. Sin embargo, estas competiciones no fueron reconocidas por el Comité Olímpico Internacional. Será a partir de 1928, en Amsterdam, cuando la presencia femenina se generalice.

En los Juegos de Berlín, en 1936, participaron mujeres de 20 de los países que se dieron cita, aunque se las excluyó de algunas pruebas «demasiado fuertes». «Fueron relegadas de las carreras de larga y media distancia y los saltos de altura y triple salto, por considerarse que estas pruebas de resistencia son impropias para mujeres», recuerda la socióloga Mercedes Salcedo...

(«Españolas en Atlanta», *Cambio 16*, 29 de julio de 1996, no. 1.288, pp. 25–26.)

EJEMPLO: decir   **se dice**

1. (crear) _____
2. (celebrar _____
3. (repetir) _____
4. (reconocer) _____
5. (generalizar) _____
6. (excluir) _____
7. (relegar) _____
8. (considerar) _____

Preguntas

1. ¿Por qué se creó la Asociación de Mujeres Deportistas en 1920?

_____
_____

2. ¿Por qué fueron excluidas las mujeres de las carreras de larga y media distancia y los saltos de altura en los Juegos de Berlín, en 1936?

_____
_____

3. ¿De qué manera se ha cambiado la participación femenina española en los Juegos Olímpicos?

_____
_____

TRABAJO COOPERATIVO

A. Formen grupos cooperativos de seis alumnos para analizar y discutir el siguiente esquema sobre la participación en los Juegos Olímpicos.

• El líder organiza el trabajo y ayuda a los demás.
• El grupo se divide en parejas para analizar el esquema e investigar las preguntas en la biblioteca y/o en el Internet.

- Una pareja investiga y contesta: ¿ha crecido la participación mundial de mujeres atletas en los Juegos Olímpicos?

- La segunda pareja investiga y contesta: ¿qué tendencias se notan en la participación de las delegaciones españolas?

- La tercera pareja investiga y contesta: ¿cuáles semejanzas y diferencias se revelan comparando la participación norteamericana y la participación española en los años 1896–1996?

- Cada pareja presenta sus respuestas al grupo.

- El grupo analiza las respuestas y presenta sus conclusiones a la clase.

(«Españolas en Atlanta», *Cambio 16*; 29 de julio de 1996, no. 1.288, p. 27.)

PARTICIPACION ESPAÑOLA EN LOS JUEGOS (1896–2000)

	PAISES	ATLETAS	DELEGACION ESPAÑOLA
1896 Atenas	13	280	España no participó
1900 París	22	1.066	6 hombres
1904 San Louis	12	681	España no participó
1908 Londres	23	1.999	España no participó
1912 Estocolmo	28	2.490	España no participó
1916 No celebrados	—	—	
1920 Amberes	29	2.668	63 hombres
1924 París	44	3.070	115 hombres/2 mujeres
1928 Amsterdam	46	2.694	85 hombres
1932 Los Angeles	37	1.328	5 hombres
1936 Berlín	49	3.956	España no participó
1940 No celebrados	—	—	—
1944 No celebrados	—	—	—
1948 Londres	59	4.064	72 hombres
1952 Helsinki	69	4.879	32 hombres
1956 Melbourne	67	3.113	España no participó
Estocolmo	29	145	6 hombres
1960 Roma	83	5.348	144 hombres/11 mujeres
1964 Tokio	93	5.081	55 hombres/3 mujeres
1968 México	112	5.423	149 hombres/2 mujeres
1972 Múnich	122	7.173	127 hombres/5 mujeres
1976 Montreal	88	6.026	110 hombres/10 mujeres
1980 Moscú	81	5.217	153 hombres/10 mujeres
1984 Los Angeles	141	6.797	171 hombres/20 mujeres
1988 Seúl	59	8.465	217 hombres/40 mujeres
1992 Barcelona	169	9.368	314 hombres/133 mujeres
1996 Atlanta	197	10.000	202 hombres/96 mujeres
2000 Sydney	199	11.000+	240 hombres/114 mujeres

MASTERY ASSESSMENTS

A. Para enterarse de los deportes que se juegan por el mundo hispánico, forme preguntas para una encuesta, que puede enviar por correo electrónico a varias escuelas en España o Hispanoamérica. Use los siguientes verbos sugeridos en la voz pasiva o la construcción impersonal. Una vez obtenga las respuestas, analícelas y compártalas con su clase.

EJEMPLO: jugar   ¿Cuáles deportes **se juegan** en su escuela?

1. (participar) _____
2. (competir) _____
3. (hacer) _____
4. (usar) _____
5. (comprar) _____
6. (organizar) _____
7. (llevar) _____
8. (preferir) _____
9. (escoger) _____
10. (vender) _____
11. (ganar) _____
12. (perder) _____
13. (ver) _____
14. (apoyar) _____
15. (disfrutar) _____

B. Lea el siguiente segmento sobre Orlando Cepeda y complete las frases en la voz pasiva con las formas apropiadas de *ser* + *el participio pasado*. Entonces, conteste las preguntas usando la voz pasiva cuando conviene.

Orlando Cepeda elegido al Salón de la Fama

Orlando Cepeda, quien nació en Ponce el 17 de septiembre de 1937 es el segundo pelotero

de Puerto Rico que _____ al Salón de la Fama del Béisbol de Grandes
1. (elevar)

Ligas. El primer pelotero de Puerto Rico que _____ es Roberto Clemente.
2. (honrar)

Cepeda fue novato del año de la Liga Nacional en 1958, y _____ por
3. (designar)

unanimidad como el Jugador Más Valioso en 1967 al batear para .325. En su carrera conectó 379 jonrones, impulsó 1365 carreras y dejó promedio de por vida de .297. Cepeda, el «umpire» Nestor Chylak, el pelotero Smokey Joe Williams y el dirigente Frank Selee

_____ por el comité de Veteranos del Salón de la Fama en marzo.
4. (seleccionar)

Los candidatos necesitaban el 75 por ciento de los votos para _____.
5. (elegir)

Este grupo _____ en Cooperstown Nueva York el 25 de julio de 1999 junto
6. (elevar)

con Nolan Ryan, George Brett y Robin Yount, quienes _____ por la
7. (escoger)

Asociación de Cronistas.

Cepeda no tuvo mucho respaldo la primera vez que su nombre _____
8. (considerar)

en 1978. Es posible que al _____ en 1975 lo haya perjudicado para ingresar al
  9. (arrestar)

salón. _____ a cinco años de cárcel, pero pasó solamente 10 meses en prisión.
  10. (condenar)

Cepeda es el sexto latino que _____ tan alto honor. Además de
  11. (otorgar)

Clemente _____ Juan Marichal, el venezolano Luis Aparicio, el panameño
  12. (instalar)

Rod Carew y el cubano Martín Dihigo.

En su discurso de aceptación, Cepeda les agradeció a los compañeros de sus varios

equipos. Notó que _____ por Willie Mays a quien admiró mucho. Declaró
  13. (influir)

que _____ de la pobreza porque pudo jugar el béisbol. También afirmó que
  14. (rescatar)

abrió la puerta por más hispanos. Les dijo a la juventud de Puerto Rico que estudien, se

preparen, y luchen para que Puerto Rico _____ como un país modelo y que
  15. (respetar)

sientan orgullosos de su tierra.

Preguntas

1. ¿Por qué fue instalado Orlando Cepeda al Salón de la Fama del Beisbol?

   _____

   _____

2. ¿Qué otros hispanos fueron elevados al Salón de la Fama?

   _____

   _____

3. ¿Qué les aconsejó Cepeda a la juventud de Puerto Rico en su discurso de aceptación?

   _____

   _____

PORTFOLIO ASSESSMENTS

1. Imagínese ser un reportero / una reportera para un periódico español. Tiene que escribir un artículo sobre la Copa Mundial de Fútbol y los futbolistas más conocidos que participan en esta competencia. Investigue y describa el partido más reciente.

2. Prepare un video educativo sobre el jai alai u otro deporte popular español. Explique el origen del deporte, las reglas, lo que se necesita para jugar y cómo se juega. Incluya demostraciones del juego.

CHAPTER

12

La Globalización:
Los Beneficios y las Amenazas
The Subjunctive

12.1. USES OF THE SUBJUNCTIVE

The subjunctive mood is differentiated from the indicative mood because it expresses unreal, hypothetical, or unverified conditions or situations, while the indicative expresses factual statements or situations. Note the following communicative functions of the subjunctive:

1. Expressing actions, events, or states in dependent clauses that reflect the uncertainty, doubt, or negation expressed in the main clause, which is generally in the indicative mood.

   Dudo que Felipe *venga* mañana. *I doubt Felipe is coming tomorrow.*

   Elena negó que él *llamara*. *Elena denied that he called.*

2. Expressing actions, events, or conditions in dependent clauses that reflect the emotion expressed in the indicative in the main clause.

   Pedro teme que su madre lo *regañe* por perder su chaqueta nueva. *Pedro is afraid that his mother will scold him for losing his new jacket.*

   Nos alegramos de que su familia nos *visite* este fin de semana. *We're happy that your family is visiting us this weekend.*

3. Expressing actions or events in dependent clauses that reflect a request, demand, desire, advice, or hope expressed in the main clause.

   Mis padres insisten que *estudie* hoy. *My parents insist that I study today.*

   Ellos prefieren que yo no salga esta noche con mis amigos. *They prefer that I don't go out tonight with my friends.*

   Ellas esperan que saque buenas notas en los exámenes. *They hope that I'll get good grades on my exams.*

4. Expressing actions or conditions in a dependent clause that reflects the doubt, possibility, emotion, request, or advice expressed by an impersonal expression in the main clause.

Es posible que Felipe *trabaje* **hoy.**	*It's possible that Felipe is working today.*
Es dudoso que nos *veamos* **pronto.**	*It's doubtful that we'll see each other soon.*
Era imprescindible que *habláramos* **con él.**	*It was absolutely necessary that we speak with him.*

5. Describing an indefinite, nonexistent, or unidentified person or event in a relative clause that is introduced in the main clause.

Buscan empleados que *deseen* **trabajar los fines de semana.**	*They are searching for employees who want to work on weekends.*
¿Conoce Ud. a alguien que *quiera* **trabajar los sábados?**	*Do you know anyone who wants to work Saturdays?*
No encontraron a nadie que *pudiera* **hacerlo.**	*They couldn't find anyone who could do it.*

6. Expressing contrary-to-fact or hypothetical conditions, after *si* or *como si*, and expressing a result in clauses in place of the conditional.

Si él practicara más, *tocara* / **tocaría mejor la guitarra.**	*If he practiced more, he would play the guitar better.*
Si ella hubiera practicado más, *hubiera* / **habría tocado la guitarra en el concierto.**	*If she had practiced more, she would have played the guitar in the concert.*
Toca la guitarra como si *fuera* **un músico profesional.**	*She plays the guitar as if she were a professional musician.*

7. Expressing that an action has not yet occurred after a temporal conjunction.*

Él nos llamará tan pronto como *llegue.*	*He will call us as soon as he arrives.*
Lo ayudaré hasta que Carlos *venga.*	*I will help you till Carlos comes.*
Él se divertirá cuando nos *visite.*	*He'll have a good time when he visits us.*

8. Expressing a possible or hypothetical action after conjunctions that introduce a condition.**

Nunca la visito a menos que me **invite.**	*I never visit her unless she invites me.*

---

*Other temporal conjunctions that are followed by the subjunctive if the action hasn't yet happened include *en cuanto, así que, luego que, mientras (que), después de que, de manera que*, and *de modo que*.

** Other conjunctions always followed by the subjunctive include *para que, a no ser que, antes de que, sin que*, and *a condición de que*.

Compro el coche con tal que Ud. me preste el dinero.	*I'll buy the car if you lend me money.*
Deme su número de teléfono en caso de que necesite llamarla.	*Give me your phone number in case I need to call her.*

Note the uses of the subjunctive in the pre-test that follows, and check your answers as you review the formation of the subjunctive in this chapter.

PRUEBA PRELIMINAR

Complete las frases con la forma apropiada del subjuntivo. Luego, conteste la pregunta. La mayoría de los economistas esperan que la globalización _____
1. (mejorar)

la calidad de vida y apuntan la creciente riqueza que ha producido. Pero todavía no ha aliviado la pobreza de los países en desarrollo. Por eso algunos expertos les recomiendan a los países desarrollados que _____ a los países en desarrollo. Por
2. (ayudar)

ejemplo, sugieren que _____ programas de educación y que _____
3. (iniciar)   4. (promover)

la creación de empleos y salarios más altos en estos países.

También les aconsejan a los países desarrollados que _____ insti-
5. (crear)

tuciones que _____ cumplir legislación antimonopolios. Esperan poder
6. (hacer)

requerirles a las corporaciones multinacionales que _____ una porción
7. (usar)

de sus ganancias para mejorar los servicios sociales en los países menos desarrollados.

Si las naciones desarrolladas _____ su riqueza de esta manera la
8. (compartir)

pobreza en los países en desarrollo _____, y todos ganarían con la glo-
9. (disminuir)

balización.

Pregunta

1. ¿Qué les sugieren los expertos que hagan los países desarrollados para ayudar a los países en desarrollo?

12.2.   FORMATION OF THE PRESENT SUBJUNCTIVE

1. The Present Subjunctive of Regular Verbs

   a. The present subjunctive is generally formed by dropping the **-o** ending of the **yo** form of the present indicative and adding the appropriate endings.

ESTUDIA*R* (*estudio*)		COM*ER* (*como*)		ESCRIB*IR* (*escribo*)	
estudie	estudi*emos*	com*a*	com*amos*	escrib*a*	escrib*amos*
estudi*es*	estudi*éis*	com*as*	com*áis*	escrib*as*	escrib*áis*
estudi*e*	estudi*en*	com*a*	com*an*	escrib*a*	escrib*an*

b. Verbs irregular in the *yo* form of the present indicative maintain that irregularity in the present subjunctive.

SAL*IR* (*salgo*)		CONCLU*IR* (*concluyo*)	
salg*a*	salg*amos*	concluy*a*	concluy*amos*
salg*as*	salg*áis*	concluy*as*	concluy*áis*
salg*a*	salg*an*	concluy*a*	concluy*an*

VEN*IR* (*vengo*)	
veng*a*	vengamos
veng*as*	**veng*áis***
veng*a*	**veng*an***

2. Verbs with Spelling Changes in the Present Subjunctive

    a. Verbs ending in -*car,* -*gar*, and -*zar* change from **c** to **qu, g** to **gu**, and **z** *to* **c**, respectively. Note that these same changes occur in the *yo* form of the preterit indicative.

    b. Verbs ending in -*ger,* -*gir,* -*guir,* -*guar*, *consonant* + ***cer***, or *vowel* + ***cer*** change from ***g*** to ***j, gu*** to ***g, gu*** to ***gü, c*** to ***zc***, and ***c*** to ***z***, respectively.

See the following chart:

INFINITIVE	CHANGE	PRESENT SUBJUNCTIVE	
bus*car*	**c** to **qu** before **e**	bus*que*	bus*quemos*
		bus*ques*	bus*quéis*
		bus*que*	bus*quen*
lle*gar*	**g** to **gu** before **e**	lle*gue*	lle*guemos*
		lle*gues*	lle*guéis*
		lle*gue*	lle*guen*
go*zar*	**z** to **c** before **e**	go*ce*	go*cemos*
		go*ces*	go*céis*
		go*ce*	go*cen*
averi*guar*	**gu** to **gü** before **e**	averi*güe*	averi*güemos*
		averi*gües*	averi*güéis*
		averi*güe*	averi*güen*

(cont.)

INFINITIVE	CHANGE	PRESENT SUBJUNCTIVE	
escoger	**g** to **j** before **a**	escoja	escojamos
		escojas	escojáis
		escoja	escojan
exigir	**g** to **j** before **a**	exija	exijamos
		exijas	exijáis
		exija	exijan
seguir	**gu** to **g** before **a**	siga	sigamos
		sigas	sigáis
		siga	sigan
conocer	**c** to **zc** before **a**	conozca	conozcamos
		conozcas	conozcáis
		conozca	conozcan
vencer	**c** to **z** before **a**	venza	venzamos
		venzas	venzáis
		venza	venzan

3. Verbs with Stem-Changes in the Present Subjunctive

   a. Stem-changing **-ar** and **-er** verbs change in the same ways, **o** to **ue** and **e** to **ie**, and in the same forms in the present subjunctive as they do in the present indicative.

ENCONTRAR		**PERDER**	
encuentre	encontremos	pierda	perdamos
encuentre	encontréis	pierdas	perdáis
encuentre	encuentren	pierda	pierdan

   b. Stem-changing **-ir** verbs change in the same ways and forms in the present subjunctive as in the present indicative. The stem of the **nosotros** and **vosotros** forms changes from **o** to **u** and from **e** to **i**.

MENTIR		**DORMIR**	
mienta	mintamos	duerma	durmamos
mientas	mintáis	duermas	durmáis
mienta	mientan	duerma	duerman

PEDIR	
pida	pidamos
pidas	pidáis
pida	pidan

c. Some verbs ending in *-iar* or *-uar* have an accent mark on the *i* or *ú* of the stem, on all forms except the *nosotros* and *vosotros* forms.

ENV*IAR*		CONTIN*UAR*	
envíe	enviemos	continúe	continuemos
envíes	enviéis	continúes	continuéis
envíe	envíen	continúe	continúen

4. The Present Subjunctive of Irregular Verbs

Note all forms of the irregular verbs as they appear on the chart that follows.

DAR	ESTAR	HABER	IR	SABER	SER
dé	esté	haya	vaya	sepa	sea
des	estés	hayas	vayas	sepas	seas
dé	esté	haya	vaya	sepa	sea
demos	estemos	hayamos	vayamos	sepamos	seamos
deis	estéis	hayáis	vayáis	sepáis	seáis
den	estén	hayan	vayan	sepan	sean

12.3.   FORMATION OF THE IMPERFECT SUBJUNCTIVE

The imperfect subjunctive is formed by dropping the ending of the *ellos/ellas* form of the preterit indicative (*-ron*) and adding either of two sets of endings: *-ra* or *-se*.

INFINITIVE	PRETERIT	IMPERFECT SUBJUNCTIVE
hab*lar*	habla*ron*	habla*ra*, habla*ras*, habla*ra*, hablá*ramos*, habla*rais*, habla*ran* habla*se*, habla*ses*, habla*se*, hablá*semos*, habla*seis*, habla*sen*
com*er*	comie*ron*	comie*ra*, comie*ras*, comie*ra*, comié*ramos*, comie*rais*, comie*ran* comie*se*, comie*ses*, comie*se*, comié*semos*, comie*seis*, comie*sen*
ped*ir*	pidie*ron*	pidie*ra*, pidie*ras*, pidie*ra*, pidié*ramos*, pidie*rais*, pidie*ran* pidie*se*, pidie*ses*, pidie*se*, pidié*semos*, pidie*seis*, pidie*sen*
ser *ir* }	fue*ron*	fue*ra*, fue*ras*, fue*ra*, fué*ramos*, fue*rais*, fue*ran* fue*se*, fue*ses*, fue*se*, fué*semos*, fue*seis*, fue*sen*
hac*er*	hicie*ron*	hicie*ra*, hicie*ras*, hicie*ra*, hicié*ramos*, hicie*rais*, hicie*sen* hicie*se*, hicie*ses*, hicie*se*, hicié*semos*, hicie*seis*, hicie*ran*

(cont.)

Infinitive	Preterit	Imperfect Subjunctive
traer	trajeron	trajera, trajeras, trajera, trajéramos, trajerais, trajeran trajese, trajeses, trajeses, trajésemos, trajeseis, trajesen
leer	leyeron	leyera, leyeras, leyera, leyéramos, leyerais, leyeran leyese, leyeses, leyese, leyésemos, leyeseis, leyesen
dar	dieron	diera, dieras, diera, diéramos, dierais, dieran diese, dieses, diese, diésemos, dieseis, diesen
decir	dijeron	dijera, dijeras, dijera, dijéramos, dijerais, dijeran dijese, dijeses, dijese, dijésemos, dijeseis, dijesen

Mi profesor insistió en que (yo) *estudiara* **(***estudiase***) la lección.**	*My teacher insisted that I studied the lesson.*

12.4.   FORMATION OF THE PRESENT PERFECT SUBJUNCTIVE

The present perfect subjunctive is formed by the appropriate present subjunctive form of **haber** plus a past participle.

ESTUDI*AR*	
haya estudiado	*hayamos* estudiado
hayas estudiado	*hayáis* estudiado
haya estudiado	*hayan* estudiado

Mi profesor espera que yo *haya* estudiado la lección.	*My teacher hopes (that) I studied the lesson.*

12.5.   FORMATION OF THE PLUPERFECT SUBJUNCTIVE

The pluperfect subjunctive is formed by the appropriate imperfect subjunctive form of **haber** plus a past participle.

LLEG*AR*	
hubiera / hubiese llegado	*hubiéramos / hubiésemos* llegado
hubieras / hubieses llegado	*hubierais / hubieses* llegado
hubiera / hubiese llegado	*hubieran / hubiesen* llegado

12.6. SEQUENCE OF TENSES

The tense of the subjunctive depends on the form of the main verb.

MAIN CLAUSE	DEPENDENT CLAUSE	EXAMPLES
Present Indicative	Present Subjunctive or Present Perfect Subjunctive	*Insiste* en que *vayan.*
Present Perfect Future Command		*Espera* que *hayan ido.* *Insistirá* en que *vayan.* *Dígale* que *vayan.*
Imperfect	Imperfect Subjunctive or Pluperfect Subjunctive	*Dudaba* que Juan *llamara/llamase.*
Preterit		*Dudó* que Juan *hubiera/hubiese* llamado.
Conditional		*Dudaría* que Juan *llamara/llamase.*
Pluperfect		*Había dudado* que Juan *llamara/llamase.* *Dudó* que Juan *hubiera/hubiese* llamado.

12.7. CONDITIONAL SENTENCES

Conditional sentences include an *if* clause (*si* clause) and a main clause or result clause.

1. **Real Conditions**

    The present indicative is used to express real conditions, that is, conditions or situations that actually exist or occur.

Si *escuchas* el pronóstico del tiempo antes de salir, *sabrás* qué llevar.	*If you listen to the weather report before going out, you'll know what to wear.*
Si *llevas* un abrigo hoy, no *tendrás* frío.	*If you wear a coat today, you won't be cold.*

2. **Contrary-to-Fact Conditions**

    The imperfect subjunctive and pluperfect subjunctive are used to express contrary-to-fact conditions, that is, conditions or situations that do not actually exist or that have not occurred.

    The present subjunctive is never used in a *si* clause.

TIME	*SI*-CLAUSE	RESULT CLAUSE	EXAMPLES
Present	Imperfect Subjunctive (*-ra* or *-se* forms)	Conditional or Imperfect Subjunctive (*-ra* form only)	**Si *escucharas* / *escuchases* el pronóstico del tiempo, *sabrías* (*supieras*) qué llevar.**
Past	Pluperfect Subjunctive (*-ra* or *-se* forms)	Conditional **Perfect** or Pluperfect Subjunctive (**-ra** or *-se* form)	**Si *hubieras* / *hubieses* llevado un abrigo hoy, no *habrías*(*hubieras*) tenido frío.**

3. **Como si (*as if*)**

   The expression **_como si_** also expresses an unreal condition and is followed by either the imperfect subjunctive to express present time, or the pluperfect subjunctive to express the past.

Gasta dinero *como si fuera* (*fuese*) millonario.	*He spends money as if he were a millionaire. (But he isn't.)*
Habló español *como si hubiera* (*hubiese*) nacido en España.	*He spoke Spanish as if he were born in Spain. (But he wasn't.)*

E J E R C I C I O S

A. Lea el siguiente anuncio e identifique los verbos en el presente del subjuntivo, notando sus usos. Luego complete los ejercicios que siguen.

Centro de Estudios Internacionales y Empresariales «CEIE»

Prepárese para el futuro con una licenciatura con enfoque internacional. La globalización de los mercados crea negocios que necesitan profesionales capaces de trabajar con empresas de todo el mundo.

El CEIE se asegura que sus alumnos dominen un segundo idioma, comprendan otras culturas y sepan adaptarse a distintos ambientes y modos de hacer.

También se requiere que sus alumnos realicen prácticas en empresas en el extranjero y que utilicen los sistemas informáticos más modernos.

Visite nuestro centro para entrevistarse con alumnos y profesores. Le aseguramos que encontrará el empleo internacional de sus sueños.

Elija hoy su futuro.

Llame ahora: Información y admisiones
   (91) 393 03 47

Busque en el anuncio los verbos en el subjuntivo y escríbalos.

1. (dominar) _____   4. (saber) _____

2. (realizar) _____   5. (utilizar) _____

3. (comprender) _____

Preguntas

1. ¿Qué les recomienda el anuncio a los alumnos que estén interesados en carreras internacionales?

    _____

2. ¿Cree que este anuncio describa un buen programa de estudios internacionales? ¿Por qué sí, o no?

    _____

B. Ud. y su amigo tienen interés en una carrera internacional. Escríbale a su amigo por correo electrónico sobre el centro de estudios internacionales y empresariales que aparece en el anuncio en el Ejercicio A. Incluya las expresiones sugeridas y utilice los verbos en el presente del subjuntivo, cuando sea necesario.

EXPRESIONES

es imprescindible que   es posible que   espero que
sugiere que   es mejor que   cree que / ¿cree que?
es importante que   es dudoso que

VERBOS SUGERIDOS

dominar   visitar   saber   escoger
comprender   preguntar   entrevistarse   decidir
buscar   tener   intercambiar   conseguir
practicar   averiguar   realizar

TRABAJO COOPERATIVO

A. ¿Quién gana y quién pierde con la globalización? De Nueva York a Buenos Aires, la gente se viste con la misma ropa y escucha la misma música, pero este fenómeno no ha afectado a todos en la misma manera. Formen grupos de seis o siete alumnos para discutir los efectos positivos y negativos de esta tendencia.

• El líder del grupo organiza el trabajo y ayuda a los demás.
• El grupo se divide en tres parejas para leer los tres artículos diferentes.
• Cada pareja completa los ejercicios en el subjuntivo sobre los artículos.
• Cada pareja presenta un resumen de su artículo al grupo.

- El grupo investiga y contesta la siguiente pregunta: ¿Qué se puede hacer para que todo el mundo gane con la globalización?
- El grupo presenta sus conclusiones a la clase.

Artículo 1

Jefes de Estado en la OEA

> **VOCABULARIO**
>
> **el alcance**   range
>
> **la apertura**   the opening
>
> **creciente**   growing
>
> **el desafío**   challenge
>
> **fortalecer**   to fortify, strengthen
>
> **ingresar**   to enter
>
> **la inquietud**   worry, concern
>
> **la OEA**   Organization of American States (OAS)
>
> **la varita mágica**   magic wand

En un hecho sin precedentes en la OEA, cinco presidentes, un primer ministro y un vicepresidente pronunciaron discursos durante una misma reunión del Consejo Permanente, en los que pusieron de manifiesto las inquietudes de Centroamérica y el Caribe ante el organismo interamericano.

Entre los temas discutidos se destacaron la criminalidad, el narcotráfico, la corrupción y las minas antipersonal, pero los líderes concentraron la mayoría de sus comentarios en la economía y el comercio, expresando que a pesar del vigoroso crecimiento económico de la región en la última década, las pequeñas economías siguen siendo vulnerables a las tendencias globales.

El presidente costarricense Miguel Ángel Rodríguez dijo que la volatilidad de los precios del petróleo provocó una preocupación especial entre los países de Centroamérica y el Caribe, y propuso la creación de un mecanismo que permita estabilizar los precios manteniendo las fluctuaciones dentro de parámetros predeterminados...

El presidente guatemalteco Álvaro Arzú se refirió a los desafíos que presenta la globalización, por la cual las crisis financieras de Asia y Rusia puedan tener consecuencias de largo alcance. Las personas que pierden sus trabajos o que no pueden satisfacer sus necesidades básicas piensan erróneamente que el gobierno puede sacar «una varita mágica» y arreglar todo, dijo Arzú, y agregó que esa creciente frustración económica puede producir una frustración con la democracia.

Esta inquietud fue compartida por el presidente Lionel Fernández, de la República Dominicana, quien afirmó que la globalización de las finanzas «está creando efectos negativos al interior de nuestros países, que al mismo tiempo tendrán consecuencias sobre la calidad de nuestras democracias». Fernández también se refirió al desafío de lograr un comercio libre y justo entre los países pequeños y los poderosos. Las naciones de Centroamérica y el Caribe han fortalecido sus alianzas comerciales subregionales y apoyado el proceso de creación de un Area de Libre Comercio de las Américas.

Según el primer ministro Basdeo Panday, de Trinidad y Tobago, «el nuevo orden mundial», que exige la liberalización del comercio y una perspectiva global, también requiere que la comunidad internacional trate de manera justa a los economías pequeñas. «Tenemos que tener la oportunidad de ingresar a los mercados de nuestros vecinos mayores en condiciones que recompensen la apertura total de nuestras fronteras a las fuerzas extremas de la competencia», dijo Panday...

(«Jefes de estado en la OEA», *Américas*; diciembre de 1999, vol. 51, no. 6, pp. 52–53.)

Completen las frases usando la forma apropiada del subjuntivo y la información en el artículo.

1. (seguir) Los líderes de Centroamérica y el Caribe se preocupan de que las pequeñas

   economías _____.

2. (estabilizar) El presidente de Costa Rica propuso un mecanismo que _____

   _____.

3. (producir) El presidente guatemalteco teme que la frustración económica _____

   _____.

4. (tratar) El primer ministro de Trinidad y Tobago dijo que el nuevo orden mundial

   exige que la comunidad internacional _____

   _____.

5. (recompensar) Basdeo Panday sugiere que los países poderosos _____

   _____.

Artículo 2

La música latina y global

El cantante español Miguel Bosé, que se encuentra de visita en México, considera que ha llegado el momento de que los anglosajones «devuelvan un poco» del interés que los hispanos tuvieron por la música en inglés y compren discos de grupos latinos.

«No exijo que aprendan (los anglosajones) el idioma, pero nosotros ya hemos gastado mucho dinero comprando discos en inglés y ya es el momento de que nos devuelvan un poco, de que persigan a los cantantes, de que se interesen verdaderamente por lo latino», comentó el artista español en un encuentro con la prensa mexicana.

Bosé aseguró que en Estados Unidos y Europa empieza a registrarse un creciente interés por la música latina...

(«Miguel Bosé, este es el momento de la música latina», El Diario/La Prensa; sábado 12 de febrero de 2000, p. 18.)

Completen las frases usando la forma apropiada del subjuntivo y la información en el artículo.

1. (devolver) Miguel Bosé dice que ya es hora de que los anglosajones _____

   _____.

2.   (perseguir) Bosé quiere que los anglosajones _____

_____ .

3.   (aprender) No exige que los anglosajones _____

_____ .

4.   (gastar) Bosé espera que los anglosajones _____

_____ .

5.   (empezar) Bosé asegura que _____

_____ .

Artículo 3

¡Salvaron las joyas del abuelo!

VOCABULARIO	
abrumar to overwhelm	**el homónimo** namesake
la acción share of stock	**la marca** make, brand
ceder to transfer	**teñido** dyed, stained

El sentimiento regional quedó sintetizado en la frase que le atribuyen a un arquitecto turinés: «Ya no tenemos remedio. Con este asunto de la globalización también a nosotros nos terminan por colonizar...» Se trataba, nada más y nada menos, de una alianza estratégico-comercial por la cual Fiat, la empresa más representativa del capitalismo nacional y familiar (la fundó y la mantiene la familia de los Agnelli desde hace 101 años) vendía a 20 por ciento de sus títulos de Fiat Auto. En compensación, la firma norteamericana General Motors le cedía el 5,1 por ciento de sus acciones, por un valor de 2.400 millones de dólares.

Es probable que a algunos de los italianos del norte les haya interesado conocer detalles del matrimonio comercial de estos dos colosos. A los otros, la gran mayoría, no les importó informarse que podían sufrir una inmediata invasión de las marcas que fabrica la GM en los Estados Unidos: Buick, Cadillac, Chevrolet, GMC, Oldsmobile, Pontiac, Saab, Isuzu y Subaru, entre otras. La preocupación era establecer cuál era la suerte corrida por las Maserati y las Ferrari.

Al hombre común no lo abrumaba la posibilidad de que algunos Fiat apreciaran teñidos por los colores norteamericanos. Inclusive, hasta es probable que se haya desentendido de la suerte de los Lancia y los Alfa Romeo, dos joyas aristocráticas de la empresa. A ese hombre común lo obsesionaba el temor de que en ese acuerdo, que terminaba con la hegemonía familiar de los Agnelli, desaparecieran las joyas del abuelo.

Maserati y Ferrari están ligados a lo mejor de la historia de la F-1. Ferrari, por medio de sus herederos, tiene el control mayoritario de las acciones de Fiat desde 1988. Por lo tanto, el temor de los italianos tenía justificación: querían saber si se había preservado lo que ellos consideran patrimonio nacional o si las dos marcas pertenecerían, de ahora en más, a la General Motors. La tranquilidad llegó de labios de Giovanni Agnelli, actual presidente de Fiat. Giovanni, nieto del homónimo fundador de la empresa en 1899. «De esta alianza estratégica hemos excluido a Maserati y Ferrari», se apresuró a aclarar...

(«¡Salvaron las joyas del abuelo!» *Tiempos del mundo*; jueves 23 de marzo de 2000, p. B50.)

Completen las frases usando la forma apropiada del subjuntivo y la información en el artículo.

1. (interesarse) Es probable que algunos italianos del norte _____

   _____.

2. (poder) A la mayoría de gente no les importó que la firma norteamericana _____

   _____.

3. (preocuparse) Era evidente que la gente _____

   _____.

4. (desaparecer) Algunos italianos tenían miedo de que _____

   _____.

5. (excluir) El presidente de Fiat, Giovanni Agnelli, le aseguró a la gente que _____

   _____.

B. Formen grupos de cuatro a seis alumnos para leer y discutir la siguiente entrevista sobre el origen de las tarjetas de UNICEF, mensajes internacionales de amor.

- El líder del grupo organiza el trabajo y ayuda a los demás.
- Todos leen el artículo y hacen listas de los verbos en el subjuntivo, que comparan.
- El grupo se divide en parejas, o grupos de tres para dividir y contestar las preguntas que siguen el artículo.
- El grupo discute y diseña una tarjeta que refleja las preocupaciones globales de UNICEF.
- El grupo presenta su tarjeta a la clase, y les pide a los otros alumnos que discutan el mensaje y el simbolismo.

Unicef, los niños y... unas tarjetas de amor

VOCABULARIO					
el afán	labor	**imprimirse**	to be printed	**solventar**	to cover
atesorar	to treasure	**presuroso**	speedy		
la guerra	war	**recaudado**	collected		

Usted habrá visto las lindas tarjetas de UNICEF, con saludos y felicitaciones... pero yo no sabía toda la elaboración que ellas exigían, ni su tierno origen hasta que conocí a Kathryne Andrews, ... de la Sección Desarrollo de Postales de UNICEF...

Nos hemos encontrado en México, en Buenos Aires, en Nueva York, siempre presurosa, buscando aquellas imágenes que interpreten el símbolo de UNICEF (Fondo de las Naciones Unidas para la infancia). En una ocasión la acompañé y compartimos aquellas búsquedas de cuadros que expresan esa idea, ese amor que surge de las tarjetas. Por eso y los muchos afanes de los programas que el Departamento de Arte realiza, quise que nos contara la historia de estas postales que llegan a nuestras manos con un mensaje de amor.

—¿Cuándo se originó la idea de realizar las tarjetas de saludos de UNICEF?

—La idea surgió de una historia verdadera, de algo que ocurrió en la vida real. En 1948, una niña de 7 años pintó un cuadrito para agradecer a UNICEF la ayuda que el organismo había dado a su aldea devastada por la guerra. El cuadrito tenía una casita, unas ventanitas y humo que salía de la chimenea y decía, «Gracias UNICEF». Causó tanta alegría recibir aquella cartita que llegaba de un pequeño pueblito de Checoslovaquia, que se imprimió para todo el equipo de UNICEF, y se volvió muy popular. Este hecho dio origen a la Operación Tarjetas de Felicitaciones...

—Por lo que tú me contaste, existe una filosofía detrás de cada tarjeta, ¿podrías precisar los conceptos que las inspiran?

—Los diseños expresan la preocupación de Naciones Unidas y UNICEF, reflejar una relación con el niño, con el mundo y con el futuro. Por una parte la imagen de la paz, el símbolo de la fraternidad, por otra, lo que evocan antiguas historias que ya son parte del patrimonio cultural, por ejemplo: el árbol de la vida, el Arca de Noé, y también las celebraciones como parte de las fiestas del mundo, me refiero a la Navidad, pero también al Año Nuevo en Asia, el Festival de la Luz en la India, Ramadan, Hanukah y pascuas judías, o sea las celebraciones que unen a los pueblos según sus creencias, ritos y ceremonias.

Se tiene en cuenta la imagen del amor y la familia. La relación familiar es centro que ayuda al desarrollo del niño, la ternura y la alegría.

—Vivimos en un mundo multicultural, ¿cómo es posible unir todas esas culturas?

—Justamente porque vivimos en un mundo de gran diversidad cultural todas las culturas atesoran obras de arte como símbolos de su historia y de su identidad, así es importante que las tarjetas reflejen esa diversidad étnica y multicultural y tomen en cuenta temas que contemplen esas distintas culturas y sus expresiones.

Hay también un interés en que el niño y el joven sientan un mundo sano y constructivo, con valores positivos... La idea de salud y de construcción se extiende a la naturaleza. Hay una idea clara para que el niño viva en armonía con la naturaleza, la belleza de las flores y plantas, los animales, el paisaje y el cosmos como un lugar de paz y felicidad.

—Esto suena muy bonito pero; ¿en qué medida se ayuda a los niños para que alcancen ese mensaje de amor que las tarjetas expresan?

—Los diseños se publican y se venden en más de 140 países por conducto de una red de voluntarios. Todo lo recaudado forma parte del fondo para ayudar a la infancia y solventar los numerosos programas que UNICEF mantiene.

—¿Recuerdas tú alguna historia en especial que te conmoviera durante el trabajo de las búsquedas de tarjetas?

—Sí, tengo varias anécdotas pero recuerdo especialmente mi primer viaje a Brasil. En esa ocasión conocí a un artista primitivo, pero él no se consideraba artista, pensaba que lo que hacía no tenía valor, lo hacía porque le gustaba, pero sus trabajos eran muy bonitos y sí tenían valor. Después de hablar con él y tomar sus trabajos, tomé conciencia de cuántos artistas existen que no son conocidos ni valorados y con nuestra acción los ayudamos, los motivamos...

—¿Cuántos artistas se presentan, cuántas obras se seleccionan?

—Son muchos, alrededor de 2,500. Se escogen entre casi 100,000 diseños. Sólo se seleccionan para publicar unos 200, aquéllos que reúnan la idea de UNICEF...

(«Unicef, los niños y... unas tarjetas de amor», *El Diario/La Prensa*; 6 de enero de 1996, suplemento dominical, p. 6.)

Preguntas

1. ¿Qué busca Kathryn Andrews en sus viajes internacionales?

   _____

2. ¿Qué hizo una niña de Checoslovaquia en 1948 para agradecer al equipo de UNICEF?

   _____

3. Es importante que estas tarjetas evoquen conceptos particulares. ¿Cuáles son?

   _____

4. ¿Cómo es posible que se unan las culturas del mundo por medio de estas tarjetas?

   _____

5. ¿Qué espera UNICEF que haga el individuo a nivel mundial con estas tarjetas?

   _____

6. Describa los mensajes de los dibujos en las tarjetas que se presentan aquí.

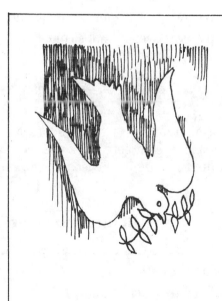

   a. _____

   b. _____

C. En el futuro cercano, es probable que se pueda encontrar empleo con una empresa internacional en el Internet. Ya existen muchos sitios en el Web donde pueden encontrarse ofertas de trabajo de varios países. Formen grupos de cuatro a seis alumnos para investigar las posibilidades.

- El líder del grupo organiza el trabajo y ayuda a los demás.
- El grupo se divide en parejas o grupos de tres.
- Cada pareja usa los sitios del Web que se mencionan aquí, u otros que encuentren, para escoger puestos ideales.
- Los miembros de las parejas discuten, y cada uno contesta las siguientes preguntas.

    1. Si pudiera trabajar en una empresa en cualquier país del mundo, ¿cuál empresa escogería? y ¿por qué?
    2. Si tuviera la oportunidad de trabajar en cualquier puesto en esta empresa, ¿cuál sería? y ¿por qué?
    3. Describa el trabajo que haría, si consiguiera su puesto ideal.

- Los miembros del grupo le presentan sus respuestas al grupo y/o a la clase.

Sitios del Web con empresas internacionales y ofertas de trabajo:

http://www.careermosaic.com/cm/gateway   http://www.map.es.cia

http://www.overseasjobs.com   http://www.europages.com

M A S T E R Y   A S S E S S M E N T S

A. Lea el siguiente artículo sobre la opinión de Rubén Blades respecto a las causas del racismo, y complete las frases con la forma apropiada del verbo en el indicativo o en el subjuntivo, según el caso. Luego, conteste las preguntas.

El racismo no es cuestión de piel sino de cultura

VOCABULARIO	
abordar tackle, undertake	**destacado** notable, outstanding
la cadena chain	**hacer hincapié** to emphasize, stress
el comportamiento conduct	**el rechazo** rejection

«El racismo no es una cuestión de prejuicio por el color de la piel sino un asunto del espíritu,

del comportamiento cultural de las personas, que al mismo tiempo que ＿＿＿＿＿＿＿＿
                                                                    1. (sentir)

miedo son ignorantes respecto de lo que les ＿＿＿＿＿＿＿＿ diferente y les rodea»,
                                              2. (resultar)

dijo el cantautor y actor panameño Rubén Blades.

Blades, que también es un destacado activista por los derechos humanos y contra

discriminación de todo tipo, _____ designado ayer, junto a otras seis per-

3. (ser)

sonalidades, embajador de Buena Voluntad de las Naciones Unidas para la Conferencia
Mundial contra el Racismo.

En esa calidad dio una conferencia de prensa en la sede de naciones Unidas donde

_____ hincapié que el problema hay que abordarlo desde la niñez, porque

4. (hacer)

los infantes _____ el peligro de repetir las actitudes negativas de sus

5. (correr)

padres y de su entorno social «Mientras más se _____ con los niños y se les

6. (hablar)

_____ sobre los mejores aspectos y ángulos del carácter humano mayor

7. (explicar)

oportunidad habrá que esos niños _____ siendo mucho más tolerantes y

8. (crecer)

mejor informados sobre el hecho de apreciar el carácter de una persona y no, por ejemplo, el color de su piel o su condición económica», dijo Blades.

«Cuando _____ que el racismo no es asunto de piel sino de culturas,

9. (hablar)

más que una lucha entre culturas es la mala información que _____ entre

10. (existir)

culturas», agregó Blades, que remarcó que el racismo _____ más allá del

11. (ir)

rechazo al color de la piel.

«Generalmente cuando la gente _____ de racismo cree que

12. (hablar)

_____ una actitud que _____ del rechazo a la piel, pero en

13. (ser)   *14. (surgir)*

realidad el asunto es más complejo, me parece que _____ más bien cul-

15. (ser)

tural», puntualizó.

«El racismo», continuó, «es una actitud que se basa en la ignorancia y en el temor. En

la medida que _____ nuestras posiciones y nuestra cultura, quizás

16. (explicar)

_____ posible crear un terreno común en el que _____ más

17. (ser)   *18. (ser)*

apreciados los valores como individuo que su procedencia o color de piel»...

Blades dijo sentirse honrado con la designación que la toma muy en serio y subrayó

el hecho de que Naciones Unidas _____ seleccionado a una personalidad

19. (haber)

hispana, como una forma de reconocimiento a un grupo humano que _____

20. (haber)

sido víctima de una larga cadena de abusos y violaciones de los derechos humanos.

(«El racismo no es cuestión de piel sino de cultura», *El Diario / La Prensa*; sábado, 11 de diciembre de 1999, p. 5.)

Preguntas

1. ¿Cómo explica Rubén Blades el racismo?

_____

_____

2. Según Rubén Blades, ¿por qué fue seleccionada una persona hispana como embajador de Buena Voluntad de las Naciones Unidas para la Conferencia Mundial contra el racismo?

_____

_____

3. ¿Cuál es su opinión respecto a las causas del racismo en el mundo?

_____

_____

B. Lea el siguiente artículo sobre la globalización de la ropa, y complete las frases con la forma apropiada del subjuntivo o del indicativo, según el caso.

Más fresco que una lechuga

VOCABULARIO

afamado famous	**el gabán** overcoat	**provenir** to originate
el alfarero potter	**el lino** linen	**el sastre** tailor
confeccionar make	**el peluquero** hairdresser	**la tela** fabric
cosechar to harvest	**la prenda** garment	

Han aparecido en películas... y personalidades famosas desde Ernest Hemingway hasta Ronald Reagan las han usado. Aún así, si _____ una y _____
1. (ponerse)   2. (irse)
a una fiesta en Estados Unidos, lo más seguro es que _____ el rato explicando lo que es una guayabera.
3. (pasarse)

Los aficionados a la guayabera no se ponen de acuerdo sobre el origen de esta prenda... Algunos expertos dicen que _____ los nativos de Yucatán quienes
4. (ser)
_____ esta camisa. Otros sugieren que se _____ de una
5. (inventarse)   6. (derivar)
túnica militar española, lo que _____ que _____ a lugares
7. (explicar)   8. (llegar)
tan remotos como las Filipinas.

Pero si le _____ a don Ramón Puig, el dueño de «La casa de las
              9. (preguntar)

guayaberas» en Miami, la guayabera es mucho más que una camisa. Es un símbolo nacional y parte intrínsica de su patriotismo cubano.

Según Puig, un sastre de 77 años de edad que lleva más de cinco décadas confeccio-

nando a mano sus guayaberas, la afamada camisa _____ inventada por
                                                        10. (ser)

Encarnación Núñez García, esposa de un alfarero andaluz, don José Pérez Rodríguez,
quienes llegaron a la ciudad de Sancti Spíritus, Cuba, a principios del siglo XVIII.

Aparentemente sofocado por las calurosas telas que se _____ en aquel en-
                                                              11. (usar)

tonces, don José mandó a pedir a España unas telas de lino y cuando las _____
                                                                              12. (recibir)

le pidió a su esposa que le _____ «unas camisas largas con bolsillos grandes
                              13. (hacer)

a los lados, como gabán, para poder llevar... cosillas al talle.»

Los nativos de Sancti Spíritus, copiaron la cómoda y aireada prenda y como éstos
cosechaban la guayaba, les decían guayaberos. Y de ahí proviene el nombre de la
guayabera.

_____ cual _____ su origen, parece que esta famosa
      14. (ser)   15. (ser)

prenda latina _____ adquiriendo popularidad en Estados Unidos. Y
                16. (ir)

aunque ahora nos _____ explicar que no es un uniforme de peluquero,
                    17. (tocar)

quizás en el futuro las _____ comprar hasta en Kmart.
                          18. (poder)

(«Más fresco que una lechuga», *People en español*; otoño de 1997, p. 70.)

Preguntas

1. Según los autores, ¿cuáles son los posibles orígenes de la guayabera? (Use las expresiones *es posible que...* + *subjuntivo* o *es probable que...* + *subjuntivo* en sus respuestas.)

   _____

   _____

2. ¿Qué predicen los autores sobre el futuro de la guayabera? (Use *esperan que...* +
   subjuntivo en su respuesta.)

   _____

   _____

3. ¿Conoce Ud. otros artículos de vestir que reflejen la globalización de la moda? Mencione algunos ejemplos.

_____

_____

PORTFOLIO ASSESSMENTS

1. El año que viene, Ud. piensa hacer un viaje a Europa con su clase de español y quiere aprender lo más posible sobre el euro para evitar confusión. Luego de investigar su origen, su apariencia y cómo se determina su valor, prepare una presentación para su clase.

2. Su clase decide organizar una fiesta internacional y Ud. está encargado de escoger música bailable española. Haga una encuesta internacional por correo electrónico y pregúnteles a jóvenes de varios países hispanohablantes, qué discos escogerían para bailar. Preséntele los resultados de su encuesta a la clase, notando los efectos de la globalización en la industria musical.

13

Los Viajes: Reales y Virtuales
Commands

13.1. USE OF COMMANDS

The command or imperative tense expresses the communicative functions of getting others to adopt or avoid a course of action by:

1. Suggesting: *Charlemos* **de la fiesta.**
2. Requesting: *Abra* **la puerta, por favor.**
3. Directing: *Doblen* **a la derecha.**
4. Warning: ¡*Ten* **cuidado al cruzar la calle!**
5. Advising: *No compres* **esta blusa, que no te queda bien.**
6. Instructing: *Agregar* **una cucharada de sal.**

PRUEBA PRELIMINAR

Lea la siguiente lectura y complete las frases con la forma apropiada del verbo en el imperativo. Entonces, conteste la pregunta.

¿Cómo evitar un percance con las maletas a la hora de viajar?

Es hora de partir. Estamos ansiosos pero contentos porque dentro de poco estaremos en un avión volando hacia ese lugar que hemos escogido para pasar las vacaciones. La noche anterior hemos empacado todo, cuidando de no olvidarnos de cosas esenciales. Nos acostamos tranquilos pensando que hemos hecho todo lo que se tenía que hacer. Sin embargo, lo que la mayoría de nosotros pasa por alto es lo que puede pasar en el aeropuerto una vez facturado el equipaje. Este descuido nada más puede resultar en un retraso en la llegada del equipaje y, en el peor de los casos, en su pérdida. ¿Cómo evitar tales percances a la hora de viajar? ¿Cómo encontrar todo el equipaje al llegar al destino?

_____ de que la maleta que llevas está en buenas condiciones.
    1. (Cerciorarse)

_____ todas las etiquetas viejas que aún estén pegadas a la maleta,
    2. (Desechar)

sobretodo si éstas tienen información incorrecta. _____ tú mismo tu
3. (Empacar)

maleta. En caso de pérdida, podrás declarar y reclamar con facilidad lo que tenías en ella. No es aconsejable empacar documentos importantes, objetos de valor como joyas o cosas que puedas necesitar tan pronto bajes del avión como, por ejemplo, medica-

mentos que estés tomando. Por lo tanto, _____ todas estas cosas contigo
4. (llevar)

en tu bolso de mano. No _____ de vista nunca de tu equipaje desde el
5. (perder)

momento en que lo empacas en tu casa hasta facturarlo en el aeropuerto.

_____ con tiempo al aeropuerto. No es bueno andar corriendo, so-
6. (Llegar)

bretodo si se trata de viajes. La prisa puede llevar a errores que te pueden salir caro.

Antes de facturar tu equipaje, _____ etiquetas nuevas con tus datos
7. (poner)

personales en cada una de las maletas que lleves. _____ de pegar las eti-
8. (Asegurarse)

quetas bien a las maletas. Al llegar a tu destino _____ cuidado de recla-
9. (tener)

mar todas las maletas que habías facturado. _____ que el equipaje es
10. (Confirmar)

tuyo chequeando las etiquetas de cada maleta.

Pregunta

¿Está de acuerdo con los consejos en la lectura? ¿Qué sugiere Ud.? (Use el imperativo.)

_____

_____

13.2.   FORMATION OF FORMAL COMMANDS

The formal commands are the present subjunctive verb forms for *Ud.* and *Uds.* In negative commands *no* precedes the verb.

INFINITIVE	**CAMIN*AR***	**CORR*ER***	**SUB*IR***
AFFIRMATIVE COMMAND	**camine (Ud.)** **caminen (Uds.)**	**corra (Ud.)** **corran (Uds.)**	**suba (Ud.)** **suban (Uds.)**
NEGATIVE COMMAND	**no camine (Ud.)**	**no corra (Uds.)**	**no suba (Ud.)**

NOTE: Reflexive pronouns as well as direct-and-indirect object pronouns are attached to affirmative commands and an accent mark is written on the appropriate syllable of the command form to maintain the original stress. In negative commands these pronouns precede the verb.

Infinitive	**LEVANTARSE**	**DECÍRMELO**
Affirmative Command	**levántese (Ud.)** **levántense (Uds.)**	**dígamelo (Ud.)** **díganmelo (Uds.)**
Negative Command	**no se levante (Ud.)** **no se levanten (Uds.)**	**no me lo diga (Ud.)** **no me lo digan (Uds.)**

E J E R C I C I O S

A. Ud. está viajando a España con su clase de español. En el aeropuerto, se encuentra con un hombre de negocios de Madrid que perdió su maleta. Puesto que Ud. ha tenido la misma experiencia en el pasado, lo aconseja.

EJEMPLO: reportar la pérdida inmediatamente
Reporte la pérdida inmediatamente.

1. mostrar las contraseñas de su maleta

    _____

2. llenar el formulario de pérdida de equipaje

    _____

3. agregar los reclamos de equipaje al formulario

    _____

4. pedir fotocopias del formulario y los reclamos

    _____

5. asegurarse que alguien se ocupe de la forma

    _____

6. apuntar el nombre y el número de teléfono de la persona que lo atendió

    _____

7. investigar la política de reembolso de los artículos perdidos.

    _____

8. buscar todos los recibos de los artículos perdidos

    _____

9. entregar los recibos después de fotocopiarlos

_____

10. insistir en el reembolso si la maleta no aparece en dos semanas

_____

B. Ud. y su grupo llegan a Madrid y conocen a su guía, la señora Delgado. Ella repasa las reglas y les explica la rutina de su visita. Escriba lo que ella les dice.

EJEMPLO: despertarse a las siete

  Despiértense a las siete.

1. bañarse de las siete hasta las ocho de la mañana.

_____

2. ponerse ropa apropiada

_____

3. llevar un sombrero y gafas de sol

_____

4. desayunarse en el comedor del hotel a las ocho

_____

5. subir el autobús a las ocho y media

_____

6. cambiar dinero en el banco de la esquina

_____

7. no separarse del grupo

_____

8. buscar a un policía u oficina turística si se pierde

_____

9. guardar con cuidado los documentos importantes y la bolsa

_____

10. no acostarse tarde

_____

C. En el Palacio Real, Ud. conoce a la señora Morales, miembro de un grupo turístico de Chile quien se separó de su grupo. Ella sabe que el grupo va a ir al Museo del Prado y quiere encontrarse con ellos allí. Le pide direcciones para llegar al museo y Ud. se las escribe.

EJEMPLO: ¿Sigo derecho?
>   **Sí, siga** derecho.

1. ¿Camino por la Plaza de Oriente?

   _____

2. ¿Tomo la Calle Arenal hasta la Puerta del Sol?

   _____

3. ¿Cruzo la Plaza Puerta del Sol?

   _____

4. ¿Sigo la Carretera de San Jerónimo?

   _____

5. ¿Paso por la Plaza Canovas del Castillo?

   _____

6. ¿Doblo a la derecha en el Paseo del Prado?

   _____

7. ¿Encuentro el museo a la izquierda?

   _____

8. ¿Consulto un plan de la cuidad si me pierdo?

   _____

13.3. FAMILIAR COMMANDS

INFINITIVE	*CAMINAR*	*CORRER*	*SUBIR*
AFFIRMATIVE COMMAND	camina (tú) caminad (vosotros)	corre (tú) corred (vosotros)	sube (tú) subid (vosotros)
NEGATIVE COMMAND	no camines (tú) no caminéis (vosotros)	no corras (tú) no corráis (vosotros)	no subas (tú) no subáis (vosotros)

1. Regular Verbs

   a. ***Tú*-commands** have the same form as the third-person singular of the present tense indicative.

   José, *compra* la guitarra.   (command)

   José *compra* la guitarra.   (present tense)

   b. ***Vosotros*-commands** change the **-r** of the infinitive ending to **-d**. The ***vosotros*** form is commonly used in Spain. In Spanish America, ***Uds.*** is used instead.

   c. **Negative familiar-command forms** are the same as the corresponding forms of the present subjunctive, preceded by ***no***.

   No llegues **tarde al aeropuerto.**   (negative command)

   Es importante que no *llegues* tarde al aeropuerto.   (present subjunctive)

   No llevéis **demasiado equipaje en su viaje.**   (negative command)

   Es aconsejable que no *llevéis* mucho equipaje en su viaje.   (present subjunctive)

   NOTE: 1. The ***vosotros*** command of reflexive verbs drop the **-d** before adding **-os**. ***Irse*** is an exception.

   comprarse: comprad   **Compraos unos zapatos nuevos.**

   irse: id   **Idos inmediatamente.**

   2. To avoid a diphthong, an accent mark is added to the **í** before **-os** in the affirmative ***vosotros*** command.

levantarse	irse	divertirse
levantaos	idos	divertíos

E J E R C I C I O S

D. ¿Piensa hacer un viaje? Lea el siguiente artículo y decida si los mandatos que lo siguen son ciertos o falsos según la lectura. Luego busque y escriba el mandato informal que corresponda a cada uno de los infinitivos de la lista e incluya estos mandatos en un correo electrónico que escribe a su compañero de viaje.

La mejor manera de viajar

Si le preguntáramos a la gente si les gusta viajar, probablemente todos dirían que sí inmediatamente. Después de todo, los viajes son sinónimo de aventura, lo nuevo, diversión, descanso, placer, alegría. Sorprendentemente, nuestra experiencia nos demuestra que un número bastante grande de personas no saben viajar; no saben sacarle el máximo provecho a sus viajes y a sus vacaciones. Así pues, a continuación ofrecemos algunos consejos de viajeros expertos.

—Escoge muy bien el lugar a donde quieres ir. Trata de escoger uno con el que siempre has soñado por cualquier motivo o un lugar que realmente te llame la atención.

—Compra una guía turística del lugar. Léela antes del viaje; así empezarás a conocer la historia del lugar antes de ir. También podrás empezar a planear tu itinerario una vez que hayas llegado al lugar y evitar pérdida de tiempo innecesaria.

—Empaca estrictamente lo necesario. Uno de los errores más comunes de viajeros y vacacionistas es el de empacar como si se fueran a mudar de casa sin darse cuenta de que una maleta pesada resulta ser a la larga un estorbo y bastante pesado. Siempre es preferible llevar menos que más.

—Haz un presupuesto de cuánto vas a gastar. Antes del viaje, compra dinero del lugar a donde vas a viajar para llevar en efectivo. No lleves mucho; sólo lo necesario para los primeros días. El resto llévalo en cheques viajeros. Estos son más seguros ya que en caso de pérdida lo puedes denunciar inmediatamente al banco donde los compraste y el dinero se te devolverá a tu regreso.

—Escoge inteligentemente a la persona con la que vas a viajar. No todo el mundo es un buen compañero de viaje. Considera a aquellas personas con las que normalmente te llevas bien y con las que te diviertes un montón. Otra característica importante es la experiencia: mientras más haya viajado la persona, mejor. La experiencia es el mejor maestro.

Ahora lea los siguientes mandatos y escriba *cierto* si conforman con el artículo que acaba de leer o *falso* si no.

1. Compra una guía turística del lugar a donde quieres ir. _____

2. Ve al primer lugar que se te ocurra de vacaciones. _____

3. Lleva lo más que puedas de equipaje. _____

4. No hagas un presupuesto de lo que vas a gastar. _____

5. Escoge bien al compañero de viaje. _____

Busque y escriba los mandatos. Entonces escriba un correo electrónico a su compañero de viaje incluyendo estos mandatos y sus propias sugerencias para el viaje.

INFINITIVO	MANDATO (TÚ)
escoger	_____
tratar	_____
comprar	_____
leer	_____
empacar	_____
hacer	_____
llevar	_____
considerar	_____

E. Su amigo por correspondencia, el español Felipe Claros, viene a visitarlo/a durante el verano. Puesto que él nunca antes ha viajado por avión, Ud. le ofrece algunos consejos.

EJEMPLO: empacar ropa apropiada para el verano

Empaca ropa apropiada para el verano

1. amarra a cada maleta una etiqueta con tu nombre y nuestra dirección aquí

_____

2. no llevar maletas llenas para que quepan los recuerdos y regalos cuando vuelvas

_____

3. no comer mucho antes del vuelo

_____

4. guardar abordo contigo el dinero y los documentos importantes

_____

5. traer cintas de música favorita

_____

6. tratar de dormir durante el vuelo

_____

7. mascar chicle cuando el avión descienda

_____

8. cambiar la hora en tu reloj antes de llegar

_____

9. cambiar pesetas por dólares en un banco o en el aeropuerto

_____

10. buscarme donde se reclama el equipaje

_____

F. Ud. ha conseguido dos boletos para un concierto de rock y va a asistir con Felipe, quien acaba de llegar de España. Sus padres están preocupados y les aconsejan en inglés qué hacer y qué no hacer. Ud. le traduce los consejos a Felipe, porque él no comprende bien el inglés.

EJEMPLO: *Don't sit too close to the band.*

No os sentéis demasiado cerca de la banda.

1. Don't eat too much candy.

    _____

2. Don't shout too much.

    _____

3. Don't cross the street in the middle of traffic.

    _____

4. Sit with your friends.

    _____

5. Watch your belongings.

    _____

6. Don't try to meet the rock stars after the concert.

    _____

7. Travel home in a group.

    _____

8. Don't return home past midnight.

    _____

9. Don't make noise when you come in after the concert.

    _____

10. Have fun.

    _____

2. Irregular Verbs

    The following verbs are irregular in the affirmative _tú_ command only. Their respective forms for the negative _tú_ and the affirmative _vosotros_ commands are all regular.

decir	**di**	**no digas**
hacer	**haz**	**no hagas**
ir	**ve**	**no vayas**
poner	**pon**	**no pongas**
salir	**sal**	**no salgas**
ser	**sé**	**no seas**

tener	ten	no tengas
venir	ven	no vengas
valer	val	no valgas

E J E R C I C I O S

G. Felipe no está en casa cuando su mamá llama de España. Ud. apunta lo que ella dice y luego le da el mensaje a Felipe.

EJEMPLO: llamar a cobro revertido a menudo
Llama a cobro revertido a menudo.

1. ponerse ropa apropiada

_____

2. no salir muy tarde por la noche

_____

3. ser cortés siempre

_____

4. comer vegetales

_____

5. decirle a ella si tiene problemas

_____

6. tener cuidado en la ciudad

_____

7. ir a los museos de arte y de historia natural

_____

8. poner atención a las reglas de la casa

_____

9. hacer los quehaceres necesarios

_____

10. venir a casa a la hora esperada

_____

13.4. INDIRECT COMMANDS

1. Indirect commands are expressed by *que* + *present subjunctive*. Generally the subject follows the verb and all pronouns precede the verb.

Que lo haga Juan.	*Let John do it.*
¡Que tengas un feliz cumpleaños!	*May you have a happy birthday!*
¡Que te mejores pronto!	*Get well soon!*

2. The *nosotros* form of the present subjunctive is used to express the *nosotros* command, English *let us* or *let's*. This may also be expressed by using *vamos a* followed by the infinitive.

¡Bailemos!	**¡Vamos a bailar!**	*Let's dance!*
Cantemos.	**Vamos a cantar.**	*Let's sing!*

The final *s* of the *nosotros* command is dropped before adding the reflexive pronoun *nos*.

Sentémonos aquí.	*Let's sit here.*

E J E R C I C I O S

II. Es el cumpleaños de Felipe y Ud. está planeando una fiesta en el patio de su casa. Todos sus amigos quieren ayudar. Ud. prepara una lista de tareas para todos.

EJEMPLO: Ana quiere escoger la música.

Que escoja Ana la música.

1. Carlos quiere tocar la guitarra.

    _____

2. Susana y Pepe quieren preparar los refrescos.

    _____

3. Elena y Antonio quieren hacer el pastel.

    _____

4. Eduardo quiere comprar los platos y las tazas de papel.

    _____

5. Todos quieren limpiar después de la fiesta.

    _____

I. Felipe y Ud. deciden pasar el fin de semana en la ciudad de Nueva York. Deciden qué hacer y preparan una lista juntos.

EJEMPLO: tomar el tren

        Tomemos el tren.

1. visitar las Naciones Unidas

           _____

2. subir la Estatua de la Libertad

           _____

3. almorzar en un restaurante español

           _____

4. pasearse por la Quinta Avenida.

           _____

5. ver las exposiciones en el Museo de Historia Natural

           _____

6. mirar la película «El cartero», sobre Pablo Neruda y su cartero en Italia.

           _____

7. asistir a un partido de baloncesto en Madison Square Garden.

           _____

8. bailar en una discoteca popular

           _____

13.5. IMPERSONAL COMMANDS

1. Impersonal commands may be formed by using *se* and the third-person singular or plural of the present subjunctive. (This construction is rarely used.)

   Tradúzcase **al inglés el siguiente párrafo.**

   Complétense **las siguientes oraciones.**

2. The infinitive may also be used to express impersonal commands.

   Agregar **una cucharada de azúcar.**

   No *estacionarse*.

   No *fumar.*

E J E R C I C I O S

J. Felipe quiere compartir su receta para flan de leche. Él se la dice y Ud. la escribe.

EJEMPLO: Calienta el horno a una temperatura moderada de 160 grados Fahrenheit.

  Calentar el horno a una temperatura moderada.

1. Pon 75 gramos de azúcar y una cucharadita de agua en una pequeña olla.

   _____

2. Dora el azúcar hasta que tenga la consistencia y el color de la miel.

   _____

3. Viértelo inmediatamente en un molde redondo de 20 centímetros en diámetro.

   _____

4. Déjalo enfriar.

   _____

5. Bate los huevos.

   _____

6. Agrega 2 tazas de leche caliente, los 3 huevos, 1 cucharadita de vainilla y una de sal.

   _____

7. Mezcla bien.

   _____

8. Vierte la mezcla sobre el azúcar caramelizado.

   _____

9. Pon el molde dentro de un recipiente que contenga agua caliente.

   _____

10. Hornéalo de una a una hora y media, hasta que se cuaje.

   _____

11. Retíralo del horno y sácalo del agua.

   _____

12. A los diez minutos, colócalo en la nevera.

   _____

13. Cuando se enfríe, pasa un cuchillo alrededor de los lados del molde.

   _____

14. Vuelva el flan sobre un plato que conserve su delicioso almíbar de caramelo.

   _____

15. Sirve el flan.

   _____

T R A B A J O   C O O P E R A T I V O

A. Su clase decide preparar una comida típica española para dar la bienvenida a un estudiante de intercambio que acaba de llegar de Valencia. Formen grupos de cuatro para buscar y compartir recetas y preparar la comida. Cada grupo investiga y prepara un plato diferente. Escriban las recetas usando el mandato informal.

   - El líder organiza el trabajo del grupo y ayuda a los demás.
   - Todos buscan recetas en la biblioteca.
   - El grupo escoge una receta.
   - Un miembro del grupo escribe la receta para la clase usando el mandato informal.
   - Los otros miembros del grupo chequean las formas del verbo.
   - El grupo prepara el plato para la clase: un miembro lee la receta mientras los demás demuestran las direcciones.

B. Su clase está comunicándose vía correo electrónico con una clase de un colegio en España. Uds. discuten la posibilidad de crear legislación internacional para controlar el mal uso del Internet. Formen grupos de trabajo para preparar recomendaciones para navegantes internacionales como Uds. Envíenselas por correo electrónico a sus amigos en España. Usen los mandatos impersonales.

   - El líder organiza el trabajo del grupo y ayuda a los demás.
   - Un miembro busca información sobre legislación y seguridad nacional sobre el Internet.
   - Otro miembro busca información sobre censura y leyes internacionales relativas al Internet.
   - El grupo prepara una lista de consejos para navegantes internacionales del Internet usando mandatos impersonales.
   - El grupo le presenta la lista a su clase y después se la envía a sus amigos en España, esperando su reacción y respuesta.

M A S T E R Y   A S S E S S M E N T

A. Complete estos consejos sobre seguridad para los viajeros, escribiendo la forma apropiada del mandato formal.

   EJEMPLO: no abrir la puerta del hotel o motel sin antes verificar quién es

   No abra la puerta del hotel sin antes verificar quién es.

1. usar la entrada principal cuando regrese tarde en la noche

   _____

2. observar a su alrededor antes de entrar en su habitación.

   _____

3. Cerrar la puerta con todas las cerraduras cuando esté en la habitación

   _____

4. No salir de la habitación sin cerrar la puerta completamente.

   _____

5. no exponer las llaves de la habitación sin necesidad alguna en lugares públicos

   _____

6. no dejar su bolsa o las llaves en lugares donde sea fácil robarlas

   _____

7. no llamar la atención llevando y exhibiendo mucho dinero o joyas finas

   _____

8. no invitar a extraños en su automóvil o a su habitación

   _____

9. poner todos sus objetos de valor en las cajas de seguridad del hotel

   _____

10. no dejar objetos necesarios o de valor en los automóviles donde se pueden ver.

   _____

B. Mande estos mismos consejos por correo electrónico a su amigo, que sale pronto para España.

EJEMPLO: No abras la puerta del hotel sin antes verificar quien es.

1. _____

2. _____

3. _____

4. _____

5. _____

6. _____

7. _____

8. _____

9. _____

10. _____

C. Ud. y su novio(-a) deciden hacer algo especial para celebrar su aniversario. Sus amigos les recomiendan varias actividades y Uds. las escriben.

EJEMPLO: rentar películas románticas
      Renten películas románticas.

1. ir a tomarse una foto juntos

    _____

2. preparar una cena romántica

    _____

3. intercambiar regalos

    _____

4. asistir a un concierto de un grupo musical popular

    _____

5. regalarse algo que puedan compartir

    _____

6. pasearse por el parque leyéndose poemas de amor

    _____

7. compartir dulces favoritos

    _____

8. organizar una fiesta con amigos

    _____

9. caminar juntos en la playa al atardecer

    _____

10. sorprenderse haciendo recados el uno por el otro

_____

11. no olvidarse de intercambiar mensajes de amor originales

_____

12. hacer un viaje al lugar donde se declararon su amor por primera vez

_____

D. Escojan seis de las actividades de la lista.

EJEMPLO: Rentemos películas románticas.

1. _____

2. _____

3. _____

4. _____

5. _____

6. _____

PORTFOLIO ASSESSMENTS

1. Ud. es un agente de viajes y tiene que organizar el itinerario de un viaje de luna de miel por España en automóvil. Prepare el itinerario, incluyendo:

a. los horarios   **c.** direcciones de hoteles

b. sitios culturales   **d.** mapas.

Incluya también, una lista de sugerencias de cómo proteger el equipaje y sus pertenencias durante el viaje.

2. Ud. está encargado(-a) de promover una nueva atracción turística en Hispanoamérica. Tiene que preparar un video que describe el sitio y que convence a los turistas a visitarlo.

Prepare el video y muéstreselo a su clase.

PART THREE

ARTICLES, NOUNS, PRONOUNS, ADJECTIVES, ADVERBS, AND PREPOSITIONS

14

La Sociedad:
Entre la Mujer y el Hombre
Articles and Nouns

14.1. USES OF THE ARTICLES

1. The Definite Article

   The definite articles *el, la, los*, and *las* are used before nouns in the following cases:

   a. To indicate that the noun refers to a general class or an abstract concept. English, in contrast, states the same by removing the definite article.

El ejercicio es necesario para mantener la salud.	*Exercise is necessary to maintain your health.*
No le gustan *los* vegetales.	*He / She doesn't like vegetables.*
La discriminación se aprende.	*Discrimination is learned.*

   b. To replace the possessive adjective when referring to parts of the body and clothing. This is particularly common with reflexive verbs and pronouns.

Elena se lava *las* manos antes de ponerse *el* suéter blanco.	*Ellen washes her hands before she puts on her white sweater.*
Le duele la cabeza.	*His/Her head hurts. (He/She has a headache.)*

   c. Before titles, unless the person is being addressed directly. Note that definite articles do not precede the titles of *San, Santo, Santa, don* or *doña*.

El señor Gómez nos visita esta tarde.	*Mr. Gómez is visiting us this afternoon.*
Buenas tardes, señor Gómez.	*Good afternoon, Mr. Gómez.*
A Eva Perón la llamaron Santa Evita.	*Eva Perón was called Santa Evita.*
Don Juan es un símbolo literario universal.	*Don Juan is a universal literary symbol.*

d. In sentences expressing the time (hour).

Es la *una*.	*It's one o'clock.*
Son *las* **tres.**	*It's three o'clock.*

e. To express days of the week, except after the verb **ser**. Before days of the week, *los* indicates that the action or event always occurs on that day.

Fui al teatro *el* **sábado.**	*I went to the theater on Saturday.*
Hoy es domingo.	*Today is Sunday.*
Visito a mi abuela *los* **domingos.**	*I visit my grandmother every Sunday.*

f. To express seasons, except after *en*, which indicates that the event recurs every season.

El **verano que viene voy a España con mi amiga.**	*Next summer, I'm going to Spain with my friend.*
En **verano visito a mis abuelos.**	*Summers I visit my grandparents.*

g. To indicate the names of languages, except after the verb **hablar** and the prepositions *de* and *en*. It is generally omitted after **estudiar, enseñar, aprender, saber, escribir**, and **leer**.

El **portugués es uno de los idiomas romances.**	*Portuguese is one of the Romance languages.*
Felipe habla francés y estudia español.	*Felipe speaks French and studies Spanish.*
Tenemos mucha tarea en mi clase de español.	*We have a lot of homework in my Spanish class.*
La carta está escrita en español.	*The letter is written in Spanish.*

h. To indicate certain geographic locations including countries, cities, rivers, oceans, and seas. These include the following:

la **Argentina,** *el* **Ecuador,** *la* **China,** *La* **Habana,** *el* **Perú,** *el* **Paraguay,** *el* **Salvador,** *el* **Brasil,** *el* **Uruguay,** *el* **Japón,** *el* **Canadá,** *los* **Estados Unidos,** *el* **Escorial,** *el* **Guadalquivir,** *el* **Océano Atlántico,** *el* **Ebro.**

i. To introduce quantities, weights and measures, whereas the indefinite article is used in English.

Las rosas cuestan mil doscientas pesetas *la* **docena.**	*Roses cost one thousand two hundred pesetas a dozen.*
El queso está a quinientas pesetas *el* **kilo.**	*Cheese is five hundred pesetas a kilo.*

j. The definite article *el* is used before feminine nouns that begin with the stressed syllable *a* or *ha* to avoid the loss of the sound of the definite article. The plural forms, however, retain the *las*.

El **agua está fría.**	*Las* **aguas del río fluyen al mar.**
El **ave es azul.**	*Las* **aves están volando al sur.**

k. The definite article *el* is used before infinitives so that they function as nouns.

El estudiar es necesario para   *Studying is necessary to succeed.*
salir bien.

l. *A* + *el* becomes *al. De* + *el* becomes *del*, except before proper nouns. Note that *al* + *infinitive* means *upon* + *ing verb*.

Vamos *al* partido de fútbol.

Carlos es el mejor jugador *del* equipo.

El equipo *a el* Salvador para una competición.

Miguel de Unamuno es el autor *de* «El otro».

***Al* entrar vi a mi amigo Felipe.**

2. The Indefinite Article

The indefinite articles *un, una, unos*, and *unas* are used before nouns that are being modified.

Es *un* profesor erudito y simpático.   *He is a learned, nice teacher.*
Elena es *una* amiga fiel.   *Elena is a trustworthy friend.*

Unlike English, the indefinite article is omitted before nouns that identify professions and political or religious affiliations.

El señor González es abogado.   *Mr. González is a lawyer.*
Susana es ingeniera.   *Susana is an engineer.*
Carlos es liberal.   *Carlos is a liberal.*

It is also omitted before certain words preceded by an indefinite article in English

Recibí otro regalo.   *I received another gift.*
Cuesta ciento veinte dólares.   *It costs a hundred and twenty dollars.*
Tiene más de mil libros.   *He has more than a thousand books.*
Tal estudiante no es común.   *Such a student is not common.*

The indefinite article *un* is used before feminine nouns beginning with the stressed *a* or *ha* to avoid the loss of a syllable. The plural form doesn't change.

Es *un* ave exótica.   ***Unas* aves negras vuelan en el cielo.**

3. The Neuter Article *lo*

The neuter article *lo* preceding an adjective forms an abstract noun or general concept.

***Lo* importante es la comunicación.**

***Lo* bueno siempre vence a *lo* malo en los cuentos de hada.**

Complete the pretest that follows, noting the uses of the articles and checking the forms as you review the section Gender of Nouns in this chapter.

PRUEBA PRELIMINAR

Lea el artículo y complete las frases con la forma apropiada de los artículos o de las contracciones *al y del*. Luego, conteste las preguntas.

El poder necesita de las mujeres

> **VOCABULARIO**
>
> **el centenar** hundred   **destacar** to highlight
> **la constatación** statement   **equitativo** equitable
> **constatar** to record   **subscribir** to endorse
> **el desafío** challenge   **la vía** way

_____ constatación unánime de que «el poder necesita de las mujeres»
1.

para construir sociedades democráticas y equitativas fue _____ con-
2.

clusión central de tres días de debate de _____centenar de mujeres de
3.

41 países de Latinoamérica y _____ Caribe, reunidas en Santiago.
4.

«Contar sólo con _____ perspectiva masculina _____
5.   6.

poder no es democrático ni moderno. Ello empobrece _____ sociedad,
7.

_____ desafío es compartir _____ poder», dijo _____
8.   9.   10.

ministra directora _____ Servicio Nacional de la Mujer de Chile
11.

(Sernam) Josefina Bilbao, al divulgar las conclusiones de la cita regional.

Desde _____ miércoles, representantes gubernamentales convo-
12.

cadas por _____ Comisión Económica de Naciones Unidas para
13.

_____ región (CEPAL) participaron en _____ Séptima
14.   15.

Conferencia Regional sobre _____ Integración de _____
16.   17.

Mujer en _____ Desarrollo Económico y Social de América Latina y
18.

_____ Caribe...
19.

Tras _____ reunión, _____ delegadas suscribieron
20.   21.

_____ «Consenso de Santiago», _____ documento ... que
22.   23.

recoge _____ propuestas a los gobiernos de la región...
24.

Se propone «incorporar a _____ estrategias nacionales de desa-
25.

rrollo _____ vías de solución _____ problema de desigual-
26.   27.

dad de la mujer» y _____ inclusión de la perspectiva de género «en
28.

todos _____ programas» _____ estado.
29.   30.

_____ documento destaca, además, _____ necesidad
31.   32.

de compartir _____ labores de la familia, y constata que _____
33.   34.

educación es fundamental para aumentar _____ participación femenina.
35.

(«El poder necesita de la mujeres», *El Diario / La Prensa*; 23 de noviembre de 1997, suplemento
dominical, p. 2A.)

Preguntas

1. ¿Cuál fue la conclusión unánime de las mujeres que asistieron a la conferencia?

    _____

2. ¿Qué propusieron en el "Consenso de Santiago"?

    _____

14.2.   GENDER OF NOUNS

1. Almost all nouns are either masculine or feminine. Nouns referring to males are
    masculine, while those referring to females are feminine.

el hombre	**la mujer**
el padre	**la madre**
el rey	**la reina**

    a. Feminine Nouns

    1. The following endings generally indicate that nouns are feminine.

-ión:	**la na*ción*, la can*ción*, la esta*ción*, la un*ión*, la mi*sión***
-ie:	**la ser*ie*, la superfi*cie*, la espe*cie*, la plani*cie***
-ad:	**la verdad, la felicidad, la libertad, la ciudad, la bondad**
-ud:	**la juventud, la plenitud, la multitud, la salud, la actitud**
-umbre:	**la certidumbre, la legumbre, la cumbre, la costumbre**
-sis:	**la tesis, la crisis, la perífrasis, la psicosis**
-itis*:	**la faringitis, la conjuntivitis, la apendicitis, la amigdalitis**

---

*The suffix *-itis* refers to illnesses or inflammations.

NOTE: 1.   A few words that end in **-o** are feminine. They are:

   la mano   **la foto** (short form of **fotografía**)
   la moto (short for **motocicleta**)

2.   Letters are feminine.

   la *che*, **la** *elle*, **la** *eme*, and so on..

3.   Fruits are feminine while the corresponding trees are masculine.

   la fruta: la pera, la manzana, la cereza, la castaña
   el árbol: el peral, el manzano, el cerezo, el castaño

b. Masculine Nouns

1.   The following endings generally indicate that nouns are masculine.

   -aje: el pais*aje*, el equip*aje*, el tr*aje*, el gar*aje*, el cor*aje*
   -ambre: el enj*ambre*, el cal*ambre*, el al*ambre*
   -or: el am*or*, el val*or*, el ferv*or*, el despertad*or*, el clam*or*
   -ma: el progra*ma*, el proble*ma*, el telegra*ma*, el poe*ma*, el siste*ma*, el idio*ma*

2.   The days of the week and months of the year are masculine.

   el lunes   el febrero

3.   Numbers are masculine.

   Hoy es el diez de noviembre.

4.   Colors are masculine when used as nouns.

   Prefiero el azul.

5.   Infinitives that become nouns are all masculine.

   El *hablar* **está prohibido durante el examen.**

6.   Compound words made up of a verb and a noun are masculine.

   el abrelatas, el lavaplatos, el tocadiscos, el paraguas, el rascacielos

7.   The names of rivers, seas, oceans, mountains, and straits are all masculine.

   el Amazonas   **el Estrecho de Magallanes**
   el Mediterráneo   **el Ebro**
   el Canal de Panamá   **el Guadalquivir**
   el Popocatéptl   **el Tajo**

8.   Languages are masculine.

   Se habla el francés y el inglés en el Canadá.

9. The following nouns ending in **-a** are masculine.

    el día   el planeta   el tranvía

c. Masculine or Feminine

1. Masculine nouns that end in **-or, -és,** or **-n,** add **-a** to form the feminine equivalent.

el profesor	**la profesora**	**el alemán**	**la alemana**
el docto	**la doctora**	**el francés**	**la francesa**

    NOTE: 1. The accent mark is dropped in the feminine form.
    2. **Emperador, emperatriz, actor,** and **actriz** are exceptions.

2. Some nouns change only their article to indicate masculine or feminine.

el / la artista	**el / la dentista**	**el / la testigo**
el / la modelo	**el / la astronauta**	**el / la periodista**
el / la atleta	**el / la telefonista**	**el / la ciclista**

3. Some nouns change their meaning with a change in gender.

el cura	*priest*	**la cura**	*cure*
el mañana	*future*	**la mañana**	*morning*
el orden	*order, tidiness*	**la orden**	*command*
el capital	*money*	**la capital**	*capital city*
el corte	*cut*	**la corte**	*court*
el guía	*guide, male*	**la guía**	*guidebook (female guide)*
el policía	*policeman*	**la policía**	*police force, policewoman*
el radio	*radio (set)*	**la radio**	*radio (broadcasting system)*

4. Some nouns maintain a single gender but are applied to both males and females.

    Él (Ella) es *la víctima* **del crimen de robo.**

    El personaje **más importante de la novela es Jorge (María).**

    El bebé **se llama Carlos (Ana).**

    Mi padre (madre) es *la persona* **que me influye más.**

14.3. NUMBER OF NOUNS

1. Nouns that end in a vowel form the plural by adding an *s*.

libro	**libros**	**diente**	**dientes**
casa	**casas**	**ojo**	**ojos**

2. Nouns that end in consonants, *y, ú*, or *í* form the plural by adding *-es*.

papel	**papeles**	**tabú**	**tabúes**

frijol	frijol*es*	coquí	coquí*es*
mes	mes*es*	rubí	rubí*es*
ley	ley*es*	buey	buey*es*

3. Nouns that end in *z* change the *z* to *c* and add *-es* to form the plural.

lápiz	lápi*ces*	pez	pe*ces*
nuez	nue*ces*	luz	lu*ces*

4. Nouns that have an accent mark on the last syllable generally lose the accent mark but maintain the stress on that syllable in the plural form.

inglés	ingleses	limón	lim*o*nes
autobús	autob*u*ses	canción	canciones

NOTE: An exception is **país: pa*í*ses**.

5. Nouns that end in a vowel + *s* do not change in the plural.

la crisis	las crisis	el atlas	los atlas	el lunes	los lunes

6. Compound nouns do not change in the plural.

el abrelatas	**los abrelatas**	**el paraguas** **los paraguas**
el parabrisas	**los parabrisas**	**el lavaplatos** **los lavaplatos**

7. The plural of nouns that refer to both genders are expressed in the masculine plural form.

los hermanos = las hermanas + los hermanos

los hijos = la hija + el hijo

los reyes = el rey + la reina

E J E R C I C I O S

A. Lea el siguiente artículo sobre una empresaria automotriz que también ayuda a los jóvenes. Luego escriba el artículo definido apropiado para los sustantivos subrayados en el artículo.

Se reparan autos y almas

VOCABULARIO	
autodidacta self-taught	**la pandilla** gang
conmovido moved	**el pandillero** gang member
de casualidad by chance	**la pieza** part
disparar to shoot	**rozar** to graze
encarcelado jailed	**sobresaliente** outstanding
heredar to inherit	**el vecindario** neighborhood
orgulloso proud	**la venta** sale

Carmen Muñoz tenía sólo 10 años, pero entendía exactamente por qué su madre lloraba. «Ella le había pedido a mi padre un par de medias...para ir a la iglesia», dice Muñoz, de 61 años de edad. «Pero no teníamos dinero». Quedó tan conmovida que recuerda: «Fui de puerta en puerta en mi cuadra hasta que encontré a alguien que me pagara dos dólares por limpiar su casa. Empecé a limpiar casas los sábados y todas las semanas le compraba a mi madre un par de medias».

Más de 50 años más tarde, muchos siguen contando con su mezcla de ingenuidad y compasión. Como directora de GSC Industries Inc./Muñoz Machine Products, su compañía manufacturera de piezas de automóvil, Muñoz es una de las pocas mujeres que han podido triunfar en la industria automotriz. Aunque ha sido reconocida a nivel nacional — Avon la escogió como una de las empresarias más sobresalientes del país y en 1996 el presidente Clinton la invitó a reunirse en la Casa Blanca— el corazón de Muñoz permanece en el barrio donde nació en Detroit, Michigan. Desde allí dirige GRACE, uno de los programas de rehabilitación de pandilleros más exitosos de la ciudad, y recluta jóvenes para trabajar en su compañía. «El educar bien a nuestros hijos es algo que le debemos a nuestras ciudades y escuelas», dice. «Nos lo debemos a nosotros mismos».

Y también a las muchachas como Alisa Rodríguez. Cuando Rodríguez conoció a Muñoz en 1994, había abandonado la escuela y había sido arrestada por portar armas. Dos semanas después, ella y un amigo, entonces el líder de una de las pandillas más grandes de Michigan, estaban en un carro cuando una pandilla rival les disparó. La bala rozó al joven, pero no la tocó a ella. «Podríamos estar muertos», dice Rodríguez, ahora de 24 años, y recepcionista en GSC. Motivada por Muñoz, Rodríguez obtuvo su diploma de secundaria. «Carmen me devolvió la vida».

Muñoz, la penúltima de los 16 hijos de Simón, un trabajador de Ford, y María, un ama de casa, ambos de Guadalajara, heredó su sentido cívico. «Mi padre nos enseñó que no es tu vecindario, sino nuestro vecindario», dice. Después de graduarse de la secundaria, se casó con José Muñoz, un mecánico que de casualidad compartía su apellido. Se mudó a una finca, donde se dedicó a su hogar y sus tres hijos. Pero a los 16 años de casados los Muñoz se divorciaron y ella se matriculó en la Universidad de Madonna, donde hoy le faltan 12 créditos para terminar su grado en administración empresarial.

El estudio, sin embargo, no siempre estuvo a su disposición. Aunque Muñoz inicialmente era una profesional autodidacta —aprendió contabilidad con manuales en la biblioteca— eventualmente se convirtió en la mejor ejecutiva de ventas... Después de 27 años ahí «ganaba más de 100 mil dólares al año», pero le tomó sólo una tarde para abandonarlo todo. Un jefe de la compañía le dijo que ninguna mujer debería ganar la cantidad de dinero que yo estaba ganando», dice. «Puede ser que haya estado allí 27 años, pero me fui en 27 minutos. Me hubiese muerto de hambre antes de regresar».

Fue precisamente un deseo insaciable por progresar lo que la ayudó. Estableció su compañía y en menos de un año la convirtió en un próspero negocio con $300,000 en ingresos. Y aunque Muñoz ... sigue dirigiendo su negocio, pasa mucho de su tiempo ayudando a personas como Pablo Bonilla, quien antes de entrar al programa estuvo encarcelado dos años por vender drogas. «Me dio la oportunidad de ser un padre para mis hijos», dice Bonilla. «Y a mi madre, una razón para estar orgullosa.»

(Betty Cortina & Joanne Fowler, «Se reparan autos y almas», *People en español*; edición de fin de año, 1997, pp. 111–112.)

Escriba el artículo definido apropiado: *el, la, los* o *las.*

1. _____ par	11. _____ programas	21. _____ disposición
2. _____ edad	12. _____ rehabilitación	22. _____ administración
3. _____ dólares	13. _____ jóvenes	23. _____ profesional
4. _____ sábados	14. _____ educar	24. _____ contabilidad
5. _____ ingenuidad	15. _____ ciudades	25. _____ manuales
6. _____ compasión	16. _____ armas	26. _____ jefe
7. _____ compañía	17. _____ diploma	27. _____ cantidad
8. _____ automóvil	18. _____ trabajador	28. _____ hambre
9. _____ nivel	19. _____ ama	29. _____ oportunidad
10. _____ país	20. _____ hogar	30. _____ razón

B.   Conteste las preguntas sobre el artículo.

1.   ¿Por qué Carmen Muñoz empezó a trabajar a la edad de 10 años?

_____

2.   ¿Cómo ayuda a los jóvenes del barrio donde nació?

_____

3.   ¿Por qué dejó un puesto que tenía por 27 años?

_____

4.   ¿Cuál fue el resultado de la decisión de Muñoz?

_____

5.   ¿De qué manera les sirve Carmen Muñoz de modelo a las jóvenes de hoy?

_____

T R A B A J O   C O O P E R A T I V O

A.   Formen grupos de cuatro a seis alumnos para discutir el papel cambiante de la mujer en el mundo del empleo y en la familia.

- El líder del grupo organiza el trabajo y ayuda a los demás.
- Todos leen y discuten la historieta cómica.

- Se ha dicho que la igualdad entre los hombres y las mujeres sucederá con el cambio de actitud de las nuevas generaciones. Preparen una encuesta para verificar o refutar esta conclusión. Parte del grupo prepara preguntas sobre el papel de la mujer de la generación de sus padres. La otra parte prepara una encuesta semejante para sus abuelos.
- Incluyan preguntas sobre las profesiones o trabajos típicos de las mujeres y de los hombres de la generación en particular. Incluyan los empleos siguientes: astronauta, periodista, telefonista, artista, piloto, policía, médico/médica, cantante, actor/actriz, abogado/ abogada, juez/jueza.
- Después de entrevistar a sus parientes y/o a otros miembros de esa generación, discutan las respuestas.
- Preséntenle los resultados de la encuesta y sus conclusiones a la clase.

B. Formen grupos de cuatro a seis alumnos para leer y discutir la situación de las mexicanas hoy en día.

- El líder del grupo organiza el trabajo y ayuda a los demás.
- Los miembros del grupo leen el artículo y lo completan con el artículo definido, indefinido o neutro apropiado, o con la contracción *al* o *del*.
- Los miembros del grupo se dividen para contestar las siguientes preguntas.
    1. Aunque la situación de las mexicanas ha mejorado en el último siglo, ¿cuáles problemas y ejemplos de desigualdad existen todavía?
    2. ¿Cómo se compara con la situación de la mujer en los Estados Unidos?
- Los miembros le presenta sus respuestas al grupo, que las discute.
- El grupo le presenta sus conclusiones a la clase.

Mexicanas hacia el 2000

VOCABULARIO		
la beca scholarship	**la guardería** nursery	**padecer** to suffer
despachar to do business	**imperar** to prevail	
fortalecer to strengthen	**el ingreso** income	

Hoy en día, es común encontrar en México a _____ empresaria despachando
1.

en su oficina ejecutiva, a mujeres sobresalientes en el mundo de _____
2.

política, a maestras, empleadas y obreras. Esta participación más activa de la mujer en el

ámbito laboral es, en gran medida, resultado de _____ modernización que
3.

hemos vivido... Sin embargo, durante el encuentro alusivo _____ Día
4.

Internacional de la Mujer, _____ presidente Ernesto Zedillo se refirió,
5.

como en otros momentos, a _____ desigualdad, iniquidad e injusticia que
6.

aún padece _____ elevado porcentaje de _____ 47 millones
7. 8.

de mujeres que actualmente poblamos esta Patria.

El presidente también se refirió a lo que el Gobierno Federal hace para mejorar

_____ condición y _____ oportunidades de las mujeres mexi-
9. 10.

canas. Con respecto a _____ educación, por primera vez el gasto
11.

_____ Gobierno Federal tiene incentivos económicos para que las niñas
12.

puedan terminar su educación primaria, y más aún, se instituye _____
13.

sistema de becas que permitirá a _____ jovencitas poder cursar
14.

_____ secundaria y determinadas carreras que mejoran su ingreso familiar.
15.

Por otra parte, con el objeto de facilitar el desarrollo profesional de las mujeres, se

han puesto en marcha programas para ampliar y fortalecer _____
16.

guarderías _____ país y los centros de desarrollo infantil en ocho estados
17.

de la República...

Aunque _____ participación femenina ha sido decisiva en
18.

_____ económico, social, político y cultural, existen aún grandes zonas mar-
19.

ginadas en las que _____ pobreza impera y en las que se cometen abusos
20.

violentos en contra de muchas mujeres. Por eso, el gobierno ha insistido en

_____ atención prioritaria de las mujeres que enfrentan mayores desven-
21.

tajas sociales y económicas.

Asimismo, el gobierno está dando prioridad _____ mejoramiento de
22.

_____ seguridad social de la mujer trabajadora...
23.

La tarea es compartida, de eso no hay duda. Hombres y mujeres tenemos

_____ misión común: lograr _____ plena igualdad de dere-
24.   25.

chos para las mujeres.

(«Mujeres hacia el 2000», *Vanidades de México*; año 37, no. 9, p. 156.)

M A S T E R Y   A S S E S S M E N T S

A. Lea el siguiente fragmento sobre el trabajo de extraer chicle, materia que se usa para la goma de mascar. Escoja la parte que hay que cambiar para que cada oración sea correcta, y escriba la letra.

Preparar chicle

> **VOCABULARIO**
>
> | | |
> |---|---|
> | **almacenar**   to store | **la marqueta cruda**   cake of wax |
> | **el chicozapote**   tropical evergreen | **la materia prima**   raw material |
> | **colar**   to strain | |

1. _____ A los chicleros les toma todo un día de fuerte trabajo cocer la resina que
              A   B   C

   han extraído en una semana de las árboles de chicozapote.
                                  D

2. _____ Durante los meses de julio a febrero ellos se concentran en la extracción
                  A   B

   de la chicle, materia prima de la goma de mascar.
      C   D

3. _____ Los trabajadores pican los chicozapotes con sus machetes, haciendo unos
                            A   B

   cortes en forma de un «V» en una cara del tronco.
                 C   D

4. _____ Transportan el goma que cada uno saca de los árboles en un saco de lona,
                    A   B   C

   y la vacían a una bolsa más grande, donde la almacenan.
                D

5. _____ Un vez llenas, es día de «cocinar». Así le llaman los trabajadores al pro-
            A   B

   ceso para extraer chicle: primero cuelan la resina y luego la ponen al fuego
                                     C   D

   por hora y media, aproximadamente.

6. _____ Cuando la agua que contiene la goma se evapora, ésa se vuelve más con-
$\quad\quad\quad\quad\quad$ A $\quad\quad\quad\quad\quad$ B

sistente y chiclosa, hasta que toma un color café claro. Los chicleros saben
$\quad\quad\quad\quad\quad\quad\quad\quad\quad\quad\quad\quad\quad\quad\quad$ C

entonces que cuajó, que está cocida y lista para retirarla del fuego...
$\quad\quad\quad\quad\quad\quad\quad\quad\quad\quad\quad\quad\quad\quad\quad\quad\quad\quad\quad\quad\quad\quad\quad$ D

7. _____ Entonces, la dividen y la colocan en unos moldes de madera. Para manejar
$\quad\quad\quad\quad\quad\quad\quad\quad\quad\quad\quad\quad\quad\quad\quad\quad\quad$ A

el chicle que está caliente, humedecen los manos con agua y lo separan del
$\quad\quad\quad\quad\quad\quad\quad\quad\quad\quad\quad\quad\quad\quad\quad$ B $\quad\quad\quad\quad\quad\quad\quad\quad\quad\quad$ C

molde. Entonces se escribe las iniciales del chiclero.
$\quad\quad\quad\quad\quad\quad\quad\quad\quad$ D

8. _____ Los domingos los chicleros se quedan con sus mujeres e hijos y preparan
$\quad\quad\quad\quad$ A

los provisiones que van a necesitar la próxima vez que salen para el bosque.
$\quad$ B $\quad\quad\quad\quad\quad\quad\quad\quad\quad\quad\quad\quad$ C $\quad\quad\quad\quad\quad\quad\quad\quad\quad\quad$ D

B. Lea el siguiente fragmento sobre un banco comunal y complete las oraciones con los artículos definidos, indefinidos o neutros, o con las contracciones *al* o *del*. Luego conteste la pregunta.

El verdadero valor de la banca comunal

VOCABULARIO		
alcanzar to reach	**la cuestión** issue	
la cuenta account	**el micropréstamo** microloan	

En _____ países que han sufrido guerras, como Haití y El Salvador, los mi-
$\quad\quad\quad$ 1.

cropréstamos han sido _____ primer paso hacia _____ re-
$\quad\quad\quad\quad\quad\quad\quad\quad\quad$ 2. $\quad\quad\quad\quad\quad\quad\quad\quad\quad$ 3.

construcción de muchas familias. En México, donde _____ reciente crisis
$\quad\quad\quad\quad\quad\quad\quad\quad\quad\quad\quad\quad\quad\quad\quad$ 4.

económica dejó a _____ pobres aún más pobres, los bancos locales uti-
$\quad\quad\quad\quad\quad\quad\quad$ 5.

lizaron sus cuentas internas para mantener las empresas de los miembros que se halla-

ban en dificultades. Y frente a _____ recientes disturbios sociales y
$\quad\quad\quad\quad\quad\quad\quad\quad\quad\quad\quad$ 6.

_____ problemas de derechos humanos en Guatemala, _____
$\quad\quad$ 7. $\quad\quad\quad\quad\quad\quad\quad\quad\quad\quad\quad\quad\quad\quad\quad\quad\quad\quad$ 8.

programa de microbancos ha crecido, alcanzando a 132 bancos... situados principalmente

en _____ capital y la meseta central _____ país.
$\quad\quad$ 9. $\quad\quad\quad\quad\quad\quad\quad\quad\quad\quad\quad\quad\quad\quad\quad\quad$ 10.

Las mujeres urbanas se han adaptado rápidamente a _____
$\quad\quad\quad\quad\quad\quad\quad\quad\quad\quad\quad\quad\quad\quad\quad\quad\quad\quad\quad\quad\quad\quad\quad$ 11.

metodología de los microbancos y _____ corto ciclo de préstamos que es-
$\quad\quad\quad\quad\quad\quad\quad\quad$ 12.

timula _____ rápida rotación _____ capital. Sus empresas
                    13.   *14.*

son tanto tradicionales como innovadoras, y van desde la venta de alimentos básicos en

tiendas instaladas en _____ hogar hasta clases de gimnasia... _____
                                    15.   *16.*

más importante que comparten las banqueras de las aldeas y rurales en sus reuniones es

el apoyo mutuo...

     Los bancos locales son principalmente _____ cuestión de derechos
                                                          17.

humanos... cuanto más pobre se es, más derecho se tiene a _____ préstamo.
                                                                        18.

(Patricia B. Kelly, «El verdadero valor de la banca comunal», *Américas*; noviembre/diciembre de 1996, pp.
41–42.)

Pregunta

¿Cuál es el verdadero valor de la banca comunal?

_____

_____

PORTFOLIO ASSESSMENTS

1. Imagínese que Ud. está encargado(a) de crear el guión de una comedia de televisión que
    refleje la vida familiar típica española. Investigue la vida familiar usando artículos corri-
    entes de revistas y periódicos de España para enterarse de situaciones típicas entre es-
    posos. Conteste las siguientes preguntas:

    ¿Cuántos hijos tiene la familia típica?

    ¿Trabajan los dos padres?

    ¿Quién gana más?

    ¿Quién hace la mayoría de las tareas domésticas?

    ¿Quiénes cuidan a los niños?

    ¿Qué problemas típicos confrontan?

         Escriba su guión y dramatícelo con algunos miembros de su clase haciendo los pape-
    les de los miembros de la familia.

2. Imagínese que Ud. está encargado de investigar y presentar un informe sobre el progreso
    de la mujer en el mundo del trabajo durante la última década en los países de
    Hispanoamérica. ¿Tienen oportunidades y salarios iguales a los de los hombres? Ud. tiene
    que presentarle su informe a la Comisión Interamericana de Derechos Humanos de la
    OEA (Organización de Estados Americanos.) Cree gráficas que demuestren el progreso
    de la mujer en Hispanoamérica y que lo comparen con el progreso de la mujer en los
    Estados Unidos. Preséntele su informe a su clase.

15

La Comunicación: El Arte y la Práctica

Pronouns

15.1. PERSONAL PRONOUNS

Personal pronouns are used both in Spanish and English to replace nouns, but sometimes function differently in Spanish than in English.

1. Subject Pronouns

   Subject pronouns are used less often in Spanish than in English since verb endings in Spanish refer to the subject. When used, they generally express the following communicative functions:

   a. Clarifying the subject of the verb when there are several possibilities.

      Yo **tocaba el piano y** *ella* **cantaba.**

   b. Expressing politeness and the appropriate level of formality.

      Ud. **puede sentarse aquí, Profesor González.**

      ¿Qué pensáis hacer *tus* **amigos y** *tú* **esta tarde?**   (in Spain)

      ¿No tenéis *vosotros* **un examen?**   (in Spain)

      ¿Qué piensan hacer *tus* **amigos y** *tú* **esta tarde?**   (in Spanish America)

      ¿No tienen *Uds.* **un examen?**   (in Spanish America)

   c. Emphasizing the subject.

      Ella **estudia hoy para el exámen, pero** *yo* **estudio todos los días.**

   NOTE: 1. The subject pronoun *you* in English has multiple forms in Spanish. The *tú* is used when addressing a friend, peer or close relation. *Ud.* (*usted*) is used to address a person you don't know well or someone older that you. It is also used as a sign of respect. Both *tú* and *Ud.* are used throughout the Spanish-speaking world. However, while *vosotros* is used to express the plural form of *tú* in Spain, in Spanish America *Uds.* is used in both formal and informal situations.

2. *It* is expressed through the verb form in Spanish.

¿Qué es?	*What is it?*
Es una fruta tropical.	*It's a tropical fruit.*

2. Prepositional Pronouns

Prepositional pronouns function as object of prepositions and always follow them.
    Except for the *mí* and *ti* forms, which correspond to *yo* and *tú*, they are the same as the subject pronouns.

Este regalo no es para *ti*. Es para *ella*.

Ana vive cerca de *nosotros*.

Va a la escuela *conmigo*, pero quiere ir *contigo*.

NOTE: The preposition *con* combines with *mí*, *ti*, and *sí* to form the contractions *conmigo, contigo*, and *consigo*.

3. Object Pronouns

In Spanish, object pronouns may be either direct or indirect.

a. Direct object pronouns replace direct object nouns, which may be persons or things.

¿Has visto mi mochila?	**Sí, *la* tengo aquí.**
¿Has visto a María?	**Sí, *la* puedes encontrar en la biblioteca.**

b. Indirect object pronouns replace and/or accompany indirect object nouns, which generally refer to persons. The prepositions *to* or *from* are stated or understood in English.

Le escribí una carta *a* mi hermana.	*I wrote my sister a letter.*
Le compré el coche a mi primo.	*I bought the car from my cousin.*

(1) Certain verbs require an indirect object in Spanish while its English equivalent takes a subject pronoun.

Me **gusta el helado.**	*I like ice cream.*
Les **encantan los postres de aquí.**	*They love the desserts here.*
A Juan *le* falta una cuchara.	*Juan is missing a fork.*

NOTE: Some other verbs that use indirect object pronouns are:

convenir	**hacer**	**quedar**
falta	**importar**	**sobrar**
fascinar	**interesar**	**tocar**

(2) Indirect object pronouns sometimes function as English possessives with parts of the body or articles of clothing.

Él *me* quitó el abrigo.	*He took off my coat.*
El peluquero *te* lavará el pelo.	*The hairdresser will wash your hair.*

(3) Certain impersonal expressions may be used with indirect object pronouns to indicate a particular person or persons.

Le **es difícil subir la escalera.**	*It's hard for him to climb the stairs.*
Me **es importante viajar.**	*It's important for me to travel.*

(4) Indirect objects are used with the passive **se** construction to indicate that the person is involved in an unexpected or unplanned event.

Se *le* **perdió la billetera.**	*He lost his wallet.*
Se *le* **cayó en la gasolinera.**	*He dropped it at the gas station.*

4. Double-Object Pronouns

Direct and indirect object pronouns may appear together in a sentence or clause. Unlike English, the indirect object precedes the direct object.

¿Me enviaste una postal? — No, pero te la enviaré mañana.	*Did you send me a postcard? — No, but I will send it to you tomorrow.*

NOTE: 1. *Le* and *les* become *se* before *lo, la, los,* or *las.*

2. The neuter object pronoun *lo* may be used to replace a noun of either gender —singular or plural— an adjective, or a clause. Generally, it has no equivalence in English.

Es estricto tu profesor? — Sí, *lo* es.	*Is your teacher strict? — Yes, he is.*
Tenemos un examen mañana. **— Sí, lo sé.**	*We have an exam tomorrow.* *— Yes, I know.*
Las alumnas de esta clase son muy simpáticas y diligentes. — Sí, *lo* son.	*The girls in this class are very nice and diligent. — Yes, they are.*

5. Reflexive Pronouns

Reflexive pronouns are used when the subject receives the action of the verb. (See Chapter 10.)

Me **levanto a las seis.**	*I get (myself) up at six.*

6. Possessive Pronouns

Possessive pronouns replace nouns described or modified by possessive adjectives.

¿Hiciste tu tarea? Aquí está la *mía*.	*Did you do your homework? Here is mine.*
¿Dónde está la *tuya*?	*Where is yours?*

Note the uses of the pronouns in the pre-test that follows. Check your answers as you review the forms and positions of pronouns in this chapter.

PRUEBA PRELIMINAR

Lea este fragmento de un artículo que provee consejos a los padres sobre el arte de la comunicación, y complete las frases con el pronombre apropiado. Entonces, conteste las preguntas.

Discute sin enojarte

VOCABULARIO

contraproducente   counterproductive

el contratiempo   setback, hitch

la crianza   raising (children)

ineficaz   ineffective

poner empeño   to put one's mind (to something)

retirarse   to withdraw, move back

Con frecuencia, los padres muy ocupados adoptan el papel de sargentos para que el día transcurra sin contratiempos. Esta táctica no sólo es ineficaz, sino que deja a padres e hijos enojados y descontentos.

Entonces, ¿qué debe decir para que _____ hijos hagan lo que
                                              1.

_____ desea? Los expertos en crianza de niños _____
         2.   3.

recomiendan las siguientes soluciones:

_____ hijo sufre un percance. Respuesta impulsiva: «¿Otra
         4.

vez? ¡Qué torpe eres!» En vez de eso, diga: «¿Qué necesitas hacer ahora para resolver el problema?»

_____ molesta el desorden de la habitación de _____
         5.   6.

hijo. Respuesta impulsiva: «¡Ordena _____ cuarto, si no...!» En
                                              7.

lugar de eso, diga: «Recoge ahora o dentro de diez minutos, _____
                                                                          8.

decides».

No _____ levanta a tiempo por las mañanas. Respuesta im-
         9.

pulsiva: «¡Levánta _____! Esta es la última vez que _____
                         10.   11.

llamo». En vez de eso, diga: «Buenos días. Son las 7 de la mañana. ¿Qué tienes que hacer?»

Quiere que _____ ayude a hacer la tarea otra vez. Respuesta
                     12.

impulsiva: «¡Qué flojo eres!

Deberías poner más empeño». En vez de eso, diga: «Estoy seguro de que

puedes _____ solo». La guerra de la tarea es un suceso diario en
             13.

muchos hogares. Algunas veces los chicos flojean. Pero ayudar _____

14.

demasiado resulta contraproducente. Primero, hága _____ saber

15.

que _____ confía en _____ capacidad, y después es-

16.   17.

tablezca reglas claras para el estudio. No se siente con _____ hijo

18.

mientras _____ trabaja; esto _____ hará demasiado

19.   20.

dependiente. Explíque _____ en qué consiste la tarea y retíre

21.

_____ . Y nunca haga el trabajo de _____ pequeño,

22.   23.

porque no aprenderá.

Preguntas

1. Según este artículo, ¿cómo deben los padres comunicarse con sus hijos para que arreglen sus dormitorios?

   _____

2. ¿Qué les sugiere el artículo a los padres al comunicarse con sus hijos sobre la tarea?

   _____

15.2.   FORMS AND PLACEMENT OF PERSONAL PRONOUNS

1. Subject Pronouns

SUBJECT PRONOUNS			
yo	*I*	**nosotros (-as)**	*we*
tú	*you* (familiar)	**vosotros (-as)**	*you* (fam. pl.)
él	*he*	**ellos**	*they*
ella	*she*	**ellas**	*they*
Ud.	*you*	**Uds.**	*you*

a. In Spanish, subject pronouns are used less often than in English, since the verb normally indicates the subject. Subject pronouns are mostly used for clarity, emphasis, and politeness.

   (Yo) me levanto a las seis de la mañana.   *I get up at six in the morning.*

b. Subject pronouns generally precede the verb, except in a question.

   ***Ellos* vienen al baile.**   *They are coming to the dance.*

   ¿Vienen *ellos* al baile?   *Are they coming to the dance?*

2. Prepositional Pronouns

PREPOSITIONAL PRONOUNS

mí	*me, myself*	**nosotros (-as)**	*us, ourselves*
ti	*you (fam.), yourself*	**vosotros (-as)**	*you, yourselves*
él	*him, it (m.)*	**ellos**	*them*
ella	*her, it (f.)*	**ellas**	*them*
sí	*himself, herself, yourself*	**sí**	*yourselves, themselves*
Ud.	*you*	**Uds.**	*you*

Prepositional pronouns follow prepositions. The preposition ***con*** is contracted with ***mi, ti***, and ***sí*** to form ***conmigo, contigo***, and ***consigo***.

Mi hermana Luisa viaja *conmigo*.	*My sister Luisa travels with me.*
Lleva una maleta grande *consigo*.	*She brings along a large suitcase.*
Vamos a traer regalos *para ti*.	*We are going to bring presents for you.*

NOTE: Subject pronouns and prepositional pronouns have the same forms except the first-and-second person singular

3. Object Pronouns

DIRECT OBJECT PRONOUNS		INDIRECT OBJECT PRONOUNS	
me	*me*	**me**	*(to) me*
te	*you (fam.)*	**te**	*(to) you (fam.)*
lo	*him, you (m.), it (m.)*		
le*	*him, you (m.)*	**le**	*(to) him, her, you (formal), it*
la	*her, you (f.), it (f.)*		
lo	*neuter*		
nos	*us*	**nos**	*(to) us*
os	*you (fam.)*	**os**	*(to) you (fam.)*
los	*them, you (m.)*	**les**	*(to) them, you*
las	*them, you (f.)*		

*The usage of ***le*** as a direct object pronoun occurs mostly in Spain.

a. Object pronouns, direct and indirect, replace direct and indirect objects, respectively. Object pronouns generally precede a conjugated verb.

María *me* lo contó ayer.	*Carlos told it to me yesterday.*

b. Object pronouns follow and are attached to infinitives and present participles without auxiliary verbs, and to affirmative commands.

A Carlos le gustaría visitar*nos*.	*Carlos would like to visit us.*
Quiere hacerse bilingüe hablándo*nos* solamente en español.	*He / She wants to become bilingual by speaking to us only in Spanish.*
Ana, escríbe*le* una invitación y mánda*sela* pronto.	*Ana, write him/her an invitation and send it to him/her quickly.*

NOTE: Accent marks are added when a pronoun is attached to maintain the stress on the syllable that was stressed before the pronoun was added.

Dame mi libro. Dámelo, por favor.	*Give me my book. Give it to me, please.*

c. When an auxiliary verb is used with the infinitive or present participle the object pronouns may either precede the auxiliary verbs or be attached to the infinitive or present participle.

Estoy esperándolo con ansia. or **Lo estoy esperando con ansia.**	*I am anxiously waiting for it.*
¿Quieres preguntar*le* cuando piensa llegar? or **¿*Le* quieres preguntar cuando piensa llegar?**	*Do you want to ask him/her when he/she expects to arrive?*

d. Object pronouns precede negative commands, but follow and are attached to affirmative commands.

No *se lo* digas por teléfono. Dí*selo* en persona.	*Don't tell it to him/her over the phone. Tell it to him personally.*

e. The indirect-object pronoun precedes the direct-object pronoun. If both object pronouns are in the third person **se** replaces **le** or **les**. Since **se** has many possible meanings, **a** + a prepositional pronoun may be used for clarification.

Compramos el boleto que Carlos nos pidió el mes pasado. Se lo daremos a él cuando venga.	*We bought the ticket that Carlos asked us for last month. We will give it to him when he comes.*

4. Possessive Pronouns

POSSESSIVE PRONOUNS		
el mío **la mía**	**los míos** **las mías**	} *mine*
el tuyo **la tuya**	**los tuyos** **las tuyas**	} *yours* (fam.)
el suyo **la suya**	**los suyos** **las suyas**	} *his, hers, its, yours* (formal)
el nuestro **la nuestra**	**los nuestros** **las nuestras**	} *ours*
el vuestro **la vuestra**	**los vuestros** **las vuestras**	} *yours* (fam.)
el suyo **la suya**	**los suyos** **las suyas**	} *theirs, yours*

a. Possessive pronouns are formed by combining the appropriate definite article and the long form of the possessive adjective. (See Chapter 16.) They agree in number and gender with the noun(s) being modified.

b. The definite article may sometimes be omitted after the verb **ser**.

Esta pluma es mía. ¿Dónde está la tuya?	*This pen is mine. Where is yours?*

c. Because the third-person form (**suyo**, etc.) has many possible meanings, a definite article + **de** + a prepositional pronoun may be used in its place.

Mi coche es bueno pero *el de Uds.* es mejor.   *My car is good but yours is better.*

El mío está en el garaje y *el de ellos* está en la calle.   *Mine is in the garage and theirs is in the street.*

E J E R C I C I O S

A. Lea el siguiente fragmento del cuento «La prodigiosa tarde de Baltazar» de Gabriel García Márquez. El poder se comunica y se intercambia en la discusión entre los personajes. ¿Quién gana? ¿Quién pierde? Note los pronombres y frases subrayados y su significado. Luego, complete el ejercicio y conteste las preguntas.

La prodigiosa tarde de Baltazar

VOCABULARIO

agarrar to grab	**jaula** cage
agolparse to crowd	**morderse los labios** to bit one's lips
agregar to add	**muñeca** wrist
al fin y al cabo after all	**parpadear** to blink
alboroto dint	**peludo** hairy
apaciguar to calm (someone) down	**perplejo** mystified
atiborrado crammed	**pestaña** eyelash
cacharro piece of junk	**rabiar** to rage
calzoncillos underpants	**rebanada** slice
candor innocence	**rizado** curly
capaz capable	**rogar** to beg
chillar to squeal	**ronquido** howling
cobrar to charge	**rostro** face
coger rabia to get angry	**salto** jump
contagioso contagious	**sonido gutural** throaty sound
contratar to contract	**susurrar** to whisper
corpulento big	**tejido metálico** wire mesh
demorar to tarry	**trasto** piece of junk
derramar to shed	**un cualquiera** a nobody
enrojecer redden	**vano** opening
gallera cockfighting arena	**yacer** to lay
impasible impassive	

... En verdad, José Montiel no era tan rico como parecía, pero había sido capaz de todo por llegar a <u>serlo</u>. A pocas cuadras de allí, en una casa atiborrada de arneses donde nunca había sentido un olor que no se pudiera vender, permanecía indiferente a la novedad de la jaula. Su esposa, torturada por la obsesión de la muerte,... yació dos horas con los ojos abiertos en la penumbra del cuarto, mientras José Montiel hacía la siesta. Así <u>la</u> sorprendió un alboroto de muchas voces. Entonces abrió la puerta de la sala y vio un tumulto frente a la casa, y a Baltazar con la jaula en medio del tumulto, vestido de blanco y acabado de afeitar, con esa expresión de decoroso candor con que los pobres llegan a la casa de los ricos.

—Qué cosa tan maravillosa— exclamó la esposa de José Montiel, con una expresión radiante, conduciendo a Baltazar hacia el interior. —No había visto nada igual en mi vida—dijo, y agregó, indignada con la multitud que se agolpaba en la puerta. —Pero <u>llévasela</u> para adentro que <u>nos van a convertir</u> la sala en una gallera ...

—¿Está Pepe?— preguntó.

Había puesto la jaula en la mesa del comedor.

—Está en la escuela— dijo la mujer de José Montiel. —Pero ya no debe demorar.

Y agregó: —Montiel <u>se está bañando</u>...

—Adelaida— gritó. —¿Qué es lo que pasa?

—Ven a ver qué cosa maravillosa— gritó su mujer.

José Montiel —corpulento y peludo, la toalla colgada en la nuca— <u>se asomó</u> por la ventana del dormitorio.

—¿Qué es eso?

—La jaula de Pepe— dijo Baltazar.

La mujer <u>lo miró</u> perpleja.

—¿De quién?

—De Pepe— confirmó Baltazar. Y después <u>dirigiéndose</u> a José Montiel: —Pepe <u>me la mandó a hacer</u>.

Nada ocurrió en aquel instante, pero Baltazar <u>se sintió</u> como si <u>le hubieran abierto</u> la puerta del baño. José Montiel salió en calzoncillos del dormitorio.

—Pepe— gritó.

—No ha llegado— murmuró su esposa inmóvil.

Pepe apareció en el vano de la puerta. Tenía unos doce años y las mismas pestañas rizadas y el quieto patetismo de su madre.

—Ven acá— <u>le dijo</u> José Montiel. —¿<u>Tú</u> mandaste a hacer esto?

El niño bajó la cabeza. <u>Agarrándolo</u> por el cabello, José Montiel <u>lo obligó</u> a <u>mirarlo</u> a los ojos.

—Contesta.

El niño <u>se mordió</u> <u>los labios</u> sin responder.

—Montiel— susurró la esposa.

José Montiel soltó al niño y <u>se volvió</u> hacia Baltazar con una expresión exaltada.

—<u>Lo siento</u> mucho, Baltazar— dijo. —Pero has debido <u>consultarlo</u> <u>conmigo</u> antes de proceder. Sólo <u>a ti se te ocurre</u> contratar con un menor.

A medida que hablaba, su rostro fue recobrando la serenidad. Levantó la jaula sin <u>mirarla</u> y <u>se la dio</u> a Baltazar.

—<u>Llévatela</u> en seguida y trata de <u>vendérsela</u> a quien puedas— dijo. —Sobre todo <u>te ruego</u> que no <u>me discutas</u>.— <u>Le dio</u> una palmadita en la espalda, y explicó: —El médico <u>me ha prohibido</u> coger rabia.

El niño había permanecido inmóvil, sin parpadear, hasta que Baltazar <u>lo miró</u> perplejo con la jaula en la mano. Entonces emitió un sonido gutural, como el ronquido de un perro, y <u>se lanzó</u> al suelo dando gritos.

José Montiel lo miraba impasible, mientras la madre trataba de apaciguarlo.

—No lo levantes—dijo. Déjalo que se rompa la cabeza contra el suelo y después le echas sal y limón para que rabie con gusto.

El niño chillaba sin lágrimas, mientras su madre lo sostenía por las muñecas.

— Déjalo— insistió Montiel.

Baltazar observó al niño como hubiera observado la agonía de un animal contagioso. Eran casi las cuatro. A esa hora, en su casa, Úrsula cantaba una canción muy antigua, mientras cortaba rebanadas de cebolla.

—Pepe— dijo Baltazar. Se acercó al niño, sonriendo, y le tendió la jaula. El niño se incorporó de un salto, abrazó la jaula, que era casi tan grande como él, y se quedó mirando a Baltazar a través del tejido metálico, sin saber qué decir. No había derramado una lágrima.

—Baltazar— dijo Montiel, suavemente. —Ya te dije que te la lleves.

—Devuélvela— ordenó la mujer al niño.

—Quédate con ella— dijo Baltazar. Y luego, a José Montiel: —Al fin y al cabo, para eso la hice.

José Montiel lo persiguió hasta la sala. —No seas tonto, Baltazar— decía, cerrándole el paso. —Llévate tu trasto para la casa y no hagas más tonterías. No pienso pagarte ni un centavo.

—No importa— dijo Baltazar. La hice expresamente para regalársela a Pepe. No pensaba cobrar nada.

Cuando Baltazar se abrió paso a través de los curiosos que bloqueaban la puerta, José Montiel daba gritos en el centro de la sala. Estaba muy pálido y sus ojos empezaban a enrojecer.

—Estúpido— gritaba. —Llévate tu cacharro. Lo último que faltaba es que un cualquiera venga a dar órdenes en mi casa ...

(Gabriel García Márquez, «La prodigiosa tarde de Baltazar» en *Los funerales de la Mamá Grande*. Argentina: Editorial Sudamericana, S.A.; 1962.)

Escriba las oraciones reemplazando las palabras subrayadas por los pronombres apropiados.

1. José Montiel había sido capaz de todo por llegar a ser rico.

    _____

2. Pepe me mandó a hacer la jaula.

    _____

3. Montiel le devolvió la jaula a Baltazar.

    _____

4. Trata de venderle la jaula a quien puedas.

    _____

5. El médico le ha prohibido a Montiel coger rabia.

    _____

6. No levantes <u>al niño</u>.

_____

7. Baltazar acabó por regalar <u>la jaula</u> <u>al niño</u>.

_____

8. —Quédate con <u>la jaula</u>— dijo Baltazar.

_____

9. La jaula era casi tan grande como <u>el niño</u>.

_____

10. Llévate <u>tu cacharro</u>.

_____

Conteste las preguntas sustituyendo pronombres por las palabras subrayadas.

1. ¿Por qué motivo lleva Baltazar <u>la jaula</u> <u>a los Montiel</u>?

_____

_____

2. ¿Cuál es la reacción de José Montiel al oír <u>el motivo de Baltazar</u>.

_____

_____

3. ¿Por qué chillaba Pepe sin <u>lágrimas</u>?

_____

_____

4. Aunque José Montiel no tiene que pagarle <u>dinero</u> a Baltazar, ¿de qué se enoja?

_____

_____

5. ¿Quién gana y quién pierde <u>la discusión</u>? Explique.

_____

_____

15.3. RELATIVE PRONOUNS

Relative pronouns are used to introduce, relate, and join a clause to a preceding antecedent. They can replace either a person or a thing and may be the subject or object of the verb in the relative clause.

1. Forms

The various forms of relative pronouns, their antecedents, and their placement in the relative clause are summarized in the following table.

RELATIVE PRONOUNS	ANTECEDENTS	PLACEMENT IN CLAUSE
que	persons and things things (after **a, de, con, en**)	Introduces the clause.
quien, quienes	persons	Introduces clause in apposition after prepositions.
el (la) cual los (las) cuales el, (la) que los (las) que	persons and things	After prepositions.
lo que lo cual	abstract ideas	Introduces clause or follows prepositions.
cuyo, cuyos cuya, cuyas	persons and things	Introduces clause and precedes the noun it modifies.

2. Uses

a. *Que* is the most common relative pronoun and may refer to both persons and things. However, after the prepositions *con, de, en*, and *a*, *que* refers only to things.

El libro *que* pedí la semana pasada llegó a la librería hoy.	*The book (that) I ordered last week arrived at the bookstore today.*
El dependiente *que* me llamó es mi amigo.	*The clerk who called me is my friend.*
El libro *de que* hablamos es muy popular.	*The book (that) we talked about is very popular.*

NOTE: While the relative pronoun may sometimes be omitted in English, it is never omitted in Spanish.

b. *Quien* (*Quienes*) refers only to persons.

(1) **Quien** (**Quienes**) is used after the prepositions **con, de, en**, and **a**.

El joven *con quien* sales es el hermano de Felipe.	*The young man (whom) you are going out with is Felipe's brother.*

Felipe, *de quien* hemos hablado, llegó hoy.	*Felipe, whom we have talked about, arrived today.*

(2) **Quien** (**Quienes**) may be used as the subject of a parenthetical clause.

Mi prima, *quien* está en el hospital, quiere leer este libro.	*My cousin, who is in the hospital, wants to read the book.*

(3) **Quien** may be used to mean *he/she who* and is used most commonly in proverbs.

Quien busca, halla.	*Seek and you shall find. (He/She who seeks shall find.)*

c. ***El,*** (***la, los, las***) ***que*** and ***el*** (***la***) ***cual, los*** (***las***) ***cuales*** refer to both persons and things.

(1) They are used after prepositions.

Viajé en avión, *desde el cual* pude llamarte por teléfono.	*I traveled by plane, from which I could call you on the telephone.*
Visité varios museos en España, *entre los cuales* prefiero El Prado.	*I visited several museums in Spain among which I prefer the Prado.*

(2) They can be used to clarify number and/or gender when there are two possible antecedents.

El hermano de mi amiga, *el cual* vive en Barcelona, me ayudó en mi viaje.	*My friend's brother, who lives in Barcelona, helped me in my trip.*

(3) ***El*** (***la, los, las***) ***que*** may function as a subject containing the antecedent. It is equivalent to *he who*, *she who*, or *those who*.

Los que **viajan a España siempre quieren volver.**	*Those who travel to Spain always want to return.*

d. ***Lo que*** and ***lo cual*** are neuter relative pronouns that refer to an abstract idea rather than a single word.

Felipe me dijo que no le gustó el hotel, *lo que* me sorprendió.	*Felipe told me that he didn't like the hotel, which surprised me.*
Elena lo invitó a quedarse con su familia, *lo que* le gustó más.	*Elena invited him to stay with her family, which he preferred.*

e. ***Cuyo,*** (***-a, -os, -as***) is a relative pronoun that may refer to persons and things. It also functions as a possessive adjective, and therefore agrees in number and gender with the noun it modifies.

El primo de Elena, *cuyo* nombre no recuerdo, nos encontró en Barcelona.	*Elena's cousin, whose name I don't remember, met us in Barcelona.*
Aquella ciudad, *cuyas* calles están llenas de tiendas y cafés, me encanta.	*That city, whose streets are filled with stores and cafes, enchants me.*

15.4. DEMONSTRATIVE PRONOUNS (See Demonstrative Adjectives on Chapter 16.)

éste, ésta éstos, éstas	*this one* *these*
ése, ésa ésos, ésas	*that one* (near you) *those* (near you)
aquél, aquélla aquéllos, aquéllas	*that one* (far from speaker and listener) *those* (far from speaker and listener)

1. Demonstrative pronouns have the same forms as demonstrative adjectives except that they have accent marks to distinguish them.
2. Demonstrative pronouns agree in number and gender with the noun(s) and adjectives they replace.

No me gusta esta blusa, prefiero *ésa*.

I don't like this blouse, I prefer that one.

Esta tienda no vende ropa bonita como *aquélla* en la Quinta Avenida.

This store doesn't sell pretty clothes like that one on 5th Ave.

3. The neuter forms *esto, eso*, and *aquello* refer to an idea or situation.

Pedro salió mal en el examen y eso le preocupa mucho.

4. Demonstrative pronouns are used to express *the former* and *the latter*; but the order is different in Spanish and in English. In Spanish, the latter is stated first and refers to the second person or thing mentioned.

Elena y Carla son hermanas; *ésta* lleva una blusa azul y *aquélla* lleva una blusa verde.

Elena and Carla are sisters; the latter is wearing a blue blouse and the former is wearing a green blouse.

EJERCICIOS

B. Lea el siguiente diálogo entre dos jóvenes que tienen dificultad comunicándose con sus padres. Complete las frases con los siguientes pronombres relativos y luego conteste las preguntas.

que	el (la, los, las) que	los (las) cuales	lo cual
quien(-es)	el (la) cual	lo que	cuyo(a, os, as)

¿De qué planeta vienen tus padres?

MARISOL: Carlos, estoy desesperada. Conozco a otras chicas _____

1.

tienen problemas con sus padres, pero estoy segura de _____ mi

2.

mamá es de otro planeta. Cuando le dijo _____ quiero hacer en
3.

vez de estudiar todas las noches, ella se pone furiosa. No me deja salir con mis

amigas, _____ son muy simpáticas. Tampoco me permite
4.

hablar por teléfono las noches de escuela _____ destruye mi
5.

vida social. Lo peor ocurrió cuando mi mamá leyó mis cartas, incluyendo

_____ mi novio me envió. No comprende que tengo una vida
6.

personal y privada, _____ no la incluye.
7.

PEDRO: Comprendo. Mi papá es de otro planeta también, ¡probablemente de Marte!

Siempre quiere saber _____ estoy discutiendo con mis amigos.
8.

Cuando quiero salir con ellos a un concierto o fiesta, insiste en que yo vuelva

a medianoche _____ tú sabes es imposible. Mis amigos se ríen
9.

de mí. Me gustaría convencerlo de que puedo hacer mis propias decisiones.

Pero temo que no comprenda los motivos por _____ necesito
10.

más independencia.

Preguntas

1. ¿Cuáles son los motivos por los cuáles están quejándose los jóvenes?

   _____

2. ¿Cómo pueden mejorar estos jóvenes la comunicación con sus padres?

   _____

TRABAJO COOPERATIVO

A. Formen grupos cooperativos de cuatro alumnos para leer y discutir la siguiente historieta cómica sobre un problema de comunicación.

- El líder del grupo organiza el trabajo y ayuda a los demás.
- Todos leen la historieta cómica y hacen una lista de todos los pronombres que se encuentran en ella. Identifiquen los complementos directos e indirectos, los pronombres reflexivos y los relativos.
- Todos discuten el problema de comunicación y como mejorarlo.

- Preparen una historieta cómica, o una conversación original que presente esta situación u otra situación familiar parecida, pero que refleja mejor comunicación.
- Presenten su historieta cómica o conversación a la clase.

B. Formen grupos cooperativos de cuatro a seis alumnos para leer y discutir las siguientes cartas.

- El líder del grupo organiza el trabajo y ayuda a los demás.
- Todos leen las cartas y hacen una lista de todos los pronombres que se encuentran en ella. Identifiquen los complementos directos e indirectos, los pronombres reflexivos y los relativos.
- Todos discuten los problemas descritos en las cartas y cómo resolverlos.
- El grupo se divide en parejas para escribir respuestas a las cartas.
- Cada pareja lee su carta de respuesta al grupo y/o a la clase.

Querida Susana

Carta 1

Querida Susana:

Tengo un problema y no sé que hacer. Mi novio me dice que está enamorado de mí, pero lo que veo es que cuando habla con otras muchachas, les da un beso para saludarlas. Yo soy sumamente celosa. ¿Qué puedo decirle para que comprenda mi sufrimiento?

MJR
PUERTO RICO

Carta 2

Querida Susana:

Tengo un gran problema. He entablado una relación por el Internet con una joven y nunca nos hemos visto. ¡Ni mi nombre verdadero sabe! Mi problema es que es tan divertida, bondadosa e inteligente que la he empezado a querer. Tengo miedo de decirle la verdad, pero no quiero perderla tampoco. Por favor, ayúdeme.

Anónimo
DURANGO, MÉXICO

Carta 3

Querida Susana:

Tengo un problema muy complejo. Resulta que a mí me gusta el mismo joven que a mi mejor amiga. Ella no lo sabe. Cuando yo me enteré que a mi amiga también le gustaba, dejé de intentar cualquier cosa con él, pero me busca más a mí que a ella. Mientras tanto mi amiga ha cambiado su forma de ser conmigo porque sospecha algo. Siento como si la hubiera traicionado. ¿Qué hago?

Desesperada
SAN JOSÉ, COSTA RICA

MASTERY ASSESSMENTS

A.   Lea el siguiente artículo. Complete las frases con la formas apropiadas de los complementos directos o indirectos, pronombres sujetivos, preposicionales, reflexivos, posesivos, demostrativos o relativos. Luego, conteste la pregunta.

Una sonrisa vale más que mil palabras

VOCABULARIO

acuerdo agreement	**derribar** to knock down	**hielo** ice
contrincante opponent	**equivocado** wrong	**pleito** lawsuit

---

Cuando se discute, aunque sea por una insignificancia, es común que las cosas resulten

peor de _____ _____ eran si no sabemos controlar
             1.   *2.*

_____. En una situación en _____ _____
     3.   *4.*   *5.*

podemos terminar con un gran pleito o con un largo distanciamiento, lo importante no es
ganar o perder, sino llegar a un acuerdo.

    Si no _____ conseguimos, hay que decidir si vale la pena iniciar la
                 6.

batalla. Sin embargo, esa batalla no es con la otra persona, es interna. Cuántas veces

_____ hemos puesto a pensar si en verdad teníamos razón y si escuchamos
     7.

a la otra persona. O _____ arrepentimos por algo _____ di-
                     8.   *9.*

jimos sin pensar, _____ da miedo que esas pequeñas discusiones terminen
                  10.

con la hermosa relación _____ teníamos... No necesitamos la fórmula sec-
                   11.

reta para no discutir o para evitar la diversidad de opiniones. _____ sería
                                                         12.

verdaderamente aburrido y no _____ permitiría pensar libremente. Esa
                         13.

fórmula siempre ha existido y es muy sencilla. Consiste en tener siempre presente que,
aunque la otra persona piense diferente o esté equivocada, no puede ni debe cambiar sus

ideas. Quizás deba cambiar su manera de reaccionar con _____ y
                                              14.

_____ se resuelve hablando tranquilamente.
      15.

    Esta fórmula puede funcionar, pero a lo mejor la salvación no sea _____,
                                                      16.

sino un gesto _____ rompa el hielo. Una sonrisa a tiempo puede derribar
           17.

una enorme muralla de hostilidad. Es uno de los mejores argumentos, siempre y cuando

sea sincera. Nunca _____ esperará y, lejos de pensar en _____
              18.   *19.*

_____ hace unos minutos _____ separaba, _____
     20.   *21.*   *22.*

dará cuenta de lo mucho que significa para _____ y cuanto _____
                                        23.   *24.*

duele discutir. Es posible que, en otro momento, puedan hablar _____ con
25.

más tranquilidad y llegar a un acuerdo satisfactorio para ambos. Por lo pronto, recuerda
que es más importante conservar una buena relación, respetando tanto sus puntos de

vista como los _____, que demostrar _____ a tu contrin-
26.   27.

cante que tus ideas son más acertadas que las _____.
28.

(«Una sonrisa vale más que mil palabras», *Buenhogar*; agosto de 1997, p. 23.)

Pregunta

¿Qué es importante recordar y comunicar durante una discusión?

_____

_____

B. En cada de las siguientes oraciones hay un error gramatical. Elija la parte que hay que
cambiar para que cada oración sea gramaticalmente correcta, y escriba la letra de la palabra equivocada.

1. _____ Piensa bien lo que vas a decir, y dila lo más conciso y claramente que
                        A   B   C   D
    puedas.

2. _____ Si a ti no le gusta que te griten, entonces no grites y así estarás en posi-
               A   B   C
    ción de exigir que nadie te levante la voz.
                              D

3. _____ Aprende a escuchar para saber lo que está pensando la otra persona
                                            A
    cuyos sentimientos valen tanto como las tuyas.
     B   C   D

4. _____ Lo más importante es manifestar claramente tus sentimientos, y decir
            A
    siempre que es lo que te molesta.
            B   C   D

5. _____ Muchas discusiones que pudieron haber sido resueltas fácilmente, se
                               A   B
    vuelven auténticas guerras en cuanto empiezan los insultos. Estos no son

    más de un recurso pobre y humillante al que de ninguna manera deberás
        C   D
    recurrir.

6. _____ Reconocer que estamos equivocados no nos hace menos dignos, al con-
                        A   B
    trario, aceptando los errores y corrigiéndolas es como nuestras rela-
                                    C   D
    ciones van a progresar.

7. _____ Recuerda que, si además de respetarte a sí mismo, respetas a los demás,
      A   B   C

      mejorarás todo tipo de relaciones en tu vida porque sabrás relacionarte
                                D

      con respeto y armonía.

(De «El Arte de discutir», *Buenhogar*, agosto de 1997, pp. 21–22.)

PORTFOLIO ASSESSMENTS

1. Ud. decide organizar un grupo de estudiantes en su escuela para ayudar a sus compañeros de clase a resolver conflictos. Investigue modos establecidos de mejorar comunicación y resolver conflictos entre jóvenes. Entreviste a los consejeros de su escuela y busque información en la biblioteca. Escriba un plan y preséntaselo a los miembros de su clase.

2. Imagínese que Ud. trabaja para una revista española y que está encargado(a) de escribir un artículo que discute cómo los novios pueden mejorar la comunicación entre sí. Busque y lea los consejos que aparecen en varias publicaciones. Entreviste a algunas parejas para averiguar su opinión acerca de estos consejos, y entonces, escriba su propio artículo.

CHAPTER

16

La Juventud:
Los Niños y los Jóvenes
Adjectives, Adverbs, and Comparisons

16.1. ADJECTIVES

1. **Uses**

   Adjectives are used to express the following communicative functions:

   a. Modifying nouns in order to distinguish or emphasize them.

Vivo en la casa *azul*.	*I live in the blue house.*
Tiene un patio *grande*.	*It has a large yard.*

   b. Describing an inherent characteristic of a noun. (Adjectives generally precede the noun in this case.)

La *blanca* nieve cubre la calle.	*The white snow covers the street.*
El *famoso* cantante Plácido Domingo presentó un concierto anoche.	*The famous singer Placido Domingo held a concert last night.*

   c. Comparing characteristics or qualities of nouns.

Carla es más *tímida* que Elena.	*Carla is shyer than Elena.*
El tiburón es *menos inteligente* que el delfín.	*The shark is less inteligent than the dolphin.*
Es el libro más *antiguo* que tengo.	*It's the oldest book (that) I have.*
Pedro es un chico *popularísimo*.	*Pedro is a very popular boy.*
Carlos es tan *diligente* como Elena.	*Carlos is as hard working as Elena.*

   d. Denoting possession or ownership. (possessive adjectives)

***Tu* libro está en *mi* coche, con *mis* cuadernos.**	*Your book is in my car, with my notebooks.*

e. Indicating position of nouns in relation to the speaker and listener. (demonstrative adjectives)

Me gusta leer *esa* revista.	*I like to read that magazine.*
***Este* periódico me aburre.**	*This newspaper bores me.*

f. Counting or indicating the order of nouns. (cardinal and ordinal numbers)

Gané *tres* millones de dólares en la lotería.	*I won three million dollars in the lottery.*
Gloria es la *tercera* muchacha en la segunda fila.	*Gloria is the third girl in the second row.*

g. Acting as a noun, when preceded by a definite article.

Los *pobres* necesitan nuestra ayuda.	*The poor need our help.*
La *generosa* le dio dinero al anciano.	*The generous (woman) gave the old man money.*

h. acting as an abstract noun when preceded by **lo.**

Lo *importante* es que somos amigos.	*The important thing is that we are friends.*

Examine the uses of adjectives in the following pre-test, and check your answers as you review the formation and placement of adjectives explained in this chapter.

PRUEBA PRELIMINAR

Lea el siguiente artículo sobre una experiencia que les enseña a unos jóvenes sobre la ecología y las oportunidades que tienen para trabajar en este campo. Complete las oraciones con la forma apropiada del adjetivo indicado. Luego, conteste las preguntas.

Jóvenes aprenden ecología

Recientemente se llevó a cabo una conferencia __1.__ en carreras medioambientales que expone a estudiantes de escuela __2.__ a una variedad de profesiones sobre los recursos __3.__ .

Más de __4.__ estudiantes y sus guías consejeros pasaron un día __5.__ en el Parque Central trabajando al aire __6.__ con profesionales de campos __7.__ .

En vez de sentarse y escuchar a alguien hablar sobre trabajos y carreras, los estudiantes pusieron manos a la obra y participaron con actividades que les

1. _____ (único)
2. _____ (intermedio)
3. _____ (natural)
4. _____ (ciento)
5. _____ (entero)
6. _____ (libre)
7. _____ (diferente)

permitieron experimentar ___8.___ carreras. Los estudiantes también se infor-
maron sobre los institutos y universidades a los que pueden asistir y los cursos
a tomar cuando se empieza a preparar
para ___9.___ carreras.

   «Deseamos exponer a ___10.___ estudiantes a carreras que puede que nunca
hayan considerado parte de ___11.___ oportunidades...»

   Los estudiantes compartieron con
profesionales que cuidan los árboles de
___12.___ calles y parques y ponen las semillas... También participaron ___13.___ profesionales que atrapan animales para estu-
diarlos y luego soltarlos. Los jóvenes
conocieron a personas que cuentan y
miden los bosques, para los ___14.___ usos de
los árboles y trabajos de madera y ___15.___
diseñadores de jardines para espacios
___16.___ .

8. _____ (importante)

9. _____ (este)

10. _____ (este)

11. _____ (su)

12. _____ (nuestro)

13. _____ (alguno)

14. _____ (mejor)

15. _____ (experto)

16. _____ (vacío)

(«Jóvenes aprenden ecología», *El Diario / La Prensa*; 16 de noviembre de 1997, suplemento
dominical, p. 20.)

Pregunta

1. ¿Cuáles son algunos trabajos que conocieron los jóvenes?

   _____

2. ¿Tiene Ud. interés en una carrera en el campo de la ecología? Explique.

   _____

2. Forms and Placement

Adjectives agree in number and gender with the nouns they modify.

1. Adjectives that end in *-o* in the masculine singular change to *-a* in the fem-
    inine singular, to *-os* in the masculine plural, and to *-as* in the feminine
    plural.

	MASCULINE	FEMININE
SINGULAR	**alto** **preferido**	**alta** **preferida**
PLURAL	**altos** **preferidos**	**altas** **preferidas**

NOTE: 1. Past participles form adjectives that agree in number and gender with the noun(s) modified.

    2. When two or more adjectives modify a noun, one may precede and the other follow. In this case the preceding adjective has more emphasis. Or, they may both follow the noun.

       Es mi *honrado* amigo *fiel*.

       Es mi amigo *honrado* y *fiel*.

2. Adjectives that end in *-e* or in a consonant in the masculine singular form are the same in the feminine forms. To form the plural *-s* is added to the *-e*, and *-es* is added to a consonant.

	MASCULINE	FEMININE
SINGULAR	**verd*e***	**verd*e***
PLURAL	**verd*es***	**verd*es***

The following adjectives are the exception:

a. Adjectives that end in *-ón, án, ín*, or *-or* in the masculine end in *-a* in the feminine.

	MASCULINE	FEMININE
SINGULAR	**critic*ón*** **holgaz*án*** **conservad*or***	**critic*ona*** **holgaz*ana*** **conservad*ora***
PLURAL	**critic*ones*** **holgaz*anes*** **conservad*ores***	**critic*onas*** **holgaz*anas*** **conservad*oras***

b. Adjectives of nationality that end in a consonant and end in *-a* in the feminine.

	MASCULINE	FEMININE
SINGULAR	**españo*l***	**españo*la***
PLURAL	**españo*les***	**españo*las***

3. Some adjectives drop their endings before certain nouns.

a. The following adjectives drop the *-o* before masculine singular nouns.

bueno	**Carlos es un *buen* cocinero.**
malo	**Pero es un *mal* jardinero.**
primero	**Pedro es el *primer* estudiante en la fila.**
tercero	**Felipe es el *tercer* estudiante en esta fila.**
postrero	**Luis es el *postrer* alumno en la fila.**

alguno   Vamos a *algún* concierto la semana que viene.

ninguno   No hay *ningún* concierto esta semana.

NOTE: 1. When these adjectives follow the nouns, they retain the *-o* and are generally emphatic.

   Es un cocinero muy *bueno*.

2. Accent marks are added to the singular form of *alguno* and *ninguno* when they precede the noun.

b. The adjective *santo* drops *-to* before masculine singular nouns, except before names starting with *To-* or *Do-*.

| *San* Antonio | *San* Fermín | *San* Juan |
| *Santo* Domingo | *Santo* Tomás | *Santa* Teresa |

c. The number *ciento* drops the *-to* ending before any noun, masculine or feminine.

   Hay *cien* alumnos en esta clase.

   Hay *cien* sillas en esta sala de clase.

d. The adjective *grande* becomes *gran* when it is placed before any noun and has the meaning of *great* or *famous*.

   El presidente Lincoln fue un *gran* hombre.   *President Lincoln was a great man.*

e. The adjective *cualquiera* drops the *-a* before a masculine or feminine noun.

   Cualquier empleado que trabaje aquí es importante.   *Any employee who works here is important.*

4. Descriptive adjectives generally follow the nouns they modify. They may precede the noun occasionally for emphasis or to express an inherent quality of the noun.

Tiene los ojos *verdes*.   *He/She has green eyes.*

Tus *verdes* ojos me encantan.   *I like your green eyes.*

Certain adjectives change their meaning depending on their position before or after the noun:

viejo   Es mi *viejo* amigo. (long-time, former)
        Es mi amigo *viejo*. (age)

nuevo   Es mi *nuevo* coche. (another, different)
        Es un coche *nuevo*. (brand new, modern)

pobre   Esta mujer *pobre* no tiene comida. (poor, without money)
        Esta *pobre* mujer está enferma. (unfortunate)

mismo   El *mismo* hombre es el director y escritor del drama. (same)
        Ella *misma* preparó la comida. (herself, himself, itself)

cierto *Cierto* periódico tiene el anuncio. (a certain)
        Es el periódico *cierto*. (exact, true, right)

único   **Pedro es el *único* alumno español en la clase de francés.** (only)
         Pedro es un chico *único*. (unique)

5. Limiting adjectives precede the nouns they modify. These include numbers and other adjectives of quantity, and possessive and demonstrative adjectives.

Juana recibe *muchos* regalos de *varios* amigos.	*Juana receives a lot of presents from various friends.*
***Estos* regalos son de sus primos.**	*These presents are his/her cousins'.*

6. Possessive Adjectives

   Possessive adjectives denote ownership and precede the noun(s) they modify. They agree in number with the nouns they modify. The forms ***nuestro*** and ***vuestro*** also agree in gender with the noun modified.

ADJECTIVE	MEANING
mi, mis	*my*
tu, tus	*your* (familiar)
su, sus	*his, her, your* (formal)
nuestro, nuestros **nuestra, nuestras**	} *our*
vuestro, vuestros **vuestra, vuestras**	} *your* (familiar, plural)
su, sus	*their*

   NOTE: A prepositional phrase may be used to clarify ownership when the context is not specific.

   María busca *su* casa.   or   **María busca la casa *de él*.**

7. Demonstrative Adjectives

   Demonstrative adjectives agree in number and gender with the nouns they modify and precede.

ADJECTIVE	MEANING	
este, esta	*this*	
estos, estas	*these*	
ese, esa	*that*	(near the listener)
esos, esas	*those*	
aquel, aquella	*that*	(far from speaker and listener)
aquellos, aquellas	*those*	

16.2. ADVERBS

1. **Uses**

   Adverbs modify verbs, adjectives, or other adverbs and express the following communicative functions:

a. Describing how or in what manner an action is done or occurs.

El empleado se expresa mal.	*The employee expresses himself badly (poorly).*
Hablaba *ansiosamente* con su jefe.	*He was talking anxiously to his boss.*

b. Indicating where an action or event takes place.

Ellas estudian *aquí* porque no hay ruido.	*They study here because there is no noise.*
Viven *lejos* de la biblioteca.	*They live far away from the library.*

c. Describing when an action or event occurs.

Llegaron a mi casa *ayer.*	*They arrived to my house yesterday.*
Tienen que salir *pronto*.	*They need to leave soon.*

d. Indicating how much, quantities, or limits.

Este vestido es *muy* elegante.	*This dress is very elegant.*
Ella se viste *sumamente* bien.	*She dresses extremely well.*
Pagó *demasaido*.	*He / She paid too much.*

2. **Formation and Placement**

   a. Adverbs are generally formed by adding **-*mente*** to the feminine singular form of an adjective.

ADJECTIVE		ADVERB
MASCULINE	FEMININE	
claro	**clara**	**clara*mente***
perfecto	**perfecta**	**perfecta*mente***
respetuoso	**respetuosa**	**respetuosa*mente***
rápido	**rápida**	**rápida*mente***

   b. Adjectives that end in **-*e*** or a consonant simply add the ending **-*mente***.

ADJECTIVE	ADVERB
elegante	**elegante*mente***
fácil	**fácil*mente***

   c. Some prepositional phrases also act as adverbs.

PREPOSITIONAL PHRASE	EQUIVALENT ADVERB
con cariño	**cariñosamente**
con frecuencia	**frecuentemente**

(cont.)

PREPOSITIONAL PHRASE	EQUIVALENT ADVERB
en silencio **en total** **por fin**	**silenciosamente** **totalmente** **finalmente**

d. Adverbs generally follow the verbs they modify and precede the adjectives or other adverbs they modify.

Estudia *frecuentemente* en la biblioteca. (after the verb)

Carlos es *muy* diligente. (before the adjective)

Estudia *casi* siempre por la tarde. (before another adverb)

NOTE: Adverbs that express doubt precede the verb.

***Acaso* (*quizás*) nos veamos mañana.**	*Maybe we will see each other tomorrow.*

16.3. COMPARISONS

1. Comparisons of Inequality

a. Adjectives, adverbs and nouns may be compared as to qualities and quantities. Note the uses of ***más... que*** and ***menos... que***.

Felipe es *más* alto *que* Enrique.	*Felipe is taller than Enrique*
Felipe es *menos* diligente *que* Enrique.	*Felipe is less diligent than Enrique.*
Carla es *menos* habladora *que* Felipe.	*Carla is less talkative than Felipe.*
Enrique tiene *más* tarea *que* Felipe.	*Enrique has more homework than Felipe.*
Felipe hace *menos* trabajo *que* Enrique.	*Felipe does less work than Enrique.*
Enrique estudia *más* frecuentemente *que* Felipe.	*Enrique studies more frequently than Felipe.*
Enrique juega al fútbol *menos* frecuentemente *que* Felipe.	*Enrique plays soccer less frequently than Felipe.*

NOTE: In comparatives, adjectives agree with the noun(s) they modify.

más + noun + **que** + adjective + adverb	**menos** + noun + **que** + adjective + adverb

b. The following adjectives and adverbs have irregular comparatives.

		COMPARATIVE	MEANING
ADJECTIVE	bueno	mejor	*better*
	malo	peor	*worse*
	joven	menor	*younger*
	viejo	mayor	*older*
	pequeño	menor	*smaller*
	grande	mayor	*larger, greater*
ADVERB	bien	mejor	*better*
	mal	peor	*worse*

Su hermano *menor* juega al fútbol *mejor* que yo.   *Your younger brother plays soccer better than I (do)*

La solución *es* peor que el problema.   *The solution is worse than the problem.*

2. **Comparisons of Equality**

a. Equality of quantity is expressed using ***tanto... como*** (as much/many . . . as). ***Tanto*** precedes the noun modified and agrees with it.

Felipe tiene tan*to* dinero como su hermana.   *Felipe has as much money as his sister.*

Anita tiene tan*tas* blusas como Nancy.   *Anita has as many blouses as Nancy.*

b. Equal qualities or characteristics of adjectives or adverbs are expressed by ***tan... como*** (as . . . as).

Susana es *tan* trabajadora *como* su hermano.   *Susana is as hard-working as her brother.*

Susana trabaja *tan* frecuentemente *como* Felipe.   *Susana works as frequently as Felipe.*

tanto / tanta / tantos / tantas } + noun + **como**	*as much/many...as*
tan + an adjective + **como**	*as . . . as*
tan + an adverb + **como**	*as . . . as*

3. **Superlatives**

a. The superlative is expressed as follows:

(1) article + noun + ***más*** or ***menos*** + adjective + ***de***

Elena es *la alumna más preguntona de* la clase.   *Elena is the most inquisitive student in the class.*

Jaime y Pepe son *los menos alegres del* barrio.	*Jaime and Pepe are the least happy in the neighborhood.*

NOTE: The preposition *de* is used after the superlative to express *in* or *of*.

(2) article or possessive adjective + irregular comparative + noun

Felipe es *el mejor atleta de* la familia.	*Felipe is the best athlete in the family.*
Es también *nuestro mejor amigo.*	*He is also our best friend.*

b. The absolute superlative is expressed by adding *-ísimo* to an adjective or adverb.

Carla es *guapísima.*	*Carla is extremely (most) pretty.*
Pedro y su hermano son *popularísimos.*	*Pedro and his brother are extremely popular.*
Comimos muchísimo en la fiesta.	*We ate so much at the party.*

NOTE: 1. When the absolute superlative modifies a noun, it agrees in gender and number with the noun modified; when the absolute superlative modifies a verb, it does not change.

2. To maintain the sound of the final consonant, the following spelling changes take place: *co* to *qu, -go* to *gu*, and *-z* to *c* before adding *-ísimo*.

Estas galletitas son riquísimas.	*These cookies are extremely delicious.*

E J E R C I C I O S

A. En este artículo se describe la situación alarmante de los niños que son víctimas de explotación en América Latina. Lea el artículo, complete las oraciones con la forma apropiada del adjetivo, y conteste las preguntas.

Matando el futuro

VOCABULARIO

agregar to add	**el ingreso** income	**el riesgo** risk
la cifra figure	**la jornada** workday	**subrayar** to emphasize
la dureza difficulty	**la prestación** service	**la superación** achievement
el esfuerzo effort	**la realización** fulfillment	

Más de 7.6 millones de niños _____ de entre diez y catorce años, que repre-
1. (latinoamericano)

sentan el 14.9 por ciento de la población, son _____ en trabajos que no están
2. (explotado)

de acuerdo con _____ edad por la dureza del esfuerzo, los _____
3. (su)   *4. (bajo)*

salarios sin garantías _____ y las _____ jornadas.
5. (social)   *6. (larga)*

_____ cifra fue _____ a conocer en Costa Rica por la Casa
    7. (Este)   8. (dado)

Alianza, una organización... que trabaja con «niños de la calle» en México y Centroamérica...
En una conferencia de prensa, el director de Casa Alianza, Bruce Harris, aseguró

que muchos de _____ niños son _____ en labores de
           9. (este)   10. (usado)

_____ riesgo, como manipulación de productos _____ o
   11. (alto)   12. (químico)

maquinaria _____ con jornadas de trabajo _____ a las diez
    13. (complicado)   14. (superior)

horas _____ y salarios _____ y sin _____
   15. (diario)   16. (miserable)   17. (ninguno)

prestación _____ .
   18. (social)

Según la Organización Internacional del Trabajo (OIT), cerca de 250 millones de

niños y niñas de todo el mundo trabajan «desde _____ edad», sacrificando
          19. (temprano)

las posibilidades de estudio y realización.

La _____ Doris Santolaya, del Programa Internacional para la Errad-
  20. (español)

icación del Trabajo Infantil de la OIT, dijo que en Latinoamérica trabajan unos 18 millones de niños y niñas...

Santolaya subrayó que se busca un _____ «consenso global» para evi-
        21. (nuevo)

tar que _____ menores trabajen en una fábrica o una finca para «poder
   22. (ese)

comer» y, por el contrario, estén en _____ escuelas o colegios, como corre-
        23. (su)

sponde a _____ edad.
   24. (su)

La representante de la OIT agregó que la entrada _____ de los niños
        25. (prematuro)

al mercado _____ no contribuye al ingreso _____ y, por el
   26. (laboral)   27. (familiar)

contrario, se ha comprobado que aumenta la pobreza al negárseles a los menores las oportunidades de estudio y superación.

(«Matando el futuro», _El Diario / La Prensa_; 27 de noviembre de 1997, suplemento dominical, p. 8A.)

Preguntas

1. Según este artículo, ¿qué situación de muchos niños en Latinoamérica compromete
el futuro político y económico de la región? ¿Por qué?

_____

_____

2. En su opinión, ¿cómo se puede cambiar esta situación alarmante?

_____

_____

B. Lea el siguiente artículo sobre una cooperativa que ofrece oportunidades para los niños y jóvenes de El Salvador. Complete las oraciones con un adjetivo o adverbio apropiado de la lista. Entonces, conteste las preguntas.

actualmente	enconada	realizadas	tanto
algunas	inicialmente	recientemente	típicos
aproximadamente	innovadora	semanales	todas
cierto	nuestro	situada	
diariamente	pequeña	sola	
donadas			
emocionales			

Desarrollo sobre ruedas

VOCABULARIO

la clave key		**provenir** to derive	
concebido conceived		**sembrar** to sow seeds	
padecer to suffer		**el taller** shop	
el plaguicida pesticide		**la utilidad** profit	
promover to promote		**el vivero** nursery	

Una _____ cooperativa ciclista de Guarjila, en El Salvador, está sembrando
      1.

para el futuro, en más de un sentido. La Cooperativa Ciclista Los Tamarindos —cuyo

nombre proviene de una fruta de la región— fue concebida _____ como
                                                                    2.

parte de un programa de salud mental para los jóvenes, pero desde que se inició hace dos años ha extendido sus actividades, incluyendo tres proyectos de viveros de árboles, y los resultados —sin mencionar las utilidades— son promisorios para el futuro de esta

_____ comunidad.
      3.

Guarjila se halla a _____ dos horas de viaje en camión al nordeste de
                          4.

San Salvador, en el departamento de Chalanango. La mayoría de sus 3.000 habitantes depende de la agricultura de subsistencia para alimentar a sus familias. John Giuliano, trabajador de salud mental de los Estados Unidos que ha trabajado durante ocho años como voluntario en Guarjila, desarrolló el proyecto Los Tamarindos como una oportunidad para promover el diálogo entre los adolescentes mientras hacen ejercicio y activi-

dades en grupo. Además de los _____ factores de tensión derivados de la
5.

adolescencia, los jóvenes de Chalatenango padecen de muchas heridas _____
6.

como resultado de la _____ guerra civil de El Salvador. Las bicicletas—
7.

_____ ellas de montaña y... para niños— fueron _____ como
8. 9.

resultado de campañas populares _____ en Marquette, Michigan y
10.

Boulder, Colorado. La cooperativa, que comenzó con una _____ bicicleta,
11.

cuenta _____ con treinta, con un taller de reparaciones dirigido por la co-
12.

operativa. Los Tamarindos atrae _____ a varones como a niñas de siete a
13.

diecisiete años.

_____ la cooperativa ha asumido un papel social más amplio, gracias a la
14.

semilla de la margosa, originaria de Pakistán, es un ingrediente clave de los plaguicidas
orgánicos, y ha sido utilizada con éxito en el Sudeste de Asia, Africa Oriental, Fiji y

_____ partes de Centroamérica.
15.

En el primer año de su plantación y producción, la cooperativa ha vendido 25.000 árboles y ha donado otros 25.000 a proyectos de reforestación de la zona. Las utilidades de
este año también han ayudado a enviar a quince jóvenes de Guarjila a una escuela

preparatoria _____ en Chapas...
16.

Existen dos estipulaciones para poder utilizar las bicicletas: los miembros deben

asistir _____ a la escuela y a las reuniones _____ de la
17. 18.

cooperativa, y trabajar un _____ número de horas en el vivero.
19.

Guil, de diecisiete años, describe así su experiencia en los Tamarindos: «Los jóvenes
de esta cooperativa trabajamos en el vivero y luego podemos andar en las bicicletas. Es

más que una cooperativa ciclista: es _____ futuro.
20.

(Mari Bonner, «Desarrollo sobre ruedas», *Américas*; vol. 48, no. 5, 1996, pp. 4–5.)

Preguntas

1.   ¿Por qué y cómo fue organizada la cooperativa ciclista de Guarjila?

_____

_____

2.   ¿Cómo se preparan estos jóvenes y la comunidad para el futuro?

_____

_____

T R A B A J O   C O O P E R A T I V O

A.   Formen grupos de cuatro a seis alumnos para leer y discutir la historieta y el artículo sobre la violencia en la televisión.

* El líder del grupo organiza el trabajo y ayuda a los demás.

* Todos leen la historieta y el artículo y hacen listas de los adjetivos y adverbios que se encuentran en ellos. Luego comparen sus listas.

* El grupo se divide en parejas, y cada pareja escoge y contesta preguntas diferentes sobre la historieta y/o el artículo.

   1.   ¿Por qué apagó la madre en la historieta la televisión?

   2.   ¿Qué observó la niña en el mundo real?

   3.   Según el artículo ¿qué aprenden los espectadores cuando la violencia se presenta sin castigo?

   4.   ¿Qué revelan las estadísticas sobre los resultados de la violencia presentados en la televisión?

   5.   ¿Cómo se contradicen los dos estudios sobre la violencia en la televisión mencionados en el artículo?

   6.   ¿Cómo se relacionan la historieta y el artículo?

* Cada pareja le presenta sus respuestas al grupo. Entonces todos discuten las siguientes preguntas:

   1.   ¿Promueven los programas de televisión la violencia en los jóvenes o solamente reflejan nuestra sociedad?

   2.   ¿Deben los padres controlar lo que ven sus hijos en la televisión?

* El grupo comparte sus respuestas con la clase.

Las televisiones norteamericanas dan buena imagen de los violentos

VOCABULARIO

a largo plazo   long term

el aprendizaje   learning

la cadena   network

el choque   clash

efectuado   accomplished

la empresa   industry

el hecho   fact

llevar a cabo   to carry out

la medida   measure

la pantalla   screen

el redactor   editor

Los responsables de actos violentos salen bien parados en un 73% de las películas y programas de las televisiones de los Estados Unidos, según un estudio llevado a cabo por cuatro universidades.

«Cuando la violencia se presenta sin castigo, los espectadores tienden a aprender la lección de que la violencia tiene éxito», aseguran los redactores del informe, el más amplio de los efectuados hasta ahora.

También se subraya el hecho de que, en la ficción de las pantallas, el 47% de los choques violentos no se traduce en daños físicos para sus víctimas y en el 58% de los casos ni siquiera hay expresiones de dolor. En cuanto a las consecuencias psíquicas o emocionales a largo plazo, sólo se reflejan en un 16% de las ocasiones.

El análisis revela, asimismo, que el 57% de la programación de las cadenas norteamericanas incluye contenidos violentos y estimula aprendizajes de violencia, una conclusión que contrasta con el estudio realizado en otoño por la Universidad de California—Los Angeles, en el que se decía que las medidas tomadas por las empresas para reducir la violencia en la programación se estaban empezando a notar.

(«Las televisiones norteamericanas dan buena imagen de los violentos», *El País*; 8 de febrero de 1996, p. 34.)

B. Formen grupos de cuatro a seis alumnos para leer y discutir sugerencias y advertencias sobre juguetes para niños.

- El líder del grupo organiza el trabajo y ayuda a los demás.
- Todos leen el artículo y hacen listas de los adjetivos y adverbios que se encuentra en él. Luego, comparen sus listas.
- Formen parejas o grupos de tres para contestar estas preguntas sobre el artículo:

   1. Según estudios recientes, ¿cuáles tipos de juguetes prefieren los niños?
   2. ¿Cómo pueden los padres asegurarse que los juguetes no representan un peligro físico para sus niños?
   3. ¿Cuáles juguetes didácticos recomienda el autor?
   4. ¿Cuáles son los peligros de los juegos electrónicos?
   5. ¿Qué les ofrece a los niños una pelota?
   6. ¿Por qué es un libro siempre un regalo perfecto para los niños?

- En parejas o grupos de tres, hagan un dibujo o un modelo de un juguete o juego original que refleje las sugerencias y advertencias del artículo.
- Preséntele y descríbale su juguete o juego ideal a su grupo.
- Finalmente, preséntele y explíquele sus juguetes o juegos originales a la clase entera.

En busca del juguete perfecto

VOCABULARIO

el desarrollo	development	**el estante**	shelf
desprenderse	to detach	**maleable**	malleable
desprendible	detachable	**primordial**	essential
distorsionada	distorted	**el rompecabezas**	puzzle
elegir	to choose	**el sinnúmero**	large variety
el empaque	package	**tragar**	to swallow

Es importante tener en cuenta que los juguetes no son para que los menores se entretengan, estos son también sinónimo de educación, desarrollo, creatividad e inspiración. «Resultados de estudios recientes señalan que a los niños les gusta más jugar con juguetes que estimulen la imaginación», aseguró el sicólogo educacional Isatar Schwager.

Los sicólogos infantiles indican que es importante conseguir el regalo adecuado para los niños de acuerdo con la edad y el desarrollo sicológico del menor. En los Estados Unidos, y en casi todo el mundo, los empaques de los juguetes indican la edad para la cual el artículo puede servir.

Si es posible los padres deben abrir las cajas antes de regalarlas para estar seguros de que los juguetes no tengan partes desprendibles que puedan representar un peligro para el niño. Anualmente un gran número de menores sufre accidentes —especialmente asfixia—debido a que los juguetes tienen pequeñas partes que se desprenden y que los niños pueden tragar.

«Muchos niños mueren innecesariamente por juguetes que todavía se consiguen fácilmente en los estantes», aseguró Tracy Shelton de la Oficina de Interés Público en Nueva York...

Otro de los aspectos que es importante tener en cuenta es la creatividad que el juguete le permite desarrollar al menor. Existe un sinnúmero de juguetes didácticos que permiten que el menor pueda desarrollar su imaginación, su interés y su creatividad. Los sicólogos insisten en que los juguetes maleables, los que pueden transformarse o los que son en bloques dan la oportunidad al niño de construir y de crear mientras juega.

Con relación a este tipo de juguetes los expertos en educación infantil recomiendan los rompecabezas, los bloques y los juguetes que tengan sonidos incorporados, luces, colores y formas.

Actualmente existe una variedad extensa de libros electrónicos que le permiten a los niños escuchar las voces cuando están leyendo. Esto es fundamental para el desarrollo del vocabulario del menor al tiempo que aprenden divirtiéndose...

Los juegos electrónicos... para las computadoras han invadido el mercado con una variedad de estilos, temática y diseños que permiten que los niños aprendan a tener un contacto directo con la computadora personal. Pero tenga cuidado al elegir el adecuado para su hijo ya que estos juegos pueden mantener al menor sentado por horas enfrente del televisor. Además hay que asegurarse de que el juego no tenga elementos violentos que envíen mensajes erróneos a los menores. Esto es primordial ya que los niños internalizan lo que aprenden a través de estos juegos y muchos presentan una versión distorsionada de la realidad...

Siempre es importante regalar juguetes que inviten a los menores a practicar algún deporte. Una pelota, es siempre bien recibida... A través de las generaciones, este es el juguete que trae satisfacción y alegría entre los niños...

Y por último, un libro siempre es el regalo perfecto, no sólo para los adultos sino también para los niños, ya que estos abren el mundo literario desde muy temprana edad...

(«En busca del juguete perfecto», *El Diario / La Prensa*; 15 de diciembre de 1996, suplemento dominical, pp. 7–8.)

M A S T E R Y   A S S E S S M E N T S

A. Lea el artículo sobre un problema del cual padecen muchos adolescentes y que se puede evitar. Complete las oraciones con la forma apropiada del adjetivo o de un adverbio formado del adjetivo dado. Luego, conteste las preguntas.

Jóvenes y sordos

VOCABULARIO	
a tope at full blast	**la exposición** exposure
la audición hearing	**la lesión** injury
el audiólogo audiologist	**el nivel** level
el caracol cochlea	**rebajado** lowered
el daño damage	**la sordera** deafness
el decibel decibles	**el zumbido** buzzing

Los jóvenes no tendrán que esperar a hacerse _____ para ser
                                                                1. (viejo)

_____. Además de los ruidos _____ que están _____
    2. (sordo)   3. (común)   4. (obligado)

a soportar, ellos se someten _____ a los _____ ritmos de dis-
                              5. (voluntario)   6. (atronador)

cotecas... Salen con un zumbido en la cabeza...

En _____ casos, la audición disminuye. Se trata de una _____
   7. (este)   8. (pequeño)

lesión que, al cabo de unas horas, se cura. Pero ante la exposición _____ a
                                                                     9. (continuado)

la música a tope, llega un momento en que el oído no se recupera.

Es una enfermedad que padecen, _____, los músicos de rock... dos
                                10. (inevitable)

horas diarias a cien decibelios son _____ para garantizar _____
                                    11. (suficiente)   12. (su)

sordera.

La audióloga María Rosa de Cárdenas reconoce que vivimos en una sociedad bas-

tante _____. Ahora se han rebajado los niveles de ruido _____,
      13. (inconsciente)   14. (permitido)

porque se producen lesiones. Pero no es un problema de legislación, sino de aplicación.

El ruido tiene dos consecuencias para la salud. «El aumento de estrés que crea vivir en una sociedad _____ y el daño o las lesiones que produce. Mientras el

15. (ruidoso)

ruido no supere los 85 decibelios durante ocho horas al día, no se produce _____

16. (ninguno)

lesión en el oído», afirma Rosa de Cárdenas... Una calle con tráfico, en el momento en que pasa un camión o una moto, puede llegar a puntas de 90–95 decibeles. Pero eso no resulta

_____, porque sólo dura un momento.

17. (dañino)

Según la audióloga, las lesiones de caracol no sólo tienen como consecuencia que se oiga menos _____ es que también se oiga peor:.. distorsionan los sonidos y

18. (frecuente)

no entienden bien. Es lo que les sucede a los ancianos, que no necesitan que se les hable más alto sino más _____.

19. (lento)

_____ consecuencia de estar _____ a un ruido

20. (Otro)   21. (sometido)

_____ son sonidos que se perciben y que no responden a una estimulación

22. (intenso)

_____. _____ personas lo pasan muy mal y tienen un

23. (externo)   24. (Este)

tratamiento _____...

25. (difícil)

(«Jóvenes y sordos», *Cambio 16*; 5 de agosto de 1996, p. 65.)

Preguntas

1. ¿Por qué padecen de lesiones de caracol muchos adolescentes?

   _____

   _____

2. ¿Cuáles son los efectos de estas lesiones?

   _____

   _____

3. Compare los problemas auditivos de los jóvenes con los de los ancianos. ¿En qué se parecen?

   _____

   _____

4. En su opinión, ¿qué pueden hacer los jóvenes para evitar estos problemas?

_____

_____

B. En cada una de las siguientes oraciones hay un error gramatical. Elija la parte que hay que cambiar para que cada oración sea gramaticalmente correcta, y escriba la letra de la palabra equivocada.

Salvemos a los niños

1. _____ Decir hoy que la mayoría de los niños de la región son pobres e <u>indefensos</u>
    A

   <u>jurídico</u> y <u>políticamente</u> constituye una descripción breve y nada
    B C

   <u>exagerada</u> de la situación de la infancia en América Latina y el Caribe.
    D

2. _____ <u>Este</u> situación compromete en forma alarmante el futuro político y
    A

   económico de la región, ya que son ellos quienes están adquiriendo desven-

   tajas <u>sociales</u> <u>permanentes</u>, y quienes tendrán a <u>su</u> cargo el manten-
    B C D

   imiento de la estabilidad política y económica en el futuro.

3. _____ «Quizá no existe <u>otro</u> sector social en el que las promesas de la ciudadanía
    A

   estén más gravemente <u>incumplida</u> que el de los niños y los jóvenes», dice
    B

   Rodrigo Quintana, abogado <u>chileno</u> de 33 años <u>recientemente</u> nombrado
    C D

   director general del Instituto Interamericano del Niño (IIN).

4. _____ Quintana ha concentrado <u>su</u> esfuerzos en los problemas que <u>todas</u> las na-
    A B

   ciones americanas comparten en materia de salud, educación y bienestar de

   la niñez y ha reorientado los recursos del IIN en apoyo de los Estados

   miembros en <u>sus</u> esfuerzos por resolver <u>esos</u> problemas.
    C D

5. _____ La carencia de políticas <u>educacional</u> <u>adecuadas</u> a la <u>actual</u> situación de
    A B C

   América Latina y el Caribe, y el bajo nivel de gasto público en el sector son

   motivo de <u>gran</u> preocupación.
    D

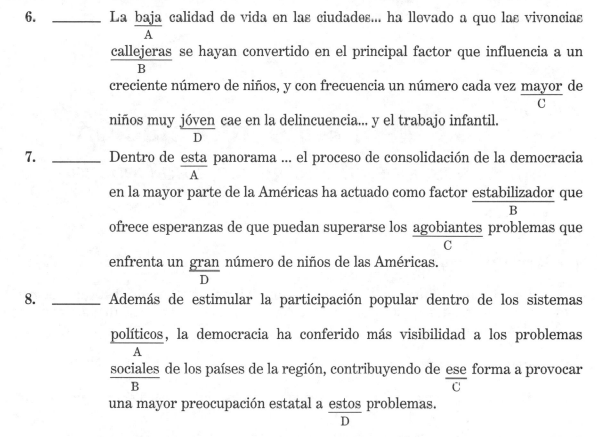

6. _____ La <u>baja</u> calidad de vida en las ciudades... ha llevado a que las vivencias
   A
   <u>callejeras</u> se hayan convertido en el principal factor que influencia a un
   B
   creciente número de niños, y con frecuencia un número cada vez <u>mayor</u> de
   C
   niños muy <u>jóven</u> cae en la delincuencia... y el trabajo infantil.
   D

7. _____ Dentro de <u>esta</u> panorama ... el proceso de consolidación de la democracia
   A
   en la mayor parte de la Américas ha actuado como factor <u>estabilizador</u> que
   B
   ofrece esperanzas de que puedan superarse los <u>agobiantes</u> problemas que
   C
   enfrenta un <u>gran</u> número de niños de las Américas.
   D

8. _____ Además de estimular la participación popular dentro de los sistemas
   <u>políticos</u>, la democracia ha conferido más visibilidad a los problemas
   A
   <u>sociales</u> de los países de la región, contribuyendo de <u>ese</u> forma a provocar
   B C
   una mayor preocupación estatal a <u>estos</u> problemas.
   D

(«Salvemos a los niños», *Américas*, enero/febrero de 1997, vol. 49, no. 1, pp. 54–55.)

PORTFOLIO ASSESSMENTS

1. Adapte un cuento de hadas u otro cuento juvenil en un guión en español. Cree un video para los niños hispanohablantes de su comunidad. Pídales a algunos miembros de su clase de español que hagan los papeles de los personajes del cuento. Presénteles su video a algunas clases bilingües o a niños que estén aprendiendo español como segunda lengua.

2. Su club de español decide ofrecer servicios a la comunidad. Ud. está encargado de buscar e identificar los centros, agencias, organizaciones y grupos que necesiten voluntarios jóvenes que hablen español. Después de investigar éstos, cree un folleto con descripciones detalladas de cada sitio y del trabajo voluntario requerido. Incluya los números de teléfono y los nombres de las personas a llamar para ofrecer el servicio. Distribuya los folletos a los miembros del club.

C H A P T E R

Los Medios de Información
Prepositions, Interrogatives, and Negation

17.1. PREPOSITIONS

Prepositions unite words in a sentence and express relationships between them. Complete the pre-test that follows noting the uses of the prepositions that are explained in this chapter.

PRUEBA PRELIMINAR

¿Le gusta el chocolate? Lea el artículo y complete las oraciones con *a, en, de, con, por* o *para*, según el sentido de la lectura. Luego, conteste la pregunta.

Chocolateros cultivan el vicio en Internet

VOCABULARIO

adivinar guess	**la pantalla** screen
el dato fact	**los primeros auxilios** first aid
derretido melted	**la red** network
derroche extravagance	**el rostro** face
esclarecer clear up	**la sonrisa** smile
las palabras cruzadas crossword puzzle	**la vergüenza** shame

---

Al contrario de otros tipos _____ vicios, el provocado _____
$\qquad$ 1. $\qquad$ 2.

el chocolate parece no tener _____ su imaginario vergüenza o el sufri-
$\qquad$ 3.

miento. _____ un chocolatero, inmerso en su vicio helado, derretido o
$\qquad$ 4.

caliente, hay sensación _____ alegría y derroche. _____
$\qquad$ 5. $\qquad$ 6.

lo general, el espíritu que anima _____ los chocolateros anónimos es el
                                    7.
de cultivar el vicio en vez de evitarlo.

_____ ellos, esta sustancia marrón que provoca la sonrisa
            8.
_____ el rostro de todos puede ser consumida de cualquier manera, y la
         9.
lista _____ variantes que tienen _____ ofrecer es
          10.   11.
larguísima: hay bombones de chocolate... _____ frutas tropicales, y
                                              12.
hasta _____ yogur. Los miembros de esta secta _____
          13.   14.
«adoradores del chocolate» que hay en todas partes del planeta... y que se mantienen
en contacto a través de la computadora, acostumbran a publicar en pantalla la receta
del mes así, _____ ejemplo, enseñan cómo preparar un *pollo asado al*
                  15.
chocolate...

Otra de las atracciones que unen _____ estas personas son las palabras
                                      16.
cruzadas... Suelen divertirse armando juegos en los que hay que adivinar y acertar:
«¿Qué famoso general del siglo 18 llevaba chocolate _____ comerlo antes
                                                        17.
de cada batalla?»... _____ más datos, buscar: http://www.monash.edu.au.
                          18.
La red Internet guarda también placeres _____ los adoradores del
                                              19.
chocolate... El más completo templo electrónico _____ internautas
                                                      20.
chocolateros está en *http:/bc.emanon.net/chocolate*.

Allí aparecen listados, _____ orden alfabético, de las redes que dan
                              21.
acceso, tanto a la fabricación _____ barras como a las asociaciones de
                                    22.
chocolateros anónimos y revistas. Una _____ las opciones más buscadas
                                            23.
o preferidas es un listado _____ empresas que ofrecen primeros auxilios
                                24.
_____ chocolateros _____ crisis.
        25.   26.
_____ esclarecer cualquier pregunta relativa _____
        27.   28.
historia, composición, conservación y efectos de la mousse _____ choco-
                                                                  29.
late _____ el organismo, se puede recurrir a Internet. En la página
          30.

http://www.inquisitivecook.com/text/chocolate.html un especialista electrónico, el doctor Mousse, contesta preguntas y da recetas.

(«Chocolateros cultivan el vicio en el Internet», *Tiempos del mundo*; 1 de mayo de 1997, p. 60.)

Pregunta

¿Cómo ayuda el Internet a los chocolateros?

17.2.   USES OF PREPOSITIONS

1.   *A* is used to indicate:

a. Motion	**Vamos *a* su casa.**
b. Situation	**Está *a* la derecha.**
c. Time	**Nos veremos *a* las siete.**
d. Manner	**Llegaré *a* pie.**
e. Direct object (personal *a*)	**Quiero visitar *a* María.**
f. Indirect object	**Le mandé una carta *a* María.**

2.   *En* is used to indicate:

a. Location	**Se encuentran *en* el aeropueto.**
b. Extent of time	**El avión despega *en* veinte minutos.**
c. Manner	**Prefieren viajar *en* avión.**
d. Amount	**El precio del boleto ha disminuido *en* un 10 por ciento.**

3.   *De* is used to indicate:

a. Origin	**Mis primos son *de* Florida.**
b. Movement	**Vinieron *de* Miami ayer.**
c. Possession	**Es el equipaje *de* Ana, la chica de ojos azules.**
d. Characteristics	**La maleta *de* cuero es mío.**
e. Content	**Lleva una botella *de* agua.**
f. Manner	**Viajamos *de* noche.**
g. Topic	**Hablamos *de* la familia.**
h. Cause	**Estamos locos *de* alegría.**

4.   The preposition *con* expresses:

a. Means	**Abre el paquete *con* tijeras.**
b. Manner	**Lo agradece *con* dignidad.**
c. Accompaniment	**Practica *con* su equipo.**
d. "in spite of"	***Con* todo su esfuerzo, no ganaron el partido.**

5. *Sobre* expresses:
   a. "About"   Me habla sobre *sus* problemas.
   b. "On top of"   Su sombrero está *sobre* la mesa.

6. *Para* expresses:
   a. purpose   Leemos *para* aprender.*
   b. destination   Salió *para* la ciudad.
   c. recipient   Trajo esta revista *para* ti.
   d. time limit   *Para* mañana, lee el artículo.
   e. opinion   *Para* mí, la cuestión no es urgente.
   f. comparison   *Para* un joven, tiene mucha experiencia.

7. *Por* expresses:
   a. Motive   Recibió una medalla *por* ganar la competencia.
   b. "Through"   Caminaron *por* el estadio.
   c. Duration of time Se prepararon a competir *por* dos años.
   d. Non-specific time Jugarán *por* la tarde.
   e. Substitution   Participó *por* un miembro enfermo del equipo.
   f. "In exchange for" Pagaron cincuenta dólares *por* los boletos.
   g. Means   Los mandaron *por* correo.
   h. "For the sake of" Compitió *por* su país.
   i. "By" (in the passive) Fue vencido *por* su rival.

Common expressions with *por* are:

por casualidad	by chance	**por lo general**	generally
por consiguiente	consequently	**por (lo) tanto**	therefore
por eso	that is why	**por nada**	for nothing
por fin	finally	**por supuesto**	of course

NOTE: When a verb follows a preposition, it is always in the infinitive form.

Some common prepositions used before infinitives are:

a	**después de**	**hasta**
al	**en**	**para**
antes de	**en lugar de**	**por**
con	**en vez de**	**sin**
de		

17.3. INTERROGATIVES

1. Forms

INTERROGATIVES			
qué	*what*	**cuándo**	*when*
por qué	*why*	**dónde**	*where*
para qué	*for what purpose, what for*	**adónde**	*where to*
cuál(-es)	*which*	**cómo**	*how*
quién(-es)	*who*	**cuánto(-a, -os, -as)**	*how much, how many*

2. Uses

   a. *Qué* is used to ask questions about identification, definition, or qualities.

¿Qué miras en la televisión?	*What are you watching on TV?*
¿Qué significa esta frase?	*What does this sentence mean?*

   b. *Por qué* is used to ask for the reason or cause of a situation or event.

¿Por qué se rieron de las noticias en la radio?	*Why did they laugh of the news on the radio?*

   c. *Para qué* is used to ask for the purpose or intent of an action or event.

¿Para qué me llamó?	*For what purpose did he/she call?*
¿Para qué presentan este anuncio especial?	*What are they presenting this special ad for?*

   d. *Cuál(-es)* (Which) is used to distinguish one object or person or group of objects or persons from each other.

¿Cuál periodista prefiere Ud.?	*Which journalist do you prefer?*
¿Cuáles revistas lee Ud. generalmente?	*Which magazines do you generally read?*

   e. *Quién(-es)* (Who) is used to ask about a person or persons.

¿Quién leyó el artículo?	*Who read the article?*
¿Quiénes aparecieron en el programa hoy?	*Who appeared on the program today?*

   f. *Cuándo* (When) is used to ask for the time an event occurs or occurrred.

¿Cuándo empieza el espectáculo?	*When does the show start?*

   g. *Dónde* (Where) is used to ask for the location of a situation or event.

¿Dónde filman la película?	*Where are they filming the movie?*

   h. *Adónde* (To where, where to) is used to ask for a destination.

¿Adónde va el autobús?	*Where is the bus going to?*

i. *Cómo* (How) is used to ask for a description or for the manner in which something is done.

¿Cómo se ve Elena hoy?	*How does Elena look today?*
¿Cómo va a vestirse para la entrevista?	*How is she going to dress for the interview?*

j. *Cuánto* (*-a, -os, -as*) (how much; many) asks for a number, amount or quantity. When it functions as an adjective or pronoun, it agrees with the noun modified. It stays in the masculine singular form when it functions as an adverb.

¿Cuántas revistas lees durante la semana?	*How many magazines do you read during the week?*
¿Cuánto pan comieron los invitados?	*How much bread did the guests eat?*
¿Cuánto cuesta esta computadora?	*How much does the computer cost?*

NOTE: All interrogatives have accent marks.

17.4. NEGATION

1. Forms

NEGATIVE		AFFIRMATIVE	
nadie	*no one, nobody*	**alguien**	*someone, somebody*
ninguno(-a,-os,-as), ningún (before a masculine singular noun)	*no one, none*	**alguno(-a,-os,-as), algún** (before a masculine singular noun)	*some*
nada	*nothing*	**algo**	*something*
nunca, jamás	*never*	**siempre**	*always*
tampoco	*neither*	**también**	*also*
ni tampoco	*not . . . either*	**y también**	*and also*
ni siquiera	*not even*	**y también**	*and also*
ni... ni	*neither . . . nor*	**o... o**	*either . . . or*

2. Uses and Placement

a. Negation may be expressed by placing *no* before verbs.

No tengo dinero para el boleto.	*I don't have money for the ticket.*

b. Other negatives may be placed after the verb when *no* precedes it, or before the verb when *no* is omitted.

No escucho *nunca* la radio por la mañana or	*I never listen to the radio in the morning.*
Nunca escucho la radio por la mañana.	

c. Double negatives may be included in one sentence, unlike English.

No veo *nunca* a *nadie* cuando salgo para la escuela.	*I never see anyone when I leave for school.*

d. Negatives may be used as brief responses.

Yo no voy al cine, ¿y tú?	*I'm not going to the movies, and you?*
Yo tampoco.	*Me either.*
¿Qué quieres tomar?	*What would you like to drink.*
Nada.	*Nothing.*

e. *Nada* may be used as a pronoun or as an adverb to mean *not at all.*

No he visto *nada* en la televisión esta tarde.	*I haven't seen anything at all on TV this afternoon.*
Los programas no son nada interesantes.	*The programs are not interesting at all.*

f. A negative is used in comparisons, when implied.

Se ve mejor que *nunca*.	*It looks better than ever.*
Lo quiero más que *nada*.	*I love it more than anything.*

g. Negatives are used after *sin* and *sin que*.

Él la miró *sin* decir *nada*.	*He looked at her without saying anything.*
Ella salió *sin que nadie* la viera.	*She left without anyone seeing her.*

h. Negatives precede *sino* (but).

No busca las noticias en la radio, *sino* en la televisión.	*He / She does not search for the news on the radio, but rather on TV.*

E J E R C I C I O S

A.   ¿Cuáles son sus medios de información preferidos? Conteste las siguientes preguntas. Sírvase de las palabras o expresiones sugeridas y úselas en sus respuestas.

1.   Para enterarse de las noticias del día, ¿lee el periódico, mira la televisión, o usa el Internet? Explique.

   (a) siempre   (b) nunca   (c) ni... ni   (d) o... o

   _____

   _____

2.   ¿Escucha la radio cuando estudia o trabaja? Explique.

   (a) siempre   (b) nunca   (c) ni... ni   (d) ni siquiera

   _____

   _____

3. ¿Hay cualquier programa de información que prefiere? ¿Cuál? ¿Por qué?

   (a) alguno(s)   (b) ninguno(s)   (c) nada   (d) algo

   _____

   _____

4. ¿Hay cualquier locutor que prefiere? ¿Quién? ¿Por qué?

   (a) alguien   (b) nadie   (c) algún   (d) ningún

   _____

   _____

5. ¿Cuándo y cómo usa los varios medios de información? Explique.

   (a) siempre   (b) nunca   (c) también   (d) tampoco

   _____

   _____

B. Las siguientes son preguntas que se le han hecho al famoso cantante Ricky Martin. Lea cada una de las preguntas y coloque la palabra interrogativa adecuada. Busque las respuestas en revistas populares, en el Internet o con amigos que tengan la información.

Ricky Martin

1. ¿_____ es el verdadero nombre de Ricky Martin?

2. ¿_____ nació Ricky? y ¿_____ es su signo zodiacal?

3. ¿_____ mide?

4. ¿En _____ idiomas ha grabado?

5. ¿_____ se llama la canción tema del campeonato mundial de fútbol 1998?

6. ¿_____ vive actualmente?

7. ¿_____ hermanos tiene? y ¿_____ se llaman?

8. ¿_____ es el segundo apellido de Ricky Martin?

   Ahora que ya ha hecho el ejercicio anterior con Ricky Martin, piense en otra persona famosa a la que le gustaría entrevistar. Formule sus propias preguntas usando las palabras interrogativas sugeridas a continuación. Entonces busque las respuestas en los varios medios de comunicación.

1. ¿Cuál(-es) _____?

2. ¿Cuánto(-a, -os, -as) _____?

3. ¿Cómo _____?

4. ¿Qué _____?

5. ¿Dónde _____?

6. ¿Quién(es) _____?

6. ¿Por qué _____?

7. ¿Cuándo _____?

C. Lea el siguiente artículo sobre la radio en España completando las frases con la forma apropiada de *por* o *para*. Entonces conteste las preguntas.

Historias de la radio

VOCABULARIO	
caduco outdated	**el mando de distancia** remote control
el chiste joke	**el menosprecio** scorn
la eclosión blossoming	**el papel** role
la emisora broadcaster	**el peligro** danger
el esfuerzo effort	**preponderante** dominant
la inversión investment	**el radioyente** radio listener
investirse to be invested	**sesudo** sensible
el locutor announcer	**superar** to surpass
la llamativa enticing	**la ubicación** position

Aunque tanto _____ volumen de inversión como _____ im-
                        1.   *2.*

pacto global sobre el público, la televisión sigue siendo el medio publicitario rey

_____ excelencia, la radio ocupa en España un papel muy relevante. Casi
        3.

60,000 millones de pesetas se invirtieron en 1996, en las fórmulas de hacer publicidad en radio... Además, la radio, que podría ser considerado el primer medio de la modernidad, ha superado el nacimiento y la eclosión de otros medios que auguraban su desaparición o su ubicación en un lugar secundario. La realidad se ha encargado de demostrar lo contrario y, finalmente, el video no mató a la estrella de la radio sino todo lo contrario.

Desde las grandes cadenas nacionales hasta la emisora local del pueblo más pequeño, la radio es sinónimo de inmediatez, proximidad y compañía _____ el
4.
que la escucha... Pero, a pesar de su protagonismo y de su audiencia, la radio no ha conseguido en España una calidad publicitaria tan llamativa como en TV o en prensa escrita.

Según la mayor parte de los publicitarios, se siguen empleando recursos creativos

caducos, _____ no decir desastrosos, a la hora de realizar piezas publici-
5.
tarias _____ la radio. Y eso que se dispone de medios de alta tecnología que
6.
permitirían desarrollar la creatividad en el medio con calidades verdaderamente notorias. Los diferentes estudios de sonido que existen en España ofrecen a los profesionales de la publicidad medios, tanto humanos como técnicos, que nada tienen que envidiar a los em-

pleados _____ la realización de una película publicitaria _____
7.   8.
televisión.

Lo que parece evidente es que existe un cierto olvido, o incluso menosprecio,

_____ el medio radio desde la perspectiva profesional del creativo publici-
9.
tario. Siempre se le ha considerado como un soporte complementario, _____
10.
no decir secundario. Así el esfuerzo que se pone a la hora de hacer una campaña obtiene siempre una mayor concentración en otros medios, sobre todo en la televisión, en detrimento de la radio.

_____ otra parte, existe una clara disociación entre los contenidos del
11.
medio y la publicidad que se emite en él. Al lado de sesudas reflexiones sobre la actuali-

dad política, deportiva o económica, emitidas _____ especialistas de presti-
12.
gio y junto al papel que ejercen como auténticos líderes de opinión algunos conductores de los programas de radio de mayor audiencia, nos encontramos con mensajes publicita-

rios que pretenden notoriedad _____ medio del chiste fácil, el contenido
13.
plano o la mera, y a veces mala, adaptación...

Algunos piensan que aunque que, aunque la radio permite realizar otras actividades mientras se escucha, pronto nos encontraremos con un fenómeno... ante la publicidad,

similar al de la televisión. En este caso, el peligro de la desconexión _____
14.
parte del radioyente hacia la publicidad es todavía más grave que en el de la televisión,

dado que, _____ lo general, no existe la facilidad del mando de distancia
15.
_____ cambiar, sino que se trata de una actitud más activa _____
16.   17.
parte del público y, _____ tanto, más definitiva.
18.

Si la radio como medio de comunicación tiene un papel preponderante, la publicidad que se emite en ella debe estar sujeta a un cuidado profesional exquisito...

La radio llega al público de forma directa y asociada a la credibilidad de sus locu-

tores. _____ tanto se exige un esfuerzo _____ parte de
           19.   *20.*

todos, publicitarios, anunciantes y emisoras, _____ mejorar la calidad de
                                                         21.

los contenidos de las formas si no se quiere perder la capacidad, que todavía tiene la radio española, como canal de información publicitaria de primer orden.

(«Historias de la radio», *Cambio 16*; 28 de julio de 1997, no. 1.339, p. 81.)

Preguntas

Complete las preguntas usando la palabra interrogativa apropiada. Escoja: *¿Qué, Cuál(-es), Cuántos(-as), Por qué, Dónde, Quién(-es), Cuándo, Cómo?* Entonces contéstelas.

1. ¿_____ es el medio publicitario más popular de España?

   _____

   _____

2. ¿_____ sigue siendo importante la radio como medio de información a

   pesar de los otros medios modernos?

   _____

   _____

3. ¿_____ es la calidad de la tecnología de sonido en España?

   _____

   _____

4. ¿_____ son los problemas de los mensajes publicitarios en la radio en

   España?

   _____

   _____

5. ¿_____ sugiere el autor del artículo?

   _____

   _____

6. ¿_____ escucha Ud. la radio, por la mañana o por la tarde?

_____

_____

7. ¿_____ es su opinión de la publicidad en la radio local y nacional?

_____

_____

T R A B A J O   C O O P E R A T I V O

Formen grupos de cuatro a seis alumnos para leer y discutir el siguiente artículo sobre la publicidad en la televisión.

- El líder del grupo organiza el trabajo y ayuda a los demás.
- Todos leen el artículo, subrayando y notando los usos de las preposiciones.
- El grupo se divide en parejas. Cada pareja contesta dos (o tres) preguntas.
- El grupo discute las respuestas a las preguntas.
- El grupo compara la situación de la publicidad en la televisión en los Estados Unidos con la situación en España, que se describe en este artículo. ¿Cuáles son las semejanzas y diferencias?
- El grupo crea un anuncio de alta calidad que refleja las recomendaciones del artículo, y lo presenta a la clase entera.

Publicidad

VOCABULARIO

aprovechar	to take advantage	**el peligro**	danger
la apuesta	bet	**potenciar**	strengthen
la autopista	highway	**preciarse**	to value oneself
la desviación	deviation	**retirarse**	go away
imparable	unstoppable	**el sondeo**	survey
mezclarse	to mix	**el survey**	survey
el nivel	level	**valorado**	valued

No hay presentador de televisión que se precie que no recurra al «vamos a publicidad, no se retiren». Desde la llegada de las cadenas privadas y la consiguiente lucha por las audiencias, los bloques publicitarios se han convertido en un momento de pánico: se teme que el espectador aproveche para cambiar de canal y encuentre algo que atraiga más su atención. Según encuestas recientes y los datos de las propias televisiones, la audiencia puede llegar a caer, durante la emisión de la publicidad, hasta un 70 por ciento. Sin embargo, en diferentes sondeos de opinión, la publicidad como expresión siempre es valorada y apreciada por el público, llegando a manifestar, en porcentajes muy altos, que la publicidad les gusta. ¿Por qué, entonces, huyen de ella?

Para la mayor parte de los profesionales, la causa se encuentra en la configuración de los espacios en los que se emiten los anuncios: se alargan en exceso, a pesar de las normativas, se mezclan con espacios de autopromoción de las emisoras, interrumpen películas en momentos cruciales, etc. Existe una disociación entre programación y publicidad, problema al que se une una evidente saturación publicitaria También, aunque no todos lo reconozcan, la calidad ... deja bastante que desear. Como muestra, un dato: en 1989, el número medio de pases de un anuncio por campaña era de 22, con lo que se conseguía alcanzar un nivel de recuerdo entre el público de un 53 por ciento. En la actualidad, y en el mejor de los casos, se necesita una media de 120 pases. Evidentemente, hay más cadenas, las programaciones son más extensas y la oferta de medios es más variada.

Sin embargo, la apuesta por la cantidad parece ser el único instrumento de televisiones y anunciantes para alcanzar eficacia publicitaria. Al haber aumentado la oferta, disminuye el coste, con lo cual se puede comprar más: en 1989 el coste medio por minuto de publicidad era de 3,6 millones de pesetas. En 1996, de 700,000.

Pero la carrera sigue imparable, la presencia publicitaria global en las televisiones españolas aumentó un 2,2 por ciento en 1996 respecto al año anterior. ¿Nadie se ha detenido a pensar en que si la publicidad es apreciada por el público sería mucho más eficaz potenciar su valor como medio de información elevando la calidad?

Los nuevos medios, como las autopistas de la información, y la aparición de ofertas televisivas a la carta, pueden ocasionar, a medio plazo, una importante desviación de la inversión publicitaria en las cadenas convencionales. Se es consciente del problema y el peligro que conlleva, pero nadie se atreve a buscar una solución. Si se tarda mucho podría ser demasiado tarde.

(«Publicidad», *Cambio 16*; 14 abril 1997, no. 1.234, p. 82.)

Preguntas

1. ¿Por qué recurren los presentadores de televisión al «vamos a publicidad, no se retiren»?

2. ¿Por cuáles razones huye el público de los anuncios en la televisión?

3. ¿Qué recomienda el autor?

4. ¿Qué quiere decir el autor cuando dice, «si se tarda mucho podría ser demasiado tarde.»

B. Formen grupos de cuatro a seis alumnos para investigar y discutir el tema de «la libertad versus el ejercicio responsable de la profesión informativa».

- El líder del grupo organiza el trabajo y ayuda a los demás.

- El grupo prepara una encuesta para averiguar las opiniones de los estudiantes en su clase y/o escuela sobre la necesidad de un código ético versus la libertad total de la profesión informativa. Use palabras interrogativas, por ejemplo: *¿qué?, ¿cómo?, ¿cuál(es)?, ¿quién(es)?, ¿por qué?, ¿para qué?, ¿cuándo?* y *¿dónde?*.

- Los miembros del grupo le entregan la encuesta a sus compañeros de clase. Luego recogen, analizan y discuten las respuestas.

- El grupo prepara una lista de derechos y reglas para la prensa y otros medios de información de su escuela o comunidad. Y le presenta sus conclusiones y listas a la clase. Use las palabras sugeridas, según sea necesario.

nunca	**nada**	**sino**
tampoco	**también**	**siempre**
ninguno(-a, -os, -as)	**o... o**	
ni siquiera	**ni... ni**	

C. Formen grupos de cuatro a seis alumnos para discutir la siguiente historieta política española y compararla con una de los Estados Unidos.

- El líder del grupo organiza el trabajo y ayuda a los demás.

- Esta historieta política tiene imágenes del mural famoso de Pablo Picasso, «Guernica». En parejas busquen una foto y una descripción histórica de este mural, que representa una escena trágica de la Guerra Civil de España. Compartan lo que aprenden con el grupo.

- En parejas, busquen historietas políticas estadounidenses sobre el terrorismo o la violencia. ¿Cuáles son algunas semejanzas y/o diferencias entre las imágenes de los dos países? Escriban sus comparaciones usando algunas de las palabras sugeridas:

nada	**nunca**	**tampoco**
ni siquiera	**o... o**	
ni... ni	**sino**	
ninguno(a,-os,-as)	**también**	

- Cada pareja comparte las historietas políticas y las comparaciones con el grupo y con la clase entera.

M A S T E R Y   A S S E S S M E N T S

Lea el siguiente artículo completando las frases con las preposiciones sugeridas. Puede usar cada preposición varias veces.

PREPOSICIONES: **a**   **al**   **en**   **sobre**   **con**   **por**   **para**

El hemisferio se conecta a través de CITEL

VOCABULARIO

alcance reach   **entorno** environment   **normas** rules, guidelines

---

La comisión Interamericana de Telecomunicaciones (CITEL) es el órgano de telecomunicaciones de la Organización de los Estados Americanos. Su objetivo principal es facilitar el

establecimiento de infraestructuras de telecomunicaciones modernas _____ los
1.

Estados miembros de la OEA y estimular la expansión de tales redes _____ que
2.

sus beneficios estén _____ alcance de todos los pueblos del hemisferio.
3.

_____ el surgimiento de las comunicaciones digitales y la fusión de las tele-
4.

comunicaciones y la tecnología informática, ha cambiado el entorno de las telecomunicaciones en las Américas. El primero de los diversos factores que han motivado este cambio ha sido el

darse cuenta de que las telecomunicaciones son fundamentales _____ el cre-
5.

cimiento económico y tienen un efecto multiplicador _____ todos los aspectos de
6.

la sociedad. El comercio, la salud, la educación, el medio ambiente, las manufacturas y la banca

son algunas de las áreas afectadas directamente _____ la calidad de las teleco-
7.

municaciones... _____ el fin de lograr los cambios necesarios, también se re-
8.

conoció que el paso inicial del proceso es la creación de un entorno reglamentario favorable

_____ la inversión del sector privado.
9.

Durante los últimos años, la CITEL se ha convertido _____ un importante
10.

foro _____ que los gobiernos y el sector privado de las Américas puedan re-
11.

unirse y formular planes acerca de los ajustes reglamentarios y técnicos que estimularían el desarrollo de estas infraestructuras.

Cuando los gobiernos del hemisferio comenzaron a discutir la creación de una zona de

libre comercio _____ las Américas, dos importantes puntos fueron el papel que
  12.

desempeñan las telecomunicaciones y la armonización de normas _____ la in-
  13.

troducción de nuevas tecnologías y servicios. También se tomó conciencia de que, antes de su

participación _____ las conferencias mundiales _____ telecomu-
  14.   *15.*

nicaciones, se necesita contar _____ medios mucho más efectivos de negociar
  16.

posiciones regionales, _____ el fin de que los países de las Américas participen
  17.

de forma sustantiva _____ los cambios que estaban y aún siguen ocurriendo
  18.

_____ el entorno actual de las telecomunicaciones.
  19.

PORTFOLIO ASSESSMENTS

1. Haga una encuesta en su clase sobre las opiniones de los estudiantes acerca de «la cen-
    sura». Primero, investigue las leyes actuales y las que se han propuesto al respecto.
    Prepare preguntas sobre la censura de los varios medios de información incluyendo la
    televisión, las películas, la radio, los periódicos y el Internet. Escriba y presente los resul-
    tados de sus investigaciones y su propia opinión al respecto.

2. Cree y organice un sitio web para su clase o club de español. Incluya anuncios, editoriales,
    noticias y otras secciones que los miembros del grupo quieren publicar.

PART FOUR

COMPREHENSIVE TESTING

Listening, Reading, Writing, and Speaking

1

Multiple Choice
Part A: Listening

This section of the Advanced Placement Examination includes approximately 30 multiple-choice questions on short and long dialogs and narratives, and two oral selections of about five minutes, which may be interviews, broadcasts, cultural, or other everyday communication. Several samples of each type of selection follow along with strategies for approaching each of them.

I. Dialogs

Strategies: Since a brief introduction and both the dialogs and the questions about them are heard only once, it is necessary to pay very close attention. Listen with the following suggestions in mind.

The brief introduction by a narrator before each dialog gives you the setting. It is the very first phrase you will hear and it should immediately trigger associations to help you make predictions and understand what is happening in the dialog.

1. As you listen to the dialog, identify, if you can, the following:
   a. The location or situation. Are they in class, at home, in a car, at a party, in a shop, on the telephone? Remember, the first phrase that you hear will tell you.
   b. The speakers. Are they family, friends, teachers, students, strangers?
   c. A question, conflict, problem, or concern that connects the speakers.
   d. An answer, solution, or resolution to the question, conflict, problem, or concern.
2. Read all the choices carefully to make sure you choose the best answer.
3. Note the following:
   a. You have only 12 seconds before the next question is heard, so be sure to budget your time to read all of the choices carefully.
   b. Remember, only the choices are in front of you, so you may want to jot down key words from the questions quickly when you hear them.
   c. Look for cognates, synonyms, and related words that you can associate with the dialog you just heard.
   d. Try to eliminate incorrect choices. Sometimes two choices may seem like possible answers, but only one is the best answer.

Sample Dialogs (Answers)
Diálogo A

1. (A) No le gusta ir al cine.

   (B) No hay ninguna película corriente que quiera ver.

   (C) Necesita estudiar para un examen de inglés que tiene al día siguiente.

   (D) Teme que no pueda gozar de la misma película que le gusta a Luis.

2. (A) Películas históricas.

   (B) Documentales.

   (C) Películas de ciencia ficción.

   (D) Películas sentimentales.

3. (A) La apariencia de los actores.

   (B) El guión.

   (C) La escenografía.

   (D) La época histórica de la película.

4. (A) Porque les gustan los mismos actores.

   (B) Porque la película tiene aspectos que les agradan a los dos.

   (C) Porque es una película violenta en que los amantes mueren.

   (D) Porque es una película romántica y cómica a la vez.

Diálogo B

1. (A) En alquilar un coche.

   (B) En pedirle prestado el coche a Hernán.

   (C) En vender un coche.

   (D) En adquirir un coche.

2. (A) La edad y situación de Hernán.

   (B) La edad y condición del coche.

   (C) El tamaño del motor.

   (D) El precio que pide Hernán.

3. (A) Está en mala condición.

   (B) Necesita un nuevo acumulador.

   (C) Funciona bien y tiene nuevos neumáticos.

   (D) Tiene frenos que no funcionan bien.

4. (A) Las reparaciones que necesita hacer son demasiado caras.

   (B) Necesita dinero para su viaje.

   (C) Quiere comprar una marca mejor.

   (D) Hace muy pocas millas por galón.

Diálogo C

1. (A) No quieren perder la fiesta.

   (B) Su clase empieza pronto.

   (C) Tienen que asistir a una reunión.

   (D) Van a un partido de tenis.

2. (A) Organizaron una competencia.

   (B) Celebraron el Día de la Tierra.

   (C) Eligieron miembros que servirán como jueces.

   (D) Vendieron camisetas.

3. (A) El estudiante con el ensayo que mejor refleje el tema, ganará.

   (B) El estudiante con el diseño original que mejor refleje el tema, ganará.

   (C) El estudiante que lleve la camiseta más extraordinaria, ganará.

   (D) El estudiante que cree el mejor lema para el Día de la Tierra, ganará.

4. (A) Los miembros van a vender su boletín.

   (B) Los miembros van a vender anuncios que aparecerán en su boletín.

   (C) Los miembros van a vender camisetas originales.

   (D) Los miembros van a organizar un sorteo para el Día de la Tierra.

Diálogo D

1. (A) Le pide prestado dinero para matricularse.

   (B) Le pide que le sugiera un curso electivo.

   (C) Le pide sus libros de su curso de economía.

   (D) Le pide consejos sobre su carrera.

2. (A) Que escoja otro curso en la facultad de negocios.

   (B) Que tome un curso teórico de economía.

   (C) Que tome un curso en que no hay mucho trabajo.

   (D) Que tome un curso práctico con un profesor exigente.

3. (A) Buscar empleo en su campo este semestre.

   (B) Tomar un curso en la facultad de negocios internacionales.

   (C) Seguir los consejos de Elena.

   (D) Tomar su concentración en economía.

4. (A) Le grabaría las conferencias del curso.

   (B) Le prestaría sus libros del curso.

   (C) Le daría sus apuntes del curso.

   (D) Le explicaría los conceptos del curso.

Diálogo E

1. (A) Va a reunirse con su sobrina allí.

   (B) Tiene una cita con Carla.

   (C) Necesita mandar un paquete.

   (D) Envía una tarjeta a Granada.

2. (A) Compra sellos.

   (B) Recoge correo certificado de Barcelona.

   (C) Espera encontrarse con José allá.

   (D) Manda un giro a una escuela en Barcelona.

3. (A) Que se encuentren en Barcelona.

   (B) Que tomen café.

   (C) Que se intercambien números de teléfono.

   (D) Que caminen juntos a la esquina.

4. (A) Se reúnen en la cafetería de la escuela.

   (B) Se comunican por correo electrónico.

   (C) Se reúnen en un café cercano.

   (D) Se llaman por teléfono.

Diálogo F

1. (A) Que cuide a su hermana menor.

   (B) Que se prepare para su examen.

   (C) Que busque a su hermanita.

   (D) Que encienda el televisor.

2. (A) Apaga el televisor.

   (B) Empieza a estudiar.

   (C) Continúa mirando su programa.

   (D) Llama a su hermanita.

3. (A) Entontecen a los niños.

   (B) Son entretenidos.

   (C) Son aburridos.

   (D) No les afectan a los niños.

4. (A) Son responsables y piensan en los niños.

   (B) Son necesarios para la producción de los programas.

   (C) Son irresponsables y venden productos dañosos.

   (D) Fomentan la violencia.

5. (A) Que sus hijas hagan las tareas domésticas antes de mirar la televisión.

   (B) Que sus hijas no miren los anuncios en la televisión.

   (C) Que sus hijas lean en lugar de mirar la televisión.

   (D) Que sus hijas preparen sus estudios antes de mirar programas educativos.

Narratives

Strategies: A brief introduction, the narratives and the questions about them are heard only once, therefore it is necessary to listen very carefully. Keep the following suggestions in mind:

1. Identify the topic or theme, which is introduced in a brief phrase by a narrator before each narration.

   a. Is it cultural, political, historical, scientific, commercial, or fictional?

   b. Is it about a well-known person or about people involved in interesting or special circumstances?

   c. What can you recall about this topic, person, or event? What connections can you make?

2. Identify the important details that develop or explain the topic.

   a. When and where does this narrative take place?

   b. What is noteworthy about this event or person?

   c. What is the tone of the narrative? Is it joyful, critical, ironic, or laudatory?

3. Read all of the choices carefully to make sure you choose the best answer based on what you heard.

   a. You have only 12 seconds before the next question is heard, and then you must go on to read the next choices.

   b. Remember, only the choices are in front of you so you may want to jot down the questions or a few important words very quickly when you hear them.

   c. Look for cognates, synonyms, and related words that you can associate with the narrative you heard.

   d. Try to eliminate incorrect choices. Sometimes two answers seem correct, but always choose the best answer to the question based on what you heard.

(Answers)
Narración Breve A

1. (A) Lleva una máscara a menudo.

   (B) Escribe novelas.

   (C) Prefiere retirarse del mundo.

   (D) Goza de la música clásica.

2. (A) El rey.

   (B) El presidente.

   (C) El consejero de Educación y Cultura.

   (D) Su amiga.

3. (A) Es dedicada a los niños.

   (B) Se ha enajenado del rey.

   (C) Es fanática de la música popular.

   (D) Es muy agresiva.

Narración Breve B

1. (A) Tiene la capacidad de enfocar en las mariposas.

   (B) Capta las tonalidades de la tierra.

   (C) Es el mayor telescopio del mundo.

   (D) Verifica la vida extraterrestre.

2. (A) Porque es un desierto.

   (B) Porque tiene la montaña más alta del país.

   (C) Porque los días son más largos allí.

   (D) Porque las noches son más claras allí.

3. (A) Captar los ciclos de la luna.

   (B) Observar la creación de estrellas.

   (C) Observar los satélites en el espacio.

   (D) Visualizar los cambios de clima.

Narración Breve C

1. (A) Soberbio.

   (B) Humilde.

   (C) Triunfante.

   (D) Despectivo.

2. (A) En la inspiración divina.

   (B) En la suerte.

   (C) En el trabajo persistente.

   (D) En el amor de sus aficionados.

3. (A) El éxito se debe a la colaboración.

   (B) El éxito se debe a su propia inspiración.

   (C) El éxito se debe al productor.

   (D) El éxito se debe al gusto de los aficionados.

4. (A) Rechazar sus sueños.

   (B) Probar varias carreras antes de escoger una.

   (C) Seguir las tendencias de moda.

   (D) Dedicarse a su meta con persistencia.

Narración Breve D

1. (A) Participaron en un maratón deportivo.

   (B) Asistieron a una exposición de arte.

   (C) Leyeron «el Quijote» por 24 horas.

   (D) Participaron en un desfile en Madrid.

2. (A) A ser espirituales.

   (B) A ser pragmáticos.

   (C) A ser tradicionales.

   (D) A ser idealistas.

3. (A) Porque consigue sus metas.

   (B) Porque es materialista.

   (C) Porque resuelve muchos conflictos.

   (D) Porque confronta retos inmensos.

Narración Breve E

1. (A) Los clientes se entusiasmaron desde el principio.

   (B) No querían mirar las cadenas privadas.

   (C) Sólo compraron productos para el hogar.

   (D) No se fiaban de este método de comprar.

2. (A) El aumento en el número de programas de televenta.

   (B) La oferta de una gran variedad de productos.

   (C) La participación de «El Corte Inglés» en la televenta.

   (D) Los precios más baratos que los de las tiendas.

3. (A) Los productos no llegan a tiempo.

(B) Los productos son de calidad superior.

(C) La publicidad es falsa.

(D) Los fabricantes no producen las cantidades pedidas.

Narración Breve F

1. (A) Una pirámide antigua.

(B) Unos esqueletos prehistóricos de mujeres.

(C) Restos de gran importancia de la cultura teotihuacana.

(D) Joyas de gran valor.

2. (A) Fue un centro religioso.

(B) Tenía un estadio enorme.

(C) Fue una fortaleza.

(D) Tenía un puerto bien situado para el comercio.

3. (A) Porque encontraron vasijas de diferentes tamaños.

(B) Porque encontraron una gran cantidad de piezas en perfecta condición.

(C) Porque encontraron una tumba desconocida.

(D) Porque encontraron códices enigmáticos.

4. (A) Los mitos de aquella época.

(B) Los pasatiempos de la gente.

(C) La vida escolar de los niños de Teotihuacán.

(D) La historia de un funcionario importante de Teotihuacán.

II. Oral Selections

Strategies: Two oral selections of about five minutes each preceded by brief introductions are heard only once, so you must listen very closely. Both the questions and choices appear in the answer booklet and are not heard. You will have four minutes to read them carefully after each listening passage. Since the listening selections are long and the questions can be about specific details, it is recommended and necessary that you take notes. Space is provided for you to do so, but the notes are not part of your score. The following strategies are suggested:

1. Divide the paper on which you are taking the notes in half lengthwise. This will make your note taking more rapid, since your hand will not have to move across the entire page.

2. Take notes in the order in which you hear the information, since the questions are generally in that order, although there may also be a general question or questions about the entire selection.

3. You may choose to write main and general information on the left, and then write corresponding details such as names, dates, times, and any numbers or quantities to the right on the next half or quarter of the paper. This will make it easier to find specific details when you are answering the questions.

4. Write as much as you can. Even if you are not quite sure about how what you write relates to the context. If you catch a few key words, they may help you answer a question or questions that follow.

As you listen, and take notes try to identify:

1. The type of selection. The introduction should provide significant information to help you make comprehension connections immediately so be sure to listen very carefully right away since it is the first phrase or sentence that you will hear. Is it a news report, a public service announcement or cultural broadcast? Is it a classroom lecture? Is it an interview?

2. The speaker(s). Is the speaker a reporter, a professor, a lecturer, a talk-show host and/or guest, the representative of a particular organization or group?

3. The setting. Would this be heard in a television or radio broadcast, a classroom, a lecture hall, the office of a business or organization?

4. The theme. Is this a report or lecture on an important cultural, political, social, historical or scientific topic, event, figure, or group? Try to recall previous knowledge about that topic or theme, but be careful to base your choices on what you actually hear.

5. The tone. Is it didactic, critical, sarcastic, laudatory, or comical?

After you have heard the tape, read the questions and all of the choices carefully to make sure you choose the best answer based on what you heard.

1. Check for the answers or hints to the answers in your notes.

2. Look for synonyms, cognates, and related words in your notes and in the questions and choices.

3. Try to eliminate incorrect choices. Sometimes two choices seem correct but only one is the <u>best</u> answer.

4. If you leave out a question, and plan to return to it later, be careful to move to the appropriate number on your answer sheet.

Conferencia A

1. ¿Qué se celebra en Fuente Vaqueros?
   (A) El aniversario del asesinato de Federico García Lorca.
   (B) El primer siglo de Federico García Lorca.
   (C) El centenario de «Poeta en Nueva York.»
   (D) El centenario de la publicación del «Romancero gitano».

2. ¿Qué hicieron los vecinos de Fuente Vaqueros para marcar la celebración?
   (A) Publicaron una revista.
   (B) Leyeron «Romancero gitano» en las calles.
   (C) Alinearon macetas de geranios en las calles.
   (D) Bailaron bailes tradicionales en las calles.

3. ¿Cuál evento de gran importancia histórica para España coincidió con el año del nacimiento de Federico García Lorca.
   (A) El estreno de «La Barraca».
   (B) La publicación de la primera edición de «El defensor de Granada».
   (C) La Guerra Civil de España.
   (D) La Guerra entre España y los Estados Unidos.

4. ¿Qué se inaugura en Fuente Vaqueros el día de la celebración?

   (A) Un centro de estudios lorquianos.

   (B) Una biblioteca dedicada a la Generación del 27.

   (C) Un teatro nuevo.

   (D) Un museo de arte dedicado a la Guerra Civil de España.

5. ¿Cuál es la manera singular que escogió la ciudad de Granada para rendirle homenaje al poeta?

   (A) Organizan una fiesta para la ciudad entera.

   (B) Presentan todas las obras teatrales de García Lorca.

   (C) Esparcen sus poemas por las calles desde el aire.

   (D) Preparan una exposición sobre su vida.

6. Según la conferencia, se rinde homenaje a Federico García Lorca de todas las siguientes maneras EXCEPTO:

   (A) Una procesión por las calles de Granada.

   (B) Un concierto de música clásica.

   (C) Una reunión de amigos y parientes del poeta que viven todavía.

   (D) La inauguración de un centro de estudios lorquianos.

7. ¿Cómo se celebra el centenario en el Museo Reina Sofía en Madrid?

   (A) Hay una exposición sobre su vida y obra.

   (B) Hay un concierto de la música de su generación.

   (C) Hay conferencias dedicado a su obra.

   (D) Hay presentaciones de sus dramas.

8. Además de celebrar su talento como poeta universal, ¿por cuál otra razón se le rinde homenaje en España y en el mundo entero?

   (A) Tenía gran talento musical también.

   (B) Representa a las víctimas que lucharon contra el fascismo.

   (C) Era un gran diplomático.

   (D) Era un soldado valiente en la Guerra Civil.

Conferencia B

1. ¿Qué se ve desde el aire en la Pampa de Nasca?

   (A) Manadas de animales silvestres.

   (B) Piedras enormes de varios colores.

   (C) Figuras geométricas de plantas y animales.

   (D) Largos canales de irrigación.

2. ¿Cómo comenzó María Reiche-Grosse su estudio de las líneas de Nasca?

   (A) Fue profesora de arqueología en la Universidad de Lima.

   (B) El cónsul alemán en Cusco se las mostró.

   (C) Las empezó cuando escribió artículos sobre astronomía.

   (D) Tradujo manuscritos de un científico que evocó su interés.

3. Según la doctora Reiche, ¿por qué fueron creadas las líneas de Nasca?

   (A) Eran mapas astronómicos.

   (B) Fueron caminos sagrados.

   (C) Eran mensajes para invocar a los dioses.

   (D) Fueron creadas por extraterrestres que visitaron la pampa.

4. Los antiguos nasquenses usaron todas las siguientes técnicas para construir las líneas EXCEPTO:

   (A) Las pintaron con tintas de las plantas de la pampa.

   (B) Trazaron las curvas usando una cuerda y una estaca como compás.

   (C) Empujaron piedras oxidadas de la superficie del terreno.

   (D) Usaron el codo como unidad de medida.

5. ¿Por qué ayuda UNESCO a los peruanos?

   (A) Quieren el dinero del turismo internacional.

   (B) Quieren apoyar a los pobres.

   (C) Quieren preservar las líneas de Nasca.

   (D) Quieren construir escuelas en el pueblo cercano a la pampa.

6. ¿Cómo cambió el pueblo cercano a la pampa como resultado de las investigaciones de la doctora María Reiche?

   (A) Los indígenas que viven allí se empobrecieron.

   (B) Se convirtió en un próspero centro agronómico.

   (C) Se construyó un museo arqueológico de renombre allí.

   (D) Se dedica hoy al turismo internacional.

Conferencia C

1. ¿Quienes introdujeron el laúd en España?

   (A) Los árabes.

   (B) Los Reyes Católicos.

   (C) Los romanos.

   (D) Los egipcios.

2. ¿Quiénes introdujeron la vihuela en la Península Ibérica?

   (A) Los árabes.

   (B) Los Reyes Católicos.

   (C) Los romanos.

   (D) Los egipcios.

3. ¿Cómo se recordaba la música en el siglo 16?

   (A) Se anotaba en un pentagrama como la música actual.

   (B) Los maestros de música la enseñaban oralmente.

   (C) Se inscribía en bajo-relieves.

   (D) Se escribía indicando la posición de los dedos en las cuerdas.

4. En los primeros conservatorios establecidos en América, enseñaron todo lo siguiente EXCEPTO:

   (A) Imprimir libros de música.

   (B) Tocar instrumentos musicales.

   (C) Construir instrumentos musicales.

   (D) Cantar.

5. ¿Cuál fue la causa del desacuerdo entre Dionisio Aguado y Fernando Sor?

   (A) Preferían tocar música diferente.

   (B) Querían tocar guitarras diferentes.

   (C) No querían tocar juntos.

   (D) Preferían tocar la guitarra usando técnicas diferentes.

6. ¿Cuál fue la contribución de Francisco Tárrega?

   (A) Inventó una guitarra nueva.

   (B) Compuso música popular para la guitarra.

   (C) Estableció la técnica moderna para tocar la guitarra.

   (D) Descifró las tablaturas del Renacimiento.

7. ¿Quién fue un estudiante de Miguel Llobet, alumno de Tárrega que ganó gran fama?

   (A) Andrés Segovia.

   (B) Miguel Llobet.

   (C) Fernando Sor.

   (D) Luis Milán.

8. ¿Cómo obtuvo fama internacional Joaquín Rodrigo?

   (A) Presentó conciertos de vihuela por todo el mundo.

   (B) Compuso música que combinó la guitarra y la orquesta de una manera exitosa.

   (C) Creo guitarras de gran calidad.

   (D) Estableció el uso de las uñas al tocar las cuerdas.

Part B. Reading

Reading Comprehension

Strategies: This section of the examination tests your ability to read fluently and with in depth comprehension. It also tests your ability to make inferences from the reading. The multiple choice questions may be reworded recall of specific facts from the text, or they may be specific questions related to the genres and/or themes of the reading. The following comments and strategies are recommended to help you approach the readings in a logical manner:

A. Time yourself

   1. Note the suggested time, which is 50-60 minutes, and before you start, divide the total number of minutes by the number of readings. The readings may be of various lengths and various levels of difficulty.

2. If you need to spend more than the average amount of time on any one reading, you should go ahead and come back to it when you're done with the easier readings. Since every answer has the same value, you're better off answering as many as you can and saving the more difficult questions for last.

B. Identify the genre or type of text.

1. An Expository text
   a. This type of reading is usually clearly organized to present a main idea with supporting statements and/or details and a conclusion that sums up the selection.
   b. Be sure to underline the main idea(s) and then find supporting comments.
   c. Find a concluding statement that sums up or finalizes the selection.
   d. Identify the tone, if you can. Is it didactic, sarcastic, serious, matter of fact?
   e. Circle vocabulary you don't know to get an idea of the difficulty of the passage.
   f. Read the passage carefully the first time. Then read the questions. Next scan the text for the answers as often as you need to in the average time you've alloted. The answers may be stated in different words or inferred from the text. You can come back to difficult questions if you have time remaining.
   g. If there is unfamiliar vocabulary in the choices, think of possible cognates and/or related words. If you cannot eliminate at least two of the four choices as incorrect, you may skip the question. Errors are deducted from the total grade. But it is advisable to guess if you have some comprehension of the question and the choices given.

2. A Literary Text
   a. This type of text will have a limited number of themes, but may be organized in an infinite variety of ways, since literature is by nature creative.
   b. Identify the theme. Is it *love, honor, death, immortality, fate, power, the cycles of life, revenge, nostalgia, illusion and/or disillusion, art, the conflicts and struggles of daily life?*
   c. Is the text narrative and/or descriptive? What is the movement in the text that develops the theme?
   d. Identify main characters and see how each is developed in the reading. Also identify any conflict, revelation, or resolution experienced by these main characters.
   e. Identify the tone of the text. Is it didactic, humorous, ironic, bitter, joyful?

Directions: Read the following passage carefully for comprehension. Each passage is followed by a number of incomplete statements or questions. Select the completion or answer that is best according to the passage. You have 10 minutes to answer each passage and answer the questions.

Instrucciones: Lee con cuidado cada uno de los pasajes siguientes. Cada pasaje va seguido de varias preguntas u oraciones incompletas. Elige la mejor respuesta o terminación, de acuerdo con el pasaje. Tienes 10 minutos para leer cada pasaje y contestar las preguntas.

Selección A

Era de noche cuando Irene y Francisco llegaron a casa de los Leal. Hilda terminaba de preparar una tortilla de papas y el intenso aroma del café recién colado impregnaba la cocina. Al quitar la imprenta, esa amplia habitación lució por vez primera sus proporciones reales y todos pudieron apreciar su encanto: los viejos muebles de madera con cubierta de mármol, la nevera anticuada y al centro la mesa de mil usos donde se reunía la familia. En invierno constituía el lugar más tibio y acogedor del mundo. Allí junto a la máquina de coser, la radio y la televisión, encontraban la luz y el calor de una estufa a kerosén, del horno y de la plancha. Para Francisco, no existía otro sitio mejor. Los más gratos recuerdos de su infancia transcurrieron en ese cuarto jugando, estudiando, hablando horas por teléfono con alguna novia de trenzas escolares, mientras su madre, entonces joven y muy hermosa, ocupaba de sus quehaceres canturreando aires de su España lejana. El ambiente siempre olía a yerbas frescas y especias para sazonar guisados y fritangas.

Se mezclaban en deliciosa armonía ramas de romero, hojas de laurel, dientes de ajo, bulbos de cebolla, con las fragancias más sutiles de la canela, el clavo de olor, la vainilla, el anís y el chocolate para hornear panes y bizcochuelos. Esa noche Hilda colaba unas cucharadas de auténtico café, regalo de Irene Beltrán. Esa ocasión merecía sacar de la alacena las pequeñas tazas de porcelana de su colección, todas diferentes y tan delicadas como suspiros. El olor de la cafetera fue el primero que percibieron los jóvenes al abrir la puerta y los guió al corazón de la casa.

(Isabel Allende, «De amor y de sombra», [fragmento]; pp. 196–197.)

1. ¿Cómo se puede describir el cuarto donde entraron Francisco y Irene?
   (A) Era pequeño.
   (B) Era maloliente.
   (C) Era el centro de la casa.
   (D) Era un dormitorio amplio.

2. ¿Cómo era la habitación durante el invierno?
   (A) Hacía frío.
   (B) No había luz.
   (C) La máquina de coser, la radio, y la televisión hacían demasiado ruido.
   (D) Era un refugio calentador.

3. Francisco se recordó de
   (A) sus quehaceres domésticos
   (B) su juventud alegre
   (C) la variedad de flores en el cuarto
   (D) su amor por Irene

4. El narrador indica que esa noche
   (A) había peligro
   (B) era especial
   (C) Hilda estaba preocupada con las noticias del día
   (D) tomaban la cena como de costumbre

5. El corazón de la casa es
   (A) Hilda
   (B) la cocina
   (C) la estufa
   (D) Irene

Selección B

Era una noche cálida en el pueblo de Juana Díaz, Puerto Rico. Yo había llegado de vacaciones con mi familia para celebrar las Navidades al estilo puertorriqueño. Cerca de donde nos estábamos quedando, un grupo de chicos disfrutaba mirando las llamas de una hoguera y escuchando los ritmos hipnotizadores provenientes de las congas que tocaban varios muchachos.

Guiado por la curiosidad y la belleza del sonido fui y me uní a ellos. Aunque sólo tenía seis años sabía que estaba ocurriendo algo especial que me iba a afectar en una forma que en ese momento no podía descifrar. Me maravillaba sentir cómo el acorde de los tambores se sincronizaba con los latidos de mi corazón.

¡Aún esa imagen no se borra de mi memoria! Pero no fue hasta que empecé a tocar los bongós y las congas cuando ya era casi un adulto que entendí por qué ese recuerdo ejercía tanto poder sobre mí..

Y aunque había muchas otras influencias musicales en mi vida, mis raíces no dejaban de llamarme...

(Osvaldo Rivera, «Al *fin la música vive en mí*», *People en español*, abril de 1998.)

1. El narrador fue a Puerto Rico para
   - (A) celebrar su cumpleaños
   - (B) estudiar
   - (C) visitar su familia
   - (D) gozar de las fiestas navideñas

2. ¿Qué le llamó la atención al narrador?
   - (A) el fuego
   - (B) los sonidos de la música
   - (C) el clima caliente
   - (D) los chicos bulliciosos

3. El narrador no comprendía entonces
   - (A) como iba a influirle esa música
   - (B) la importancia de las hogueras
   - (C) las tradiciones navideñas locales
   - (D) los ritmos latinos

4. ¿Por qué nunca se olvidó de esa imagen?
   - (A) Porque le gusta la música de los tambores.
   - (B) Porque refleja sus orígenes.
   - (C) Porque le dolía el corazón.
   - (D) Porque pasó durante su juventud.

Selección C

Para los mayas, el mercado fue uno de los principales medios de comercio. De diversos pueblos llegaban hombres y mujeres a alguna comunidad importante, un determinado día de la semana, y en puestos que colocaban en la plaza principal, intercambiaban los más diversos productos.

Cada clase de mercancía tenía un área específica, diferenciándose perfectamente las zonas destinadas a los puestos de alimentos, de animales, de herramientas, de utensilios y de textiles o prendas de vestir.

En los mercados se vendía maíz, alimento principal de toda la zona; carne de venado y pescado seco; verduras como chile y aguacate: frutas como el mamey y especias como la vainilla y la pimienta.

Había quienes vendían telas y fibras, así como prendas ya confeccionadas. La venta de aves, de plumas de quetzal, de miel, de piedras como el pedernal. el cuarzo y el jade, se hacía también en sitios especiales... El cacao, que sólo puede cultivarse en algunas regiones muy húmedas, era sumamente apreciado como alimento y durante siglos se utilizó inclusive como moneda. La sal, por su parte, se producía básicamente en las costas de la península de Yucatán (México) y se distribuía en todo el Mundo Maya, a cambio de una gran cantidad de semillas de cacao...

Actualmente, los mercados del Mundo Maya siguen ofreciendo las más diversas mercancías, casi siempre un solo día de la semana y en las plazas abiertas del centro de los poblados. Sobresalen las artesanías y, de ellas, los textiles bordados a mano, los cuales dan al mercado maya su atractivo principal: el colorido.

(«El renunciamiento glorioso», *Americas;* agosto de 1997, pp. 46–47.)

1. ¿Para qué venían los mayas al mercado?
   (A) para intercambiar sus productos
   (B) para bordar textiles a mano
   (C) para distribuir semillas de cacao
   (D) para comunicar con otros pueblos indígenas.

2. ¿Cómo se dividía el mercado?
   (A) Había puestos designados para hombres y otros para mujeres.
   (B) Cada familia tenía una zona propia
   (C) Se dividía en zonas según la mercancía
   (D) Se dividía por el color del producto.

3. ¿Cuál producto tenía varios usos para los mayas?
   (A) el chile
   (B) el mamey
   (C) el cacao
   (D) el miel

4. Según el autor ¿cómo es el mercado maya de hoy?
   (A) No ofrecen una gran variedad de productos.
   (B) Sólo existe en la costa.
   (C) Se ven muchos colores.
   (D) Se abre todos los días de la semana.

Selección D

Teodoro Golfín no se aburría en Socartes. El primer día después de su llegada pasó largas horas en el laboratorio con su hermano, y en los siguientes recorrió de un cabo a otro las minas, examinando y admirando las distintas cosas que allí había, que ya pasmaban en la grandeza de las fuerzas naturales, ya por el poder y brío del arte de los hombres. De noche, cuando todo callaba en el industrioso Socartes, quedando sólo en actividad los bullidores hornos, el buen doctor, que era muy entusiasta músico, se deleitaba oyendo tocar el piano a su cuñada Sofía, esposa de Carlos Golfín y madre de varios chiquillos que se habían muerto.

Los dos hermanos se profesaban vivo cariño. Nacidos en la clase más humilde, habían luchado solos en edad temprana para salir de la ignorancia y de la pobreza, viéndose a punto de sucumbir diferentes veces; mas tanto pudo en ello el impulso de una voluntad heroica, que al fin llegaron jadeantes a la ansiada orilla, dejando atrás las turbias olas...

(Adaptado de Marianela, Benito Pérez Galdós)

1. ¿Cómo pasó los días en Socartes Teodoro Golfín?

   (A) Tocó el piano.

   (B) Ayudó a los pobres.

   (C) Visitó las minas.

   (D) Salió en un barco para la otra orilla.

2. Los hermanos Golfín

   (A) siempre luchaban.

   (B) se ignoraban.

   (C) nunca se veían.

   (D) se querían.

3. Los dos hermanos nacieron

   (A) privilegiados.

   (B) pobres.

   (C) en una familia real.

   (D) enfermos.

4. ¿Cómo lograron triunfar los hermanos Golfín?

   (A) por la ayuda de su familia

   (B) por robar de los dueños de las minas

   (C) por el trabajo de los pobres

   (D) por sus propios esfuerzos

5. Parece que el autor quiere que el lector

   (A) tenga gran respeto por los hermanos Golfín.

   (B) odie a los hermanos Golfín.

   (C) se ría de los hermanos Golfín.

   (D) tenga compasión por los hermanos Golfín.

Selección E

Tras los pinos y matorrales se emboscaban en noches así los cazadores. Tendidos boca abajo, cubierto con un papel el cañón de la carabina, a fin de que el olor de la pólvora no llegue a los finos órganos olfativos de la liebre, aplican el oído al suelo, y así se pasan a veces horas enteras. Sobre el piso, endurecido por el hielo, resuena claramente el trotecillo irregular de la caza: entonces el cazador se estremece, se endereza, afianza en tierra la rodilla, apoya la escopeta en el hombro derecho, inclina el rostro y palpa nerviosamente el gatillo antes de apretarlo. A la claridad lunar divisa, por fin, un monstruo de fantástico aspecto, pegando brincos prodigiosos, apareciendo y desapareciendo como una visión: la alternativa de la oscuridad de los árboles y de los rayos espectrales y oblicuos de la luna hace parecer enorme a la indefensa liebre, agiganta sus orejas, presta a sus saltos algo de funambulesco y temeroso, a sus rápidos movimientos una velocidad que deslumbra. Pero el cazador, con el dedo ya en el gatillo, se contiene y no dispara. Sabe que el fantasma que acaba de cruzar al alcance de sus perdigones es la hembra, la Dulcinea perseguida y re-cuestada por innumerables galanes en la época del celo, a quien el pudor obliga a ocultarse de día en su gazapara[1], que sale de noche, hambrienta y cansada, a descabezar cogollos de pino, y tras de la cual, desalados y hechos almíbar, corren por lo menos tres o cuatro machos, deseosos de románticas aventuras. Y si se deja pasar delante a la dama, ninguno de los nocturnos rondadores se detendrá en su carrera loca, aunque oiga el tiro que corta la vida de su rival, aunque tropiece en el camino su ensangrentado cadáver, aunque el tufo de la pólvora le diga: «¡Al final de tu idilio está la muerte!»

(*Emilia Pardo Bazán, «Los Pazos de Ulloa»*)

1. ¿Qué esperan los cazadores en el bosque?

   (A) la llegada de un monstruo

   (B) aventuras románticas

   (C) matar liebres

   (D) alcanzar las gazaperas

2. ¿Por qué no dispara el cazador al ver el primer animal?

   (A) Ella va a atraer a otras liebres indefensas.

   (B) No quiere que el olor de la pólvora escape.

   (C) Quiere dejar que la hembra encuentre comida.

   (D) No puede apretar el gatillo sin hacer ruido.

3. ¿Qué buscan los nocturnos rondadores?

   (A) Comida

   (B) A sus rivales

   (C) A Dulcinea

   (D) Aventuras amorosas

4. ¿Qué predice la narradora que será el sino de los machos que persiguen a la hembra?

   (A) Van a escapar de los cazadores.

   (B) Van a morir en el bosque.

   (C) Van a ocultarse en las gazaperas.

   (D) Van a tropezar y herirse.

5. ¿Qué lamenta la narradora?

   (A) Que los cazadores sufran en el bosque.

   (B) Que las hembras sean perseguidas.

   (C) Que los rivales tengan celos el uno al otro.

   (D) Que el deseo se convierta en tragedia.

---

1. rabbit-warren

Selección F

«Hay un toro, un caballo, un ave, una paloma o... quizás un pollo», ésta fue una de las irónicas respuestas que Picasso dio una vez a la pregunta de cómo había que interpretar su genial obra el *Guernica*... Picasso nunca dijo mucho acerca de su obra maestra. Lo que solía hacer era interpretarla siempre de forma muy simplificada, pues opinaba ... que «los pintores no debían crear símbolos, porque para eso, lo mejor que podían hacer era escribir no pintar».

Lo que resulta evidente es que este cuadro tuvo, desde el primer momento de su concepción, una clara significación política de la que aún hoy no ha conseguido desprenderse.

En abril de 1937, el gobierno republicano español encargó el famoso cuadro a Picasso con motivo de los bombardeos de *Guernica* por la aviación alemana. El pago que se le hizo al pintor fue de 150,000 francos de aquella época, gracias a los cuales Picasso pudo cambiarse de estudio y comprarse uno nuevo en París. Debido a la trágica situación y la dura guerra que vivía España en aquel momento, el *Guernica* viajó por varios lugares, entre ellos Londres y los países escandinavos. Finalmente llegó a Nueva York y allí se presentó como propaganda política en una pequeña galería de arte. Los fondos recaudados en la exposición fueron destinados después al bando republicano. Sólo a finales de 1939, en el Museo de Arte Moderno de Nueva York, la obra dejaría de utilizarse como elemento propagandístico para ser considerada como parte fundamental de la obra de Picasso.

Con la democracia vuelve el *Guernica* a España en 1981 como dispuso el artista: el cuadro debía regresar al Museo del Prado cuando se restableciera la república, entendiendo ésta como el establecimiento de las instituciones democráticas.

A pesar de que Picasso no pintó el *Guernica* por cuestiones ideológicas el cuadro sigue vinculado a la vida política... Con motivo del **30** aniversario del bombardeo al pueblo vizcaíno, los partidos vascos abogaron por el traslado del *Guernica* del Reina Sofía al Museo de Guggenheim de Bilbao, algo a lo que se oponen los técnicos, dado el mal estado de la obra.

(«La política del *Guernica*», *Cambio* 16, julio de 1997, No. 1.338.)

1. ¿Según el autor de este artículo, cómo interpretó Picasso su obra maestra, Guernica?
   (A) Como obra simbólica.
   (B) Como obra política.
   (C) Como mera obra de arte.
   (D) Como obra histórica.

2. Según el autor, ¿por qué creó Picasso esta obra?
   (A) Quería presentar una tragedia universal.
   (B) Necesitaba trasladarse a un nuevo estudio en París.
   (C) Quería crear propaganda.
   (D) El gobierno republicano español se lo pidió.

3. ¿Cómo utilizaron la obra los republicanos?
   (A) Lo exhibieron en Europa durante la Guerra Civil Española como símbolo del arte moderno.
   (B) Recogieron dinero por exhibirlo como obra de propaganda.
   (C) Lo exhibieron en los países vascos.
   (D) Lo criticaron como obra estética que rechaza cuestiones políticas.

4. Según el artículo, ¿por qué no fue devuelto el Guernica a Madrid hasta 1981?

    (A) Picasso no quería que se devolviera hasta que la democracia regresara a España.

    (B) Fue considerada obra sediciosa y por eso fue prohibida en España.

    (C) Sirvió de obra de propaganda en el Museo de Arte Moderno de Nueva York.

    (D) El Museo del Prado no tenía un lugar apropiado para el arte moderno.

5. Los políticos vascos disputaban el museo apropiado donde guardar el Guernica y querían trasladarlo a causa de

    (A) su valor estético.

    (B) su valor como símbolo universal.

    (C) su valor como obra histórica y regional.

    (D) la celebración del aniversario de la obra.

Selección G

En la madrugada, cuando todos dormían, la selva íntegra se estremeció con una canción sin acompañamiento que sólo podía salir del alma. El general se sacudió en la hamaca. «Es Iturbide», murmuró José Palacios en la penumbra. Acababa de decirlo cuando una voz de mando brutal interrumpió la canción.

Agustín de Iturbide era el hijo mayor de un general mexicano de la guerra de independencia, que se proclamó emperador de su país y no alcanzó a serlo por más de un año. El general tenía un afecto distinto por él desde que lo vio por primera vez, en posición de firmes, trémulo y sin poder dominar el temblor de las manos por la impresión de encontrarse frente al ídolo de su infancia. Entonces tenía veintidós años. Aún no había sido juzgado en ausencia y condenado a muerte por alta traición.

Tres cosas conmovieron al general desde los primeros días. Una fue que Agustín tenía el reloj de oro y piedras preciosas que su padre le había mandado desde el paredón de fusilamiento, y lo usaba colgado del cuello para que nadie dudara de que lo tenía a mucha honra. La otra era el candor con que le contó que su padre, vestido de pobre para no ser reconocido por la guardia de puerto, había sido delatado por la elegancia con que montaba a caballo. La tercera fue su modo de cantar.

El gobierno mexicano había puesto toda clase de obstáculos a su ingreso en el ejército de Colombia, convencido de que su preparación en las artes de la guerra formaba parte de una conjura monárquica, patrocinada por el general, para coronarlo emperador de México con el derecho pretendido de príncipe heredero. El general asumió el riesgo de un incidente diplomático grave, no sólo por admitir al joven Agustín con sus títulos militares, sino por hacerlo su edecán. Agustín fue digno de su confianza, aunque no tuvo ni un día feliz, y sólo su costumbre de cantar le permitió sobrevivir a la incertidumbre.

(«El general en su laberinto,„ Gabriel García *Márquez*. Editorial Oveja Negra, 1989; Bogotá, Colombia.)

1. ¿Cómo se puede describir la canción que se oía al amanecer?

    (A) Era alborotadora.

    (B) Era estridente.

    (C) Era emotiva.

    (D) Era desenfrenada.

2. ¿Quién era el padre de Agustín de Iturbide?

(A) Era un general mexicano asesinado en una guerra contra Colombia.

(B) Era un general mexicano que quería ser emperador.

(C) Era edecán del general colombiano.

(D) Era un general asesinado que luchó por la independencia de México.

3. ¿Cómo ganó Agustín el afecto del general?

(A) Por su talento en mandar el gobierno.

(B) Por su talento en mandar el ejército.

(C) Por su destreza en cabalgar.

(D) Por su deseo de asumir riesgos.

4. ¿Por qué no quería el gobierno mexicano que se alistara Agustín en el ejército colombiano?

(A) Temían que escapara a Europa.

(B) Temían que precipitara una guerra entre Colombia y México.

(C) Temían que consiguiera la corona de México.

(D) Temían que se hiciera presidente de México.

5. ¿Que reveló del carácter del general su relación con Agustín?

(A) Que era valiente y compasivo.

(B) Que era cobarde e insensible.

(C) Que era soberbio y desdeñoso.

(D) Que era enajenado y sumiso.

Selección H

Desde 1994, las prioridades de la OEA[1] se han concentrado en cuatro áreas y en la formulación de convenciones y acuerdos que orientarán el futuro de la organización. Tres de las áreas ya existían antes del mandato del Secretario General César Gavina: (a) la Comisión Interamericana de Derechos Humanos, que extiende su labor a las poblaciones indígenas y los derechos culturales; (b) la Comisión Interamericana para el Control del Abuso de Drogas, que se concentra en la reducción de la demanda, así como en otros problemas relacionados (como por ejemplo los niños de la calle, el lavado de dinero y el tráfico de armas) y, (e) la Unidad para la Promoción de la Democracia, que si bien inicialmente se concentró en la observación de elecciones y la asistencia técnica, ha participado en actividades de desminado[2] en América Central y en el fortalecimiento de las instituciones democráticas y la resolución de conflictos en América Latina y el Caribe. La cuarta área, la recientemente creada Unidad de Comercio, en pocos años ha ofrecido apoyo técnico secretarial, de información y de investigación al movimiento hemisférico hacia una zona de libre comercio en las Américas para el año 2005.

Cuando se creó la OEA en 1948, los veintiún países de la Unión Panamericana se convirtieron en los Estados miembros de la Organización. A partir de la ratificación de la Carta por el gobierno de Trinidad y Tobago en 1967, el número de miembros expandió

---

1 Organización de Estados Americanos
2 La eliminación de minas enterradas durante las guerras que todavía hieren o matan a víctimas inocentes.

gradualmente hasta incluir a todos los países del Caribe. Cuando los gobiernos de Belice y Guyana ratificaron la Carta en 1991, la organización se convirtió en un organismo verdaderamente hemisférico; los treinta y cinco países independientes de las Américas son ahora miembros de la OEA...

Las reformas a la estructura y el tamaño de la secretaría general, iniciadas a fines de los años ochenta, llegaron a su conclusión lógica cinco años después, transformando a la OEA en una organización más pequeña, compacta y sensible. Al modificarse los mandatos políticos e incrementarse las convenciones internacionales y las responsabilidades de la organización —incluyendo el tráfico de armas, el desminado, las actividades antiterroristas, la corrupción gubernamental, el medio ambiente y las telecomunicaciones— fue cambiando la forma y la orientación de la OEA. Lo que no ha cambiado son las metas que ayudaron a crear el sistema interamericano y que están consagradas en la Carta: la integración regional, la democracia representativa, los derechos del individuo y el respeto por la soberanía de las naciones.

(«Los fundamentos de un aniversario áureo», *Américas*, abril de 1998.)

1. ¿Cuál ha sido una función de la Unidad para la Promoción de la Democracia?

    (A) Promover los derechos culturales.

    (B) Vigilar el proceso electoral.

    (C) Proteger a las poblaciones indígenas.

    (D) Promover el empleo de las mujeres.

2. Según el artículo, una meta de la OEA para el segundo milenio es

    (A) añadir más estados miembros.

    (B) fomentar el intercambio de información entre los miembros.

    (C) apoyar la iniciación del libre comercio en el hemisferio.

    (D) desarrollar los recursos naturales del hemisferio.

3. El número de estados miembros de la OEA ha crecido mientras el tamaño de la organización

    (A) no cambió.

    (B) se incrementó.

    (C) creció también.

    (D) disminuyó.

4. El artículo señala que la orientación de la OEA ha cambiado desde su principio porque

    (A) la población de los estados miembros ha crecido.

    (B) la pobreza de la población ha aumentado.

    (C) la política y la tecnología mundial se han transformado.

    (D) el terrorismo y la violencia han disminuido en el hemisferio.

5. Las metas originales de la OEA que nunca se modifican incluyen

    (A) la protección de los derechos humanos.

    (B) el control del tráfico de armas.

    (C) el desarrollo del comercio internacional.

    (D) la protección ambiental.

Selección I

En este hotel, inmenso, lujoso, colocado a dos mil y tantos metros sobre el nivel del mar, según dicen los carteles anunciadores que se ven por todas partes, nos reunimos más de cien personas en el comedor a la hora del almuerzo. El mayor frío, la más helada compostura reina entre nosotros.

Se ve que, albergados y reunidos por la casualidad en este hotel, nos estorbamos; una muralla de prejuicios y de convencionalismos nos separa...

En este albergue del fastidio entró hace dos días una familia de aire modesto. Era una familia formada por cinco personas: dos señoras, una de ellas fea, alta, flaca, con anteojos; la otra, más gruesa y bajita; una muchacha alegre, sonriente, sonrosada y una niña melancólica, con el rostro de color de cera. Las acompañaba un hombre distinguido y cansado.

Todos van de luto. Son iguales; tienen entre sí rasgos de afabilidad simpática. La señora bajita, madre de las dos muchachas, estuvo el primer día durante el almuerzo oprimiendo la mano del hombre y acariciándola. Él sonreía con un aire dulce y fatigado. Sin duda, no podía pasar mucho tiempo aquí, porque por la noche no apareció, y las mujeres estuvieron solas en el comedor.

Están las dos señoras y la muchacha fresca y rozagante muy preocupadas con la niña pálida; tanto, que no notan la expectación que causan entre la gente. Todas estas viejas..., cargadas de joyas, miran a la familia de luto como preguntándose: ¿Cómo están aquí si no son de nuestra posición? ¿Cómo se atreven a mezclarse con nosotras no siendo de nuestra clase?

Y es cierto; no deben serlo: hay algo que indica que la familia no es rica. Además, y esto es ya bastante extraordinario, parece que no han venido aquí para desdeñar a los demás, ni para darse tono, sino para pasear y contemplar las cimas inmaculadas del Monte Blanco. Así se les ve a las dos muchachas que salen sin adorno ninguno al campo, llevando un libro o una naranja en la mano, y que vuelven con ramos de flores.

(«*Las Ciudades*», *Pío Baroja. Alianza Editorial, Madrid.*)

1. Muchos de los huéspedes del hotel
   (A) se agradan el uno al otro.
   (B) tienen mucho en común.
   (C) se preocupan de la clase social.
   (D) se odian el uno al otro.

2. La familia que acaba de llegar vino al hotel
   (A) para mezclarse con gente de la clase más alta.
   (B) para desdeñar a la gente de la clase más baja.
   (C) para aprovecharse de la buena comida del albergue.
   (D) para gozar de la naturaleza.

3. Es probable que el padre de la familia haya salido porque
   (A) tenía que trabajar.
   (B) prefería otro hotel.
   (C) no pudo tolerar las viejas en el hotel.
   (D) estaba abandonando a su familia.

4. El narrador emplea un tono
   (A) humorístico.
   (B) melancólico.
   (C) sarcástico.
   (D) dramático.

5. El narrador está criticando
   (A) los servicios poco adecuados del hotel.
   (B) los valores superficiales de varios huéspedes.
   (C) la indiferencia y reserva de la familia.
   (D) la falta de actividades para los huéspedes.

Selección J

Por donde el Marañón rompe las cordilleras en un voluntarioso afán de avance, la sierra peruana tiene una bravura de puma acosado. Con ella en torno, no es cosa de estar al descuido.

Cuando el río carga, brama contra las peñas invadiendo la amplitud de las playas y cubriendo el pedrerío. Corre burbujeando, rugiendo en la torrenteras y recodos, ondulando en los espacios llanos, untuosos y ocres de limo fecundo en cuyo acre hedor descubre el instinto rudas potencialidades germinales. Un rumor profundo que palpita en todos los ámbitos, denuncia la creciente máxima que ocurre en febrero. Entonces uno siente respeto hacia la comentada y entiende su rugido como una advertencia personal.

Nosotros, los cholos[1] del Marañón, escuchamos su voz con el oído atento. No sabemos donde nace ni donde muere este río que nos mataría si quisiéramos medirlo con nuestras balsas,[2] pero ella nos habla claramente de su inmensidad.

Las aguas pasan arrastrando palizadas que llegan de una orilla a la otra. Troncos que se contorsionan como cuerpos, ramas desnudas, chamiza y hasta piedras navegan en hacinamientos informes aprisionando todo lo que hallan a su paso. ¡Ay de la balsa que sea cogida por una palizada! Se enredaría en ella hasta ser estrellada contra un recodo de peñas o sorbida por un remolino, junto con el revoltijo de palos, como si se tratara de una cosa inútil.

Cuando los balseros las ven acercarse negreando sobre la corriente, tiran de bajada por el río, bogando[3] a matarse, para ir a recalar en cualquier playa propicia. A veces no miden bien la distancia, al sesgar, y son siempre cogidos por uno de los extremos. Sucede también que las han visto cuando ya están muy cerca, si es que los palos húmedos vienen a media agua, y entonces se entregan al acaso ... tiran las palas —esos remos anchos que cogen las aguas como atragantándose— y se ajustan los calzones de bayeta[4] para luego piruetear cogidos de los maderos o esquivarlos entre zambullidas hasta salir o perderse para siempre.

---

1 mestizos
2 rafts
3 rowing
4 cloth

Los tremendos ciclos invernales desatan broncas tormentas que desploman y muerden las pendientes de las cordilleras y van a dar, ahondando aún más los pliegues de la tierra, a nuestro Marañón. El río es un ocre de mundos.

Los cholos de esta historia vivimos en Calemar. Conocemos muchos valles más, formados allí donde los cerros han huido o han sido comidos por la corriente, pero no sabemos cuántos son río arriba ni río abajo. Sabemos sí que todos son bellos y nos hablan con su ancestral voz de querencia, que es fuerte como la voz del río mismo.

(«La Serpiente de oro», Ciro Alegría. Ediciones Nuevo Mundo, Lima, 1963.)

1. El narrador compara el Marañón a
   (A) unos peñascos amenazantes.
   (B) unos árboles gigantes.
   (C) una fiera estruendosa.
   (D) un barco irrefrenable.

2. Según el pasaje, los cholos reconocen el poder del río y
   (A) tratan de controlarlo.
   (B) lo respetan hasta temerlo.
   (C) insisten en navegarlo durante tormentas.
   (D) buscan sus riquezas que lleva de una orilla a otra.

3. El narrador equivale el poder del río con la fuerza
   (A) de la fe de los cholos.
   (B) de la furia de las tormentas.
   (C) de los animales salvajes.
   (D) del afecto de los valles.

4. El estilo de este pasaje es por mayor parte
   (A) poético.
   (B) sarcástico.
   (C) dialéctico.
   (D) humorístico.

5. En este texto, el narrador presenta el tema del destino del hombre determinado por su albedrío frente al río que simboliza
   (A) el amor desenfrenado.
   (B) la inmortalidad.
   (C) un poder universal.
   (D) las maravillas de la naturaleza.

Free Response

Part A: Writing

The Writing Part of the Advanced Placement Spanish Examination is part of the free response section. It consists of four different types of tasks worth a total of 30% of the examination. The first type is Paragraph Completion with Root Words; the second type is Paragraph Completion Without Root Words; the third is Informal Writing and the fourth is Formal Writing. (Please visit *www.collegeboard.com/apstudents* for more detailed information.) Strategies and practice for each writing task follow in this chapter.

Paragraph Completion (with root words)

Strategies: In this section of the Advanced Placement Examination, students must provide the correct form of an adjective, article, noun, pronoun, or verb. The following steps are suggested.

A. Read the whole passage carefully, noting the time frame, tense(s), and the gender and number of nouns.

B. Determine the part of speech of the completion. Is it used as a noun, pronoun, article, adjective, or verb?

    1. Nouns—note the number and gender

    2. Pronouns—note the number and gender of nouns being replaced. Remember, object pronouns precede conjugated verbs, but follow and are attached to infinitives, present participles, and affirmative commands.

    3. Articles—note the number and gender of the nouns they precede.

    4. Adjectives—note the number and gender of the nouns modified. Note that the position of the adjective will sometimes determine the form; for example, *bueno*, which becomes *buen* before a masculine singular noun.

    5. Verbs—note the subject (person and number), the mood (subjunctive or indicative), and whether it is active or passive. Note that past participles may be used as adjectives, in which case they agree in number and gender with the noun they modify. But when past participles are part of a compound verb form they do <u>not</u> change.

C. Be careful to include all required accent marks. (Review the rules for stress and accent marks in the Appendix.)

Directions: Read each passage carefully. Then write the form of the word in parenthesis that completes the passage correctly, logically and grammatically. Be sure to check spelling and usage of accents. (You will not receive credit if words are misspelled or accented incorrectly.) You may use more than one word if appropriate, but it must be a form of the word in parenthesis. Make sure to write down the word, even if no change is necessary. You have 10 minutes to read each passage and write your responses.

Instrucciones: Lee cada pasaje cuidadosamende. Luego, escriba la forma de la palabra entre paréntesis que complete el pasaje correctamente, del punto de vista lógico y gramatical. Asegúrate de escribir y acentuar las palabras correctamente. (No recibirás crédito si las palabras tienen errores ortográficos.) Puedes usar más de una palabra si es necesario, pero tiene que ser una forma de la palabra en paréntesis. Asegúrate de escribir la palabra, aunque no requiera cambio alguno. Tienes 10 minutos para leer cada pasaje y escribir dus respuestas.

Passage A

Ferrera, junto a su primo, Ruiz y Castro, cruzaron sobre el torrente de agua para __1.__ hasta donde Rosario. Mientras tanto, el vecino Ulloa... saltó por la ventana de su hogar __2.__ y __3.__ una escalera para improvisar un puente, gateó como una araña a través de una hondonada inundada para __4.__ a ellos. Ellos comenzaron a remover los bloques de concreto y el lodo que había __5.__ a Rosario. También liberaron al niño, quien se había guarecido detrás de un tanque de gas, y estaba __6.__ Luego de cargarlos hasta un lugar seguro, los hombres regresaron al barrio y continuaron __7.__ a media docena adicional de vecinos, __8.__ a una niña que clamaba por su vida __9.__ a un poste, y a una pareja que había quedado __10.__ bajo un árbol caído.

(«Al rescate de sus vecinos, *People en español*, diciembre de 1998, p. 51.)

1. _____ (llegar)
2. _____ (inundado)
3. _____ (usar)
4. _____ (unirse)
5. _____ (enterrar)
6. _____ (ileso)
7. _____ (ayudar)
8. _____ (incluir)
9. _____ (agarrado)
10. _____ (atrapar)

Passage B

Continuamos __1.__ hasta llegar al dormitorio que es __2.__ de las habitaciones más __3.__ de la casa. Parece estar __4.__ entre el cielo y el agua. Lo que más se destaca de __5.__ dormitorio circular es el mar que lo rodea a través de los __6.__ ventanales.
Sobre la cabecera de la cama hay ocho __7.__ ventanas que parecen haber sido __8.__ por la mano de un niño __9.__ con cartulinas de colores...

1. _____ (subir)
2. _____ (uno)
3. _____ (bello)
4. _____ (suspendido)
5. _____ (este)
6. _____ (inmenso)
7. _____ (diminuto)
8. _____ (construido)
9. _____ (jugar)

Los muebles del dormitorio nos dan la impresión de movimiento contínuo dado que tienen un tema __10.__ ...

(«La casa de la felicidad de un poeta», *Américas*; enero/febrero de 1998, vol. 50, no. 1, p. 27.)

10. _____ (naútico)

Passage C

«Teníamos amigos, parientes y compañeros de clase que fueron __1.__. Todo el mundo andaba por la calle hablando en voz __2.__. Temíamos a __3.__ partes. Nos preguntábamos, ¿cómo es posible que esto esté __4.__? Hicimos __5.__ maletas diez veces para __6.__ de Ayacucho, pero nos quedábamos porque pensábamos que terminaría».

Un forastero no podría imaginarse que __7.__ tranquila ciudad colonial, __8.__ por los Andes, con su enorme y __9.__ plaza de armas y __10.__ calles angostas y sinuosas, haya sido una zona de guerra.

(«El retorno de Ayacucho», *Américas*; diciembre 1999, vol. 51, no. 6, p. 33.)

1. _____ (asesinado)
2. _____ (bajo)
3. _____ (ambos)
4. _____ (pasar)
5. _____ (nuestro)
6. _____ (irse)
7. _____ (este)
8. _____ (cobijado)
9. _____ (soleado)
10. _____ (su)

Passage D

__1.__ la figura más preclara de una Centroamérica federalista en la __2.__ mitad del siglo XIX, Francisco Morazán __3.__ en 1792 en Tegucigalpa en __4.__ hogar humilde por lo que recibió una modesta educación. Muy joven se inmiscuyó en la vida política y pronto fue secretario general del gobierno y presidente del Consejo de Estado de __5.__ País.

La guerra civil de 1827–1828 le permitió mostrar __6.__ dotes de estratega que lo __7.__ a la victoria a favor de la unión centroamericana en combates __8.__ en Honduras, El Salvador y Guatemala. Al frente de las tropas __9.__ y nicaragüenses __10.__ victorias en Trinidad, Nicaragua, El Salvador para luego ocupar la Capital guatemalteca en 1829.

(«Hombres que lograron la libertad», *El Diario/La Prensa*; 13 de diciembre de 1999, p. 33.)

1. _____ (considerado)
2. _____ (primero)
3. _____ (nacer)
4. _____ (uno)
5. _____ (ese)
6. _____ (su)
7. _____ (llevar)
8. _____ (sostenido)
9. _____ (hondureño)
10. _____ (obtener)

Passage E

Si se tiene en cuenta que los incas no contaban con un lenguaje escrito y constituían la fuerza dominante cuando llegaron los españoles, las leyendas son __1.__

1. _____ (posterior)

a la época incaica de __2.__ región. En lo que parece
ser una variación de la leyenda de Inca Kolla, se dice
que una princesa inca __3.__ en el lago junto con su
tesoro.

La __4.__ cadena de oro de los incas —se dice
que tenía __5.__ de metros de largo y nunca fue __6.__
por los españoles —supuestamente también fue
__7.__ al lago para que no __8.__ encontrada por los
conquistadores. __9.__ historia habla de dos niñas que
se ahogaron allí, y por lo tanto __10.__ residentes
llaman al lago «Las dos doncellas».

2. _____ (ese)
3. _____ (ahogarse)
4. _____ (famoso)
5. _____ (ciento)
6. _____ (encontrado)

(«La magia de zambullirse en el desierto», *Américas*; julio/
agosto de 1996, vol. 48, no. 4, p. 35.)

Passage F

La ciudad cuenta con muchos sitios __1.__ como el
Museo Regional de Antropología, su catedral __2.__
historia se remonta al año 1776, cuando se __3.__ la
iglesia del Señor de Esquipulas. __4.__ atractivo en
Villahermosa es un paseo a través del Río Grijalva, a
bordo del barco «Capitán Beulo» desde donde se
aprecia una preciosa vista de la ciudad y también una
__5.__ oportunidad para __6.__ los deliciosos platos
__7.__ y servidos a bordo.

En cuanto a la gastronomía, __8.__ es muy
amplia. Entre los platillos más __9.__ se encuentran el
pejelagarto asado; la pugúa al mojo de ajo, así como
también una __10.__ variedad de peces y mariscos.

1. _____ (interesante)
2. _____ (cuyo)
3. _____ (eregir)
4. _____ (otro)
5. _____ (bueno)
6. _____ (probar)
7. _____ (regional)
8. _____ (éste)
9. _____ (común)
10. _____ (extenso)

(«La cultura de Tabasco y los misterios de las cabezas Olmecas»,
El Diario/La Prensa; 28 de octubre de 1999, pp. 26–27.)

Paragraph completion (without root words)

Strategies: This section of the Advanced Placement Examination tests knowledge of
vocabulary, usage and grammatical forms in a particular context. The following strategies
are suggested.

A.   First, read the entire passage quickly to identify a general theme of the context. Is the
passage descriptive, narrative, expository, or any combination of these? Then read the
entire passage more slowly and carefully note and/or underline

1. Main ideas and events
2. The time frame and tense or tenses of the verbs.
3. The categories, characters or subjects in the reading and their number and gender.
4. Location and cultural cues.

B. Determine the part of speech of each omitted expression. Is it a noun, pronoun, article, adjective, verb, adverb, preposition, or conjunction?

1. Nouns—Check the number and gender. Note the endings of any articles or adjectives modifying them.

2. Pronouns—Make sure they agree in number and gender with the nouns they replace.

3. Relative Pronouns—Make sure they agree with their antecedents. The exception is **cuyo-a,-os, -as**, which also functions as a possessive adjective. It precedes the noun it modifies and must agree in number and gender.

4. Articles—Make sure they agree in number and gender with the noun(s) they precede.

5. Adjectives—Make sure they agree in number and gender with the nouns they modify. Remember that adjectives often follow but may also precede nouns. When they precede masculine singular nouns, some adjectives become shortened. For example the adjective **bueno** becomes **buen** before a masculine singular noun. **Eres un buen amigo.**

6. Verbs—Note the subject (person and number), and the probable tense and mood, subjunctive or indicative, based on the context. Also, note whether it is active or passive. Remember that past participles may be part of a compound verb, in which case they do not change. For example, **Carlos ha <u>cerrado</u> la puerta.** Or, they may be used as adjectives, often with the verbs **ser** or **estar**, in which case they must agree with the noun they modify. For example, **La puerta está cerrada.** If the completion is a helping verb make sure it is in the tense and form that corresponds appropriately with other verbs in the text.

7. Prepositions and Conjunctions—Note their function in the context. For example, both **pero** and **sino** mean but; however, **sino** is used only after a negative statement to express "on the contrary" or "rather." Make sure to review the different functions of **por** and **para** and other prepositions and conjunctions that are often confused.

8. Remember that an accent mark can change the meaning, tense or part of speech of a word. For example, **éste**—the pronoun—has an accent mark, but **este**—the adjective—does not.

Directions: Read each passage carefully. Then write the form of the word in parenthesis that completes the passage correctly, logically and grammatically. Be sure to check spelling and usage of accents. (You will not receive credit if words are misspelled or accented incorrectly.) Each response consists of only ONE Spanish word. You have 10 minutes to read each passage and write your responses.

Instrucciones: Lee cada pasaje cuidadosamende. Luego, escribe la forma de la palabra entre paréntesis que complete el pasaje correctamente, del punto de vista lógico y gramatical. Asegúrate de escribir y acentuar las palabras correctamente. (No recibirás crédito si las palabras tienen errores ortográficos.) Cada respuesta consiste en UNA SOLA palabra. Asegúrate de escribir la palabra, aunque no requiera cambio alguno. Tienes 10 minutos para leer cada pasaje y escribir tus respuestas.

Selección A

__1.__ de noche cuando Irene y Francisco llegaron a casa de los Leal. Hilda terminaba de preparar una tortilla de papas y el intenso aroma del café impregnaba la cocina.

__2.__ quitar la imprenta, esa amplia habitación lució __3.__ vez primera sus proporciones reales y todos pudieron apreciar su encanto: los viejos muebles de madera con cubierta de mármol, la nevera anticuada y al centro la mesa de mil usos __4.__ se reunía la familia. En invierno constituía el lugar más tibio y acogedor del mundo. Allí junto a la máquina de coser, la radio y la Televisión, encontraban la luz y el calor de una Estufa a kerosén, del horno y de la plancha.

__5.__ Francisco, no existía otro sitio mejor.

(Isabel Allende, <u>De amor y de sombra</u>, pp. 196–197.)

1. _____

2. _____

3. _____

4. _____

5. _____

Selección B

Era una noche cálida en el pueblo de Juana Díaz, Puerto Rico. Yo __1.__ llegado de vacaciones con mi familia para celebrar las Navidades al estilo puertorriqueño. Cerca __2.__ donde nos estábamos quedando, un grupo de chicos disfrutaba mirando las llamas de una hoguera y escuchaban los ritmos hipnotizadores provenientes de las congas que tocaban varios muchachos. Guiado por la curiosidad y la belleza del sonido fui y me uní a __3.__ .

Aunque __4.__ tenía seis años sabía que estaba ocurriendo algo especial que me iba a afectar en una forma que en __5.__ momento no podía descifrar.

(Osvaldo rivera, «Al fin la música vive en mí», *People en Español*, abril de 1998.)

1. _____

2. _____

3. _____

4. _____

5. _____

Selección C

Para los mayas, el mercado __1.__ uno de los principales medios de comercio. De diversos pueblos llegaban hombres y mujeres a alguna comunidad importante, un determinado día de la semana, y en puestos que colocaban en la plaza principal, intercambiaban los __2.__ diversos productos. Cada clase de mercancía __3.__ un área específica, diferenciándose perfectamente las zonas destinadas a los puestos de alimentos, de animales, de herramientas, de utensilios y de textiles o prendas de vestir.

1. _____

2. _____

3. _____

En los mercados __4.__ vendían maíz, alimento principal de toda la zona; carne de venado y pescado seco; verduras como chile y aguacate: frutas como el mamey…; especias como la vainilla y la pimienta…

Actualmente, los mercados del Mundo Maya __5.__ ofreciendo los más diversos mercancías, casi siempre un solo día de la semana y en las plazas abiertas.

(«El renunciamiento glorioso», *Américas*; agosto de 1997, pp. 46–47.)

4. _____

5. _____

Selección D

Teodoro Golfín no se aburría en Socartes. __1.__ primer día después de su llegada pasó largas horas en el laboratorio con __2.__ hermano, y en los siguientes recorrió de un cabo a otro las minas, examinando y admirando las distintas cosas que allí había, que ya pasmaban por la grandeza de las fuerzas naturales, ya por el poder y brío __3.__ arte de los hombres. De noche, cuando todo callaba en el industrioso Socartes, quedando sólo en actividad los bullidores hornos, el buen doctor, que __4.__ muy entusiasta músico, se deleitaba oyendo tocar el piano a su cuñada Sofía, esposa de Carlos Golfín y madre de varios chiquillos que se __5.__ muerto.

(Adaptado de <u>Marianela</u> de Benito Pérez Galdós, Editorial Porrua, S.A. México, 1970.)

1. _____

2. _____

3. _____

4. _____

5. _____

Selección E

Todavía en los manuales escolares de esas asignaturas casi ininteligibles, leemos que España es __1.__ potencia mundial en la producción de naranjas, aceite de oliva y pesca. Y pocos consideran que, __2.__ verdad, en lo que nos defendemos realmente bien es en la fabricación y exportación de automóviles.

De las nueve fábricas de automóviles españoles salieron, el pasado año, 2.003.830 coches a __3.__ que habría que añadir algo más de 53.000 vehículos de todo terreno y más de medio millón __4.__ motores, utilizados por coches de otros países comunitarios. De esta cifra, alrededor de 1.3 millones se __5.__ destinado a la exportación, con una facturación próxima

1. _____

2. _____

3. _____

4. _____

5. _____

a los 3,6 billones de pesetas, que casi triplica nuestras exportaciones agrícolas, ganaderas o de pesca.

(«Especial salón internacional de automóvil de Barcelona» *Cambio* 16; 19 de mayo de 1997, pp. 60–61)

Selección F

Inés Hinojosa Ossio, la etnobotanista más prominente __1.__ Bolivia, generalmente no se la encuentra en la oficina de Trópico, La Paz, la organización de conservación en la que trabaja, __2.__ recorriendo las secciones forestales de investigación, junto a su marido Enrique Uzquiano e investigadores indígenas en período de capacitación. Hinojosa ha dirigido algunos de los más exitosos proyectos etno-botánicos con indígenas de Bolivia. Quizá __3.__ la única etnobotanista del país en el verdadero sentido de la profesión, que implica el estudio de la interacción de la gente con las plantas y el uso del conocimiento como herramienta __4.__ su propio desarrollo.

Hinojosa pronuncia palabras y frases en quechua y aimara con la misma facilidad con __5.__ que escribe un artículo científico en perfecto español técnico…

(*Américas;* diciembre 2005, p. 23)

1. _____

2. _____

3. _____

4. _____

5. _____

Informal Writing

This part of the exam consists of a single prompt. The recommended time for this part is ten minutes. You will be prompted to write an informal note, which may be a brief letter, a postcard, a journal entry, or an e-mail. This is worth 5% of the examination.

Strategies:

1. Make sure you note and understand all elements of the writing task.
2. Note the time limit and minimum number of words.
3. Identify your audience, which will determine the level of "informality" of your writing.
4. Choose a focus and provide necessary details, jotting these down very briefly as notes or a graphic organizer before you begin writing.
5. Organize the main ideas and details.
6. Check and correct your work for:
   - Appropriate tenses
   - Appropriate moods (indicative or subjunctive)
   - Agreement of subjects and verbs, and nouns and adjectives
   - Appropriate uses of **ser** and **estar**.
   - Correct use of accent marks and punctuation.

- Correct word order in dates. Remember that days and months are not capitalized in Spanish.

  Hoy es el *diez de octubre*. *Today is October 10th.*

7. Learn and use appropriate salutations and closings that correspond to your audience.
   - Sample salutations to friends or close family members:

Querido(a)	*Dear*
Mi querido(a)	*My dear*
Queridísimo(a)	*Dearest*

   - Sample salutations to people you do not know very well or have never met:

Muy señor mío (señora mía)	*Dear Sir/Madam*
Estimado(a) amigo	*Dear (esteemed) friend*
Muy estimado(a) Sr./Sra. (last name)	*Dear Mr./Mrs. (last name).*

   - Sample closings when writing to friends or relatives:

Un beso	*A kiss*
Besos	*Kisses*
Afectuosamente	*Affectionately*
Cariños	*Fondly*
Un fuerte abrazo	*A big hug*
Mis recuerdos a tu familia	*Regards to your family.*

   - Sample closings to acquaintances or to people you've never met.

Suyo(a) afectísimo(a)	*Yours fondly,*
Atentamente	*Yours truly,*
Cordialmente	*Cordially,*

Directions: For each question, write a message of at least 60 words. You have 10 minutes to read the question and write your response.

Instrucciones: Para cada pregunta, escribe un mensaje de un mínimo de 60 palabras. Tienes 10 minutos para leer la pregunta y escribir tu respuesta.

SAMPLE TASKS:

1. Escríbeles una cartita a tus padres explicándoles que tienes que reunirte hoy con los miembros del club de español.
   - Salúdalos.
   - Explícales la razón para la reunión.
   - Diles donde tiene lugar.
   - Infórmales a qué hora regresarás a casa.
   - Despídete.

2. Escríbele un mensaje electrónico a tu amigo(a), describiéndole el partido de fútbol de tu escuela, al que acabas de asistir.
   - Salúdalo(a).
   - Dile cuáles equipos jugaron.
   - Describe el partido.
   - Infórmale que equipo ganó y cómo.
   - Despídete.

   _____

3. Escríbele un mensaje a tu profesor(a) de español, pidiéndole permiso de llevar a tu primo hispanohablante a visitar la clase.
   - Salúdalo(a).
   - Dile de dónde viene tu primo.
   - Describe tu primo.
   - Infórmale que a tu primo le gustaría hablar de su país.
   - Despídete

   _____

4. Escríbeles un mensaje electrónico a tu familia de intercambio en Sevilla.
   - Salúdalos
   - Pide noticias de ellos
   - Agradéceles su bondad y hospitalidad
   - Diles lo que te gustó más de tu visita con ellos
   - Despídete

   _____

5. Imagina que estás de vacaciones en Costa Rica con tu familia. Escríbele una tarjeta postal a tu amigo(a.)
   - Salúdalo(a).
   - Describe el lugar dónde te alojas.
   - Discute las actividades en que participas allí.
   - Explica lo que te impresiona más allí.
   - Despídete.

   _____

6. Escríbele un correo electrónico a tu amigo(a), pidiéndole salir contigo a comprar un regalo de cumpleaños para otro(a) amigo(a).
   - Salúdalo(a).
   - Dile el nombre de tu amigo(a) y la fecha de su cumpleaños.
   - Sugiere un día y una hora para salir de compras.
   - Discute cual regalo le gustaría a tu amigo.
   - Despídete.

   _____

7. Escríbele una cartita al (a la) director(a) de una compañía quejándote de un producto electrónico que no funciona bien.
   - Salúdalo(a).
   - Identifica el producto.
   - Dile cuando y donde lo compraste.
   - Explica el problema.
   - Pide ayuda.
   - Despídete.

---

8. Invita a tus amigos a una fiesta de sorpresa para tu mejor amigo(a). Mándales invitaciones por correo electrónico.
   - Saluda al grupo.
   - Menciona la fecha, la hora y el lugar de la fiesta.
   - Pídeles que lleguen a tiempo para sorprender a tu amigo.
   - Pregúntales cuáles refrescos preferirían.
   - Despídete.

---

9. Escríbele una nota breve a tu profesor(a) explicándole por qué no has preparado todavía una presentación que tienes que hacer para la clase.
   - Salúdalo(a).
   - Describe el tema.
   - Explica el progreso de tus investigaciones y porque necesita más tiempo.
   - Indica cuando estarás preparado(a) a presentársela a la clase.
   - Despídete.

---

10. Agradéceles a tus abuelos por el regalo de graduación que te dieron.
    - Salúdalos.
    - Describe el regalo y tu reacción a recibirlo.
    - Explica porque te gusta y cómo va a usarlo.
    - Diles cuando puedes visitarlos.
    - Despídete.

---

11. Imagina ser un estudiante de intercambio que vive con una familia en Sevilla. Escríbeles una carta breve a tus padres, pidiéndoles permiso de quedarte un mes adicional en Sevilla.
    - Salúdalos.
    - Discute cómo vas a practicar más el español.
    - Identifica lugares de interés que podrás visitar.
    - Describe actividades en las cuales quieres participar.
    - Despídete.

---

12. Imagina que tienes que escribir tus reflexiones en un diario para tu clase de español. Escribe un comentario sobre un artículo que acabas de leer en clase:
    - Identifica el tema del artículo.
    - Escribe un resumen breve.
    - Explica tus reacciones y opinión.

---

13. Escribe una entrada en tu diario sobre la reunión de tu club ambiental:
    - Indica quienes asistieron.
    - Describe los temas que se discutieron.
    - Nota los planes para reuniones y actividades futuros.

---

14. Acabas de ver una película que te gustó mucho. Escríbele un correo electrónico a tu amigo(a) recomendando que vea la película.
    - Salúdalo(a).
    - Identifica las estrellas y donde y cuando tiene lugar la acción de la película.
    - Escribe un resumen breve de la acción.
    - Expresa tu reacción personal.
    - Despídete.

---

15. Imagina que estás en un viaje a España con un grupo de compañeros de clase. Es el segundo día y estás en Madrid, tratando de acostumbrarte. Escribe en tu diario del viaje.
    - Describe cómo te sientes con el cambio de horas.
    - Discute tus reacciones al oír toda la gente hablar español.
    - Nota diferencias y semejanzas culturales.
    - Explica lo que te falta más y porque.

---

16. Escribe una carta a tu profesor de español explicándole que estás enfermo y que tienes que completar el trabajo de la clase en casa.
    - Salúdalo(a).
    - Dile por cuanto tiempo necesitas quedarte en casa.
    - Pídele el trabajo y la tarea de la clase.
    - Infórmale quien puede ayudarle con el trabajo.
    - Asegúrale que harás todo lo que puedes para completar el trabajo.
    - Despídete.

---

17. Imagina que un(a) profesor(a) de intercambio de Montevideo, Uruguay visitó tu escuela. Te informó que hay alumnos que necesitan chaquetas para el invierno. Escríbele un mensaje al (a la) presidente(a) de tu club de español sobre un proyecto para ayudar a los estudiantes de esta escuela.
    - Salúdalo(a).
    - Sugiere que el club se encargue de ayudar a los estudiantes de esta escuela.
    - Infórmale que los estudiantes necesitan chaquetas para el invierno.

- Explica la diferencia de estaciones entre Uruguay y los EE.UU.
- Presenta ideas para colectar chaquetas en la comunidad para enviarlas a Uruguay para el invierno.
- Despídete.

---

18. Imagina que un(a) estudiante de intercambio de Venezuela viene a vivir con tu familia el próximo semestre. Escríbele una carta.
    - Salúdalo(a).
    - Describe tu familia.
    - Describe tu vida escolar.
    - Haz planes para divertirse juntos.
    - Despídete.

---

19. Imagina que quieres trabajar en una tienda que tiene muchos clientes españoles. Escríbele una carta al (a la) gerente de la tienda.
    - Salúdalo(a).
    - Descríbete, incluyendo tu edad y experiencia previa.
    - Explica porque quieres trabajar en esta tienda.
    - Explica porque eres un(a) candidato(a) excelente para este trabajo
    - Despídete.

---

20. Imagina que tienes que organizar una cena para tu club de español. Escríbele un mensaje electrónico al (a la) gerente de un restaurante español.
    - Salúdalo(a).
    - Dile la fecha, hora y número de personas que van a cenar.
    - Discute el menú.
    - Discute cuánto dinero quieren gastar.
    - Despídete.

Formal Writing (Integrated Skills)

In this part of the examination you will be prompted to write an essay based on three sources of information, two in print and one audio. First you will be given seven minutes to read the printed material and then you will hear the audio and be expected to take notes as you listen. You will then have five minutes to organize your writing and forty minutes to write an essay based on these sources. This essay is worth 20% of the examination.

Strategies: To prepare for this part of the examination, be sure to review the listening, reading, and writing strategies in this book.

1. Begin by reading the prompt carefully and recalling previous connections to this topic or theme.

2. Use separate graphic organizers or columns to identify and compare main ideas, or concepts, supporting details and key vocabulary from the two written sources and the audio source.

3. Prepare a brief outline or graphic organizer to plan your essay carefully. Make sure that in the beginning you introduce your theme or point of view. Next, develop it with appropriate supporting details from all three sources while including your own input and synthesis. Finally, restate your theme and express the inevitable conclusion based on your previous statements.

4. Edit your essay for grammatical accuracy.
   - Check for appropriate mood, indicative or subjunctive.
   - Check for the appropriate use of tenses and subject verb agreement.
   - Check for appropriate use of "**ser**" and "**estar**" and "**por**" and "**para**".
   - Check for agreement of nouns and adjectives.

5. Use varied vocabulary and idioms appropriate to the topic.

6. Become familiar with the rubrics for this essay so that you can evaluate your own writing and improve it.

Directions: The following question is based on the accompanying Sources 1–3. The sources include both print and audio material. First, you will have 7 minutes to read the printed material. Afterward, you will hear the audio material; you should take notes while you listen. Then, you will have 5 minutes to plan your response and 40 minutes to write your essay. The prompt tests your ability to analyze and interpret these sources, and synthesize elements or concepts contained in them to help you express your own ideas coherently and with grammatical accuracy in Spanish. You must cite **ALL THREE** sources without summarizing them.

Instrucciones: La pregunta siguiente se basa en las fuentes 1–3. Las fuentes comprenden material tanto impreso como auditivo. Primero, dispondrás de 7 minutos para leer el material impreso. Después, escucharás el material auditivo; debes tomar apuntes mientras escuches. Entonces, tendrás 5 minutos para organizar tus ideas y 40 minutos para escribir tu ensayo. Esta pregunta se diseñó para medir tu capacidad de interpretar y sintetizar varias fuentes. Tu ensayo debe utilizar información de las fuentes que apoye tus ideas. Debes referirte a TODAS las fuentes. Al referirte a las fuentes, cítalas apropiadamente. Evita simplemente resumir las fuentes individualmente.

PREGUNTA 1:
¿Cómo se puede enfrentar el problema de las pandillas?

FUENTE 1: Este artículo apareció en la revista, *Américas*, en diciembre 2005.

Llegando al fondo de la crisis de las pandillas
... Los Estados Unidos, Honduras, Guatemala y El Salvador se encuentran en el centro de la crisis producida por la violenta criminalidad pandillera, aunque el fenómeno se ha extendido a otros países de la región. El problema ha adquirido tal magnitud que en la actualidad se los [*sic*] acusa de tráfico de migrantes, trata de personas, tráfico de migrantes, tráfico de armas y secuestro. Estos delitos se consideran trasnacionales, porque atentan no sólo contra la seguridad nacional sino también del hemisferio, y se suman a la creciente preocupación sobre los vínculos que podrían existir entre astas pandillas, el narcotráfico y el terrorismo...

Pero, ¿cuál es la raíz de este creciente problema? Una serie de estudios ha concluido que algunas de la causas más importantes de la formación de pandillas son la crisis de valores, la descomposición moral, la pobreza y la exclusión social, así como el desempleo, la falta de recursos académicos, la desintegración familiar debido a los desplazamientos migratorios de padres o madres y la atracción que ofrece el «dinero fácil». Estos jóvenes desean compensar las carencias y expresar su inconformidad a través de redes de apoyo con otros grupos de sus mismas características. Pero más allá de las causas, se puede palpar un presente y un futuro desalentador toda vez que desperdician los mejores años de vida productiva, convirtiéndose en un freno al desarrollo para ellos mismos, para sus familias y para la sociedad. ...

La crisis pandillera entre los países afectados está enfrentándose con nuevas legislaciones a nivel nacional, regional y continental. Por ejemplo durante la última Asamblea General de la OEA celebrada en junio, se aprobó una resolución de cooperación hemisférica para combatir a las pandillas. Los ministros coincidieron que el tema debe abordarse desde un enfoque integral, que incluya entre otros, la prevención, el apoyo social, el respeto y la protección de los derechos humanos, y la aplicación de las respectivas leyes nacionales. Las soluciones de un problema tan complejo y extenso deberán incorporar un componente internacional que defina una estrategia colectiva y que fortalezca la cooperación entre los Estados Miembros.

FUENTE 2: Este artículo apareció en la edición electrónica del periódico nicaragüense *LA PRENSA* 24 de febrero del 2005.

Buscan nuevos métodos contra las pandillas

Peritos de varios países, principalmente centroamericanos, emprendieron el miércoles la búsqueda de nuevos procedimientos en la lucha contra la violencia en una conferencia en la cual participaron por primera vez representantes de instituciones financieras internacionales.

«Una de las bases de la violencia juvenil es la falta de empleo», declaró Ernesto Bardales, director de la organización JHA-JA de Honduras. «La participación de la organizaciones financieras puede hacer la diferencia en la campaña».

JHA-JA (Jóvenes Hondureñas Adelante, Juntos Avancemos) es sólo una de varias organizaciones no gubernamentales que también participaban en la conferencia, promovida por la Organización Panamericana de la Salud (OPS)....

El interés de la conferencia está centrado en los países de Centroamérica debido a que se les considera como foco de los mayores brotes de violencia juvenil, principalmente a través de las pandillas conocidas como maras.

Entre los participantes figuraron también ex pandilleros, como Manuel Jiménez, quien desde que dejó el pandillaje en 1997 ha participado como extra en varias películas y fundó Suspect Entertainment, una empresa de producción en Hollywood que abre oportunidades a jóvenes en riesgo en la industria del entretenimiento...

Alberto concha Eastman, de la OPS y presidente de la deliberaciones, destacó el hecho de la participación por primera vez de representantes del Banco Interamericano de Desarrollo y Banco Mundial.

Dijo que se esperaba que esas instituciones «pongan en un nivel más alto de atención» el fenómeno de la violencia como factor social que requiere una atención en el campo económico.

FUENTE 3: (AUDIO) Este artículo apareció en la edición electrónica del periódico *ABC.es* 19 de julio de 2005. El título es, **España ha de tomarse en serio la implantación de las bandas juveniles.**

PREGUNTA 2:
¿Cómo es posible reducir el gran número de pobres en el mundo?

FUENTE 1: Este artículo apareció en la revista, *Américas*, en febrero, 2006.

Mapa de Cumbre

Mar del Plata, Argentina — Jefes de Estado y de gobierno de 34 países del hemisferio se reunieron en esta ciudad para debatir en torno a la mejor manera de alcanzar el crecimiento económico sostenido, crear oportunidades de trabajo decente, elevar el nivel de vida y promover la estabilidad democrática.

La Cuarta Cumbre de las Américas, que se celebró el 4 y 5 de noviembre en este balneario argentino, atrajo a cientos de periodistas y miles de manifestantes...

En la Declaración y el Plan de Acción de Mar del Plata, adoptados en la reunión de dos días, los presidentes y primeros ministros afirmaron sus principios, objetivos y compromisos compartidos, con un énfasis en el fomento y la promoción del «trabajo decente» ...

«Las micro, pequeñas y medianas empresas constituyen una fuerza estratégica en la generación de nuevos empleos y la mejora en la calidad de vida, y tienen un impacto positivo en el desarrollo y en el crecimiento económico, fomentando al mismo tiempo la equidad y la inclusión social», establece el documento. Asimismo, identifica varios desafíos que deberán enfrentar los países, como la necesidad de abolir el trabajo infantil, proteger a los trabajadores migrantes del abuso de los derechos humanos, combatir la discriminación basada en el género y el racismo y ofrecer oportunidades de educación y capacitación.

FUENTE 2: Este artículo apareció en la edición electrónica del periódico *ABC.es* el 14 de octubre de 2006.
El banquero de los pobres

Todos podemos hacer algo para erradicar el mayor reto del siglo actual, la pobreza. Mohamed Yunus es el mejor ejemplo, y la concesión del Nobel de la Paz 2006 no es más el reconocimiento de la extraordinaria labor que desde hace ya tres decenios viene realizando para que, en sus propias palabras, esa lacra sea el futuro una reliquia que se pueda contemplar en los museos. Nacido en Bangladesh, en 1940, Yunus es un economista formado en su país y en Estados Unidos y fue profesor de la Universidad de Dacca. Después de sus clases, se percata de que la pobreza y la miseria son las características de la vida real de su país y de la capital donde vivía. Comienza así el largo camino de los micro créditos y a finales de los 70 y ante la negativa de las entidades financieras de conceder créditos a los pobres, funda el Banco Grameen (Rural), que comparte con él el Premio Nobel. Eliminar o paliar la pobreza es el mejor camino para lograr la paz en el mundo, y solo las excelentes cualidades personales de Yunus como ser humano explican los efectos tan beneficiosos de su labor. Así lo han reconocido multitud de organismos y entidades de los cinco continentes.

FUENTE 3: (AUDIO) Este artículo apareció en la edición electrónica del periódico *ABC.es* 12 de noviembre de 2006. El título es **Doña Sofía defiende los microcréditos para acabar con la pobreza en el mundo**.

PREGUNTA 3:
¿Cómo pueden afectar al mundo la música y los músicos?

FUENTE 1: Este artículo apareció en la edición electrónica del periódico *EL PAIS.com*, el 8 de marzo de 2006.

La Biblioteca Nacional narra en palabra e imagen la canción protesta

Si hubo en España una gesta capaz de aunar los anhelos de libertad, belleza y esperanza que anidan en el pecho de los jóvenes y en la mente de adultos indomables, tal fue la que encarnó la canción de autor, conocida como canción social o de protesta. De su nacer hace cincuenta años y de su crecida hasta nuestros días da noticia una exposición ideada por Fernando González Lucini, que ha contado con la anfitriona de la Biblioteca Nacional, regida por Rosa Regás, y con el impulso de Eduardo Teddy Bautista, que impulsó la idea desde la Fundación Autor.

Poemas, partituras, carátulas de discos, fotografías y retratos, se ensamblan para perfilar el rostro de unos años signados por una realidad de plomo y un horizonte de anhelos. El plomo lo encarnaba la dictadura franquista; el horizonte, la libertad.

La canción de autor nació mediada la década de los años cincuentas del siglo XX. Por primera vez en la historia desde el Romanticismo, una generación de españoles, henchida de rebeldía, dio prioridad a la conquista del futuro frente al fardo de un sin-presente aterrador, encarnado aquí por el régimen de Franco, exponente tenebroso del pasado.

Su fuerza era casi omnímoda: pero ni su represión, ni su censura, ni el exilio impuesto a los mejores lograron detener el proceso inexorable hacia la emancipación surgido de la lucha social en tajos y aulas, cuyo himno fue interpretado por mil guitarras y poemas germinados en los corazones más indómitos...

FUENTE 2: Este artículo apareció en la revista *Américas*, en agosto, 2006.

Lila Downs: Canciones transfronterizas
Esta popular artista nacida en México da voz a las comunidades indígenas creando al mismo tiempo su propio lenguaje musical. De padre norteamericano, la infancia de Lila transcurrió cruzando repetidas veces la frontera. Quizá por eso más tarde su música adquirirá esa misma tendencia. Mezcla de ritmos latinoamericanos con blues, hip hop y jazz; de lenguas indígenas con español e inglés.

Lila nació al otro lado de la frontera, en la sierra occidental de Oaxaca, en la mixteca alta. Tal como los patos de ala azul a los que el padre, documentalista norteamericano, siguió en su peregrinar desde Canadá a México, su vida transcurrió entre el pueblo de la madre indígena y Minnesota. «Siempre buscando la manera de poder traducir lo que sientes, lo que percibes», dice al respecto.

Hoy suele encontrarse con personas que se identifican con las historias de sus canciones, en gran parte reales... «Me alimenta mucho ese cariño que me da la gente que nos escucha... Gente que dice: qué bueno que existe tu música, porque no sé qué haría sin ella.» ...

Lila pone el dedo en la llaga de ciertos temas no resueltos: el racismo, la discriminación, la violencia de género. «Lo he dicho de distintas maneras. Hay una canción —*Sale sobrando*— que habla del que se burla de la comunidad indígena, pero bien se come sus enchiladas suizas, hechas de tortillas (que es una tradición culinaria precolombina). Me gusta tocar esos botones porque mucha gente se siente incómoda de reconocer su parte indígena».

FUENTE 3: (AUDIO) Este artículo apareció en la edición electrónica del periódico *EL PAÍS.com* el 19 de enero de 2006. El título es **Un músico colombiano protesta contra la violencia convirtiendo fusiles en guitarras**

PREGUNTA 4:
¿Es posible garantizar el derecho de libertad de expresión en el mundo actual?

FUENTE 1: Este artículo aparece en el sitio del Internet de Amnistía Internacional España.

El derecho a opinar y a informar
«Todo individuo tiene derecho a la libertad de opinión y de expresión» —artículo 19 de la Declaración Universal de los Derechos Humanos.

Profesionales de la comunicación, estudiantes, escritores, artistas y manifestantes de muchos países sufren abusos contra la libertad de expresión. Miles de personas de todo el mundo son hostigadas, acosadas, víctimas de torturas o malos tratos, e incluso «desapare-cidas» y asesinadas por expresarse de acuerdo a su conciencia o por investigar y dar a conocer información que incomoda a gobiernos o grupos armados.

La situación de los periodistas que sufren abusos por ejercer su profesión preocupa especialmente a Amnistía Internacional, ya que la libertad de expresión es una he-rramienta fundamental para la defensa de otros derechos humanos.

Cuando los periodistas y los profesionales de la comunicación son silenciados, ellos no son las únicas víctimas de las leyes y las prácticas represivas también lo son todas las per-sonas que se ven privadas de su derecho a la información. El periodismo es una profesión, no un delito y la libertad de expresión es una de las herramientas de defensa del resto de derechos humanos...

FUENTE 2: Este artículo apareció en la revista *Américas* en agosto de 2006

Libertad de expresión

La libertad de expresión en las Américas sigue enfrentando desafíos importantes; sin em-bargo, se han visto avances significativos en esta materia. Esta fue la conclusión de un foro que tuvo lugar en la sede de la OEA en el que importantes expertos destacaron aconte-cimientos positivos, como la adopción en varios países de leyes que conceden mayor acceso a la información. Lamentaron, sin embargo, las muertes de periodistas en el ejercicio de su trabajo y la persistencia de otros retos que amenazan la consolidación de la democracia en la región.

«El grado de democracia de un país corresponde directamente al nivel de libertad de expresión que allí prevalece», dijo diana Daniela, Presidenta de la Sociedad Interamericana de Prensa y Vicepresidenta del Washington Post. Daniels participó en un panel sobre «La Libertad de expresión en el siglo XXI en las Americas», que se realizó en el marco del Proyecto Américas, una iniciativa conjunta entre la OEA y el Instituto de Política Pública James A. Baker III de la Universidad Rice. Este proyecto, que comenzó en 1997, es dirigido a futuros líderes, para que establezcan un diálogo sobre los temas sus-tantivos de la región.

El periodista Pablo Bachelet del Miami Herald, observó que «la inestabilidad política, la debilidad institucional y las frustradas expectativas populares tienen un impacto directo sobre los medios, muchas veces dando lugar a menos libertad de la prensa» ...

FUENTE 3: (AUDIO) Este artículo apareció en la edición electrónica del periódico *EL MUNDO.es* el 20 de abril de 2006. El título es **Una agrupación de periodistas colombianos recibe el Premio Cataluña a la Libertad de Expresión.**

PREGUNTA 5:
¿Qué pueden hacer los gobiernos y los individuos para proteger la naturaleza y el medio ambiente?

FUENTE 1: Este artículo apareció en la revista *Américas* en abril 2004.

Paraíso de pájaros en Tobago

A mediados del siglo XVIII, cuando Tobago era una colonia de la corona británica, los le-gisladores libraron una batalla de diez años para crear una reserva de 5,700 hectáreas a lo largo de Main Ridge, una escarpada cordillera que alcanza alturas de casi 600 metros y atraviesa dos tercios de esta costa de cuarenta metros. A pesar de la fuerte oposición, ganaron la batalla y lograron establecer la reserva. Hoy, casi 250 años después, la Reserva Forestal Main Ridge sigue cumpliendo su misión original de proveer agua potable de alta calidad a la población de Tobago, que actualmente asciende a 55,000 habitantes. Pero a medida que la base económica de la isla se traslada al turismo, la reserva se ha convertido en un recurso aún más importante, ya que protege las playas y corales de los efectos destructivos de la erosión del suelo.

Publicitada como la reserva forestal protegida más antigua del hemisferio occidental y paraíso para los observadores de pájaros, Main Ridge se ha transformado en una extraordinaria atracción turística...

Puede ser que los pájaros, con su hermoso plumaje y melodioso cantar sean los habitantes más prominentes del bosque tropical, pero éstos constituyen solo un porcentaje de un grupo mayor de protagonistas que contribuyen a la supervivencia del bosque, observa el guía Newton George. «Todo tiene su función en el bosque y todo es interdependiente», y menciona como ejemplo las heliconias que se alojan en lo alto de las siempre verdes.

«Las epifitas como éstas crecen y prosperan con la ayuda de las ramas de los árboles, pero en la estación seca atrapan el agua de lluvia entre sus hojas para que los sedientos pájaros tengan dónde beber. Las víboras se alimentan de pájaros, los cangrejos se alimentan de víboras y las hormigas comen y reciclan la vegetación». Según el guía, todo constituye un magnífico conjunto que los visitantes pueden ver y disfrutar.

FUENTE 2: Este artículo apareció en la revista, *Américas* en abril, 2006,

Guardián espacial del bosque tropical

Durante más de veinte años, el Instituto de Investigación Espacial de Brasil ha documentado el nivel de deforestación de Amazonas por medio del análisis de imágenes satelitales, pero debido a las limitaciones tecnológicas, los científicos sólo han podido estimar la magnitud de la explotación forestal que tiene lugar en la selva tropical. Ahora, con una nueva tecnología creada por el Departamento de Ecología Global de la Institución Carnegie, una serie de sensores remotos genera imágenes satelitales de alta resolución que permiten registrar la actividad de tala en el Brasil.

«El Amazonas es tan grande que no se puede saber lo que pasa en su interior», explica el profesor Grez Asner, principal científico del proyecto. «Cada talador trabaja por su cuenta y nadie entiende el efecto agregado que produce su actividad en la región.» El Carnegie Landsat Analysis System (CLAS), a diferencia de otros sistemas satelitales, permite ver a través de las capas densas de la cubierta forestal hasta el suelo del bosque...

Asner estima que por cada árbol que se corta, se destruyen o dañan otros treinta. «No solamente se daña o eliminan ciertas especies de árboles», dice, «sino que la tala tiene un enorme impacto sobre las comunidades de mamíferos y aves». Los científicos han documentado una disminución de la biodiversidad de los bosques talados. Otra preocupación ambiental aún mayor es el peligro de incendios forestales. Los claros permiten que la luz llegue al suelo del bosque y lo seque, dejando la superficie vulnerable a los incendios.

Debido a la extensión y la importancia ecológica del Amazonas, la tala afecta los ciclos de agua y carbono de todo el mundo. Asner estima que todos los años ingresan a la atmósfera hasta 100 millones de toneladas de dióxido de carbono debido a la explotación forestal del Amazonas, además de los cuatrocientos millones de toneladas de gases de invernadero generados por la deforestación del bosque...

FUENTE 3: (AUDIO) Este artículo apareció en la edición electrónica del periódico *ABC.es* el 17 de enero de 2006. El título es **Fomentarán el respeto a la naturaleza en los colegios.**

PREGUNTA 6:

Hay niños y jóvenes que pasan mucho tiempo enfrente de las computadoras o la televisión. ¿Cómo es posible evitar las consecuencias negativas para ellos?

FUENTE 1: Este artículo apareció en *"educere"*, la revista venezolana de educación, julio-septiembre, año-vol. 7, número 022.

Epidemia de videojuegos y juegos para computadoras incrementa la agresión en niños y adolescentes

Actualmente hay una gran preocupación entre padres de familias, psicólogos, docentes y personas de diferentes grupos de la sociedad, por los efectos negativos que podrían tener los videojuegos y los juegos para computadoras con contenido violento en los niños que frecuentemente participan en este tipo de entretenimiento. Es evidente la afición actual de niños y jóvenes a los videojuegos violentos (como, por ejemplo, «Soldado de la Fortuna» y «Mortal Combat») y asistir a los cybercafés y centro de computación con conexión al Internet, no sólo para curiosear páginas web y acceder a bases de datos en búsqueda de información que necesitan para hacer sus tareas escolares, sino para jugar en red o vía Internet juegos de última moda... que los involucran en acciones intensamente agresivas, en temas de ataque, de combate y de guerra. Esto preocupa debido a que es y ampliamente conocida la influencia de la exposición a programas de televisión con contenidos de violencia en el incremento de actitudes y comportamientos agresivos den los espectadores, particularmente si estos son niños...

Las investigaciones sobre los efectos de los videojuegos con contenido de violencia en los jugadores, sugieren que éstos pueden incrementar en las personas pensamientos, sentimientos y conductas agresivas, tanto en ambientes de laboratorio como en la vida real. En una investigación reciente con estudiantes universitarios, Anderson/Dill (2000) encontraron que sólo una breve exposición a este tipo de videojuegos puede temporalmente incrementar la conducta agresiva en cualquier tipo de persona. También se evidenció que había más manifestaciones de conductas delictivas (agresivas y no agresivas) en aquellos estudiantes que más reportaron haber jugado videojuegos violentos en primaria y en bachillerato. Es decir, que exposición a videojuegos de esta naturaleza incrementa la agresión tanto de una manera temporal como duradera. Por otra parte, las personas con una personalidad agresiva son más vulnerables a la influencia de estos juegos ya que se ha observado que aumentan sus tendencias agresivas...

Lo anterior planteado indica la importancia de generar discusiones que conduzcan a: 1) definir directrices prácticas sobre cómo los padres deben guiar y orientar a sus hijos en relación con los videojuegos, los juegos para computadoras y el uso del Internet; y 2) exigir la ejecución de mecanismos legales para regular el acceso de los niños y adolescentes a determinados juegos y páginas web...

FUENTE 2: Este artículo apareció en la revista, *Buenhogar* en enero 2007.

10 maneras de cuidar su salud en forma divertida

No es posible negarlo: «gracias» al mal uso de Internet, los videojuegos, la televisión y de otras cosas más por el estilo, nuestros hijos cada vez son más sedentarios y su salud corre mayores riesgos. Hoy día, una gran cantidad de niños se resisten a participar en actividades físicas elementales, y esto los convierte en serios candidatos a padecer numerosos trastornos de salud (si no es que ya han comenzado a sufrirlos).

Tú puedes y debes hacer algo para revertir esta situación, y lo mejor es que, para hacerlo, no tienes que elaborar un gran proyecto. Basta con introducir pequeños cambios en el estilo de vida familiar que permitan a tus hijos llevar una rutina diaria más sana...

Crea espacios para la diversión en tu casa. Hay muchos juegos que pueden realizarse en el interior de tu hogar... Concibe un plan de entrenamiento de apenas cinco minutos diarios (con ejercicios sencillos....) Bailen juntos. Una vez por semana, pon la música que más les guste a tus hijos en el equipo de sonido y organicen una sesión de baile... Invierte en un estilo de vida saludable. Cómprales esos patines o la bicicleta que te piden y hazles prometer que los usarán...Cuando llegue este período de «descanso», elige opciones que pongan a toda la familia en movimiento. Elige sitios turísticos que les ofrezcan la posibilidad de mantenerse activos y practicar deportes. Ayúdelos a encontrar el deporte que les guste... Dales el ejemplo. No debes pedir a tus hijos que practiquen lo que nunca te ven hacer.

Cada vez que puedas, hazles propuestas a tus hijos que los pongan en movimiento y los obliguen abandonar el teclado de la computadora o la pantalla de televisión. Al hacerlo, les estarás haciendo un gran favor.

FUENTE 3: (AUDIO) Este artículo apareció en la edición electrónica del periódico *EL PAIS.com*, el 31 de julio de 2006. El título es **El nacimiento de los "ciber-niños".**

PREGUNTA 7:
¿Cómo se puede promover los derechos políticos, económicos y sociales de los pueblos indígenas que todavía sufren de discriminación?

FUENTE 1: Este artículo apareció en la revista *"Américas"* en diciembre de 2006.

Elevar la conciencia, reafirmar los derechos
Nadie duda que los pueblos indígenas de las Américas deben gozar de los mismos derechos y oportunidades que todos los ciudadanos. Nadie tampoco que esto no se ha logrado aún. El proceso de alcanzar el pleno reconocimiento de estos derechos ha sido lento. En la Organización de los Estados Americanos (OEA), las negociaciones sobre el Proyecto de Declaración Americana sobre los Derechos de los Pueblos Indígenas llevan siete años, y un proceso similar en las Naciones Unidas (ONU) ha sido más largo.

Esto no significa, en absoluto, que haya sido tiempo perdido, dice el Embajador Juan León, Representante Alterno de Guatemala ante la OEA que durante dos años ha presidido el grupo de trabajo encargado de las negociaciones. «Las discusiones han generado iniciativas, han elevado la conciencia de las sociedades, de los gobiernos, y para mí ése es el punto que hay que rescatar», dice.

León, que pertenece a la comunidad Pueblo Maya K'iche, de Guatemala, dice que las delegaciones gubernamentales de los treinta y cuatro Estados Miembros de la OEA aún no tienen una visión clara sobre el contenido final de la declaración...

León cree que la Declaración debe reflejar y reafirmar los derechos que les son naturales y que deberían estar vigentes y en práctica y que por lo tanto no hay nada que inventar: "Esos derechos se ejercen y se han ejercido durante miles de años.

Uno de los desafíos, dice León, es superar el temor que surge en algunos gobiernos de que la Declaración contradiga la legislación nacional e internacional. Se suscitan inquietudes sobre conceptos complejos como la «libre determinación». Desde el punto de vista de los pueblos indígenas, explica, este concepto no se refiere a la creación de Estados independientes, sino a la libertad absoluta de tomar decisiones en el diseño, el manejo y la ejecución de planes, estrategias y programas que tengan que ver con todos sus derechos políticos, económicos y sociales. «Si eso es lo que se entiende por libre determinación, ¿cuál es el miedo?», pregunta.

FUENTE 2: Este artículo apareció en la revista *Américas*, en diciembre de 2006.

Democracia en Quechua

Millones de personas de habla quechua que viven en los Andes sudamericanos tienen ahora la posibilidad de leer la Carta Democrática Interamericana en su propio idioma gracias a una iniciativa conjunta de la OEA y del Perú. Es la primera vez que la Carta ha sido traducida a uno de los idiomas indígenas de las Américas.

La traducción es parte de un esfuerzo más amplio que está llevándose a cabo en el Perú por proveer a los maestros de escuelas primarias y secundarias los materiales que necesitan para promover la educación en valores democráticos. Esa es la meta consagrada en la propia Carta Democrática, que requiere el fortalecimiento de una «cultura democrática» en las Américas, con especial atención a los programas y actividades dedicados a los niños y los jóvenes...

La Carta Democrática —aprobada por los Estados Miembros de la OEA el 11 de septiembre de 2001— define los elementos esenciales de la democracia y establece los pasos que deben darse cuando ésta se ve amenazada. «Los pueblos de América tienen derecho a la democracia y sus gobiernos la obligación de promoverla y defenderla», reza la Carta.

FUENTE 3: (AUDIO) Este artículo apareció en el 7 de noviembre de 2006. El título es **España ratifica el convenio internacional más importante en defensa de los pueblos indígenas.**

PREGUNTA 8:

El famoso autor francés Balzac dijo que "la novela es la historia privada de una nación". Explica como los autores realizan la relación entre la ficción y la realidad.

FUENTE 1: Este artículo apareció en la revista *Américas*, en marzo de 2004.

Mario Vargas Llosa: Mundos sin límites

Mario Vargas Llosa deslumbró al mundo literario con su libro *La ciudad y los perros* hace cerca de cuarenta años, y desde entonces ha continuado cautivando a los lectores de todo el mundo con su extraordinaria imaginación y su innovadora técnica narrativa. Como señala el *Boston Globe*, sus numeross obras —novelas, cuentos, obras de teatro, ensayos y artículos periodísticos— «ya le han asegurado un lugar entre los grandes escritores de nuestra época»...

El interés de Vargas Llosa por la política y los acontecimientos históricos se ha reflejado en muchas de sus mejores novelas, como *La fiesta del chivo* (2000). Los lectores que temieron que hubiera bajado la guardia durante el período en que dejó de escribir obras de ficción cuando fue candidato a la presidencia del Perú pronto percibieron que no era así: la novela constituye una ardiente condena del régimen de Trujillo en la República dominicana y un brillante análisis de la perversa naturaleza de la tiranías en general. El escritos que al aceptar el premio Rómulo Gallegos en 1967 en Caracas declarara que «la literatura es fuego», seguía teniendo fuego en su pluma. Los años no habían disminuido en lo más mínimo su sentido de indignación moral. El libro fue muy bien recibido por el público y mereció elogios de la crítica, no solo por su fuerza y energía, sino también por los innumerables detalles que contiene la trama, producto de una minuciosa investigación histórica...

FUENTE 2: Este artículo apareció en la revista *Américas*, en diciembre, 2005.

Nuevas identidades de mujeres mexicanas

Cuando a fines de los años noventa se estrenó la película mexicana *Novia que te vea* en varios festivales de cine latinoamericano en los Estados Unidos, algunos espectadores reaccionaron con sorpresa. «Yo crecí en México y no sabía que había judíos mexicanos», fue uno de los comentarios que se escucharon con frecuencia. Sin embargo, es obvio que muchos mexicanos sabían que había judíos, pero también sabían que su herencia étnica no formaba parte de la ideología nacional del mestizo que define al ser mexicano como parte indígena y parte español.

Más de una década antes del estreno de esta película, Rosa Nissán había comenzado a crear la historia humorística e intensamente viva de una niña sefardí-mexicana (basada en gran parte en su propia vida) en un taller literario dirigido por la distinguida escritora Elena Poniatowska. La historia se hizo tan extensa que Poniatowska sugirió que Nissán la cortara en dos y publicara la primera parte...

Novia que te vea y su novela posterior, *Hisho que te nazca* (1996), describen de manera fascinante la formación de una niña nacida en la ciudad de México cuyos padres sefardíes habían emigrado de pequeños desde Turquía y Persia. La primera novela termina con el casamiento de Oshinica, la protagonista, y su partida hacia la luna de miel en Acapulco. El título de la segunda novela es un dicho sefardí que expresa el deseo por el nacimiento de un niño varón, y esta novela relata la vida de Oshinica como esposa y madre de cinco hijos (cuyos nombres son elegidos por la familia de su esposo y no por ella). No se le permite salir de su casa sin el permiso de su marido. La narración en primera persona, comenzando con la perspectiva de una niña, hace posible las observaciones de otras amas de casa y miembros de la familia y reflexiones personales que propugnan el análisis de la completa falta de libertad para las mujeres-judías y mexicanas-de su sociedad...

FUENTE 3: (AUDIO) Este artículo apareció en la revista *Américas* en mayo de 2006. El título es **La libertad de la ficción política.**

PREGUNTA 9:
¿Cómo pueden beneficiarnos en el futuro las investigaciones científicas de hoy?

FUENTE 1: Este artículo apareció en la revista *Américas*, en diciembre de 2004.

Combustible para el futuro
En un espacioso edificio del campus de la Universidad Federal de Río de Janeiro (UFRJ), enormes y relucientes tanques de acero inoxidable comienzan otro activo día de experimentos con aceite vegetal. Aunque el manómetro de presión muestra el nombre Kibon, una popular marca de helados, el renovado equipo industrial no está creando un producto alimenticio. Para controlar la temperatura del tanque y obtener una lectura precisa, un investigador alto y morocho debe subir unos escalones de metal. En una pequeña habitación adyacente, que puede verse a través de una gran ventana, un estudiante controla la composición química del aceite en tubos de ensayo, cuyos colores varían desde el amarillo pálido hasta el marrón oscuro. Otro estudiante trabaja en simulaciones computarizadas de mezclas químicas.

Los científicos de Río están convirtiendo aceite usado de freír donado por los restaurantes McDonalds en combustible biodiesel, después de filtrarlo y mezclarlo con catalizadores químicos. El biodiesel es un combustible dorado, que no produce humo y que puede utilizarse en vehículos diesel. Este combustible también puede obtenerse de aceites renovables como girasol, soja, maní o el más utilizado en todo el mundo, el aceite de freír.

Los científicos del programa de posgrado de ingeniería de la UFRJ investigan los combustibles vegetales pensando en el futuro. Científicos de muchas universidades del Brasil, en conjunto con el gobierno e industrias privadas, exploran la manera de poner al país a la vanguardia de los combustibles alternativos. El clima del país ofrece fértiles oportunidades para una variedad de oleaginosas, o cultivos que producen aceite, con el potencial de reactivar la economía en un momento en que la comunidad mundial enfrenta el aumento constante del precio de los combustibles y la disminución de las fuentes de petróleo…

<u>FUENTE 2:</u> Este artículo apareció en la edición electrónica del periódico *EL MUNDO.es* viernes el 12 de enero de 2007.

Una expedición en dirigible medirá el espesor del hielo en el Polo Norte

PARIS — El médico y expedicionario galo Jean-Louis Etienne ha anunciado que recorrerá en dirigible el Polo Norte para medir el espesor del hielo en el Ártico con objeto de estudiar la velocidad a la que desaparece por el cambio climático…

El explorador indicó que la construcción del dirigible comenzó en Rusia en octubre pasado, y que está prevista su finalización y los primeros vuelos de prueba en primavera, lo que prácticamente coincidirá con la supervisión de un aparato llamado «pájaro electro-magnético» por científicos alemanes del Instituto Alfred Wegener.

Este aparato, en forma de tubo, irá colgado del dirigible unos 15 metros por encima de la capa de hielo que se forma en la superficie del mar en el Polo Norte. Dicho dispositivo permitirá registrar el espesor de las placas de hielo, lo que servirá como referencia para mediciones en campañas posteriores en las que se evaluará así la velocidad a la que desaparece debido al calentamiento del planeta.

Etienne, que a sus 60 años ha efectuado varias campañas en el Ártico—en 1986 fue el primer hombre que llegó al Polo Norte a pie—, recordó que los satélites ya han podido apreciar desde hace varios años la disminución de la superficie cubierta por el hielo.

«La fusión del hielo cuestiona los mecanismos del clima. El planeta se ha calentado de 0,6 a 0,8 grados centígrados en 100 años pero es un valor global. Hay lugares donde el impacto es más dramático. Se calcula que entre 2060 y 2080 ya no habrá hielo en verano» en el Ártico, insistió.

La elección del dirigible, que se inspira en la travesía del Ártico con este medio de transporte que hicieron en 1926 en noruego Roal Admusen, el estadounidense Lincoln Ellsworth y el italiano Humberto Nobile, es una puesta ecológica, subrayó, tras recordar que se podría haber optado por el helicóptero, mucho más contaminante…

Etienne destacó que «esta aventura tiene una dimensión científica y pedagógica. Traeremos de esta expedición datos importantes sobre la situación del ártico y el papel que tiene esta región septentrional en el equilibrio del mundo. Esta misión servirá también para llamar la atención sobre las amenazas que pesan sobre este universo único y preparar juntos el futuro».

<u>FUENTE 3:</u> (AUDIO) Este artículo apareció en la edición electrónica del periódico *EL MUNDO.es* el 9 de enero de 2007. El título es **Diseñan un GPS que permite elegir las rutas menos contaminantes.**

PREGUNTA 10:
¿Por qué nos importan las reliquias del pasado?

<u>FUENTE 1:</u> Este artículo apareció en la revista Américas, en octubre de 2006.

Develando acertijos en los Andes

El misterio de los Andes radica en la manera en que los incas —el mayor imperio de las Américas hasta la llegada de los españoles en 1532— pudieron gobernar y administrar una región de miles de kilómetros sin ningún tipo de documento escrito. A principios del siglo XVI, en el auge de su poderío, el imperio inca se extendía a lo largo de los Andes desde el sur de Colombia atravesando Ecuador y Perú, Chile y Argentina hasta la cuenca del

Amazonas. Los gobernantes del Cuzco mantuvieron detallados registros de nacimientos, matrimonios, tributos, rituales religiosos y otras actividades de su imperio por medio de cuerdecillas teñidas y anudadas. Durante quinientos años, historiadores y científicos han intentado develar el misterio de los quipus y descifrar la información que contienen...

La palabra quipu proviene del quechua, el idioma de los incas, y significa «nudo». Los quipus son de algodón, o a veces lana de alpaca y su color varía entre blanco, marrón y verde. Enrolladas parecen un trapeador, pero expandidos revelan una compleja combinación de nudos y cuerdecillas. La mayoría cuenta con un cordel principal horizontal del que salen cuerdecillas, y de éstas pueden salir otras, llamadas «subsidiarias». Algunos quipus tienen hasta diez o doce niveles de subsidiarias. Los nudos están estratégicamente ubicados en los cordeles y subsidiarias y representan valores numéricos. La mayoría de los setecientos quipus que existen en la actualidad pertenecen a la época de los incas-desde principios del siglo XV hasta principios del siglo XVI...

La promesa de los quipus es acceso a la información, estadísticas y relatos históricos sobre los incas, escritos por los propios incas. La belleza y la complejidad de esta original forma de comunicación maravilla a todos los que la estudian...

FUENTE 2: Este artículo apareció en la revista *Américas* en mayo de 2006.

Testimonio visual de la esclavitud

La mayoríá de los empresarios que abren un hotel de lujo hacen lo posible para crear un mundo de fantasía de lo hermoso y lo placentero. Pero cuando el empresario holandés Jacob Gelt Dekker abrió el Kurá Hulanda en 1999, en el puerto de Willemstad en la capital de Curacao, incluyó una cámara de horrores con oxidados grilletes que cuelgan de las paredes. Grabados de la era colonial y poscolonial representan hombres, mujeres y niños africanos azotados, colgados y arrojados al océano. El visitante imagina que puede oír sus gemidos a través de los muros.

Mientras se realizaban las excavaciones para la piscina del hotel, ubicado en un histórico pero entonces ruinoso barrio de la ciudad, los trabajadores descubrieron que el lugar había sido un puesto de desembarco que los traficantes de esclavos utilizaban para alojar su mercancía humana. Desde principios del siglo XVII, Curacao se utilizó como punto de trasbordo donde desembarcaban los esclavos africanos, que luego de recuperarse de la terrible travesía, eran transportados a las plantaciones del Caribe y América del Norte y del Sur.

Dekker, un holandés que hizo fortuna mediante cadenas de tiendas de revelado de fotografías en una hora y empresas de alquiler y reparación de automóviles, había viajado mucho por África y sentía una gran afinidad por los pueblos y las culturas de ese continente, dice Leo Helms, director del museo. «Fue una decisión simple» crear el museo, agrega Helms...

El resultado es un modesto pero variado museo cerca de la entrada del complejo hotelero, desde donde puede verse el lugar en el que en una época atracaban los barcos de esclavos y ahora lo hacen los cruceros. Si bien la esclavitud constituye el tema central, el museo también incluye muestras de la evolución del hombre y el nacimiento de la civilización, poniendo énfasis en el papel fundamental de África en ambos procesos. Además, contiene exhibiciones de arte africano, una sección sobre la historia de la escritura y muestras sobre la prolongada historia de la esclavitud, incluyendo el racismo y la pobreza...

FUENTE 3: (AUDIO) Este artículo apareció en la revista *Américas* en marzo de 2006. El título es **Reina de las estelas mayas.**

Part B. Speaking

Informal Speaking (Simulated Conversation)

In this section of the examination you will be expected to integrate listening and speaking skills by participating in a recorded conversation. You will see the outline of the simulated conversation first, then, you will be provided with a setting in the form of a recorded message. You will have one minute to review the outline and think about responses before interacting with the tape. You will be expected to provide five or six appropriate responses that are 20 seconds in duration.

STRATEGIES:

1. Be sure to listen carefully to the message so that you understand the setting and circumstances of the conversation.
2. Review the outline carefully noting the tone and direction of the conversation.
3. Imagine yourself in this situation and think about and note vocabulary and expressions that are appropriate for this context.
4. Make sure to use the appropriate form of address, formal or informal depending on your suggested relationship with the speaker on the tape.
5. Listen carefully to each prompt so that you respond appropriately. Your answers need not be true but they should be logical responses to the situation.
6. Listen carefully for the tenses of the cues. Make an effort to use the same tenses unless a change is appropriate.
7. Speak in a loud and clear voice so that your recording is clear and comprehensible.
8. Use the complete 20 second time for each response so that there is enough of a speech sample for your speaking ability to be evaluated correctly. A very short answer even if it is grammatically and semantically correct may not provide enough of a sample for a high score.
9. Do not remain silent when you hear a cue. If you are not sure about what the prompt or a particular word means, respond in a way that would be appropriate given the entire context that you have read and heard.
10. Correct yourself immediately if you hear yourself making an error. Recall your rules for grammar, particularly agreement and verb endings.
11. Make sure to learn and understand how your responses will be evaluated so that you can provide what is considered a high quality speech sample.
12. Learn expressions that are appropriate for specific circumstances. A few useful expressions follow:

Expressing agreement:

es verdad	*it is true*
de acuerdo	*I agree*
creo que sí	*I believe so*
por supuesto	*of course*
claro que sí	*clearly*
eso es	*that's it*
tienes razón	*you're right*
vale	*OK*

Expressing disagreement or disbelief

de ninguna manera	*no way*
ni hablar	*no way*
no puede ser	*it's impossible*
no estoy de acuerdo	*I don´t agree*
lo dudo	*I doubt it*
claro que no	*of course not*
no es posible	*that's not possible*
eso no vale	*that's not fair*

Introducing your opinion

creo (pienso) que	*I believe*
me parece que	*it seems to me*
sugiero que	*I suggest*
propongo que	*I propose that*
sería mejor	*it would be better*
para mí	*for me*
prefiero	*I prefer*

Asking for someone else's opinion

¿Qué te parece?	*What do you think?*
¿Qué piensas?	*What do you think?*
¿Qué sugieres?	*What do you suggest?*
¿Qué harías?	*What would you do?*
¿Qué opinas tú?	*What's your opinion?*

Expressing regret or concern

Lo siento.	*I´m sorry.*
¡Qué lástima!	*What a pity!*
¡Qué pena!	*What a pity!*

Expressing surprise or disbelief

¡No es posible!	*It's not possible!*
¡No me digas!	*You don't say!*
¡Figúrate!	*Imagine!*
Lo dudo.	*I doubt it*
No lo puedo creer.	*I can't believe it.*
¡Mentira!	*It can't be true!*
¡Qué horror!	*How terrible!*

Directions: You will now participate in a simulated conversation. First, you will have 30 seconds to read the outline of the conversation. Then, you will listen to a message and have 1 minute to read again the outline of the conversation. Afterward, the conversation will begin, following the outline. Each time it is your turn, you will have 20 seconds to respond; a tone will indicate when you should begin and end speaking. You should participate in the conversation as fully and appropriately as possible.

Instrucciones: Ahora participarás en una conversación simulada. Primero, tendrás 30 segundos para leer el esquema de la conversación. Entonces, escucharás un mensaje y tendrás 1 minuto para releer el esquema de la conversación. Después, empezará la conversación, siguiendo el esquema. Siempre que te toque, tendrás 20 segundos para responder; una señal te indicará cuando debes empezar y terminar de hablar. Debes participar en la conversación de la manera más completa y apropiada posible.

CONVERSACIÓN 1

Imagina que recibes un mensaje telefónico del departamento personal de un almacén grande para invitarte a una entrevista sobre tu solicitud de empleo.
Escucha el mensaje.

(A) El mensaje

[You will hear the message on the recording.

Escucharás el mensaje en la grabación.]

(B) La conversación

[The lines in italics reflect what you will hear on the recording.

Las líneas en letra bastardilla reflejan lo que escucharás en la grabación.]

Entrevistador:	*Te saluda*
Tú:	Salúdalo y preséntate
Entrevistador:	*Te explica la razón por la entrevista y te hace una pregunta.*
Tú:	Responde a la pregunta
Entrevistador:	*Continúa la entrevista*
Tú:	Responde a la pregunta
Entrevistador:	*Continúa la entrevista.*
Tú:	Responde a la pregunta
Entrevistador:	*Te pregunta si tienes preguntas sobre el empleo.*
Tú:	Hazle una pregunta.
Entrevistador:	*Responde y se despide*
Tú:	Agradécele la entrevista y despídete.

CONVERSACIÓN 2

Imagina que te encuentras con Susana, que es también miembro del club de español.
Escucha lo que te dice.

(A) La conversación

[You will hear the situation on the recording.

Escucharás la situación en la grabación.]

(B) La conversación

[The lines in italics reflect what you will hear on the recording.

Las líneas en letra bastardilla reflejan lo que escucharás en la grabación.]

Susana:	*Te saluda y dice que quiere hablar del club de español.*
Tú:	Salúdala y pregúntale qué quiere discutir.
Susana:	*Discute un proyecto nuevo del club.*
Tú:	Presenta tu opinión.
Susana:	*Te presenta sus ideas y pide tus reacciones.*
Tú:	Comenta sobre sus ideas.
Susana:	*Te pide tus sugerencias al respecto.*
Tú:	Ofrécele algunas sugerencias para organizar el proyecto.
Susana:	*Te agradece y pide la fecha de la próxima reunión del club.*
Tú:	Responde a la pregunta.
Susana:	*Se despide.*
Tú:	Despídete y expresa tu anhelo de empezar el nuevo proyecto.

CONVERSACIÓN 3

Imagina que tú fuiste estudiante de intercambio el año pasado y te encuentras con Felipe, un compañero de clase. Escucha lo que te dice.

(A) La conversación

[You will hear the situation on the recording.

Escucharás la situación en la grabación.]

(B) La conversación

[The lines in italics reflect what you will hear on the recording.

Las líneas en letra bastardilla reflejan lo que escucharás en la grabación.]

Felipe:	*Te saluda y te pide si puedes darle información.*
Tú:	Ofrécete a contestar sus preguntas.
Felipe:	*Te pregunta cómo aplicar por el programa.*
Tú:	Explícale el proceso.
Felipe:	*Te pregunta sobre la familia que visitaste.*
Tú:	Responde a la pregunta.
Felipe:	*Te pregunta sobre el país que visitaste.*
Tú:	Responde a la pregunta.
Felipe:	*Te pregunta sobre tus estudios y actividades allí.*
Tú:	Responde a la pregunta.
Felipe:	*Te pide consejos.*
Tú:	Responde y despídete.

CONVERSACIÓN 4

Imagina que vas a la tienda para comprar una nueva camera digital. Escucha el anuncio.

(A) El anuncio

[You will hear the announcement on the recording.

Escucharás la situación en la grabación.]

(B) La conversación

[The lines in italics reflect what you will hear on the recording.

Las líneas en letra bastardilla reflejan lo que escucharás en la grabación.]

La vendedora:	*Te saluda y te ofrece ayuda.*
Tú:	Explica lo que quieres.
La vendedora:	*Te presenta opciones.*
Tú:	Pídele más información.
La vendedora:	*Continúa la conversación.*
Tú:	Dile cuánto puedes pagar.
La vendedora:	*Te aconseja.*
Tú:	Toma una decisión.
La vendedora:	*Finaliza la venta.*
Tú:	Agradécela y despídete.

CONVERSACIÓN 5

Imagina que recibes una llamada telefónica de tu abuela en Puerto Rico. Escucha sonar el teléfono.

(A) La conversación.

[You will hear the phone ring on the recording.

Escucharás el teléfono sonar en la grabación.]

(B) La conversación

[The lines in italics reflect what you will hear on the recording.

Las líneas en letra bastardilla reflejan lo que escucharás en la grabación.]

Tu abuela:	*Te saluda y pregunta por la familia.*
Tú:	Salúdala. Discute la salud de la familia.
Tu abuela:	*Te pregunta si tienes planes para las vacaciones del verano.*
Tú:	Responde.
Tu abuela:	*Te invita a pasar las vacaciones con ella.*
Tú:	Responde en el afirmativo y explica por qué.
Tu abuela	*Habla de posibles actividades.*
Tú:	Responde.
Tu abuela	*Ofrece pagar el vuelo.*
Tú:	Responde y agradécele.
Tu abuela	*Te aconseja discutir el viaje con tus padres y se despide.*
Tú:	Termina la conversación asegurándole que vas a discutir el viaje con tus padres.

CONVERSACIÓN 6

Imagina que te encuentras con tu amigo Carlos para hacer planes para una fiesta. Escucha lo que te dice.

(A) La conversación

[You will hear the situation on the recording.

Escucharás la situación en la grabación.]

(B) La conversación

[The lines in italics reflect what you will hear on the recording.

Las líneas en letra bastardilla reflejan lo que escucharás en la grabación.]

Carlos:	*Te saluda y te pide ayuda para escoger la fecha de la fiesta.*
Tú:	Responde y explica tu respuesta.
Carlos:	*Te pregunta sobre los invitados.*
Tú:	Discute cómo vas a ayudar con las invitaciones.
Carlos:	*Te pregunta qué servir en la fiesta.*
Tú:	Responde con varias opciones.
Carlos:	*Pide tu opinión sobre la música para la fiesta.*
Tú:	Responde con varias opciones.
Carlos:	*Te pregunta cómo sorprender a Elena.*
Tú:	Sugiere un plan.
Carlos:	*Añade detalles.*
Tú:	Arregla otra cita con Carlos y despídete.

CONVERSACIÓN 7

Imagina que eres presidente del club de español y hablas con la consejera, tu profesora de español, Señora López.

Escucha lo que te dice.

(A) La conversación

[You will hear the situation on the recording.

Escucharás la situación en la grabación.]

(B) La conversación

[The lines in italics reflect what you will hear on the recording.

Las líneas en letra bastardilla reflejan lo que escucharás en la grabación.]

Sra. López:	*Te presenta la idea de un viaje del club de español a un museo lejano para ver obras de arte españoles.*
Tú:	Pide más información.
Sra. López:	*Te da más información.*
Tú:	Reacciona positivamente.
Sra. López:	*Te pide escoger una fecha apropiada para el grupo.*
Tú:	Responde y explica tu respuesta.
Sra. López:	*Discute cuanto va a costar el viaje.*
Tú:	Expresa y explica, tu preocupación con el precio.
Sra. López:	*Sugiere que el club gane dinero para pagar por el viaje.*
Tú:	Menciona varias opciones para ganar el dinero.
Sra. López:	*Pide que discutas las opciones y el viaje con los miembros.*
Tú:	Discute tus planes al respecto y despídete.

CONVERSACIÓN 8

Imagina que acabas de conseguir tu carné de conducir y hablas con tu padre. Escucha lo que te dice.

(A) La conversación.

[You will hear the situation on the recording.

Escucharás la situación en la grabación.]

(B) La conversación

[The lines in italics reflect what you will hear on the recording.

Las líneas en letra bastardilla reflejan lo que escucharás en la grabación.]

Tu padre:	*Te felicita y te aconseja.*
Tú:	Asegúrale y describe cuándo y cómo vas a conducir.
Tu padre:	*Te informa cuando puedes pedir prestado su coche.*
Tú:	Agradéceselo y trata de convencerlo de que necesitas tu propio coche.
Tu padre:	*Reacciona negativamente.*
Tú:	Explica cómo vas a ganar dinero para ayudar a comprarlo.
Tu padre:	*Discute condiciones y limitaciones.*
Tú:	Ofrece sugerencias para complacer a tu padre.
Tu padre:	*Te dice que necesita esperar y observar para hacer su decisión.*
Tú:	Describe lo que harás para convencerlo de que mereces tu propio coche.

CONVERSACIÓN 9

Imagina que representas a los estudiantes de tu escuela en el consejo estudiantil y hablas con la directora de la cafetería de la escuela, la Sra. Martínez. Escucha lo que te dice.

(A) La conversación

[You will hear the situation on the recording.

Escucharás la situación en la grabación.]

(B) La conversación

[The lines in italics reflect what you will hear on the recording.

Las líneas en letra bastardilla reflejan lo que escucharás en la grabación.]

Sra. Martínez	*Te saluda y te pregunta qué quieres discutir.*
Tú:	Explícale a quienes representas.
Sra. Martínez	*Te pide explicar las quejas de los alumnos.*
Tú:	Describe varios problemas en la cafetería.
Sra. Martínez	*Explica lo que es posible hacer.*
Tú	Pide más acción.
Sra. Martínez	*Explica lo que es imposible hacer.*
Tú	Dile lo que vas a decir a tus compañeros de clase.
Sra. Martínez	*Propone otra cita contigo para continuar la conversación.*
Tú:	Arregla la próxima cita con ella y despídete.

CONVERSACIÓN 10

Imagina que recibes un mensaje telefónico de un reportero de un periódico local quien va a entrevistarte por ganar una beca de una organización local. Escucha el mensaje.

(A) El mensaje

[You will hear the message on the recording.

Escucharás el mensaje en la grabación.]

(B) La conversación

[The lines in italics reflect what you will hear on the recording.

Las líneas en letra bastardilla reflejan lo que escucharás en la grabación.]

Entrevistador:	*Te saluda y felicita.*
Tú:	Salúdalo, agradéceselo y preséntate.
Entrevistador:	*Te explica por qué hace la entrevista y te hace una pregunta sobre tus actividades académicas en la escuela.*
Tú:	Responde a la pregunta.
Entrevistador:	*Te hace una pregunta sobre tus actividades atléticas.*
Tú:	Responde a la pregunta.
Entrevistador:	*Te hace una pregunta sobre tus actividades extracurriculares.*
Tú:	Responde a la pregunta.
Entrevistador:	*Te hace una pregunta sobre tus planes para el futuro.*
Tú:	Responde a la pregunta.
Entrevistador:	*Te dice cuando el artículo aparecerá en el periódico y se despide.*
Tú	Agradéceselo y expresa tu anhelo a ver el artículo. Despídete.

Formal Oral Presentation (Integrated Skills)

In this part of the examination you will be prompted to make an oral presentation based on two sources of information, one in print and one audio. First you will be given 5 minutes to read the printed material and then you will hear the audio and be expected to take notes as you listen. You will then have 2 minutes to organize your thoughts and plan your answer and then 2 minutes to record your presentation. The prompt tests your ability to analyze and interpret these sources, and synthesize relevant elements or concepts contained in them as you express your own ideas coherently and with grammatical accuracy in Spanish. You must mention **BOTH** sources without summarizing them. This presentation is worth 10% of the examination.

STRATEGIES:

To prepare for this part of the examination, be sure to review the listening and reading strategies in this book.

1. Begin by reading the prompt carefully to make sure you understand and accomplish the speaking task. You may be asked to compare, contrast, discuss, analyze or explain.
2. Recall previous connections to this topic or theme.

3. Use separate graphic organizers or columns to identify and compare main ideas or concepts, supporting details and key vocabulary from the written source and the audio source.

4. Prepare a brief outline or graphic organizer to plan your presentation. Make sure that in the beginning you introduce your theme or point of view. Next, develop it with appropriate details and/or inferences from both sources while including your own input and synthesis. Finish with a logical conclusion based on your previous statements.

5. You may correct yourself as you speak. Think about the following:
   - Appropriate mood, indicative or subjunctive.
   - Appropriate use of tenses and subject verb agreement.
   - Appropriate use of "**ser**" and "**estar**" and "**por**" and "**para**".
   - Agreement of nouns and adjectives.

6. Use varied vocabulary and idioms appropriate to the topic.

7. Speak in a loud clear voice.

8. Become familiar with the rubrics for this presentation so that you can evaluate your own speaking and improve it.

Directions: The following questions are based on the accompanying printed article and audio selection. First, you will have 5 minutes to read the printed article. Afterward, you will hear the audio selection; you should take notes while you listen. Then, you will have 2 minutes to plan your answer and 2 minutes to record it.

Instrucciones: La pregunta siguiente se basa en el artículo impreso y la selección auditiva. Primero, tendrás 5 minutos para leer el artículo impreso. Después, escucharás la selección auditiva; debes tomar apuntes mientras escuchas. Entonces, tendrás 2 minutos para preparar tu respuesta y 2 minutos para grabarla.

PRESENTACIÓN 1:

Imagina que tienes que dar una presentación formal ante una clase de español sobre el siguiente tema:

El artículo impreso habla sobre preocupaciones ambientales en la costa de Uruguay; el informe que vas a escuchar habla sobre los efectos de la actividad humana en el bosque tropical. En una presentación formal compara las amenazas al ambiente en estos dos lugares e incluye sugerencias para combatirlas.

FUENTE 1: Este artículo apareció en la revista, *Américas* en octubre de 2004.

Limpieza costera

Los problemas a lo largo del extenso litoral uruguayo son tan complejos como el encanto del paisaje. Bosquecillos de pinos y palmeras y grupos de chalets de estilo alemán salpican kilómetros de dunas, lagunas y playas. Sin embargo, detrás del atractivo paisaje, yace un creciente inventario de preocupaciones ambientales.

Las prístinas lagunas se llenan de basura, el acelerado ritmo de desarrollo humano pone en peligro el hábitat de las aves migratorias, cuando no se eliminan las aguas negras se pone en peligro la salud pública, la mala calidad de las construcciones está provocando una mayor erosión y la fuerte sedimentación del río de la Plata amenaza las pesquerías del país y la vida del sector pesquero comercial...

La migración interna no hace más que agravar el problema: en la última década, el desplazamiento de personal desde el interior del país a las zonas costeras se ha duplicado. Los funcionarios responsables de la protección de este sensible entorno ven alarmados la proliferación del desarrollo y la contaminación asociados con la elevada presencia humana.

Para hacer frente a este problema se ha creado el proyecto Eco Plata, un esfuerzo que se propone lograr el manejo sostenible de la zona costera del país. Entre sus varios objetivos principales se destacan el desarrollo de la investigación científica sobre problemas relacionados con el medio ambiente, el fortalecimiento de instituciones nacionales existentes que participan en el manejo de los recursos costeros y el mejoramiento del flujo de información a las partes interesadas, desde los residentes hasta los organismos gubernamentales y las instituciones educativas.

FUENTE 2: (AUDIO) Este artículo apareció en la revista *Américas* en octubre de 2004. El título es, **Bosques de rápido crecimiento.**

PRESENTACIÓN 2:

Imagina que tienes que dar una presentación formal ante una clase de español sobre el siguiente tema:

El artículo impreso ofrece una definición de la globalización; el informe que vas a escuchar habla de las posibilidades para el futuro de la globalización. En una presentación formal discute las oportunidades y riesgos de la globalización y tu opinión al respecto.

FUENTE 1: Este artículo apareció en la edición electrónica del periódico *El mundo.es* en julio de 2001.

Globalización
Por Carlos Sánchez

Un término difícil de definir pero que, en cualquier caso, está determinado por **dos variables:**

- Una se refiere a la globalización de **carácter financiero** que ha tenido lugar en el mundo al calor de dos fenómenos: los avances tecnológicos y la apertura de los mercados de capitales.

  El Banco de Pagos Internacional ha estimado que las transacciones mundiales de dinero (en los distintos mercados de divisas) asciende a alrededor de 1,9 billones de dólares (cuatro veces el PIB español). Estos flujos de capitales han enriquecido y arruinado a muchos países, ya que la solvencia de sus divisas está en función de la entrada y salida de capitales. Y eso explica, en parte, crisis financieras como las de México, Rusia, o el sudeste asiático. De ahí que los movimientos contra la globalización hayan reivindicado el establecimiento de la llamada Tasa Tobin, que no es otra cosa que la creación de un impuesto que grave los movimientos de capitales.

- La otra globalización, se trata de las **transacciones de bienes y servicios** que se realizan a nivel mundial.

En este caso, son los países pobres y los mayores productores de materias primas (que en muchos casos coinciden) los que reclaman apertura de fronteras, ya que tanto en Estados Unidos como en la UE existe un fuerte proteccionismo. Muchas ONG de las que se manifiestan contra la globalización quieren desarrollar el comercio, pero no los capitales.

FUENTE 2: (AUDIO) Este artículo apareció en la edición electrónica del periódico *ABC.es* 25 de enero de 2007. El título es **Anglea Merkel alerta a Europa de cualquier tentación proteccionista.**

PRESENTACIÓN 3:

Imagina que tienes que dar una presentación formal ante una clase de español sobre el siguiente tema:

El artículo impreso habla del problema del sobrepeso; el informe que vas a escuchar habla de los alimentos saludables. En una presentación formal discute las sugerencias presentadas y cómo se pueden realizar.

FUENTE 1: Este artículo apareció en *Ondasalud.com* el 26 de noviembre de 2004.

Los españoles se sitúan entre los europeos más sedentarios

Es España gozamos de una muy saludable dieta mediterránea y, sin embargo, estamos en primera línea de los países europeos con menor actividad física. Esta situación, que los expertos consideran especialmente alarmante, ha hecho que el IX Día Nacional de la Obesidad se celebre bajo el lema «Muévete contra la Obesidad».

La inadecuada alimentación y el sedentarismo son las dos razones fundamentales sobre las que se sustenta el ascenso tan significativo de las cifras de obesidad en nuestro país, ambas son de igual relevancia, pero la segunda quizás con mayor impacto entre los españoles. Y es que un estudio reciente llevado a cabo en 15 países europeos ha puesto de manifiesto que España es uno de los países del viejo continente en el que se hace menos actividad física en el tiempo de ocio. En concreto, un 38 por ciento de los jóvenes españoles se declaran sedentarios y se sabe que los niños cada vez dedican más tiempo a actividades que no requieren de ningún tipo de esfuerzo físico.

Las cifras van en alza. «El 15 por ciento de los adultos de nuestro país son obesos y el 38 por ciento padece sobrepeso, siendo las mujeres las más afectadas dentro de este grupo de edad», ha explicado Basilio Moreno, presidente de la Sociedad Española para el Estudio de la Obesidad. «En el caso de los niños, donde son los varones los que registran mayores cifras, se calcula que existe un 13 por ciento de obesidad y un 30 de sobrepeso. La mayor dificultad en los cálculos la encontramos en la tercera edad, donde sí sabemos que la obesidad alcanza hasta a un 21 por ciento de los mayores».

Se trata de un problema grave y de complicada solución. La multidisciplinariedad del tema hace que tengan que implicarse muchos grupos sociales y diferentes administraciones. Los padres, educadores, e incluso los urbanistas, juegan un papel determinante. «No es un problema exclusivamente médico, lo que ocurre es que sus consecuencias acaban afectando seriamente a la salud», ha destacado Juan Soler, presidente de la Sociedad Española de Endocrinología y Nutrición.

María Neira, presidenta de la Agencia Española de Seguridad Alimentaria (AESA), ha destacado la labor que desde la Administración se está llevando a cabo en este sentido. «En la actualidad contamos con ocho grupos de trabajo que tratan de definir las líneas maestras para prevenir la obesidad entre la población. Incidir en los niños a través de la educación, promover el ejercicio físico y la alimentación saludable e implicar a los medios de comunicación y a la sociedad en general en este problema es nuestro principal objetivo». La aplicación práctica de estas intenciones supone la divulgación de guías de actuación que resulten claras para todos. Además, se estudiando la posibilidad de que esta iniciativa vaya acompañada de ciertas medidas legislativas como ha ocurrido en el Reino Unido y Francia, donde se plantea la restricción de ciertas publicidades en horario infantil y la prohibición de alimentos ricos en grasas y azúcares en las escuelas, respectivamente.

Las bases del tratamiento

Prevenir el sobrepeso es la principal meta de esta campaña, sin embargo, hay muchas personas en nuestro país que ya han sido diagnosticadas de esta patología y que requieren de un tratamiento adecuado. «Modificar los hábitos de conducta, actuar sobre la nutrición, evitar el sedentarismo con cierta actividad física y la farmacoterapia son los cuatro pilares sobre los que ha de sostenerse el abordaje de estos pacientes», ha señalado Moreno.

FUENTE 2:   (AUDIO) Este artículo apareció en *Ondasalud.com* el 18 de noviembre de 2004

PRESENTACIÓN 4:

Imagina que tienes que dar una presentación formal ante una clase de español sobre el siguiente tema:

    El artículo impreso habla de la comida como parte de una tradición mexicana; el informe que vas a escuchar habla de la comida moderna mexicana. En una presentación formal compara las dos.

FUENTE 1: Este artículo apareció en la revista *Américas* en octubre de 2004

Fiesta de santos y almas

Cada mes de octubre, en las ciudades, los pueblos y el campo de México, los panaderos se preparan para la época más ocupada del año. Se acerca el Día de los Muertos, y en casi todas partes, esta celebración de dos días no estaría del todo completa si faltara el pan de muerto. En algunas regiones, los lugareños alquilan los hornos y cocinan el pan usando su propia receta.

    El pan muerto —un pan redondo decorado con trozos de masa imitando huesos—se coloca en tumbas y altares caseros dedicados a los seres queridos que han pasado a mejor vida. Se comparte entre familiares y amigos, por lo general acompañado de una taza de atole, una bebida caliente de harina de maíz disuelta en agua o leche, a la que se le agrega frutas o chocolate.

    Aunque las extravagantes figuras de esqueletos y los hermosamente decorados altares constituyen el conocido centro visual de las celebraciones del 1 y 2 de noviembre, muchos platos se asocian integralmente a este ciclo de vida y muerte de los seres queridos. Algunos, como las pequeñas calaveras de dulce, tienen finas decorativos, como los huevos pintados de las celebraciones de la Pascua en Europa oriental otros se preparan simplemente para mantener la tradición, pero todos, con sus variaciones según la región, forman parte esencial de las fiestas...

FUENTE 2: Este artículo apareció en la revista *Américas* en febrero de 2006. El título es **Gustos modernos para los clásicos mexicanos**

PRESENTACIÓN 5:

Imagina que tienes que dar una presentación formal ante una clase de español sobre el siguiente tema:

El artículo impreso habla de las relaciones entre el arte de los maestros del pasado y el arte moderno; el informe que vas a escuchar habla de las influencias de los maestros del pasado en el arte de Picasso. En una presentación formal discute las influencias del arte del pasado en el arte moderno.

FUENTE 1: Este artículo apareció en *El país digital*, el 17 de febrero de 2006

ENTREVISTA: PICASSO Y LOS MAESTROS DEL PASADO — Ana Martínez de Aguilar
El arte es intemporal y no tiene fronteras

Picasso. Tradición y vanguardia, comisariada por Francisco Calvo Serraller y Carmen Giménez, tiene en el Museo Reina Sofía su instalación más impactante y concentrada. Unas salas en las que la violencia de las guerras, el horror y el dolor que causan son el argumento principal. Las obras maestras que se han enfrentado a la fuerza simbólica del Guernica no hacen sino acentuar su importancia y cobran ellas mismas nuevos significados. La directora del Reina Sofía destaca la relevancia de esta propuesta y subraya el papel educativo que cumple una muestra tan excepcional como ésta.

PREGUNTA: ¿Qué significa para el Museo Reina Sofía exhibir pinturas como *El 3 de mayo de 1808* en Madrid; *Los fusilamientos en la montaña Príncipe Pío*, de Goya y *La ejecución del emperador Maximiliano*, de Manet?

RESPUESTA: Es un momento histórico por muchas razones. No solamente por la confrontación Goya-Picasso, y que en el Prado se produzca la visita de Picasso a los maestros antiguos, sino que es una muestra que abre puertas, horizontes, y rompe barreras. Desde el punto de vista educativo es también extraordinario. Pienso que si algo no tiene fronteras es el arte, si algo es intemporal es el arte y los grandes maestros, como demuestra Picasso, actualizan el pasado. Eso lo ves en literatura, en poesía, en música y otras artes. Los grandes maestros que se enfrentan a temas universales le dan una formulación nueva, pero partiendo de lo que han hecho antes otros grandes maestros. Y eso es lo que hace Picasso…

FUENTE 2: (AUDIO) Este artículo apareció en la revista digital *El cultural.es* el 15 de febrero de 2007. El título es, **Picasso y el Museo del Prado.**

PRESENTACIÓN 6:

Imagina que tienes que dar una presentación formal ante una clase de español sobre el siguiente tema:

El artículo impreso habla del problema de conducir con distracciones; el informe que vas a escuchar habla de la furia al volante. En una presentación formal discute sugerencias para conducir bien y evitar el peligro.

FUENTE 1: Este artículo apareció en *Mundo motor*, en *Prensalibre.com*.

Distracciones peligrosas

Cambiar de estación en el radio del automóvil cuando va conduciendo parece un acto inofensivo, pero algunos expertos han llegado a comprobar que ésa es una de las tantas distracciones capaces de hacer perder el control del automotor...

Igual situación le ocurrió a Cristina Galdámez. No le dio tiempo a maquillarse en su casa y en cada parada aprovechaba para mirarse al espejo. En esas estaba cuando por descuido, en lugar de pisar el pedal de freno, pisó el acelerador y le arrancó el parachoques al vehículo que iba adelante.

«No sé qué fue lo que pasó», dice cada piloto luego de un percance. Esta es la reacción más común al protagonizar un accidente, expresa el ingeniero René Valle, miembro del Consejo Nacional de Seguridad, National Safety Council, de Estados Unidos.

Sin embargo, los resultados de algunos estudios sí dan cuenta de qué es lo que pasa en la mayoría de colisiones. Ocho de cada 10 accidentes son causados por conductores distraídos. El 85 por ciento de los accidentes de tránsito son provocados por pilotos que hacen otra cosa en lugar de concentrarse en el manejo, expresa Luz de Cabrera, instructora internacional de manejo defensivo. Otro informe señala que la falta de atención ocasiona el 68 por ciento de los choques por detrás.

La profesional explica que esto se produce por la falta de atención del conductor y provoca un retraso en los reflejos necesarios para conducir de forma segura...

De acuerdo con los expertos, las distracciones ocurren porque algún objeto o persona desvía la atención del piloto. Puede ser desde un insecto dentro del carro hasta los mismos acompañantes, expresa el ingeniero Valle.

Por ejemplo, cuando un piloto viaja a 100 kilómetros por hora y mira hacia abajo por dos segundos para seleccionar un CD o cambiar de estación en el radio, viajará como 60 metros a ciegas...

Un estudio realizado por la compañía de seguros Hagerty determinó que los conductores que tienen el hábito de comer cuando conducen, tienen altas posibilidades de sufrir un percance...

Hay distracciones que para muchos parecen insignificantes, pero son graves cuando se conduce. Un ejemplo es tratar de buscar algo en la guantera, como los anteojos para sol, intentar leer un documento, ajustar los espejos retrovisores y ponerse o ajustar el cinturón de seguridad.

Aunque estas acciones suelen ser de muy corta duración, todas ellas suponen apartar la vista de la carretera durante unos segundos, señala el ingeniero Valle.

No obstante, una de las distracciones que más preocupan a los expertos y autoridades es la que causa el teléfono móvil, explica Amílcar Montejo, vocero de la Policía Municipal de Tránsito de la Municipalidad capitalina.

Según la Fundación para la Seguridad del Tráfico, luego de un minuto y medio de hablar por el teléfono el conductor no percibe el 40 por ciento de las señales; su velocidad media baja un 12 por ciento, el ritmo cardíaco se acelera bruscamente y, en caso de presentarse una acción inesperada, tardará más en reaccionar.

Al contestar el celular se genera un mayor peligro, pues al recibir la llamada hay un elemento sorpresa que lleva a alternar con otras actividades, al tener que buscar el teléfono, tomarlo y responder.

También se producen en el organismo cambios en las pulsaciones, en el funcionamiento cerebral y en la conductividad eléctrica de la piel; esto empeora cuando la llamada trae malas noticias o se discute con alguien.

Otro informe del Instituto de Tráfico y Seguridad Vial refleja que la utilización del móvil mientras se conduce es equiparable a recorrer entre 180 y 350 metros sin un control adecuado. Montejo explica que la atención queda disminuida en casi un 40 por ciento respecto de los otros conductores.

FUENTE 2: (AUDIO) Este artículo apareció en *Univisión.com* en 2003. El título es, **Evita a toda costa la furia al volante.**

PRESENTACIÓN 7:

Imagina que tienes que dar una presentación formal ante una clase de español sobre el siguiente tema:

   El artículo impreso habla de la música maya; el informe que vas a escuchar habla del flamenco. En una presentación formal compara la historia y evolución de éstos.

<u>FUENTE 1</u>: Este artículo apareció en el periódico digital *Prensalibre.com.* en 2002.

Pasado musical guatemalteco

Estudiar la música maya y tradicional popular guatemalteca durante más de tres décadas ha llevado al grupo «Fórmula Ancestral» a interpretar y difundir ese tipo de melodías.

Para los mayas, la música no era más que la prolongación de su cosmovisión y su vida, la expresión de aquello que los rodeaba: el canto de pájaros, o el sonido del rayo y el agua, los gritos de la mujer durante el parto o el llamado a la guerra.

   «Todos los días, con la salida del sol, los músicos recorrían el poblado para amenizar cada una de las escenas con las cuales tropezaban», explica Elsy de Villatoro, integrante del grupo musical Fórmula Ancestral.

   «La certeza de ello está en códices y libros como el Popol Vuh o los Señores de Totonicapán, en pinturas sobre vasos, vasijas, platos y otros vestigios arqueológicos», agrega Osmundo Villatoro, otro miembro del grupo.

   Pero quizá lo más atractivo sean los instrumentos usados por los mayas: caracol, raspador de hueso de danta, tortugas, trompetas, silbatos de barro, tambores de un solo pie, sonajas y flautas, entre otros. Los originales se encuentran en las vitrinas y bodegas de los museos, pero algunas réplicas fieles forman parte de la colección de Fórmula Ancestral.

   Con esos instrumentos interpretan la música maya de antaño. De una flauta con forma de sapo sale el sonido del batracio; de una figurilla que representa a una mujer encinta, los gemidos propios del dolor de parto, y con una flauta decorada con la deidad del sol, tocan el son de la cosecha del maíz.

   Los mayas eran auténticos artífices del sonido. «Conocían la armonía, es decir, dar tres notas al mismo tiempo», explica Osmundo Villatoro.

Nuevos ritmos

Con la llegada de los españoles, la música maya deja de escucharse. «En 1635 se emite un decreto que prohíbe a los indígenas utilizar sus instrumentos musicales», asevera Villatoro. A la vez, empiezan a ingresar otros, los cuales, poco a poco, son asimilados por los nativos. «Es así como surge la música tradicional popular guatemalteca, la cual es producto de la transculturación», dice Elsy.

   Esta utiliza instrumentos como la marimba, el pito, la chirimía y el tambor. Con ellos se acompaña musicalmente cortejos procesionales, llamados a misa, festividades patronales y danzas.

A ellos se suman el arpa, guitarrilla y violín, instrumentos impuestos por los domini
cos y muy aceptados en las verapaces. «Con ellos se toca el Paabanc, un conjunto de tres
sones con los que se pide permiso al Ajau para hacer una fiesta», explica Elsy. En el oriente del país, la música se ejecuta con acordeón, guitarra y contrabajo. Y es con esos instrumentos que Fórmula Ancestral ameniza, pues como sus integrantes dicen: «Queremos
contribuir a dar a conocer, difundir y preservar la música tradicional guatemalteca».

Trayectoria

Fórmula Ancestral es un grupo familiar integrado por cinco miembros: Elsy y Osmundo
Villatoro, sus dos hijos y Jonathan Figueroa.

- Ellos, durante tres décadas han estudiado las tradiciones indígenas Latinoamericanas.

- Han grabado cinco CDs: dos de música andina; uno de tradicional popular guatemalteca, otro de música maya, y uno más de melodías navideñas tradicionales.

- El grupo cuenta con más de 580 instrumentos musicales.

- Actualmente, está en busca de patrocinio para contar con un lugar donde almacenar los
  instrumentos y donde poder ensayar, entre otras necesidades.

FUENTE 2: (AUDIO) Este artículo apareció en El mundo digital. 21 de marzo de 2001. El título es **El cante,
esencia e historia del flamenco.**

PRESENTACIÓN 8:

**Imagina que tienes que dar una presentación formal ante una clase de español sobre
el siguiente tema:**

   **El artículo impreso habla de Rolando Costa Picazo quien traduce «la crema de
la literatura anglosajona» al español; el informe que vas a escuchar habla de Edith
Grossman quien traduce literatura española al inglés. En una presentación formal
comenta sobre el trabajo y la misión de los traductores.**

FUENTE 1: Este artículo apareció en la revista *Américas* en abril de 2006.

Traducir en alta fidelidad

Rolando Costa Picazo ha pasado toda su vida acercando los mundos hispano y angloparlante, principalmente a través de la literatura. Al igual que Gregory Rabassa, mediante
quien los lectores estadounidenses han llegado a conocer sobresalientes escritores en es-
pañol y portugués, Costa Picazo traduce la crema de la literatura anglosajona…

   «El traductor debe permanecer invisible y la traducción debe sonar como si se hubiera
escrito originalmente en el idioma traducido. Sin embargo, cuando se traduce una obra de
gran valor literario, puede sonar como una traducción. Hemingway puede sonar raro en español para un lector que no conozca su estilo conciso y telegráfico. Faulkner también, con
su extraño léxico y estilo intrincado. Pero esto no importa. Son maestros y debe respetarse
hasta sus mínimas caprichos literarios.»…

   La poesía es el género preferido de Costa Picazo…«Los poetas deben leer a otros poetas cuyos idiomas no conocen, pero quién debe ser leído por ser de primera clase», dice.
«En primero lugar, creo que es muy importante traducir poesía: en segundo lugar es perfectamente posible traducir la esencia invariable, el tema y el tono, además de encontrar
equivalentes en un nivel léxico.»…

«Mis versiones de poesía son semánticamente dependientes, pero rítmicamente independientes….La fidelidad al texto original sigue siendo la ley. En el prefacio del libro de Auden, digo que en mi escala de lealtades, coloco a Auden primero, al español segundo y al lector último»…

FUENTE 2: (AUDIO) Este artículo apareció en la revista *Américas* en diciembre de 2004. El título es, **Al servicio del lenguaje.**

PRESENTACIÓN 9:

Imagina que tienes que dar una presentación formal ante una clase de español sobre el siguiente tema:
    El artículo impreso habla del arquitecto renombrado, Oscar Niemeyer; el informe que vas a escuchar habla de Simón Vélez, otro arquitecto original de Latinoamérica. En una presentación formal discute la influencia de la arquitectura.

FUENTE 1: Este artículo apareció en la revista *Américas* en diciembre de 2004

Oscar Niemeyer, Arquitecto de curvas y convicciones

Cuando se habla de los arquitectos más influyentes del siglo XX, el brasileño Oscar Niemeyer figura ciertamente a la misma altura de los renombrados innovadores internacionales como Frank Lloyd Wright, R. Buckminster Fuller, Alvar Aalto y Walter Gropius…Oscar Ribeiro de Almeida de Niemeyer Soares nació el 15 de diciembre en Río de Janeiro y es conocido en el mundo entero por los revolucionarios conceptos que introdujo hace medio siglo en el diseño de los más importantes edificios públicos de Brasilia, la nueva capital federal del país…

Niemeyer sigue abordando el tema de lo que él considera que es el verdadero papel de la arquitectura con el mismo celo revolucionario que hace cuatro décadas hizo que su pensamiento fuera tan amenazador para los gobernantes militares de Brasil que revocaron su licencia para practica su profesión, obligándolo a exiliarse en Francia. «Creo que la educación sobre arquitectura debe incluir clases de filosofía, historia e idiomas», explica, «de manera que el estudiante no se convierta necesariamente en un intelectual, pero que se gradúe teniendo una idea del mundo que lo espera, del mundo en el que va a participar. Veo el papel de la arquitectura en una forma diferente, y así debe encararse la enseñanza de la arquitectura en el Brasil. El arquitecto debe salir de la universidad no sólo siendo un buen profesional, sino una persona que ha aprendido acerca de la vida y el mundo que luchará por mejorar.»…

La vinculación entre la sensualidad y el diseño arquitectónico nunca ha sido tan evidente, fluida y lógica como en los proyectos de Niemeyer. «Las curvas son la naturaleza», explicaba en una entrevista realizade en 2000…«Montañas, cuerpos, agua. Son todos líneas que fluyen. No se puede dejar que la naturaleza se encuentre con ángulos rectos.».

Este respeto innato por la naturaleza y la forma en que incorpora en el diseño final los atributos naturales del lugar de la construcción se han convertido en elementos característicos del estilo de Niemeyer. El arquitecto pone de relieve su consideración de las peculiaridades naturales de cada lugar cuando decide el tipo de edificio que mejor se adapta a cada uno de ellos…

FUENTE 2: (AUDIO) Este artículo apareció en la revista *Américas* en febrero de 2006. El título es **Audaz artífice del bambú colombiano.**

PRESENTACIÓN 10:

Imagina que tienes que dar una presentación formal ante una clase de español sobre el siguiente tema:

El artículo impreso habla de estrellas de la música latina que ofrecen su apoyo para ayudar a los niños pobres; el informe que vas a escuchar habla de un proyecto de Gloria Estefan. En una presentación formal discute como las estrellas de la música pueden mejorar el mundo de los niños.

FUENTE 1: Este artículo apareció en las noticias digitales *los40.com* el 13 de diciembre, 2006. El título es **Alejandro Sanz, Shakira, Bosé y Bisbal entre otros presentaron la Fundación ALAS.**

La asociación se presentó este martes en Panamá con la presencia de grandes estrellas de la música latina. Alejandro Sanz, Shakira, Miguel Bosé, Juanes, Maná, Diego Torres y David Bisbal, entre otros muchos, apadrinan esta iniciativa que, entre otras actividades, organizará cinco grandes conciertos que recaudarán fondos para paliar la pobreza en América Latina.

Por REDACCIÓN / AGENCIAS / los40.com Madrid / Panamá (13/12/2006)

La Fundación ALAS (América Latina en Acción Solidaria) se inauguró oficialmente con el apoyo de estrellas de la música para luchar contra la pobreza que mata a 350.000 niños cada año en Latinoamérica. La presentación tuvo lugar este martes en el Teatro Nacional de Panamá y engloba no sólo a músicos, sino también a intelectuales, empresarios y organismos internacionales. ALAS cuenta además con la presidencia de honor del escritor colombiano y Premio Nobel de Literatura Gabriel García Márquez, el apoyo de Naciones Unidas y la colaboración del ex Presidente del Gobierno español Felipe González.

El maestro de ceremonias del acto fue Miguel Bosé, quien dijo en nombre de sus compañeros que «tenemos el derecho de cambiar las cosas que no nos gustan... queremos sacudir a todas las conciencias». Shakira, por su parte, destacó que «éste es uno de los movimientos quizás más grandes en la historia latinoamericana. Si protegemos y alimentamos a nuestros niños, mañana podremos educarlos y serán productivos».

Para ello, ALAS ha puesto ya en marcha diversas iniciativas solidarias y de cooperación. En la web oficial de la Fundación se destacan iniciativas como ALA Vida, enfocada a programas de salud como asistencia a niños y mujeres embarazadas y planes de vacunación, Por su parte, ALA Escuela se centra en el fomento de la educación en zonas con bajos índices de escolarización. Además de estos planes de acción directa, ALAS organizará en 2007 una serie de al menos cinco macro-conciertos, en los que actuarán los artistas miembros de la Fundación, de cara a recaudar fondos y a sensibilizar a la opinión pública sobre la pobreza en Latinoamérica.

FUENTE 2: (AUDIO) Este artículo apareció en la revista *People en español* en diciembre 2006/enero 2007. El título es **Las pasiones de Gloria.**

APPENDIX

I. RUBRICS FOR PORTFOLIO ASSESSMENTS

A general set of rubrics follows. These may be modified to meet the requirements of the individual teacher and/or the curriculum. To be actively involved in the process of evaluating and improving their own work, students need to be familiar with the rubrics for each assessment.

10–9 EXEMPLARY

Ideas are developed, organized, and evaluated in a sophisticated manner. The student displays keen insight and complex original thinking in completing the task. The content is substantive and stimulating. The spoken and/or written language is rich and effective, containing a variety of sophisticated patterns and figurative language. There are very few errors in grammar or syntax.

8–7 COMMENDABLE

Ideas are developed logically. The student is clearly focused and executes the task successfully. The content is interesting and meaningful. The spoken and/or written language is effective and contains some sophisticated structures and figurative language. There are few errors of grammar or syntax.

6–5 MODERATELY EFFECTIVE

Ideas are organized. The stated purpose of the task is achieved. The content is adequate. The spoken and/or written language is somewhat varied with some attempts at sophisticated structures and figurative language. There are some errors of grammar and syntax that do not interfere with meaning.

4–3 APPROACHES EFFECTIVE

Ideas are developed minimally. The student shows awareness of the purpose. Content and information are correct but insufficient. The spoken and/or written language shows little variety with repetition of simple patterns structures and few attempts at figurative language. Several errors of grammar and syntax interfere with meaning.

2–1 NOT EFFECTIVE

Ideas lack coherence and are poorly organized. The purpose is unclear. Important information is omitted. The spoken and or written language shows no variety. Only simple structures are used. Vocabulary is simplistic and/or inappropriate. Many errors in grammar and syntax interfere with meaning.

0 UNACCEPTABLE

Ideas have no focus. There is little or no awareness of purpose. Content is irrelevant or incorrect. There is no concept of sentence structure. Vocabulary is very limited. Meaning is blocked by errors in grammar and syntax.

II. GUIDELINES FOR STRESS & ACCENT MARKS

1. **El acento tónico**

   En español, todas las palabras tienen un acento fonético. La sílaba acentuada se llama «sílaba tónica» o «prosódica». Hay reglas que determinan el acento tónico. Un acento gráfico indica que estas reglas no son aplicables.

   a. Las palabras que terminan en vocal o en las consonantes **n** o **s** llevan el acento tónico en la penúltima sílaba (la sílaba antes de la última.) Cuando hay un diptongo en una palabra, la vocal fuerte (**a**, **e**, **o**) lleva el acento tónico.

   Es*te*ban, ¿*bai*las con *A*na hoy en la *fies*ta?

   b. Las palabras que terminan en consonante, que no sea **n** o **s**, llevan el acento tónico en la última sílaba.

   Tome el tren a la ciu*dad* y no olvide mi*rar* su re*loj* para lle*gar* a tiempo.

2. **El acento gráfico**

   a. La función del acento gráfico es indicar las excepciones a las reglas del acento tónico. Indica también en qué sílaba cae el acento tónico.

   Ra*món* se enamo*ró* de Ma*rí*a. La cono*ció* en *Cá*diz donde ju*gó* al *fút*bol. Se casa*rán* el veinti*trés* en *Má*laga. Nos envia*rá* una invita*ción*.

   b. En palabras monosílabas, el acento tónico cae obviamente en la única sílaba. Pero algunas palabras monosílabas tienen un acento gráfico para distinguirlas de otras que se escriben de la misma manera, pero que tienen sentidos diferentes. Note los siguientes ejemplos:

   Sé que Susana *se* graduó.
   ¿Vienes *tú* a la fiesta de graduación para *tu* hermana?
   Para *mí*, lo que necesito es *mi* carro.
   El carro que conduzco le pertenece a *él*.
   Este carro es mejor que *éste*.
   Espero que mi padre me *dé* el carro *de* Susana.
   Sí, pero *si* Susana quiere guardarlo para *sí*, no se lo dará.
   Aun Susana no sabe que no trabajo *aún* porque no tengo carro.

   c. Las palabras interrogativas llevan acento gráfico cuando forman parte de una pregunta directa o indirecta, o de una exclamación.

   ¿*Quién* fue el ganador?
   No anunciaron *quién* ganó.
   Paco es *quien* ganó el premio.
   ¡*Quién* lo diría!
   ¿*Cuánto* cuesta la entrada?
   No sé *cuánto* cuesta.
   Cuanto tengo te daré por la entrada.

Aquí es *donde* pongo mi nuevo sillón.
¿*Dónde* está el sofá? — Espero que Felipe sepa *dónde* lo movieron.
¡Mira, *dónde* está!

III. WORD BUILDING

1. **Verb Formation**

   a. **Verbs formed from nouns**

      1. The suffix *-ear* added to the noun or a shortened form of the noun denotes action.

la hoja	*leaf, sheet*	**hojear**	*to leaf through*
el golpe	*blow*	**golpear**	*to hit*
el paso	*step*	**pasear**	*to walk*
la letra	*letter*	**deletrear**	*to spell*

      2. The prefix *-en* and the infinitive ending *-ar* are added to some nouns to form verbs.

la cabeza	*head*	**encabezar**	*to be at the head (top) of*
la cárcel	*jail*	**encarcelar**	*to jail*
el frente	*front*	**enfrentar**	*to confront*
el veneno	*poison*	**envenenar**	*to poison*

   b. **Verbs formed from adjectives**

      1. The prefix *-a* and the infinitive ending *-ar* are added to some adjectives to form verbs.

claro	*clear*	**aclarar**	*to clarify*
fino	*fine*	**afinar**	*to refine*
manso	*tame*	**amansar**	*to tame, domesticate*
seguro	*sure*	**asegurar**	*to assure*

      2. The suffix *-ecer* is added to some adjectives to form verbs. Sometimes the prefix *en* (or *em* before *b* or *p*) precedes the adjective.

húmedo	*humid*	**humedecer**	*to become damp or humid*
oscuro	*dark*	**oscurecer**	*to become dark*
pálido	*pale*	**palidecer**	*to become pale*
pobre	*poor*	**empobrecer**	*to impoverish*
rico	*rich*	**enriquecer**	*to enrich*

2. **Noun Formation**

   a. **Nouns formed from verbs**

      1. The stem of the verb + *-o* or *-a* often forms a noun.

ayudar	*to help*	**la ayuda**	*help*
contar	*to tell*	**el cuento**	*story*

contar	*to count*	**la cuenta**	*bill*
dudar	*to doubt*	**la duda**	*doubt*
practicar	*to practice*	**la práctica**	*practice*

2. Nouns are formed by adding **-ción** to some **-ar** verbs after dropping the **r** of the infinitive ending.

combinar	*to combine*	**la combinación**	*combination*
contaminar	*to pollute*	**la contaminación**	*pollution*
invitar	*to invite*	**la invitación**	*invitation*
preparar	*to prepare*	**la preparación**	*preparation*
separar	*to separate*	**la separación**	*separation*

3. Some nouns are formed from the past participle of verbs.

comer	*to eat*	**la comida**	*the meal*
correr	*to run*	**la corrida (de toros)**	*the running (of bulls)*
entrar	*to enter*	**la entrada**	*the entrance*
ir	*to go*	**la ida**	*one-way trip*
llegar	*to arrive*	**la llegada**	*the arrival*
mirar	*to look at*	**la mirada**	*the look*
salir	*to leave*	**la salida**	*the exit*
volver	*to return*	**la vuelta**	*the return trip*

4. The suffix **-miento** is added to **-ar** verb-stems + **a**, and **-er** and **-ir** verb stems + **-i** to form nouns.

consentir	*to consent*	**el consentimiento**	*consent*
crecer	*to grow*	**el crecimiento**	*growth*
entender	*to understand*	**el entendimiento**	*understanding*
tratar	*to treat*	**el tratamiento**	*treatment*

5. The suffixes **-ancia** and **-encia** are added to verb stems to form nouns.

tolerar	*to tolerate*	**la tolerancia**	*tolerance*
competir	*to compete*	**la competencia**	*competition*
preferir	*to prefer*	**la preferencia**	*preference*

6. The suffix **-ante** is added to the stem of verbs to denote "one who."

comerciar	*to trade*	**el comerciante**	*businessperson*
emigrar	*to emigrate*	**el emigrante**	*emigrant*
votar	*to vote*	**el votante**	*voter*

b. **Suffixes that change the meaning of nouns**

1. **-ado / -ada**

a. "A full measure."

la cuchara	*spoon*	**la cucharada**	*spoonful*
el puño	*fist*	**el puñado**	*fistfull*

b. "A blow" or "strike."

la pata	*leg*	**la patada**	*kick*
el puñal	*dagger*	**la puñalada**	*stab*

2. **-astro / -astra** — "Step" (with nouns referring to family.)

el hermano	*brother*	**el hermanastro**	*stepbrother*
la madre	*mother*	**la madrastra**	*stepmother*

3. **-ero / -era**

   a. "A container."

el café	*coffee*	**la cafetera**	*coffeepot*
la flor	*flower*	**el florero**	*vase, flowerpot*
la sopa	*soup*	**la sopera**	*soup bowl*
la sal	*salt*	**el salero**	*saltshaker*

   b. "A person involved with or fond of."

el café	*coffee*	**el cafetero**	*coffee lover*
la flor	*flower*	**el florero**	*flower seller*
el libro	*book*	**el librero**	*bookseller*
el reloj	*clock*	**el relojero**	*clockmaker*

4. **-ería** — "A place or business."

el café	*coffee*	**la cafetería**	*coffee shop*
el libro	*book*	**la librería**	*bookstore*
el reloj	*clock*	**la relojería**	*clock shop*

5. **-ismo** — "A system, doctrine, act, or characteristic."

el ego	*ego, self*	**el egoísmo**	*egoism, selfishness*
el macho	*male*	**el machismo**	*glorification of masculinity*
la nación	*nation*	**el nacionalismo**	*nationalism*
el terror	*terror*	**el terrorismo**	*terrorism*

6. **-ista** — "One who"; denotes a profession, trade, or occupation.

el arte	*art*	**el artista**	*artist*
la cartera	*wallet*	**el carterista**	*pickpocket*
el diente	*tooth*	**el dentista**	*dentist*
la inversión	*investment*	**el inversionista**	*investor*
el periódico	*newpapaer*	**el periodista**	*journalist*

c. **Diminutives and Augmentatives**

Diminutives

1. **-ito / -ita** — Indicates smallness or expresses endearment.

el abuelo	*grandfather*	**el abuelito**	*grandpa*
el gato	*cat*	**el gatito**	*kitten*

el hermano   *brother*   **el hermanito**   *little brother*

la joven   *young girl*   **la jovencita**   *young girl (endearment)*

NOTE: The following spelling changes occur before adding *ito*: *c* to *qu*, *g* to *gu*, and *z* to *c*. In addition, *-ito / -ita* changes to *-cito / -cita*, if the noun ends in *n*, *r*, or *e*.

2. **-illo / -illa** — Deprecative, diminutive in status.

el autor   *author*   **el autorcillo**   *third-rate author*

el doctor   *doctor*   **el doctorcillo**   *quack, third-rate doctor*

el ladrón   *thief*   **el ladroncillo**   *petty thief*

la mentira   *lie*   **la mentirilla**   *white lie*

el papel   *paper*   **el papelillo**   *scrap of paper*

NOTE: *-illo / -illa* changes to *-cillo / -cilla* if the noun ends in *n*, *r*, or *e*.

3. **-uelo / -uela** — Diminutive, small.

el chico   *boy*   **el chicuelo**   *small boy*

la hoja   *leaf*   **la hojuela**   *small leaf, flake*

la migaja   *crumb*   **la migajuela**   *small crumb*

el paño   *cloth*   **el pañuelo**   *handkerchief*

4. **-ucho / -ucha**— Diminutive, pejorative.

el animal   *animal*   **el animalucho**   *ugly creature*

la casa   *house*   **la casucha**   *miserable hovel*

el periódico   *newspaper* **el periodicucho**   *"rag" newspaper*

la tienda   *store*   **la tenducha**   *wretched little shop*

Augmentatives

1. **-ón / -ona** — Enlargement; sometimes pejorative.

la casa   *the house*   **el caserón**   *big run-down house*

la gota   *drop*   **el goterón**   *large raindrop*

la mujer   *woman*   **la mujerona**   *stout, hefty woman*

el zapato   *shoe*   **el zapatón**   *big shoe, gunboat*

2. **-azo / -aza** — Enlargement, sometimes pejorative.

la boca   *mouth*   **la bocaza**   *big ugly mouth*

el éxito   *success*   **el exitazo**   *terrific success*

la mano   *hand*   **la manaza**   *hefty hand; paw*

el plato   *plate*   **el platazo**   *platter; large helping of food*

3. **-ote / ota** — Enlargement, sometimes pejorative.

la cámara   *room*   **el camarote**   *stateroom*

el gato   *cat*   **el gatote**   *big cat*

el pájaro   *bird*   **el pajarote**   *large clumsy bird*

4. **-udo / -uda** — "Having a great deal of."

el bigote	*mustache*	**bigotudo**	*heavily mustached*
la panza	*belly*	**panzudo**	*having a big belly*
el pelo	*hair*	**peludo**	*hairy*
la toza	*block of wood*	**tozudo**	*obstinate*

3. **Adjective Formation**

1. **-ado / -ada** — Characteristic

avergonzar	*to embarrass*	**avergonzado**	*embarrassed*
el enojo	*anger*	**enojado**	*angry*
la nube	*cloud*	**nublado**	*cloudy*
el peso	*weight*	**pesado**	*heavy*

2. **-ano / -ana** — "Native of," "adherent to," "relating to."

la aldea	*village*	**aldeano**	*villager*
Castilla	*Castile*	**castellano**	*Castilian*
la república	*republic*	**republicano**	*Republican*
el vegetal	*vegetable*	**vegetariano**	*vegetarian*

3. **-ante** — "Like", "relating to."

abundar	*to abound*	**abundante**	*abundant*
colgar	*to hang*	**colgante**	*hanging*
sobrar	*to remain*	**sobrante**	*remaining*
vacilar	*to vacillate*	**vacilante**	*vacillating*

4. **-az / -oz** — "Full of."

la audacia	*audacity*	**audaz**	*audacious*
la ferocidad	*ferocity*	**feroz**	*ferocious*
la locuacidad	*loquacity*	**locuaz**	*loquacious*
la precocidad	*precocity*	**precoz**	*precocious*
la veracidad	*veracity*	**veraz**	*veracious*
la voracidad	*voracity*	**voraz**	*voracious*

5. **-ense** — "Native of"

el Canadá	*Canada*	**canadiense**	*Canadian*
Costa Rica	*Costa Rica*	**costarrisense**	*native of Costa Rica*
los Estados	*Unidos US*	**estadounidense**	*native of the US*
Nicaragua	*Nicaragua*	**nicaragüense**	*native of Nicaragua*

6. **-ente** — "Like"; "relating to"; "doing."

atraer	*to attract*	**atrayente**	*attractive; attracting*
correr	*to run*	**corriente**	*running; current*
deprimir	*to depress*	**deprimente**	*depressing*
nacer	*to be born*	**naciente**	*nascent, incipient*

7. **-iento** — "Inclined to"; "full of"; "relating to."

el avaro	*miser*	**avariento**	*miserly; avaricious*
la ceniza	*ash*	**ceniciento**	*ashen*
la mugre	*grime*	**mugriento**	*grimy*
la sangre	*blood*	**sangriento**	*bloody*

8. **-ino / -ina** — "Like"; "relating to"; "native of."

la Argentina	*Argentina*	**argentino**	*native of Argentina*
el daño	*harm*	**dañino**	*harmful*
la muerte	*death*	**mortecino**	*dying*
el repente	*sudden movement*	**repentino**	*sudden*

9. **-oso / -osa** — "Full of"; "having."

la codicia	*greed*	**codicioso**	*covetous; greedy*
la duda	*doubt*	**dudoso**	*doubtful*
el espanto	*fright*	**espantoso**	*frightful*
el peligro	*danger*	**peligroso**	*dangerous*

10. **-undo / -unda** — "Like"; "relating to."

errar	*to wander*	**errabundo**	*wandering*
la ira	*ire; wrath*	**iracundo**	*ireful; wrathful*
vagar	*to wander*	**vagabundo**	*vagabond*

11. **-ino / -ina** — "Like"; "relating to"; "native of."

la Argentina	*Argentina*	**argentino**	*native of Argentina*
el daño	*harm*	**dañino**	*harmful*
la muerte	*death*	**mortecino**	*dying*
el repente	*sudden movement*	**repentino**	*sudden*

12. **-oso / -osa** — "Full of"; "having."

la codicia	*greed*	**codicioso**	*covetous; greedy*
la duda	*doubt*	**dudoso**	*doubtful*
el espanto	*fright*	**espantoso**	*frightful*
el peligro	*danger*	**peligroso**	*dangerous*

13. **-undo / -unda** — "Like"; "relating to"

errar	*to wander*	**errabundo**	*wandering*
la ira	*ire; wrath*	**iracundo**	*ireful; wrathful*
vagar	*to wander*	**vagabundo**	*vagabond*

14. **-uno / -una** — "Like"; "pertaining to."

el buey	*ox*	**boyuno**	*bovine*
el ciervo	*deer*	**cervuno**	*pertaining to deer*
el moro	*Moor*	**moruno**	*Moorish*
el oso	*bear*	**osuno**	*pertaining to bears*

IV. VERB CHARTS

1. Regular Verbs

INFINITIVE	**HABLAR**	**VENDER**	**VIVIR**
PRESENT PARTICIPLE	habl*ando*	vend*iendo*	viv*iendo*
PAST PARTICIPLE	habl*ado*	vend*ido*	viv*ido*
INFORMAL IMPERATIVE	habl*a* no habl*es* } tú habl*ad* no habl*éis* } vosotros habl*emos* no habl*emos* } nosotros	vend*e* no vend*as* } tú vend*ed* no vend*áis* } vosotros vend*amos* no vend*amos* } nosotros	viv*e* no viv*as* } tú viv*id* no viv*áis* } vosotros viv*amos* no viv*amos* } nosotros
FORMAL IMPERATIVE	habl*e* no habl*e* } Ud. habl*en* no habl*en* } Uds.	vend*a* no vend*a* } Ud. vend*an* no vend*an* } Uds.	viv*a* no viv*a* } Ud. viv*an* no viv*an* } Uds.

a. Indicative Mood

	HABLAR	**VENDER**	**VIVIR**
PRESENT	habl*o* habl*as* habl*a* habl*amos* habl*áis* habl*an*	vend*o* vend*es* vend*e* vend*emos* vend*éis* vend*en*	viv*o* viv*es* viv*e* viv*imos* viv*ís* viv*en*
PRETERIT	habl*é* habl*aste* habl*ó* habl*amos* habl*asteis* habl*aron*	vend*í* vend*iste* vend*ió* vend*imos* vend*isteis* vend*ieron*	viv*í* viv*iste* viv*ió* viv*imos* viv*isteis* viv*ieron*
IMPERFECT	habl*aba* habl*abas* habl*aba* habl*ábamos* habl*abais* habl*aban*	vend*ía* vend*ías* vend*ía* vend*íamos* vend*íais* vend*ían*	viv*ía* viv*ías* viv*ía* viv*íamos* viv*íais* viv*ían*
FUTURE	habl*aré* habl*arás* habl*ará* habl*aremos*	vend*eré* vend*erás* vend*erá* vend*eremos*	viv*iré* viv*irás* viv*irá* viv*iremos*

(cont.)

	HABLAR	**VENDER**	**VIVIR**
	hablar*éis* hablar*án*	vender*éis* vender*án*	vivir*éis* vivir*án*
CONDITIONAL	hablar*ía* hablar*ías* hablar*ía* hablar*íamos* hablar*íais* hablar*ían*	vender*ía* vender*ías* vender*ía* vender*íamos* vender*íais* vender*ían*	vivir*ía* vivir*ías* vivir*ía* vivir*íamos* vivir*íais* vivir*ían*
PRESENT	he has ha hemos habéis han	} hablado/vendido/vivido	
PLUPERFECT	había habías había habíamos habíais habían	} hablado/vendido/vivido	
FUTURE PERFECT	habré habrás habrá habremos habréis habrán	} hablado/vendido/vivido	
CONDITIONAL PERFECT	habría habrías habría habríamos habríais habrían	} hablado/vendido/vivido	

b. Subjunctive Mood

	HABLAR	**VENDER**	**VIVIR**
PRESENT	habl*e* habl*es* habl*e* habl*emos* habl*éis* habl*en*	vend*a* vend*as* vend*a* vend*amos* vend*áis* vend*an*	viv*a* viv*as* viv*a* viv*amos* viv*áis* viv*an*

	HABLAR	VENDER	VIVIR
IMPERFECT	hablara hablase	vendiera vendiese	viviera viviese
	hablaras hablases	vendieras vendieses	vivieras vivieses
	hablara hablase	vendiera vendiese	viviera viviese
	habláramos hablásemos	vendiéramos vendiésemos	viviéramos viviésemos
	hablarais hablaseis	vendierais vendieseis	vivierais vivieseis
	hablaran hablasen	vendieran vendiesen	vivieran viviesen
PRESENT PERFECT	haya hayas haya hayamos hayáis hayan	} hablado/vendido/vivido	
PLUPERFECT	hubiera hubiese hubieras hubieses hubiera hubiese hubiéramos hubiésemos hubierais hubieseis hubieran hubiesen	} hablado/vendido/vivido	

2. **Verbs With Stem Changes**

    a. **-AR Verbs**

STEM CHANGE	E TO IE	O TO UE	U TO UE
INFINITIVE	**PENSAR**	**CONTAR**	**JUGAR**
PRESENT INDICATIVE	pienso piensas piensa	cuento cuentas cuenta	juego juegas juega

(*cont.*)

STEM CHANGE	E TO IE	O TO UE	U TO UE
INFINITIVE	**PENSAR**	**CONTAR**	**JUGAR**
	pensamos pensáis piensan	contamos contáis cuentan	jugamos jugáis juegan
PRESENT SUBJUNCTIVE	piense pienses piense pensemos penséis piensen	cuente cuentes cuente contemos contéis cuenten	juegue juegues juegue juguemos juguéis jueguen

b. -ER Verbs

STEM CHANGE	E TO IE	O TO UE
INFINITIVE	**PERDER**	**MOVER**
PRESENT INDICATIVE	pierde pierdes pierde perdemos perdéis pierden	mueve mueves mueve movemos movéis mueven
PRESENT SUBJUNCTIVE	pierda pierdas pierda perdamos perdáis pierdan	mueva muevas mueva movamos mováis muevan

c. -IR Verbs

STEM CHANGE	E TO IE, I	E TO I	O TO UE, U
INFINITIVE	**SENTIR**	**PEDIR**	**DORMIR**
PRESENT PARTICIPLE	sintiendo	pidiendo	durmiendo
PRESENT INDICATIVE	siento sientes siente sentimos sentís sienten	pido pides pide pedimos pedís piden	duermo duermes duerme dormimos dormís duermen

Stem Change	E TO IE, I	E TO I	O TO UE, U
Infinitive	**SENTIR**	**PEDIR**	**DORMIR**
Preterit	sentí sentiste sintió sentimos sentisteis sintieron	pedí pediste pidió pedimos pedisteis pidieron	dormí dormiste durmió dormimos dormisteis durmieron
Present Subjunctive	sienta sientas sienta sintamos sintáis sientan	pida pidas pida pidamos pidáis pidan	duerma duermas duerma durmamos durmáis duerman
Imperfect Subjunctive	sintiera sintiese sintieras sintieses sintiera sintiese sintiéramos sintiésemos sintierais sintieseis sintieran sintiesen	pidiera pidiese pidieras pidieses pidiera pidiese pidiéramos pidiésemos pidierais pidieseis pidieran pidiesen	durmiera durmiese durmieras durmieses durmiera durmiese durmiéramos durmiésemos durmierais durmieseis durmieran durmiesen

d. -IAR and -UAR Verbs

Stem Change	I TO Í	U TO Ú
Infinitive	**ENVIAR**	**CONTINUAR**
Present Indicative	envío envías envía enviamos enviáis envían	continúo continúas continúa continuamos continuáis continúan
Present Subjunctive	envíe envíes envíe enviemos enviéis envíen	continúe continúes continúe continuemos continuéis continúen

3. **Irregular Verbs and Verbs With Spelling Changes**

    NOTE: Only the tenses containing irregular forms are listed.

    ### andar

PRETERIT	anduve, anduviste, anduvo, anduvimos, anduvisteis, anduvieron

    ### averiguar

IMPERATIVE	averigüe (Ud.), averigüen (Uds.), averigüemos (nosotros)
PRETERIT	averigüé, averiguaste, averiguó, averiguamos, averiguasteis, averiguaron
PRESENT SUBJUNCTIVE	averigüe, averigües, averigüe, averigüemos, averigüéis, averigüen

    ### buscar

IMPERATIVE	busque (Ud.), busquen (Uds.), busquemos (nosotros)
PRETERIT	busqué, buscaste, buscó, buscamos, buscasteis, buscaron
PRESENT SUBJUNCTIVE	busque, busques, busque, busquemos, busquéis, busquen

    ### caber

IMPERATIVE	quepa (Ud.), quepan (Uds.), quepamos (nosotros)
PRESENT	quepo, cabes, cabe, cabemos, cabéis, caben
PRETERIT	cupe, cupiste, cupo, cupimos, cupisteis, cupieron
FUTURE	cabré, cabrás, cabrá, cabremos, cabréis, cabrán
CONDITIONAL	cabría, cabrías, cabría, cabríamos, cabríais, cabrían
PRESENT SUBJUNCTIVE	quepa, quepas, quepa, quepamos, quepáis, quepan

    ### caer

PRESENT PARTICIPLE	cayendo
PAST PARTICIPLE	caído
IMPERATIVE	caiga (Ud.), caigan (Uds.), caigamos (nosotros)
PRESENT	caigo, caes, cae, caemos, caéis, caen
PRETERIT	caí, caíste, cayó, caímos, caísteis, cayeron
PRESENT SUBJUNCTIVE	caiga, caigas, caiga, caigamos, caigáis, caigan

    ### comenzar

IMPERATIVE	comience (Ud.), comiencen (Uds.), comencemos (nosotros)
PRESENT	comienzo, comienzas, comienza, comenzamos, comenzáis, comienzan
PRETERIT	comencé, comenzaste, comenzó, comenzamos, comenzasteis, comenzaron
PRESENT SUBJUNCTIVE	comience, comiences, comience, comencemos, comencéis, comiencen

conducir

IMPERATIVE	**conduzca (Ud.), conduzcan (Uds.), conduzcamos (nosotros)**
PRESENT	**conduzco, conduces, conduce, conducimos, conducís, conducen**
PRETERIT	**conduje, condujiste, condujo, condujimos, condujisteis, condujeron**
PRESENT SUBJUNCTIVE	**conduzca, conduzcas, conduzca, conduzcamos, conduzcáis, conduzcan**

conocer

IMPERATIVE	**conozca (Ud.), conozcan (Uds.), conozcamos (nosotros)**
PRESENT	**conozco, conoces, conoce, conocemos, conocéis, conocen**
PRESENT SUBJUNCTIVE	**conozca, conozcas, conozca, conozcamos, conozcáis, conozcan**

construir

PRESENT PARTICIPLE	**construyendo**
IMPERATIVE	**construya Ud., construyan Uds., construyamos nosotros**
PRESENT	**construyo, construyes, construye, construimos, construís, construyen**
PRETERIT	**construí, construiste, construyó, construimos, construisteis, construyeron**
PRESENT SUBJUNCTIVE	**construya, construyas, construya, construyamos, construyáis, construyan**

corregir

PRESENT PARTICIPLE	**corrigiendo**
IMPERATIVE	**corrija, corrijas, corrija, corrijamos, corrijáis, corrijan**
PRESENT	**corrijo, corriges, corrige, corregimos, corregís, corrigen**
PRESENT SUBJUNCTIVE	**corrija, corrijas, corrija, corrijamos, corrijáis, corrijan**

dar

IMPERATIVE	**dé (Ud.), den (Uds.), demos (nosotros)**
PRESENT	**doy, das, damos, dais, dan**
PRETERIT	**di, diste, dio, dimos, disteis, dieron**
PRESENT SUBJUNCTIVE	**dé, des dé, demos deis, den**

decir

PRESENT PARTICIPLE	**diciendo**
PAST PARTICIPLE	**dicho**
IMPERATIVE	**di (tú), diga (Ud.), digan (Uds.), digamos (nosotros)**
PRESENT	**digo, dices, dice, decimos, decís, dicen**
PRETERIT	**dije, dijiste, dijo, dijimos, dijisteis, dijeron**

FUTURE	diré, dirás, dirá, diremos, diréis, dirán
CONDITIONAL	diría, dirías, diría, diríamos, diríais, dirían
PRESENT SUBJUNCTIVE	diga, digas, diga, digamos, digáis, digan
DISTINGUIR IMPERATIVE	distinga (Ud.), distingan (Uds.), distingamos (nosotros)
PRESENT	distingo, distingues, distingue, distinguimos, distinguís, distinguen
PRESENT SUBJUNCTIVE	distinga, distingas, distinga, distingamos, distingáis, distingan

escoger

IMPERATIVE	escoja (Ud.), escojan (Uds.), escojamos (nosotros)
PRESENT	escojo, escoges, escoge, escogemos, escogéis, escogen
PRESENT SUBJUNCTIVE	escoja, escojas, escoja, escojamos, escojáis, escojan

estar

IMPERATIVE	esté (Ud.), estén (Uds.), estemos (nosotros)
PRESENT	estoy, estás, está, estamos, estáis, están
PRETERIT	estuve, estuviste, estuvo, estuvimos, estuvisteis, estuvieron
PRESENT SUBJUNCTIVE	esté, estés, esté, estemos, estéis, estén

haber

PRESENT	he, has, ha, hemos, habéis, han
PRETERIT	hube, hubiste, hubo, hubimos, hubisteis, hubieron
FUTURE	habré, habrás, habrá, habremos, habréis, habrán
CONDITIONAL	habría, habrías, habría, habríamos, habríais, habrían
PRESENT SUBJUNCTIVE	haya, hayas, haya, hayamos, hayáis, hayan

hacer

PAST PARTICIPLE	hecho
IMPERATIVE	haz (tú), haga (Ud.), hagan (Uds.), hagamos (nosotros)
PRESENT	hago, haces, hace, hacemos, hacéis, hacen
PRETERIT	hice, hiciste, hizo, hicimos, hicisteis, hicieron
FUTURE	haré, harás, hará, haremos, haréis, harán
CONDITIONAL	haría, harías, haría, haríamos, haríais, harían
PRESENT SUBJUNCTIVE	haga, hagas, haga, hagamos, hagáis, hagan

huir

PRESENT PARTICIPLE	huyendo
IMPERATIVE	huya (Ud.), huyan (Uds.), huyamos (nosotros)
PRESENT	huyo, huyes, huye, huimos, huís, huyen
PRETERIT	huí, huiste, huyó, huimos, huisteis, huyeron

PRESENT SUBJUNCTIVE	huya, huyas, huya, huyamos, huyáis, huyan

ir

PRESENT PARTICIPLE	yendo
PAST PARTICIPLE	ido
IMPERATIVE	ve (tú), vaya (Ud.), vayan (Uds.), vayamos (nosotros)
PRESENT	voy, vas, va, vamos, vais, van
PRETERIT	fui, fuiste, fue, fuimos, fuisteis, fueron
IMPERFECT	iba, ibas, iba, íbamos, ibais, iban
PRESENT SUBJUNCTIVE	vaya, vayas, vaya, vayamos, vayáis, vayan

jugar

IMPERATIVE	juegue (Ud.), jueguen (Uds.), juguemos (nosotros)
PRESENT	juego, juegas, juega, jugamos, jugáis, juegan
PRETERIT	jugué, jugaste, jugó, jugamos, jugasteis, jugaron
PRESENT SUBJUNCTIVE	juegue, juegues, juegue, juguemos, juguéis, jueguen

leer

PRESENT PARTICIPLE	leyendo
PAST PARTICIPLE	leído
PRETERIT	leí, leíste, leyó, leímos, leísteis, leyeron

oír

PRESENT PARTICIPLE	oyendo
PAST PARTICIPLE	oído
IMPERATIVE	oye (tú), oiga (Ud.), oigan (Uds.), oigamos (nosotros)
PRESENT	oigo, oyes, oye, oímos, oísteis, oyeron
PRETERIT	oí, oíste, oyó, oímos, oísteis, oyeron
FUTURE	oiré, oirás, oirá, oiremos, oiréis, oirán
CONDITIONAL	oiría, oirías, oiría, oiríamos, oiríais, oirían
PRESENT SUBJUNCTIVE	oiga, oigas, oiga, oigamos, oigáis, oigan

oler

IMPERATIVE	huela (Ud.), huelan (Uds.), olamos (nosotros)
PRESENT	huelo, hueles, huele, olemos, oléis, huelen
PRESENT SUBJUNCTIVE	huela, huelas, huela, olamos, oláis, huelan

poder

PRESENT PARTICIPLE	**pudiendo**
PRETERIT	**pude, pudiste, pudo, pudimos, pudisteis, pudieron**
FUTURE	**podré, podrás, podrá, podremos, podréis, podrán**
CONDITIONAL	**podría, podrías, podría, podríamos, podríais, podrían**

poner

PAST PARTICIPLE	**puesto**
IMPERATIVE	**pon, ponga, pongan, pongamos**
PRESENT	**pongo, pones, pone, ponemos, ponéis, ponen**
PRETERIT	**puse, pusiste, puso, pusimos, pusisteis, pusieron**
FUTURE	**pondré, pondrás, pondrá, pondremos, pondréis, pondrán**
CONDITIONAL	**pondría, pondrías, pondría, pondríamos, pondríais, pondrían**
PRESENT SUBJUNCTIVE	**ponga, pongas, ponga, pongamos, pongáis, pongan**

querer

PRESENT	**quiero, quieres, quiere, queremos, queréis, quieren**
PRETERIT	**quise, quisiste, quiso, quisimos, quisisteis, quisieron**
FUTURE	**querré, querrás, querrá, querremos, querréis, querrán**
CONDITIONAL	**querría, querrías, querría, querríamos, querríais, querrían**

reír

PRESENT PARTICIPLE	**riendo**
PAST PARTICIPLE	**reído**
IMPERATIVE	**ríe, ría, rían, riamos**
PRESENT	**río, ríes, ríe, reímos, reís, ríen**
PRETERIT	**reí, reíste, rió, reímos, reísteis, rieron**
FUTURE	**reiré, reirás, reirá, reiremos, reiréis, reirán**
CONDITIONAL	**reiría, reirías, reiría, reiríamos, reiríais, reirían**
PRESENT SUBJUNCTIVE	**ría, rías, ría, riamos, riáis, rían**

reñir

PRESENT PARTICIPLE	**riñendo**
IMPERATIVE	**riña (Ud.), riñan (Uds.), riñamos (nosotros)**
PRESENT	**riño, riñes, riñes, reñimos, reñís, riñen**
PRETERIT	**reñí, reñiste, riñó, reñimos, reñisteis, riñeron**
PRESENT SUBJUNCTIVE	**riña, riñas, riña, riñamos, riñáis, riñan**

saber

IMPERATIVE	sabe (tú), sepa (Ud.), sepan (Uds.), sepamos (nosotros)
PRESENT	sé, sabes, sabe, sabemos, sabéis, saben
PRETERIT	supe, supiste, supo, supimos, supisteis, supieron
FUTURE	sabré, sabrás, sabrá, sabremos, sabréis, sabrán
CONDITIONAL	sabría, sabrías, sabría, sabríamos, sabríais, sabrían
PRESENT SUBJUNCTIVE	sepa, sepas, sepa, sepamos, sepáis, sepan

salir

IMPERATIVE	sal (tú), salga (Ud.), salgan (Uds.), salgamos (nosotros)
PRESENT	salgo, sales, sale, salimos, salís, salen
FUTURE	saldré, saldrás, saldrá, saldremos, saldréis, saldrán
CONDITIONAL	saldría, saldrías, saldría, saldríamos, saldríais, saldrían
PRESENT SUBJUNCTIVE	salga, salgas, salga, salgamos, salgáis, salgan

seguir

PRESENT PARTICIPLE	siguiendo
IMPERATIVE	siga (Ud.), sigan (Uds.), sigamos (nosotros)
PRESENT	sigo, sigues, sigue, seguimos, seguís, siguen
PRETERIT	seguí, seguiste, siguió, seguimos, seguisteis, siguieron
PRESENT SUBJUNCTIVE	siga, sigas, siga, sigamos, sigáis, sigan

ser

IMPERATIVE	sé (tú), sea (Ud.), sean (Uds.), seamos (nosotros)
PRESENT	soy, eres, es, somos, sois, son
PRETERIT	fui, fuiste, fue, fuimos, fuisteis, fueron
IMPERFECT	era, eras, era, éramos, erais, eran
PRESENT SUBJUNCTIVE	sea, seas, sea, seamos, seáis, sean

tener

IMPERATIVE	ten (tú), tenga (Ud.), tengan (Uds.), tengamos (nosotros)
PRESENT	tengo, tienes, tiene, tenemos, tenéis, tienen
PRETERIT	tuve, tuviste, tuvo, tuvimos, tuvisteis, tuvieron
FUTURE	tendré, tendrás, tendrá, tendremos, tendréis, tendrán
CONDITIONAL	tendría, tendrías, tendría, tendríamos, tendríais, tendrían
PRESENT SUBJUNCTIVE	tenga, tengas, tenga, tengamos, tengáis, tengan

traer

PRESENT PARTICIPLE	trayendo
IMPERATIVE	traiga (Ud.), traigan (Uds.), traigamos (nosotros)

PRESENT	traigo, traes, trae, traemos, traéis, traen
PRETERIT	traje, trajiste, trajo, trajimos, trajisteis, trajeron
PRESENT SUBJUNCTIVE	traiga, traigas, traiga, traigamos, traigáis, traigan

valer

IMPERATIVE	valga (Ud.), valgan (Uds.), valgamos (nosotros)
PRESENT	valgo, vales, vale, valemos, valéis, valen
FUTURE	valdré, valdrás, valdrá, valdremos, valdréis, valdrán
CONDITIONAL	valdría, valdrías, valdría, valdríamos, valdríais, valdrían
PRESENT SUBJUNCTIVE	valga, valgas, valga, valgamos, valgáis, valgan

venir

PRESENT PARTICIPLE	viniendo
IMPERATIVE	ven (tú), venga (Ud.), vengan (Uds.), vengamos (nosotros)
PRESENT	vengo, vienes, viene, venimos, venís, vienen
PRETERIT	vine, viniste, vino, venimos, vinisteis, vinieron
FUTURE	vendré, vendrás, vendrá, vendremos, vendréis, vendrán
CONDITIONAL	vendría, vendrías, vendría, vendríamos, vendríais, vendrían
PRESENT SUBJUNCTIVE	venga, vengas, venga, vengamos, vengáis, vengan

vencer

IMPERATIVE	venza (Ud.), venzan (Uds.), venzamos (nosotros)
PRESENT	venzo, vences, vence, vencemos, vencéis, vencen
PRESENT SUBJUNCTIVE	venza, venzas, venza, venzamos, venzáis, venzan

ver

PAST PARTICIPLE	visto
IMPERATIVE	vea (Ud.), vean (Uds.), veamos (nosotros)
PRESENT	veo, ves, ve, vemos, veis, ven
PRETERIT	vi, viste, vio, vimos, visteis, vieron
IMPERFECT	veía, veías, veía, veíamos, veíais, veían
PRESENT SUBJUNCTIVE	vea, veas, vea, veamos, veáis, vean

V. CRONOLOGÍA DE LA HISTORIA Y LA LITERATURA ESPAÑOLA

SIGLO	HISTORIA	LITERATURA
VIII-X	711 Los moros invaden España. 718 Pelayo inicia la Reconquista de España al derrotar los moros en Covadonga y es	Aparecen «Las jarchas», romances (poesía) con algunas palabras árabes.

(cont.)

		nombrado el primer rey de Asturias. La España musulmana había avanzado en el arte, la arquitectura, las matemáticas y la agricultura. La Reconquista continua por ocho siglos.		
XI	1094	Rodrigo Díaz de Vivar, el Cid («señor», en árabe), vence a los moros en Valencia en nombre de Alfonso VII, rey de Castilla y León. Toledo es reconquistada también y se convierte en el centro cultural de Europa.		
XII	1188	Se inauguran las «Cortes» y la Asamblea Nacional en León.	1140	Anónimo, «Cantar de mío Cid», (poesía épica).
XIII	1212	Conquista de Navas de Tolosa.		Alfonso X, (el Sabio), «Las siete partidas», una importante colección de leyes de la Edad Media; «Cantigas de Santa María» (poesía).
	1229	Conquista catalana de Mallorca.		
	1235	Jaime I, rey de Aragón, conquista las islas de Menorca.		Gonzalo de Berceo, «Milagros de Nuestra Señora» (poesía).
	1236	Fernando III fortifica los reinos de Castilla y León.		Anónimo, «Auto de los Reyes Magos» (drama).
	1252	Alfonso X, «el Sabio» sube al trono. Reúne a eruditos cristianos, árabes y judíos para estudiar y traducir importantes documentos históricos y científicos.		
	1282	Las Cortes remueven del trono a Alfonso X. Se funda la universidad de Salamanca		
XIV	1369	Muere Pedro I, «el Cruel», conquistador de Castilla.	1300	Anónimo, «Historia del caballero Cifar» (narrativa).
	1390	Enrique III establece los regidores, lo que le da más poder a él y a la monarquía.	1335	Don Juan Manuel, «El conde Lucanor» (narrativa).
			1343	Juan Ruiz, (Arcipreste de Hita), «El libro de buen amor» (poesía).

XV		
	1469	Isabel, princesa de Castilla, se casa con Fernando, príncipe de Aragón, uniendo los dos reinos más poderosos de España. Se les llama «los Reyes Católicos».
	1478	Se inicia la Inquisición.
	1492	Fernando e Isabel conquistan a Granada, el último reino moro, terminando la Reconquista. Los judíos son expulsados de España. Cristóbal Colón, con la ayuda financiera de los Reyes Católicos, descubre las Américas.

	1440	Anónimos, «El conde Arnaldos»; «Doña Alda» (poesía).
	1476	Jorge Manrique, «Coplas» (poesía). Iñigo López de Santillana, «Sonetos» (poesía).
	1492	Antonio de Nebrija, «El arte de la lengua castellana» (ensayo).
	1499	Fernando de Rojas, «La Celestina, o tragicomedia de Calixto y Melibea» (drama).

XVI		
	1502	Los moros son expulsados de España.
	1516	Carlos I es coronado rey de España.
	1519	Carlos I hereda los reinos de los Hapsburgos y se renombra Carlos V, emperador de Alemania.
	1521	Hernán Cortés conquista el imperio azteca en México.
	1533	Francisco Pizarro conquista el imperio inca en Perú.
	1535	Francisco Vásquez de Coronado descubre el Gran Cañón del Colorado.
	1538	Se funda la primera universidad hispanoamericana en Santo Domingo.
	1545	El Concilio de Trento inicia la Contrarreforma.
	1571	España vence a los turcos en la batalla del estrecho de Lepanto, en Grecia. Miguel de Cervantes es herido en esta batalla.
	1588	Felipe II envía su «Armada Invencible» a luchar con Inglaterra. La Armada es derrotada y se inicia la decadencia del Imperio Español.
	1598	Muere Felipe II.

	1508	Anónimo, «Amadís de Gaula»(narrativa).
	1519	Hernán Cortés, «Cartas de relación», (ensayo).
	1543	Garcilaso de la Vega, «Soneto XI», «Soneto XIX», «Églogas», «Canciones» (poesía).
	1552	Fray Bartolomé de las Casas, «Brevísima relación de la destrucción de las Indias» (ensayo).
	1554	Anónimo, «Vida de Lazarrillo de Tormes» (narrativa)
	1555	Alvar Núñez Cabeza de Vaca, «Naufragios» (ensayo).
	1559	Jorge de Montemayor, «Diana », (narrativa)
	1568	Bernal Díaz del Castillo, «Verdadera historia de la conquista de la Nueva España» (ensayo).
	1588	Santa Teresa de Jesús, «Las moradas» (ensayo). Fray Luis de León, «La vida retirada», «Noche serena» (poesía).
	1589	Alonso de Arcilla y Zuñiga, «La araucana» (poesía).

XVII	La decadencia continúa con los reinados de Felipe III, Felipe IV y Carlos II, el último rey Hapsburgo en España. La economía del país sufre por las guerras, la pérdida del control de los territorios, y la emigración a las Américas.	**1605**	Garcilaso de la Vega Inca, «La Florida del Inca» (poesía).
	1648 España pierde Holanda.	**1612**	Luis de Góngora, «Sonetos» (poesía).
	1659 María Teresa, la hija de Felipe IV, se casa con Luis IV de los Borbones franceses. Empieza la dinastía de los Borbones en España.	**1613**	Miguel de Cervantes, «Novelas ejemplares» (narrativa). Lope de Vega, «Peribáñez y el comendador de Ocaña»; «El mejor alcalde el rey» (drama). Miguel de Cervantes, «El viejo celoso» (drama). Juan Ruiz de Alarcón, «Las paredes oyen, drama».
		1615	Miguel de Cervantes, «El ingenioso hidalgo Don Quijote de la Mancha» (narrativa). Garcilaso de la Vega Inca, «Comentarios reales» (ensayo).
		1626	Francisco de Quevedo, «Historia de la vida del buscón» (narrativa).
		1630	Lope de Vega, «Amar sin saber a quien» (drama). Tirso de Molina, «El burlador de Sevilla» (drama). Juan Ruiz de Alarcón, «La verdad sospechosa» (drama).
		1635	Pedro Calderón de la Barca, «La vida es sueño» (drama).
		1642	Pedro Calderón de la Barca, «El alcalde de Zalamea» (drama).
		1648	Francisco de Quevedo, «El Parnaso español».
		1651	Baltazar Gracián, «El Criticón» (narrativa).
		1670	Francisco de Quevedo, «Las últimas tres musas» (poesía).
		1691	Sor Juana Inés de la Cruz, «Sonetos», «Romances», «Villancicos» (poesía). «Los empeños de una casa», «El Divino Narciso» (drama). «Respuesta a Sor Filotea de la Cruz» (ensayo).

XVIII	1700	Felipe V de Borbón es coronado rey de España.	1781	Félix M. Samaniego, «Fábulas morales» (poesía). Tomás de Iriarte, «Fábulas literarias» (poesía).
	1713	Paz de Utrecht que terminó las Guerras de Sucesión de España contra Inglaterra, Austria y Holanda. España perdió todos sus territorios europeos. Se establece la Real Academia Española de la Lengua.	1786	Ramón de la Cruz, «Sainetes» (drama).
	1759	Carlos III es coronado. Durante su reinado inicia muchas reformas positivas, incluyendo la nacionalización del sistema de educación y del correo y progreso en la agricultura, la industria y el comercio.		
	1789	La Revolución Francesa promueve los ideales democráticos adoptados también por los liberales de otros países europeos e hispanoamericanos.		
XIX	1806	Francisco Miranda inicia la Revolución Hispanoamericana.	1806	Leandro F. Moratín, «El sí de las niñas» (drama).
	1808	Carlos IV abdica al trono y su hijo Fernando VII es coronado. Napoleón invade España y nombra rey a su hermano José. Fernando VII es desterrado.	1813	Ángel de Saavedra, (Duque de Rivas), «Don Álvaro o la fuerza del sino» (drama).
	1810	El general Simón Bolívar, el «Libertador de América» y sus tropas luchan por la independencia de Hispanoamérica. Miguel Hidalgo, cura en el pueblo de Dolores inicia la revolución en México, el «Grito de Dolores».	1814	José Fernández de Lizardi, «El periquillo sarniento» (narrativa).
			1815	Simón Bolívar, «Carta de Jamaica» (ensayo).
			1832	Mariano José de Larra, «El castellano viejo» (ensayo).
	1812	La Constitución de Cádiz proclama un gobierno democrático en España.	1835	Andrés Bello, «Gramática de la lengua castellana».
			1840	José de Espronceda, «Canción del pirata», «Canto a Teresa», «Soledad del alma», «El estudiante de Salamanca» (poesía).
	1814	Los franceses son expulsados	1841	Angel de Saavedra, «Romances históricos» (poesía).

(cont.)

de España. El rey Fernando VII vuelve a España y rechaza la constitución.

1823   Los Estados Unidos proclama la «Doctrina Monroe» para proteger a los países americanos de la intervención europea.
Batallas de Junín y de Ayacucho victorias de los revolucionarios comandados por los generales Bolívar y Sucre.
Los caudillos tiránicos ganan poder en las nuevas repúblicas de Hispanoamérica.

1833   Fernando VII muere. Se inician las Guerras Carlistas entre los partidarios conservadores de Don Carlos, hermano del rey y los liberales partidarios de Isabel, hija del rey.

1852   El dictador Juan Manuel de Rosas pierde control del gobierno de la Argentina.

1853   La constitución liberal es aprobada en la Argentina.

1861   El presidente Benito Juárez inicia la reforma liberal en México.

1868   Domingo Faustino Sarmiento inicia su presidencia progresista en la Argentina.

1873   Se establece la Primera República de España, que dura sólo once meses.
Alfonso XII, hijo de Isabel II vuelve al trono de España.

1876   Se establece la monarquía constitucional en España.
Porfirio Díaz asume el poder como dictador de México. Las masas sufren mientras las clases privilegiadas se hacen más ricas.

1883   Chile derrota a Perú y Bolivia en la Guerra del Pacífico.

1842   José Zorrilla, «Los cantos del trovador» (poesía).

1844   José Zorrilla, «Don Juan Tenorio» (drama).

1845   Domingo Faustino Sarmiento, «Facundo, o civilización y barbarie» (ensayo).

1849   Fernán Caballero, «La Gaviota» (narrativa).

1851   José Mármol, «Amalia» (narrativa).

1862   Alberto Blest Gana, «Martín Rivas» (narrativa).

1867   Jorge Isaacs, «María» (narrativa).

1871   Gustavo Adolfo Bécquer, «Rimas» (poesía).

1872   Benito Pérez Galdós, «Episodios nacionales» (narrativa).

1874   Pedro Antonio de Alarcón, «El sombrero de tres picos» (narrativa).
Juan Valera, «Pepita Jiménez» (narrativa).

1875   Ricardo Palma, «Tradiciones peruanas» (narrativa).
José Martí, «Dos patrias» (poesía).

1876   Benito Pérez Galdós, «Doña Perfecta» (narrativa).

1877   Benito Pérez Galdós, «Gloria» (narrativa).

1878   Benito Pérez Galdós, «Marianela» (narrativa).

1881   José Echegaray, «El Gran Galeoto» (drama).

1882   José Martí, «Ismaelillo» (poesía).

1884   Rosalía de Castro, «En las orillas del sur» (poesía).
Leopoldo Alas, (Clarín), «La Regenta» (narrativa).

1886   Emilia Pardo Bazán, «Los pasos de Ulloa», «La madre naturaleza» (narrativa).

	1885 Muere Alfonso XII. Nace Alfonso XIII, hijo de Alfonso XII. Su madre María Cristina es nombrada «Regenta». **1898** España es derrotada en la Guerra Hispanoamericana contra los Estados Unidos y pierde sus colonias de Cuba, Puerto Rico, Guam y las Filipinas, que son ocupadas por los Estados Unidos.	Benito Pérez Galdós, «Fortunata y Jacinta» (narrativa). **1888** Rubén Darío, «Azul» (narrativa). **1891** José Martí, «Nuestra America», «Mi raza» (ensayo). **1895** José María de Pereda, «Peñas arriba» (narrativa). **1896** Manuel Gutiérrez Nájera, «Para entonces» (poesía). **1898** Vicente Blasco Ibáñez, «La barraca» (narrativa)
XX	**1902** Alfonso XIII sube al trono de España. **1904** José Echegaray, dramaturgo español, recibe el Premio Nobel de Literatura. **1910** Estalla la Revolución Mexicana contra la dictadura de Porfirio Díaz. **1914** Comienza la Primera Guerra Mundial. España se declara neutral. **1917** Se redacta en México una nueva constitución democrática. **1920** Finaliza la Revolución Mexicana. **1923** Un golpe militar en España resulta en la dictadura de Primo de Rivera. **1931** Se inaugura la Segunda República en España. **1934** Fulgencio Batista, con el apoyo de los Estados Unidos, toma el poder en Cuba. **1936** La Guerra Civil Española divide la población entre republicanos (reformistas) y nacionalistas (conservardores). La victoria nacionalista resultó en la dictadura neofascista del generalísimo Francisco Franco. El general Anastasio Somoza García asume el poder en Nicaragua.	**1900** José Enrique Rodó, «Ariel» (ensayo). **1902** José Martínez Ruiz, (Azorín), «La voluntad», «Antonio Azorín» (narrativa). Ramón del Valle Inclán, «Sonatas» (narrativa). **1903** Antonio Machado, «Soledades» (poesía). Pío Baroja, «Memorias de un hombre de acción» (narrativa). **1904** Juan Ramón Jiménez, «Jardines lejanos» (poesía). **1905** Rubén Darío, «Cantos de vida y esperanza» (poesía). **1907** Miguel de Unamuno, «Poesías» (poesía). Jacinto Benavente, «Los intereses creados» (drama). **1912** Antonio Machado, «Campos de Castilla» (poesía). **1913** Miguel de Unamuno, «Niebla» (narrativa). **1914** Juan Ramón Jiménez, «Platero y yo» (narrativa). **1915** Gabriela Mistral, «Los sonetos de la muerte» (poesía). **1916** Mariano Azuela, «Los de abajo» (narrativa). **1917** Miguel de Unamuno, «Abel Sánchez» (narrativa). **1921** «La tía Tula» (narrativa).

1939 La Segunda Guerra Mundial divide el mundo. España se declara neutral.	**1922** Federico García Lorca, «Canciones» (poesía).
1945 La chilena Gabriela Mistral gana el Premio Nobel de Literatura. Es la primera recipiente de Latinoamérica.	**1923** Pablo Neruda, «Crepusculario» (poesía). Rómulo Gallegos «Doña Bárbara» (narrativa).
1946 Juan Domingo Perón asume el poder como presidente de la Argentina y revoca la constitución democrática.	**1924** Pablo Neruda, «Veinte poemas de amor y una canción desesperada» (poesía).
1948 Se funda la Organización de los Estados Americanos (OEA).	**1931** Federico García Lorca, «La zapatera prodigiosa» (drama).
1955 Juan Domingo Perón es desterrado.	**1932** Federico García Lorca, «Romancero gitano» (poesía).
1959 Fidel Castro toma el poder en Cuba, acabando con la dictadura de Fulgencio Bautista.	**1933** Federico García Lorca, «Bodas de sangre» (drama).
	1934 Jorge Icaza, «Huasipungo» (narrativa). Federico García Lorca, «Yerma» (drama).
1961 El presidente John F. Kennedy inicia el programa «Alianza para el progreso» para mejorar las condiciones de vida en los países latino-americanos.	**1936** «La casa de Bernarda Alba» (drama).
	1941 Ciro Alegría, «El mundo es ancho y ajeno» (narrativa).
	1942 Camilo José Cela, «La familia de Pascual Duarte» (narrativa).
1975 Golpe militar en Chile resulta en el asesinato del presidente Salvador Allende. El general Augusto Pinochet asume el poder absoluto. Francisco Franco muere en España. Juan Carlos de Borbón inicia elecciones democráticas.	**1944** Carmen Laforet, «Nada» (narrativa). Alejandro Casona, «La dama del alba» (drama). Jorge Luis Borges, «Ficciones» (narrativa).
	1946 Miguel Ángel Asturias, «El señor presidente» (narrativa).
1978 Se escribe una nueva constitución democrática en España.	**1948** Ernesto Sábato, «El túnel» (narrativa).
1980 Los sandinistas toman el poder en Nicaragua.	**1949** Jorge Luis Borges, «El Aleph» (narrativa).
1982 Argentina pierde contra Inglaterra en la Guerra de las Malvinas. Gabriel García Márquez recibe el Premio Nobel de Literatura.	**1950** Gabriel García Márquez, «Ojos de perro azul» (narrativa). Antonio Buero Vallejo, «En la ardiente oscuridad» (drama).
	1951 Julio Cortázar, «Bestiario» (narrativa).
1986 España se une a la OTAN (Organización del Tratado del Atlántico Norte) y a la CEE	**1953** Alfonso Sastre, «Escuadra hacia la muerte» (drama).

	(Comunidad Económica Europea.)
1989	Camilo José Cela recibe el Premio Nobel de Literatura.
1990	Octavio Paz recibe el Premio Nobel de Literatura.
1992	El presidente Alfredo Cristiani y los guerrilleros del Frente Farabundo Martí firman un tratado de paz en El Salvador.
1996	Se firma un tratado de paz en Guatemala, terminando la guerra civil que dura treinta y seis años.

1954	Vicente Aleixandre, «Historia del corazón» (poesía).
1956	«Final del juego» (narrativa).
1958	Octavio Paz, «El sediento», «Libertad bajo palabra» (poesía).
1960	Alfonso Sastre, «La cornada» (drama).
	Ana María Matute, «Primera memoria» (narrativa).
1961	«Historias de la Artámila» (narrativa).
	Gabriel García Márquez, «El coronel no tiene quien le escriba» (narrativa).
1962	Carlos Fuentes, La muerte de Artemio Cruz (narrativa).
1963	Mario Vargas Llosa, «La ciudad y los perros» (narrativa).
1967	Gabriel García Márquez, «Cien años de soledad» (narrativa).
1970	Ariel Dorfman, «Imaginación y violencia en América» (ensayo).
	Juan Goytisolo, «La reinvindicación del conde don Julián» (narrativa).
	Rosario Ferré, «Papeles de Pandora» (narrativa).
	Rosario Castellanos, «Album de familia» (narrativa).
1981	Isabel Allende, «La casa de los espíritus» (narrativa).
1982	Rosario Ferré, «Fábulas de la garza desangrada» (narrativa).
1987	Isabel Allende, «Cuentos de Eva Luna» (narrativa).
	Antonio Muñoz Molina, «El invierno en Lisboa» (narrativa).